Harald Maul
Georg Ziemes

PLOTGRAF

**Aus dem Programm
Mikrocomputer**

BASIC-Wegweiser für den Apple IIe/c
von E. Kaier

**Einführung in die Anwendung des Betriebssystems
Apple DOS (Apple II)**
von H. R. Behrendt und H. Junghans

Computergrafische Experimente mit Pascal (Fractale)
von K.-H. Becker und M. Dörfler

Spielprogramme für den Apple II/IIe
von H. Franklin, J. Koltnow und L. Finkel

Murmeltierwelt und Pascal
von H. Pinke

Logo? Logo!
von K. Haussmann

Logo-Programmierkurs
von B. Schuppar

Apple Works
von C. Rubin

Aufbau und Struktur einer Datenbank mit dBASE II
von R. Freshman

Vieweg

Harald Maul
Georg Ziemes

PLOTGRAF

**Ein
Programmpaket zur Darstellung
ein- und mehrdimensionaler
Grafiken für den Apple II**

Friedr. Vieweg & Sohn   Braunschweig / Wiesbaden

Das in diesem Buch enthaltene Programm-Material ist mit keiner Verpflichtung oder Garantie irgendeiner Art verbunden. Die Autoren und der Verlag übernehmen infolgedessen keine Verantwortung und
werden keine daraus folgende oder sonstige Haftung übernehmen, die auf irgendeine Art aus der
Benutzung dieses Programm-Materials oder Teilen davon entsteht.

1987

Alle Rechte vorbehalten
© Friedr. Vieweg & Sohn Verlagsgesellschaft mbH, Braunschweig 1987

Das Werk einschließlich aller seiner Teile ist urheberrechtlich geschützt. Jede
Verwertung außerhalb der engen Grenzen des Urheberrechtsgesetzes ist ohne
Zustimmung des Verlags unzulässig und strafbar. Das gilt insbesondere für
Vervielfältigungen, Übersetzungen, Mikroverfilmungen und die Einspeicherung
und Verarbeitung in elektronischen Systemen.

Umschlaggestaltung: Peter Lenz, Wiesbaden
ISBN 978-3-528-04491-6   ISBN 978-3-322-86095-8 (eBook)
DOI 10.1007/978-3-322-86095-8

Inhaltsverzeichnis

1 EINLEITUNG

1.1 Zielsetzung des Buchs

Dieses Buch ist als Einführung in die Verarbeitung numerischer Daten in grafischer und tabellarischer Form mit Hilfe eines Mikrocomputers vom Typ APPLE II gedacht. Es wendet sich an zwei Gruppen von Interessenten. Zum einen bietet es Praktikern und Wissenschaftlern, deren Aufgabenbereiche sich mit den hier behandelten Problemstellungen überschneiden, eine Sammlung kompletter Problemlösungen. Das in diesem Buch vorgestellte Programmpaket deckt ein breites Spektrum der analytischen Grafik ab, wie es nur von einigen wenigen kommerziellen Programmen geboten wird.

Zum anderen regt es durch das besondere Thema "Computergrafik" und die ausführliche Dokumentation der Programme zu eigenem Handeln an - ein Umstand, der besonders in der Lehre und beim Selbststudium zweckdienlich ist.

Die vorausgesetzten Mathematikkenntnisse entsprechen in etwa dem behandelten Stoff bis zur Sekundarstufe II. Ferner sollten Grundkenntnisse der Programmiersprache BASIC vorhanden sein.

1.2 Vorgehensweise

Das Buch ist in zwei Teile gegliedert, um dem weiten Anwenderkreis gerecht zu werden: Es besteht zum einen aus einem "Bedienerteil", der sich als Handbuch für den mehr anwendungsorientierten Leser versteht und der durch Tips und Hinweise die Arbeit mit PLOTGRAF erleichtern will. Der zweite Teil ab Kapitel 3 enthält die softwaretechnischen Einzelheiten zusammen mit Flußdiagrammen, Programmausdrucken, und - je nach Bedarf - kurzen Darstellungen mathematischer Grundlagen.

Beide Teile des Buchs sind nach der Anzahl der Felder pro Datensatz untergliedert. Dieses Kriterium stellt keine wesentliche Einschränkung für den praktischen Gebrauch dar, erleichtert aber die Suche nach Lösungen für bestimmte Problemstellungen.

Der Anhang des Buchs schließt ein Glossar mit ein, das viele der verwendeten Fachwörter stichwortartig erläutert.

Im Text wird durch ein vorangestelltes Dollarzeichen angedeutet, daß es sich bei der nachfolgenden Zeichenfolge um eine Hexadezimalzahl handelt; dagegen wird die dezimale Schreibweise nicht besonders hervorgehoben. Bei der Beschreibung von Benutzereingaben bedeutet z.B. <A>, daß an dieser Stelle die Taste A auf der Tastatur gedrückt werden soll. Eine Ausnahme bildet wegen der Darstellungsschwierigkeit der Hinweis <RETURN>; tippen Sie in diesem Fall lediglich die 'Return' ("Wagenrücklauf")-Taste. Auf dem Bildschirm erscheinende Texte sind zur besseren Kennzeichnung in Schmalschrift gedruckt wie z.B.:

```
Bitte wählen Sie eine der folgenden Möglichkeiten: ■
```

während die Stellung des Zeigers ('Cursors') mit dem Zeichen ■ markiert wird.

1.3 Hardware

Das Programmpaket kann modular an die vorhandene Peripherie angepaßt werden. Als Mindestausstattung empfehlen wir neben dem Standard-APPLE II+ oder einem kompatiblen Rechner mit 48 KB RAM und dem Betriebssystem DOS 3.3 zwei Diskettenlaufwerke und die Möglichkeit einer 80-spaltigen Textausgabe mit deutschem Zeichensatz.

Ein Matrixdrucker zur Auflistung der Daten und zur Ausgabe von Grafiken auf Papier wird aber für den mehr anwendungsbezogenen Leser unentbehrlich sein. Für die Bearbeitung sehr langer Dateien empfiehlt sich die Verwendung eines Festplattenlaufwerks. Wer jedoch alle Möglichkeiten des hier vorgestellten Programmpakets ausschöpfen will, wird um die Installation eines Plotters und eines Farbbildschirms nicht herumkommen.

PLOTGRAF geht davon aus, daß sich die Ansteuerelektronik (Interface) für den Drucker in Steckverbindung (Slot) 1, das Interface für den Plotter in Slot 2 und die Anschlußelektronik für ein externes Terminal bzw. die 80-Zeichen-Karte in Slot 3 befinden und daß der Controller für die Diskettenlaufwerke in Slot 6 installiert ist. Diese Steckverbindungs-Konfiguration wird auch von den meisten Anwenderprogrammen unterstützt. Die genannte Zuordnung kann jedoch zur Anpassung an spezielle Anforderungen in einfacher Weise in weiten Grenzen verändert werden.

1.4 Kurzer geschichtlicher Überblick der Entwicklung der "computer graphics"

Sieht man von durch Analogrechnern erzeugte Oszillografien ab, die in gewisser Weise ebenfalls als "Computergrafiken" bezeichnet werden können, müssen die Anfänge der Computergrafik mit dem Aufkommen digitaler Rechenanlagen gleichgesetzt werden. Obwohl die Anzeige zunächst nur auf Braunschen Röhren erfolgte, konnte bald schon mit Plottern gearbeitet werden (CALCOMP-Trommelplotter ab 1958). Bereits Mitte der sechziger Jahre wurden dann schon die ersten CAD-Systeme installiert.

Dieses zunächst homogene Gebiet "Computergrafik" spaltete sich jedoch bald in mehrere eigenständige Teilgebiete, deren Grenzen sehr fließend verlaufen. In diesem Zusammenhang sind zu nennen:

- die Bildverarbeitung mit dem Rechner ("picture processing"), die in der medizinischen Diagnostik eine weite Verbreitung finden wird;

- die "Animation", d.h. die Erzeugung bewegter Bilder mit Rechnerhilfe, die in jüngster Zeit große Bedeutung bei der Produktion aufwendiger Science-Fiction-Filme und bei der Simulation dynamischer Vorgänge erlangt hat (beispielsweise bei der Ausbildung von Piloten und in der militärischen Anwendung);

- das computergestützte Zeichnen und Konstruieren, kurz CAD (computer aided design) genannt, das als Teildisziplin des CIM (computer integrated manufacturing) die Arbeit des technischen Zeichners oder Konstrukteurs durch geeignete Programme mit wesentlich geringerem Zeitaufwand und Personaleinsatz ersetzt;

- die analytische Grafik, deren Aufgabe darin besteht, mathematische Zusammenhänge grafisch darzustellen. Dieses Gebiet kommt in diesem Buch ausschließlich zur Sprache.

- die Computerkunst. Sie kann man noch am ehesten in die Nachbarschaft der analytischen Grafik einordnen. Von den einen als Spielerei abgetan, von andern als Ausdruck der menschlichen Kreativität mit anderen Mitteln bewundert, entwickelte sie sich von geometrischen Zufallsmustern in ihrer Frühzeit zu hoch komplexen, zweidimensionalen Objekten wie etwa den Bildern aus dem Institut für Mathematik und Datenverarbeitung an der Universität Bremen, die neben ihrer Aussagekraft für den Wissenschaftler durchaus auch ästhetische Qualitäten in sich bergen (siehe [**FRAC**]).

2 BENUTZERANLEITUNG

Dieses Kapitel beschreibt das Programmpaket PLOTGRAF auf dem APPLE II aus der Sicht des Anwenders. Es geht davon aus, daß Sie eine lauffähige PLOTGRAF-Kopie entweder beim Verlag bestellt oder die in den folgenden Kapiteln aufgelisteten Programme abgeschrieben haben. Sie sollten außerdem mit Ihrem Rechner vertraut sein oder zumindest die Kapitel 1 und 2 von [USER] gelesen haben.

2.1 Vorbereitungen

Bevor Sie also jetzt den Rechner einschalten, um "einfach 'mal zu sehen, was dann passiert", sollten Sie Kopien der beiden PLOTGRAF-Disketten anfertigen! Wenn Sie alle Programme abgeschrieben haben und sich durch eine Unvorsichtigkeit der Inhalt Ihrer Kaffeetasse auf die so mühsam erstellte Programmdiskette ergießt, dann werden Sie diese Vorsichtsmaßnahme zu schätzen wissen. Aber auch im Falle, daß Sie die Disketten gekauft haben, müssen Sie bei deren versehentlicher Zerstörung oder Löschung zumindest eine ärgerliche Wartezeit und Kosten in Kauf nehmen.

Initialisieren Sie also zunächst einige _leere_ Disketten, indem Sie nach Einlegen Ihrer DOS-Diskette in das Laufwerk 1 den Rechner einschalten und einen kurzen Programmtext, z.B.:

```
10 REM INITIALISIERT AM (Datum)
```

eintippen. Nun geben Sie die Anweisung:.

```
INIT HELLO,D2
```

ein, um die _leere_ Diskette in Laufwerk 2 zu formatieren. Nach etwa einer Minute ist dieser Vorgang abgeschlossen (die rote Lampe am Laufwerk ist erloschen und der 'Cursor' erscheint wieder auf dem Bildschirm), so daß Sie die nächste Diskette einlegen und initialisieren können. Danach sind die Disketten zur Aufnahme von Daten aus dem Rechner bereit.

Das Kopieren der Programme geht am einfachsten mit einem käuflichen Kopierprogramm oder mit dem auf der 'Master Disk' enthaltenen Programm FID, das Sie beim Kauf Ihres ersten Laufwerks erhielten. Starten Sie einfach das Programm und befolgen Sie die Anweisungen.

Sollten Sie lediglich über ein Laufwerk verfügen, dann werden Sie schon nach dieser kurzen Vorbereitung die Nützlichkeit eines zweiten einsehen: Anstatt einfach die Programme von der Originaldiskette in Laufwerk 1 auf die Kopie in Laufwerk 2 zu übertragen, werden Sie jedesmal aufgefordert, die Diskette in Ihrem Laufwerk zu wechseln, so daß Sie sich vermutlich wie ein "Disk-Jockey" vorkommen. Auch bei der Arbeit mit PLOTGRAF selbst wird Ihnen dieser Umstand noch im Wege stehen.

2.2 Erste Schritte mit PLOTGRAF

Nachdem nun diese Tat vollbracht ist und Sie eine oder mehrere Kopien der PLOTGRAF-Diskette an einem sicheren Ort aufbewahren, wollen wir mit der Inbetriebnahme des Programmpakets beginnen. Schalten Sie dazu den Rechner aus, legen Sie die Disketten PLOTGRAF I ins Laufwerk 1 und PLOTGRAF II ins Laufwerk 2 ein und schalten Sie den Rechner wieder ein. Dieser Vorgang, das Einlegen einer Diskette und anschließende Einschalten des Rechners, wird "Booten einer Diskette" genannt. Das Betriebssystem des Rechners sucht sich ein bestimmtes Programm auf der Diskette, lädt es in den Hauptspeicher und führt es anschließend aus.

Nach einigen Aktivitäten des Laufwerks erscheint folgender Bildschirminhalt:

```
■■■■■■■■■■■■■■■■■■■■■■■■■■■■■■■■■■■■■■■■■■■■■■■
■              PLOTGRAF Vers. 1.0            ■
■        Copyright (C) 1986 by Maul & Ziemes ■
■■■■■■■■■■■■■■■■■■■■■■■■■■■■■■■■■■■■■■■■■■■■■■■

Bitte wählen Sie eine der folgenden Möglichkeiten:


(E) ==> ein-  |
(Z) ==> zwei- | dimensionale Datensätze verarbeiten
(D) ==> drei- |
(B) ==> Bildoperationen
(O) ==> Diskettenoperationen
(K) ==> Kurzinformation
(P) ==> Programmende
(G) ==> Peripheriegeräte installieren


Sie wünschen? ■
```

Diese Auswahl ist das Hauptmenue von PLOTGRAF. Man spricht von einem Menue, weil alle in diesem Moment verfügbaren Auswahlen wie auf einer Speisekarte angezeigt werden. Der Rechner führt Sie bis auf zwei Ausnahmen auf diese Weise im gesamten Programmpaket herum, so daß Sie keine Anweisungen im Gedächtnis behalten müssen.

Schauen wir uns also das Hauptmenue genauer an. Die Verarbeitung ein-, zwei- und dreidimensionaler Datensätze ist die Hauptaufgabe dieses Programmpakets; diese Auswahlen stehen deshalb auch oben im Menue. "n-dimensional" bedeutet hierbei einfach, daß es um die Erstellung und weitere numerische und grafische Verarbeitung von Tabellen mit "n" Spalten geht. Da die grafische Ausgabe oft im kartesischen Koordinatensystem stattfindet, bei dem man jede Achse als räumlichen Einheitsvektor oder

"Dimension" auffassen kann, drängt sich dieser Ausdruck geradezu auf. Doch davon wird später noch die Rede sein.

Die für uns im Moment interessanteste Frage ist die, ob beim Kopiervorgang alle PLOTGRAF-Dateien übernommen worden sind. Drücken Sie also die Taste <O> für "Diskettenoperationen". Als Reaktion erscheint ein neues Menue:

```
Diskettenoperationen


Bitte wählen Sie eine der folgenden Möglichkeiten:


(I) ==> Disketten-Inhaltsverzeichnis

(L) ==> Datei von der Diskette löschen

(S) ==> Datei vor versehentlichem Löschen schützen

(A) ==> Schutz aufheben

(F) ==> neue Diskette formatieren

(N) ==> Datei umbenennen

(M) ==> zurück zum Hauptmenue


Sie wünschen? ■
```

Dieses Menue (und alle anderen, die noch folgen) wird Untermenue im Unterschied zum Hauptmenue genannt. Der Punkt <I>, Disketten-Inhaltsverzeichnis, führt uns zum gewünschten Ziel. Nach Drücken der <I>-Taste wird der Bildschirm gelöscht, und der Rechner fragt noch nach dem Laufwerk, in dem die Diskette enthalten ist, von der er ein Inhaltsverzeichnis ausgeben soll. Drücken Sie nun die Taste <I>. Der Bildschirm sollte nun wie folgt aussehen:

```
DISK VOLUME 254

 *A 041 HELLO
  B 002 INPUT .BIN
 *B 005 SHAPAL.BIN
  A 003 SCREEN.OVR
  A 005 PRINT .OVR
  A 008 PLOT  .OVR
 *T 010 ERROR .TXT
 *A 041 DATA2D.BAS
 *A 029 DATAAP.BAS
 *A 026 DATASP.BAS
 *A 033 PLOTP2.BAS
 *A 037 PLOTBA.BAS
 *A 047 DATA3D.BAS
 *A 023 DATANE.BAS
```

```
*A  036  DATA3Z.BAS
*A  045  PLOT3D.BAS
*A  041  PLOT3Z.BAS
 T  002  FUNK2D.FKT
 T  002  FUNK2P.FKT
 T  002  FUNK3D.FKT
 T  002  FUNK3P.FKT
*T  002  HPGLA3.OVR
*T  002  HPGLA4.OVR


Drücken Sie die <RETURN>-Taste! ■
```

Nach dem Vergleichen (eventuell enthält die Spalte mit den Zahlen geringfügig andere Werte) drücken Sie die Taste <RETURN>, so daß Sie sich jetzt wieder im Untermenue befinden. Lassen Sie sich nun auch die Inhalte von PLOTGRAF II ausgeben:

```
DISK VOLUME 254


*A  021  DATA1D.BAS
*A  030  PLOTHI.BAS
*A  031  PLOTP1.BAS
*A  019  INSTAL.BAS
*A  032  PLOTKO.BAS
 T  039  MANUAL.TXT
*A  009  WX4675.OVR
*A  009  S4A   .OVR
*A  009  WX4671.OVR
*A  009  S3B   .OVR
*A  005  RX80  .OVR
*A  003  MONO  .OVR
*A  004  RGB   .OVR
```

Stimmen auch diese Angaben überein, dann können Sie davon ausgehen, daß Ihre PLOTGRAF-Programme vollständig vorhanden sind.

Was haben diese Angaben nun zu bedeuten? Nun: der Stern in der ersten Spalte sagt aus, daß diese Datei gegen versehentliches Löschen oder Überschreiben geschützt ist. Diese Möglichkeit, einen Schreibschutz anzubringen, haben Sie auch im Untermenue: Drücken Sie dort die Taste <S>, dann werden Sie nach dem Namen der Datei gefragt, die schreibgeschützt werden soll. Tippen Sie nun <MANUAL.TXT> (Sie sehen oben, daß bei dieser Datei das Sternchen fehlt), gefolgt von der <RETURN>-Taste. Nach einigen Diskettenaktivitäten befinden Sie sich wieder im Untermenue. Lassen Sie sich jetzt wieder wie zuvor das Inhaltsverzeichnis von PLOTGRAF II ausgeben und überzeugen Sie sich davon, daß ein Sternchen vor dem Dateinamen <MANUAL.TXT> zu sehen ist. Versuchen Sie nun, MANUAL.TXT von der Diskette zu löschen: Drücken Sie zu diesem Zweck <L> und geben Sie bei der Frage nach dem Dateinamen wieder <MANUAL.TXT> ein. Die Folge davon ist, daß Sie eine Fehlermeldung auf dem unteren Bildschirmrand erhalten:

```
Die angegebene Datei ist schreibgeschützt!
```

Nach einer kleinen Weile erscheint wieder das Hauptmenue. Gehen Sie nun erneut ins Untermenue, entfernen Sie den Schreibschutz mit der entsprechenden Option und lassen Sie sich wieder ein Disketten-Inhaltsverzeichnis ausgeben.

Die zweite Spalte des Verzeichnisses enthält einen Buchstaben. Es bedeuten:

```
A   Programmdatei (BASIC)
B   Binärdatei (Maschinenspracheprogramm oder Speicherauszug)
T   Textdatei
```

Die nächsten Spalten bestehen aus einer dreiziffrigen Zahl; sie gibt die Länge der Datei an. Multipliziert man diese Zahl mit 256, so kann man sich die ungefähre Anzahl der Zeichen der Datei errechnen.

Als nächstes steht der Dateiname im Verzeichnis; er besteht bei den PLOTGRAF-Dateien aus sechs Zeichen, einem Punkt und weiteren drei Zeichen, der sogenannten Dateiergänzung. Letztere gibt weitere Anhaltspunkte über den Dateiinhalt der einzelnen PLOTGRAF-Dateien:

```
.BAS PLOTGRAF-Programm (in BASIC geschrieben)
.BIN Binärdatei (Hilfsprogramme)
.TXT Textdatei
.OVR enthält Treiberroutinen zur Ansteuerung eines Peripheriegeräts
.FKT Funktionsgleichung(en)
```

PLOTGRAF erzeugt noch einige weitere Dateiergänzungen, die an späterer Stelle vorgestellt werden.

Die Dateinamen sind natürlich nicht vom Rechner vorgegeben, sondern können relativ willkürlich gewählt und nachträglich geändert werden. Auch für diese Operation steht wieder eine Untermenue-Funktion bereit, die mit der Taste <U> aufgerufen wird. Probieren Sie es einfach aus. Drücken Sie die <U>-Taste im Untermenue und geben Sie auf die Frage:

```
alter Filename: ■
```

wieder den Dateinamen MANUAL.TXT gefolgt von <RETURN> ein. Beantworten Sie:

```
neuer Filename: ■
```

mit irgendeinem Phantasienamen, der Ihnen gerade einfällt, z.B. PEDAL.TXT. Nach Eingabe einer <2> für

```
Laufwerk-Nr.: ■
```

finden Sie sich kurze Zeit später im Untermenue wieder. Lassen Sie sich nun wieder ein Inhaltsverzeichnis der Diskette in Laufwerk 2 erstellen. Es fehlt diesmal MANUAL.TXT; dafür ist die Datei mit dem Namen PE-DAL.TXT neu hinzugekommen. Geben Sie der Datei wieder ihren ursprünglichen Namen zurück.

Wie Sie aus den weiteren Auswahlmöglichkeiten des Untermenues ersehen, ist dort auch eine Option angegeben, die die Formatierung leerer Disketten ermöglicht. Allerdings können auf diese Weise nur Datendisketten formatiert werden, Disketten also, die kein Betriebssystem und keine Programme enthalten, sondern nur PLOTGRAF-Daten und Grafiken. Sie können deshalb nicht 'gebootet' werden; es steht auf ihnen dafür aber etwas mehr Platz als auf den Programmdisketten zur Verfügung, der bei APPLE-Laufwerken bekanntlich ohnehin recht spärlich bemessen ist.

Drücken Sie jetzt <M>, um ins Hauptmenue zurückzugelangen. Die Auswahl <M> ist in allen Menues des gesamten Programmpakets nur für diesen Zweck vorgesehen.

Sie wissen zu diesem Zeitpunkt, was es mit "Disketttenoperationen" auf sich hat. Als Programmanwender, der dieses Buch nicht zur Hand hat, hätten Sie zur Erklärung vermutlich zunächst die Hauptmenue-Option angewählt, die "Kurzinformationen" verspricht. Und genau das können Sie jetzt tun. Drücken Sie <K>, um in das Untermenue zu gelangen. Es erscheint folgender Bildschirminhalt:

```
Benutzer-Kurzinformation

Bitte legen Sie die Diskette PLOTGRAF II ins Laufwerk 2 ein.

  (A) ==> Allgemeine Beschreibung
  (I) ==> Installation
  (E) ==> Eindimensionale Daten
  (Z) ==> Zweidimensionale Daten
  (D) ==> Dreidimensionale Daten
  (G) ==> Gesamten Text ausgeben


  (X) ==> Benutzertext ausgeben
  (Y) ==> Benutzertext eingeben


  (M) ==> zurück zum Hauptmenue


Sie wünschen? ■
```

Drücken Sie jetzt <A>, um die allgemeine Beschreibung zu erhalten. Es erscheint eine weitere Zeile:

```
Ausgabegerät: (B) ==> Bildschirm (D) ==> Drucker ■
```

Tippen Sie ein <B> ein, so daß die Information auf den Bildschirm geholt wird. Der Bildschirm wird nun gelöscht, das Laufwerk 2 beginnt zu arbeiten und es wird ein Text auf den Bildschirm geschrieben. Sie können das Auflisten des Textes anhalten, indem Sie bei gedrückter Taste <CTRL> die Angabe <S> eingeben. Wenn Sie mit dem Lesen fertig sind, kann die Textausgabe mit einer beliebigen Taste (also auch wieder <CTRL-S>) fortgesetzt werden. Dieses Verfahren können Sie bis zum Ende des Texts beliebig oft wiederholen. Sind Sie am Textende angelangt, dann werden Sie aufgefordert, die <RETURN>-Taste zu drücken, und befinden sich danach wieder im Hauptmenue. Gehen Sie mit <K> zurück ins Untermenue und lassen Sie sich mit <G> den gesamten Informationstext ausgeben.

Eine weitere nützliche Option, nämlich die Eingabe eines Benutzertexts, kann mit <Y> aufgerufen werden. Tippen Sie also <Y>: Der Bildschirm wird gelöscht und im oberen Bildschirmteil erscheint folgende Mitteilung:

```
Benutzertext eingeben


Sie können nachstehend einen Text eingeben, der mit der Option 'Benutzertext
ausgeben' ausgedruckt werden kann. Tippen Sie dazu Ihren Text ein und
schließen Sie jede Zeile mit <RETURN> ab. Wenn Sie die Eingabe beenden wol-
len, dann tippen Sie ein Ausrufezeichen in die erste Spalte einer neuen
Zeile. Der Text wird dann abgespeichert.
```

■

Probieren Sie es am besten gleich aus. Schreiben Sie irgendeinen Text wie
zum Beispiel:

```
Mein erstes PLOTGRAF-Erlebnis
```

gefolgt von <RETURN>. Der Zeiger steht nun in der ersten Spalte der
nächsten Zeile. Tippen Sie hier ein Ausrufezeichen und <RETURN>, um
die Eingabe zu beenden. Das Laufwerk 2 beginnt zu arbeiten. Wie ver-
sprochen wird der Text nun abgespeichert. Nach einer kurzen Weile befinden Sie sich wieder im Hauptmenue. Sie sollten sich jetzt vergewissern,
daß Ihr Text korrekt auf der Diskette gespeichert wurde. Gehen Sie dazu
wieder ins Untermenue und rufen Sie mit <X> die Option "Benutzertext
ausgeben" auf. Ihr Text erscheint nun mit der Überschrift:

```
(7) Benutzertext
```

auf dem Bildschirm, und wie in allen vorangegangenen Textausgaben
werden Sie auch hier aufgefordert, die <RETURN>-Taste zu drücken,
um in das Hauptmenue zurückzugelangen.

Diese Möglichkeit der Eingabe kurzer Texte soll natürlich nicht nur Ihrem Spieltrieb Genüge tun, sondern in erster Linie bei umfangreicheren
Arbeiten mit PLOTGRAF den Stand der Dinge dokumentieren helfen
oder bei mehreren Benutzern des Programms einen kurzen Informations-
austausch gestatten.

Sicher hat es Sie bei der Ausgabe der Texte gereizt, bei der Frage nach
dem Ausgabegerät mit <D> für "Drucker" zu antworten. Möglicherweise
ist danach auch tatsächlich Text auf dem Drucker erschienen; dies hängt
davon ab, welches Gerät Sie besitzen. Um dies aber nicht dem Zufall zu
überlassen, besitzt PLOTGRAF ein weiteres Untermenue, das die Peripherie des Rechners, also alle Geräte, die sich nicht unmittelbar im
Rechnergehäuse befinden, an das Programmpaket anpassen hilft. Diese
Anpassung ist notwendig, weil verschiedene Geräte auch verschiedene
Leistungsfähigkeiten besitzen und darüber hinaus oft auch verschiedene
"Sprachen" sprechen.

Tippen Sie also ein <G>, um mit Hilfe des dritten Untermenues Ihre Peripheriegeräte-Konfiguration an PLOTGRAF anzupassen. Nach der Aufforderung, PLOTGRAF II ins Laufwerk 2 einzulegen (wo sich die Diskette wahrscheinlich noch befindet) und anschließend <RETURN> zu drücken, sehen Sie das Untermenue für die Installation:

```
Peripheriegeräte installieren


Bitte wählen Sie eine der folgenden Möglichkeiten:


(P) ==> Plotter installieren

(D) ==> Drucker installieren

(B) ==> Monitor installieren

(S) ==> Steckverbindung ändern

(M) ==> zurück zum Hauptmenue


Sie wünschen? ■
```

Versuchen Sie zunächst die Installation Ihres Druckers mit <D>. Der Rechner führt Sie in ein weiteres Menue, das eine Aufstellung der von PLOTGRAF unterstützten Druckertypen enthält. Ist Ihr Gerät nicht aufgeführt, dann schlagen Sie die weitere Vorgehensweise im Abschnitt 5.2 nach. Andernfalls drücken Sie die entsprechende Taste, mit der Ihr Drucker markiert ist. Nach dem Hinweis, daß der Druckertreiber installiert wird, arbeiten beide Laufwerke für kurze Zeit. Danach befinden Sie sich wieder im Untermenue, und Sie können nun testen, ob alles funktioniert. Gehen Sie zurück ins Hauptmenue und von da zur "Kurzinformation". Schalten Sie den Drucker ein und lassen Sie sich Ihren vorhin eingegebenen Benutzertext auf dem Drucker ausgeben. Wenn die Installation erfolgreich war, dann erscheint der von Ihnen eingegebene Text auf dem Druckerpapier mit einer Ausnahme genauso wie zuvor auf dem Bildschirm: Es fehlt die Aufforderung, die Taste <RETURN> zu drücken. Dem eigentlichen Drucken folgt zudem ein Formularvorschub, der den Druckkopf auf den Anfang des nächsten Blatts setzt.

Passiert überhaupt nichts, dann sollten Sie die Steckverbindung überprüfen, in der sich die Anschlußelektronik für den Drucker befindet. Gehen Sie dazu wieder ins Hauptmenue (falls der Tastendruck <M> nichts bewirkt, drücken Sie <RESET>) und von dort ins Untermenue "Installation". Mit <S> erhalten Sie folgende Informationen:

```
Steckverbindung ändern


Plotter: Anschluß in Steckverbindung 2▪
Drucker: Anschluß in Steckverbindung 1
PLOTGRAF I: Laufwerk 1
PLOTGRAF II: Laufwerk 2
```

"Steckverbindung" bezieht sich auf die Reihe langer schwarzer Stecker, die sich im hinteren Teil des Rechners befinden und die von 0 bis 7 durchnumeriert sind, angefangen bei dem Stecker, der der Stromversorgung links am nächsten ist. PLOTGRAF geht also davon aus, daß sich die Anschlußelektronik für den Drucker in Steckverbindung 1 befindet, die für den Plotter in Steckverbindung 2. Ist dies bei Ihnen nicht der Fall, dann korrigieren Sie die Angaben, indem Sie einfach die richtige Zahl in der entsprechenden Zeile eintippen. Mit <RETURN> können Sie die angezeigten Werte übernehmen, zum Beispiel die Laufwerke, in denen PLOTGRAF I und II eingelegt sind. Arbeiten Sie mit nur einem Laufwerk, das mehr Speicherkapazität als die APPLE-Laufwerke besitzt oder einem Festplattenlaufwerk, dann können Sie aber zu Ihrer Bequemlichkeit auch diese Angaben ändern. Angenommen, das Festplattenlaufwerk ist mit Steckverbindung 5 angeschlossen und wird somit als "Laufwerk 3" angesprochen, dann tippen Sie jeweils eine <3> in der entsprechenden Zeile. Der Rechner erwartet von nun an alle PLOTGRAF-Programmteile und Programmtexte auf Laufwerk 3 und fordert Sie nicht mehr auf, PLOTGRAF II ins Laufwerk 2 einzulegen. Ähnlich verhält es sich, wenn Sie ein 80-Spur-Laufwerk als "Laufwerk 1" betreiben: Sie können nach Kopieren aller Programmteile auf dieses Laufwerk das zweite uneingeschränkt zur Ablage von Daten nutzen. Diese Tatsache ist besonders dann von Vorteil, wenn Sie später einmal rechenzeitintensive Berechnungen im Stapelverarbeitungs-Modus ablaufen lassen wollen.

Haben Sie alle Änderungen eingegeben, dann erscheint die kurze Mitteilung:

```
Bitte warten -- die geänderten Informationen werden gespeichert
```

auf dem Bildschirm. Das Programm bedient sich hierzu bereits des evtl. geänderten Standardlaufwerks für PLOTGRAF I, so daß die Änderungen nur dann dauerhaft wirksam sind, wenn sich diese Diskette im neuen Standardlaufwerk befindet. Danach wird wieder das Untermenue angezeigt.

Die Installation des Plotters geschieht ähnlich wie die des Druckers einfach durch Auswahl des Gerätetyps aus der vorgegebenen Aufstellung. Sollte Ihr Plotter nicht dabei sein, dann gibt es zwei Möglichkeiten. Die erste besteht darin, solange zu warten, bis Sie im Rahmen dieser Anleitung eine plotfähige Grafik erstellt haben. Sie prüfen dann alle in der

Liste aufgeführten Geräte durch, um auf diese Weise vielleicht einen be-
fehlskompatiblen Plotter zu finden und mit dessen Treiber ein brauch-
bares Ergebnis zu erhalten. Die zweite Möglichkeit: Programmieren Sie
sich Ihren Treiber selbst. Das geht einfacher, als Sie vielleicht denken,
weil das "Gerüst", das die Plotbefehle enthält, bereits mehrfach in den
anderen Gerätetreibern enthalten ist; Sie brauchen lediglich die speziellen
Anweisungen Ihres Plotters nachzutragen. Mehr darüber aber in Kapitel 5
dieses Buches.

Nur zwei Auswahlmöglichkeiten gibt es bei der Installation des Monitors,
nämlich entweder "Farbmonitor" oder "Datensichtgerät". Wie Sie vielleicht
wissen, kann der APPLE II mehrfarbig zeichnen, und wenn Sie einen
Farbmonitor (oder über eine PAL-Karte in Steckverbindung 7 einen
Farbfernseher) angeschlossen haben, dann sollten Sie diese Möglichkeit
auch nutzen; die Übersichtlichkeit einer farbigen Grafik ist der einer
einfarbigen weit überlegen.

Nachdem nun alle Peripheriegeräte angepaßt worden sind, geht es mit
<M> zurück ins Hauptmenue. Wenn Sie weiterarbeiten wollen, dann
schlagen Sie den nächsten Abschnitt auf. Zuvor wollen wir aber kurz zusammenfassen, was Sie bisher über PLOTGRAF erfahren haben.

Das Programmpaket wird durch eine Reihe von Menues gesteuert, bei denen alle in diesem Moment verfügbaren Auswahlen aufgeführt sind. Die
Menueauswahl erfolgt durch die Eingabe von Großbuchstaben. Texte
können Groß- und Kleinbuchstaben enthalten und müssen mit <RE-
TURN> abgeschlossen werden. Das Auflisten von Texten kann mit
<CTRL-S> angehalten und mit einer beliebigen Taste fortgesetzt werden.
<RESET> ist nur im Notfall anzuwenden, die Taste führt zum 'Booten'
der Diskette in Laufwerk 1.

Drücken Sie nun die Auswahl <P> für "Programmende" des Hauptmenues.
Der Rechner fragt jetzt

```
    Bitte wählen Sie eine der folgenden Möglichkeiten:


    (B) ==> Diskette in Laufwerk 1 booten
    (E) ==> zurück ins APPLESOFT-Betriebssystem
    (M) ==> zurück ins Hauptmenue


    Sie wünschen? ■
```

Wenn Sie mit einem anderen Programm weiterarbeiten wollen, dann legen
Sie die entsprechende Diskette ins Laufwerk 1 ein und tippen Sie <B>.
Das Programm wird dann selbsttätig gestartet.

Sind Sie versehentlich in dieses Untermenue gekommen, dann drücken Sie
<M>, um wieder ins Hauptmenue zu kommen.

Wollen Sie selbst Programme eingeben, so drücken Sie <E>, um auf die Betriebssystemebene zu gelangen. Wenn Sie für heute genug haben, dann sollten Sie diese Möglichkeit wählen.

2.3 Eindimensionale Datensätze

Wir wollen uns im folgenden Abschnitt mit den eindimensionalen Daten beschäftigen, also Tabellen, die lediglich aus einer Spalte bestehen. Und da die Beschäftigung mit der rein numerischen Darstellung recht reizlos ist, werden Sie am Ende auch die erste PLOTGRAF-Grafik erstellen.

Doch zunächst starten Sie PLOTGRAF I, wie dies im letzten Abschnitt beschrieben ist. Sie befinden sich anfangs wieder im Hauptmenue, dem Ausgangspunkt für alle Aktivitäten mit PLOTGRAF. Lassen Sie sich vom Rechner über den Stand Ihrer Arbeiten mit dem Programmpaket informieren, und gehen Sie anschließend ins Untermenue "Diskettenoperationen". Legen Sie eine leere Diskette ins Laufwerk 2 ein und drücken Sie <F>, um diese zu formatieren. Wiederholen Sie diesen Vorgang am besten gleich für einige weitere Disketten, um später nicht mitten in der Arbeit von einer vollen Diskette überrascht zu werden. Nachdem Sie die Formatierung abgeschlossen haben, können Sie sich den Inhalt einer solcherart initialisierten Diskette ansehen. Es erscheint:

```
DISK VOLUME 254
A 002 PLOTGRAF-DATENDISKETTE
```

als einziger Eintrag. Dieser Eintrag ist gewissermaßen das "Etikett" der Diskette, so daß Sie auch beim Arbeiten mit anderen Programmen deren Verwendungszweck erkennen.

Gehen Sie nun zurück ins Hauptmenue und drücken Sie <E> für "eindimensionale Datensätze verarbeiten". Das Hauptmenue wird gelöscht und der Rechner zeigt folgendes an:

```
eindimensionale Datensätze verarbeiten


Bitte wählen Sie eine der folgenden Möglichkeiten:


(E) ==> Datensatz erstellen, speichern, lesen, verändern
(H) ==> Histogramm
(T) ==> Tortengrafik
(M) ==> zurück zum Hauptmenue


Sie wünschen? ■
```

Da Sie eine Datei erstellen wollen, die eindimensionale Daten enthält, drücken Sie <E>. Nun erscheint der Hinweis:

```
   Bitte legen Sie die Diskette PLOTGRAF II ins Laufwerk 2 ein.
   Drücken Sie dann die <RETURN>-Taste!
```

Kommen Sie der Aufforderung nach (es sei denn, Sie haben PLOTGRAF II bereits eingelegt) und drücken Sie auf <RETURN>. Der Bildschirm wird wieder gelöscht und es erscheint ein zweiter Hinweis:

```
   Programm DATA1D wird geladen
```

und kurze Zeit später ein dritter:

```
   Druckertreiber wird geladen
```

Diese Hinweise sollen Ihnen einfach anzeigen, daß der Rechner noch arbeitet, denn die Zeit zum Laden des Programms ist bei Verwendung des Original-APPLE-Betriebssystems DOS 3.3 doch erheblich (einige Tricks, diese Wartezeit etwas zu verkürzen, finden Sie im Kapitel 6: "Ausblick und Erweiterungen").

Nachdem die Diskettenaktivität beendet ist, sehen Sie das Untermenue "eindimensionale Daten erstellen" auf dem Bildschirm:

```
   Erzeugung und Verarbeitung eindimensionaler Datensätze


   Bitte wählen Sie eine der folgenden Möglichkeiten:


   (E) ==> Erstellung einer neuen Datei
   (L) ==> Einlesen einer Datei von Diskette
   (A) ==> Datei auflisten
   (V) ==> Datei verändern
   (S) ==> Datei auf Diskette ablegen
   (M) ==> zurück zum Hauptmenue
   (I) ==> Disketten-Inhaltsverzeichnis


   Sie wünschen? ■
```

Sie können hier einige Gemeinsamkeiten der Menues feststellen, die Sie bereits kennengelernt haben. In allen Untermenues ist die Ausgabe eines Disketten-Inhaltsverzeichnisses mit <I> möglich, und der Rücksprung ins jeweils nächsthöhere Menue wird mit <M> bewerkstelligt. Der Rechner hat zu diesem Zeitpunkt alle für die Dateierzeugung benötigten Programme von PLOTGRAF II geladen. Legen Sie also jetzt Ihre vorbereitete Datendiskette ins Laufwerk 2 ein.

Da Sie eine neue Datei erstellen müssen, um diese weiterverarbeiten zu können, geben Sie <E> ein. Sofort ändert sich der Bildschirminhalt:

```
        (K) ==> letzten Punkt korrigieren (M) ==> zurück zum Menue
                        oder Dateneingabe

   Punkt 1
   X(I) = ■
```

Der Zeiger markiert die Stelle für die Eingabe Ihrer Daten, wie z.B. die Benotung der einzelnen Schüler bei einer Klassenarbeit. Tippen Sie also einige Zahlen zwischen 1 und 6 ein. Wie bei jeder Texteingabe müssen Sie auch hier jedes Datum mit <RETURN> abschließen. Sie sehen, daß der "Punktzähler" nach jeder Eingabe um eins erhöht wird. Auf diese Weise ist später die Identifizierung einzelner Werte der Datei zwecks Aktualisierung oder Löschung möglich, obwohl natürlich die Reihenfolge der Daten innerhalb der Datei bei diesem Datentyp keine große Rolle spielt.

Wie aus dem kleinen im oberen Bildschirmbereich angezeigten Menue ersichtlich ist, besteht die Möglichkeit, den jeweils letzten eingegebenen Wert zu ändern. Probieren Sie es einfach aus. Es sei angenommen, der Punktzähler stehe auf "10" und Sie hätten bei Stellung "9" eine "4" eingegeben, die sich jetzt als falsch herausstellt. Drücken Sie deshalb <K> für "letzten Wert korrigieren": Der Zähler steht wieder auf "9"; zusätzlich wird die "4", die Sie fälschlicherweise eingetippt hatten, unter dem Zeiger ausgegeben. Tippen Sie jetzt einen anderen Wert und drücken Sie <RETURN>: Der Zähler ist auf "10" gesetzt worden, die Dateneingabe läuft wieder wie vorher ab.

Nachdem Sie einige Zahlen eingetippt haben, überprüfen Sie am besten die Richtigkeit der Eingaben. Drücken Sie hierzu die Taste <M>, um wieder ins Menue zu gelangen. Dort sehen Sie die Option "Datei auflisten", die sich für diesen Zweck eignet. Nach einem Tastendruck auf <A> enthält der Bildschirm z.B. folgende Daten:

```
Datensatz hat keinen Namen

Punkt
  1     1
  2     4
  3     2
  4     5
  5     5
  6     3
  7     3
  8     5
  9     2
 10     3


Drücken Sie die <RETURN>-Taste! ■
```

Die mit "Punkt" überschriebene linke Spalte enthält den jeweiligen Zählerstand bei der Eingabe, die rechte Spalte Ihre Daten. Sie sollten diese Daten jetzt zunächst auf Diskette zwischenspeichern, um unliebsamen Überraschungen, etwa durch Netzausfall oder einer Störung Ihres Rechners, aus dem Wege zu gehen. Bei einer derart kleinen Datensammlung scheint diese Vorsichtsmaßnahme zwar überflüssig, sie sollte Ihnen aber in Fleisch und Blut übergehen, um den Ärger beim Verlust großer Datenmengen zu vermeiden. Drücken Sie also die <RETURN>-Taste, um die Auflistung zu verlassen und wieder ins Menue zu gelangen. Von dort können Sie mit <S> die Daten abspeichern. Zuvor jedoch fragt der Rechner nach einem "Spaltentext X: ". Geben Sie hier eine kurze Bezeichnung für die Spalte an, in der Ihre Daten eingetragen sind, zum Beispiel <Note>. Nun werden Sie nach einem "Zusatztext" gefragt, der die Identifizierung Ihrer Klausurnotensammlung bei der numerischen Ausgabe möglich macht. Hier eignet sich zum Beispiel der Text <Klausur 1.1.86>. Sie müssen danach noch einen Dateinamen angeben sowie die Nummer des Laufwerks, auf dessen Diskette die Datei gespeichert werden soll. Wählen Sie einen möglichst sinnfälligen Namen, um später bei einer großen Anzahl von Dateien noch den Überblick zu behalten, also z.B. <KLAUSUR>, und beantworten Sie die Frage nach dem Laufwerk mit <2>, da sich dort Ihre Datendiskette befindet. Der Bildschirm wird nun wieder gelöscht und gibt die Mitteilung aus:

```
            Bitte warten!
Datensatz KLAUSUR wird auf Diskette abgelegt.
```

Nachdem der Datensatz auf Laufwerk 2 gespeichert ist, können Änderungen vorgenommen werden. Angenommen, der Schüler von Punkt 5, der vorher eine "5" unter seiner Klassenarbeit stehen hatte, habe sich nach einer mündlichen Prüfung auf "4" verbessert. Die Datei muß somit verän-

dert werden, und genau diese Funktion führt Option <V> aus. Sie gelangen mit diesem Tastendruck in ein weiteres Menue, das Ihnen die Wahlmöglichkeiten:

```
(V) ==> Daten verändern

(H) ==> Daten hinzufügen

(L) ==> Daten löschen

(M) ==> zurück zum Menue
```

offeriert. Da Sie aus einer "5" eine "4" machen wollen, wählen Sie <V>.
Der Rechner fragt nun, an welchem Punkt ein Wert verändert werden
soll, antworten Sie mit <5>. Der Rechner gibt nun an:

```
Der jetzige Wert lautet X = 5
```

wobei der Zeiger auf der "5" steht. Tippen Sie nun die korrekte Note <4>
und <RETURN>. Der Rechner fragt Sie jetzt wieder, an welchem Punkt
ein Wert verändert werden soll, drücken Sie die <RETURN>-Taste
nochmals, um ihm mitzuteilen, daß die Aktualisierung der Datei abgeschlossen ist. Der Bildschirm zeigt dann das Menue an, mit dessen Hilfe
Sie sich davon überzeugen können, daß die neue Note auch wirklich
übernommen wurde. Geben Sie also <A> für "Datei auflisten" und <B>
für "Bildschirm" ein und sehen Sie sich die aktualisierte Tabelle an:

```
Datensatz KLAUSUR.DAT

Klausur 1.1.86
Punkt   Note
  1       1
  2       4
  3       2
  4       5
  5       4
  6       3
  7       3
  8       5
  9       2
 10       3

Drücken Sie die <RETURN>-Taste! ■
```

Die geänderte Note ist also tatsächlich im Rechner gespeichert worden.

Sie werden sich sicherlich wundern, warum der Dateiname plötzlich
KLAUSUR.DAT lautet; Sie hatten doch nur KLAUSUR eingegeben.

Des Rätsels Lösung ist einfach: PLOTGRAF hängt jeder erzeugten Datei eine Dateiergänzung an, in diesem Fall also .DAT; bei der Ablage einer kompletten Grafik lauten die entsprechenden Endungen .PIC oder .PLT. Sie sind deshalb zum einen in der Lage, nur allein aufgrund des Namens im Inhaltsverzeichnis Aussagen über den Typ einer Datei zu machen, zum anderen können Sie so für verschiedene Darstellungen desselben Datensatzes den gleichen "Vor"-Namen wählen. Da PLOTGRAF die Dateiergänzung automatisch anhängt, können sie voneinander unterschieden werden. Mehr davon wird im nächsten Abschnitt berichtet.

Speichern Sie nun den geänderten Datensatz wie beschrieben auf der Datendiskette ab und lassen Sie sich das Inhaltsverzeichnis dieser Diskette ausgeben. Sie sehen dort Ihre Datei als zweiten Eintrag. Bevor Sie nun zurück ins Hauptmenue gehen, wollen wir das Wesentliche dieses Abschnitts kurz zusammenfassen.

Nachdem PLOTGRAF Programmteile von PLOTGRAF II im Laufwerk 2 eingelesen hat und das betreffende Menue erscheint, kann die Diskette in diesem Laufwerk wieder gegen eine Datendiskette ausgetauscht werden. Nachdem die Eingabe von Daten abgeschlossen ist, sollte der Datensatz auf Diskette gespeichert werden. Die Taste <M> führt anschließend in allen Menues zurück in die nächsthöhere Menueebene; <I> gibt in den oberen Ebenen ein Disketten-Inhaltsverzeichnis aus.

Nachdem uns jetzt ein eindimensionaler Datensatz zur weiteren Verarbeitung vorliegt, sollen Sie die Möglichkeiten kennenlernen, die Ihnen PLOTGRAF zur grafischen Darstellung dieser Datei bietet. Gehen Sie ins Hauptmenue, wählen Sie <E>, um ins Untermenue "eindimensionale Datenverarbeitung" zu gelangen und sehen Sie sich diese Möglichkeiten an. Sie können zwischen "Histogramm" und "Tortengrafik" wählen. Wir wollen uns zunächst etwas mit der letzteren Option, der Tortengrafik, beschäftigen. Legen Sie also PLOTGRAF II ins Laufwerk 2 ein, drücken Sie <T> und warten Sie, bis das Menue erscheint.

```
    Ausgabe einer Tortengrafik mit Bereichsangabe


    Bitte wählen Sie eine der folgenden Möglichkeiten:


    (L) ==> Datensatz von Diskette lesen
    (P) ==> Plotoptionen ändern
    (M) ==> zurück zum Hauptmenue
    (I) ==> Inhaltsverzeichnis der Diskette


    Sie wünschen? ■
```

Die Tortengrafik besteht aus einem Kreis, der die Gesamtzahl der eingegebenen Daten repräsentiert. Das Programm sortiert dann die Einzeldaten
in vom Benutzer vorgegebene Bereiche, die ins Verhältnis zum Vollkreis
gesetzt und als Sektoren bzw. "Tortenstücke" eingezeichnet werden. Bleiben wir bei unserem Beispiel: Wenn Sie eine visuelle Darstellung der
Durchfallquote in Ihrer Klausur wünschen, dann erstreckt sich der erste
Bereich von der Note "1" bis "4"; der Rest, alle Klausuren mit den Noten
"5" und schlechter, fallen in den zweiten Bereich.

Legen Sie jetzt also die Datendiskette ins Laufwerk 2 und drücken Sie
<L>, um die Bearbeitung fortzusetzen. Da die Verarbeitung von bis zu
zehn Dateien gleichzeitig möglich ist, erscheint auf dem Bildschirm die
Frage, wieviele Dateien eingelesen werden sollen, antworten Sie mit <1>.
Sie müssen nun Dateiname und Laufwerk-Nr. von "KLAUSUR" eingeben.
Danach gibt der Rechner die Mitteilung aus

```
            Bitte warten!
    Datensatz KLAUSUR wird eingelesen
```

und Laufwerk 2 beginnt zu arbeiten. Nach diesem Vorgang wird der
Bildschirm gelöscht und zeigt folgendes "Bildschirmformular" an:

```
    Ausgabegerät: (B)ildschirm (D)rucker (P)lotter ■
    Text 1 (max. 17 Zeichen):
    Text 2 (max. 28 Zeichen):

            Rahmen:     (J)a (N)ein          | (N)ormal
    Plotter: Logogramm: (J)a (N)ein    Drucker: Kopie| (V)ergrößert
            Format:     A(4) A(3)              | (D)oppeldruck

    Angabe der prozentualen Verteilung: (J)a (N)ein
    min = 1  max = 6   Anzahl der Sektoren:
    Sektor 1:      Bereichsanfang:
                   Bereichsende  :
           Schattierung (0..9,H):
                   Text         :

    fertige Grafik auf Diskette ablegen ? (N)ein (J)a
```

Dieses Bildschirmarbeitsblatt fragt alle Optionen ab, die bei der Tortengrafik möglich sind. Einzugeben sind (außer bei Texten) jeweils die
Buchstaben, die in Klammern gesetzt sind. Bei vielen Wahlmöglichkeiten
kann mit <RETURN> außerdem der invers dargestellte Vorschlag des
Rechners übernommen werden.

Drücken Sie also <B> oder <RETURN>, um die Tortengrafik auf dem Bildschirm auszugeben. Der Zeiger springt sofort zur Frage "Angabe der prozentualen Verteilung" weiter. Der Rechner fragt Sie hiermit, ob Sie die Aufführung der Prozentwerte der einzelnen Sektoren wünschen. Tippen Sie hier wieder <RETURN> oder <J>. Danach fordert er Sie auf, die Anzahl der Sektoren einzutragen (in unserem Beispiel <2>) und die Bereichsgrenzen, den Ausgabemodus und einen Text einzugeben, der hernach den Sektor beschriftet. Wenn Sie sich weiter an unser Beispiel halten wollen, geben Sie z.B. beim ersten Sektor für "Bereichsanfang" <1>, für "Bereichsende" <4.1>, eine <0> bei "Schattierung" und <BESTANDEN> als "Text" ein. Der nächste Sektor, der die mangelhaften und ungenügenden Klausurergebnisse repräsentiert, erhält die Werte <5> und <6.1> als Bereichsgrenzen, <9H> für die Schattierung und <NICHT BEST> als Beschriftung. Bevor wir jedoch mit der letzten Frage des Bildschirmformulars fortfahren, zunächst einige Anmerkungen: Die Sortierung in die entsprechenden Sektoren erfolgt mit Hilfe der Bereichsgrenzen. Ist der Wert größer oder gleich der unteren und ist er kleiner als die obere Grenze, dann wird dieser Bereich um ein Element erhöht (deshalb oben die "krummen" Bereichsendwerte). Die Schattierung des Sektors kann mit Zahlen zwischen null und neun vorgegeben werden, wobei "0" "keine Schattierung" und "10" "maximale Schattierung" erzeugt. Außerdem besteht die Möglichkeit, den Sektor durch Herauslösen aus dem Vollkreis hervorzuheben, dies geschieht zusammen mit der Option <H> nach Eingabe des Schattierungsgrads.

Die letzte Frage des Rechners lautet:

```
fertige Grafik auf Diskette ablegen?
```

Geben Sie hier <J> ein, um sich später die Grafik ansehen zu können, ohne jedesmal alle Fragen beantworten zu müssen. Der Rechner fragt nun weiter nach Dateiname und Laufwerk-Nr. der Datei, in der die Grafik gespeichert wird. Tippen Sie hier wieder <KLAUSUR> und <2>.

Nach den vielen Eingaben können Sie sich in Ihren Sessel zurücklehnen; jetzt ist der Rechner an der Reihe. Der Bildschirm wird gelöscht, und nach und nach entsteht Ihre erste PLOTGRAF-Grafik, die wie Abbildung 2.1 aussieht. Wenn sie fertig gezeichnet ist, wird Laufwerk 2 noch eine Weile arbeiten, dann geschieht nichts mehr. Drücken Sie nach dem Betrachten des Bilds <RETURN>.

Abbildung 2.1

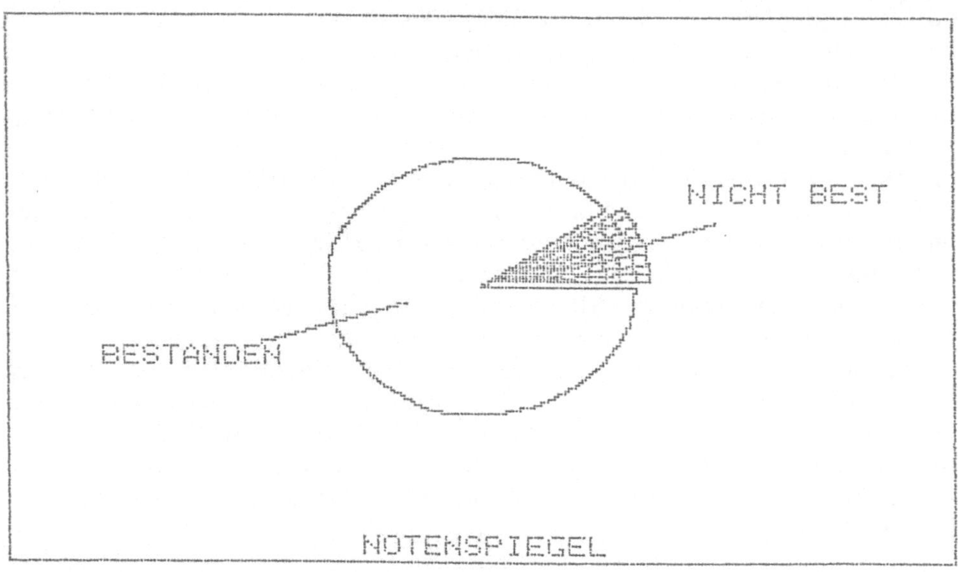

Sofort wird der Bildschirm gelöscht und, da Sie die Ausgabe der prozentualen Verteilung gewünscht hatten, finden Sie die folgenden Angaben darauf vor:

```
Ausgabe der Prozentverteilung


                              Gesamtsumme: 10 = 100%
   BESTANDEN:  1 < x < 4.1       Summe: 8 = 80%
   NICHT BEST: 5 < x < 6.1       Summe: 2 = 20%


   Drücken Sie die <RETURN>-Taste! ■
```

Die Grafik, die PLOTGRAF aufgrund Ihrer Angaben erstellte, haben vermutlich nur Sie allein gesehen, und nachdem Sie <RETURN> drückten, war sie auch schon wieder verschwunden. Wie wäre es also, wenn Sie eine "hardcopy", d.h. eine Zeichnung auf Papier anfertigen ließen? Drücken Sie zu diesem Zweck <P>, um die Plotoptionen zu ändern (Sie könnten auch mit <L> den Datensatz nochmals einlesen) und beantworten

Sie die Frage nach dem Ausgabegerät mit <P>, "Plotter". Der Zeiger springt jetzt zur Eingabe von "Text 1" und "Text 2", geben Sie hier den von Ihnen gewünschten Text ein. Diese Texte erscheinen später als Bildüberschriften innerhalb eines auf dem Papier gezeichneten Rahmens, weshalb sie eine bestimmte Anzahl von Zeichen nicht überschreiten dürfen. Nach der Texteingabe, die mit <RETURN> abgeschlossen wird, fragt der Rechner, ob Sie die Ausgabe des Rahmens und eines Logogramms wünschen, drücken Sie hier beide Male <J> oder <RETURN> (der Begriff "Logogramm" wird später anhand der Zeichnung erörtert). Nun geben Sie noch <4> ein, um ein Zeichnungsformat DIN A4 zu erzeugen. Die plotterspezifischen Abfragen sind nun beendet, die weiteren Eingaben können wie oben erfolgen. Allerdings sollten Sie wieder die gleichen Optionen, insbesondere Bereichsverteilungen wählen, da Sie diese ja bereits anhand der Bildschirmgrafik kontrolliert haben. Die Plotterausgabe ist in jedem Fall langsamer als die auf dem Monitor, und es wäre schade um Wartezeit und Papier, wenn Sie anhand der Plotterzeichnung die Zeichnungsparameter optimal einstellen wollten. Lassen Sie sich aber in diesem Fall auch wieder die fertige Grafik auf Diskette unter dem Namen <KLAUSUR> ablegen.

Spätestens nach der Eingabe aller Werte sollten Sie aber Ihren Plotter einschalten, denn jetzt beginnt sein Part. Zunächst erscheint die Meldung:

```
    B I T T E   W A R T E N   !
    P L O T T E R A U S G A B E
```

auf dem Bildschirm, dann holt sich der Plotter den ersten Zeichenstift und zeichnet einen Rahmen um die Zeichenfläche. Danach teilt er eine Textfläche im linken Bereich ab, die dann mit den beiden Texten "Text 1" und "Text 2", die Sie im oberen Bereich des Bildschirmarbeitsblatts eingegeben hatten, beschriftet wird. Nun zeichnet er etwa in die Mitte dieses Textfelds das PLOTGRAF-Logogramm ein, d.h. ein Symbol, das auf den "Urheber" der Zeichnung verweisen soll. Später in diesem Abschnitt und im Kapitel 5, "Schnittstellen", erfahren Sie mehr darüber, wie Sie ein eigenes Logogramm erstellen können, das dann an diese Stelle gesetzt wird. Falls Ihnen der gesamte Zeichenflächenaufbau nicht zusagt, finden Sie dort auch Informationen, die Ihnen gestatten, einen völlig anderen Bildaufbau zu entwerfen.

Abbildung 2.2

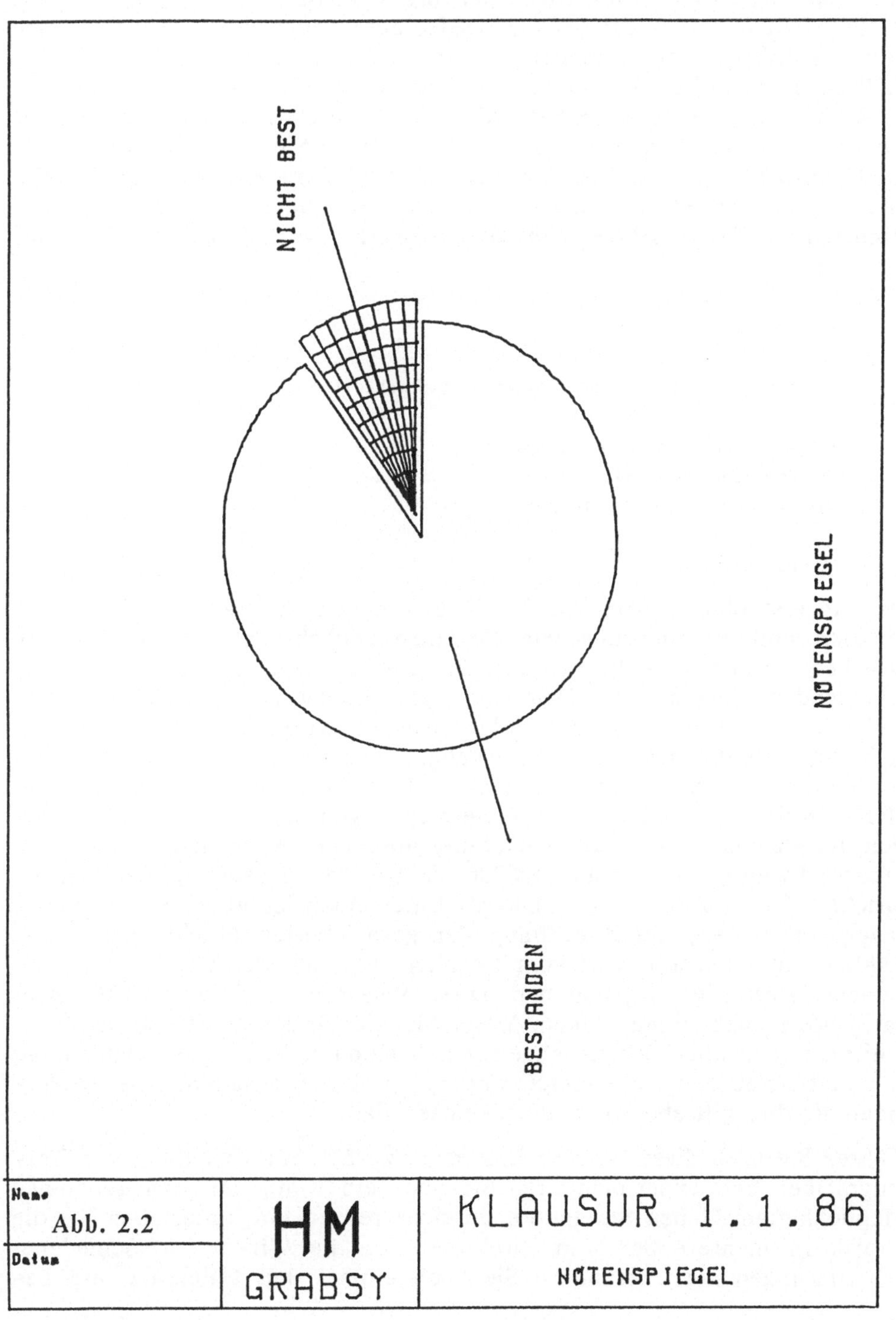

Ist schließlich die Ausgabe der Grafik abgeschlossen und der Zeichenstift
auf seine Ausgangsposition zurückgekehrt, wird das Laufwerk 2 noch eine
Weile arbeiten, bevor das Menue wieder ausgegeben wird. Sehen Sie sich
nun die Inhalte der Datendiskette an: Sie finden dort außer KLAU-
SUR.DAT noch zwei andere Dateien, KLAUSUR.PIC und KLAU-
SUR.PLT. Die erstere enthält die gespeicherte Bildschirmgrafik, die
zweite die fertige Grafik für den Plotter. Gehen Sie nun mit <M> zurück
ins Hauptmenue und wählen Sie <B> für "Bildoperationen" an, den Punkt,
den wir bei der Besprechung des Hauptmenues übergangen hatten. Nach
Einlegen von PLOTGRAF II in das Laufwerk 2 wird folgendes Untermenue angezeigt:

```
Bildoperationen


Bitte wählen Sie eine der folgenden Möglichkeiten:


(L) ==> Grafik laden und zeichnen

(K) ==> mehrere Grafiken kombinieren/verändern

(M) ==> zurück zum Hauptmenue


Sie wünschen? ■
```

Da wir erst eine Grafik zur Verfügung haben, müssen wir die Kom-
bination und Veränderung von Grafiken zunächst etwas zurückstellen.
Drücken Sie also <L>, beantworten Sie die auf dem nächsten Schirm er-
scheinenden Fragen nach Dateiname und Laufwerk mit <KLAUSUR>
und <2> und wählen Sie den Bildschirm als Ausgabegerät. Dieser wird
gelöscht, und die gespeicherte Tortengrafik erscheint zwar nicht Sektor
für Sektor, jedoch wesentlich schneller als vorher. Auch hier muß wieder
<RETURN> zur Rückkehr ins Untermenue gedrückt werden. Lassen Sie
sich die gleiche Grafik auf dem Plotter ausgeben: Auch hier ist die Aus-
gabegeschwindigkeit weitaus größer als bei der Erzeugung der Grafik.
Beachten Sie, daß Sie beide Male als Dateinamen lediglich <KLAUSUR>
angegeben hatten, die Zuordnung der gespeicherten Grafik zum angewählten Ausgabegerät wird vom Rechner aufgrund des Dateiergänzungs-
namens selbsttätig vorgenommen. Diese Vereinfachung für den Benutzer
hat jedoch auch einen Haken: Wenn Sie die Grafik lediglich für Bildschirmausgabe auf Diskette abgelegt haben, dann kann diese Datei nicht
zur Plottersteuerung eingesetzt werden, und Sie erhalten eine Fehlermeldung; dies gilt ebenso im umgekehrten Fall.

Kehren Sie nach dieser kurzen Exkursion zurück zur Erstellung von Tor-
tengrafiken und experimentieren Sie noch ein wenig mit den gebotenen
Möglichkeiten: Geben Sie andere Bereichsgrenzen ein, unterteilen Sie die
Grafik in mehrere Sektoren, probieren Sie die Wirkung verschiedener
Schattierungen aus. Verändern Sie auch einmal den Datensatz und be-

obachten Sie die Auswirkungen dieser Veränderungen auf die Tortenstücke, oder erstellen Sie mehrere Dateien und fassen diese in einer einzigen Tortengrafik zusammen.

Wir wollen uns nun der zweiten Möglichkeit widmen, die PLOTGRAF für die grafische Ausgabe eindimensionaler Daten zur Verfügung stellt. Zur Vorbereitung sollten Sie sich deshalb einen Würfel besorgen und die Augenzahl von möglichst vielen Würfen in einer Datei festhalten: Die zweite Ausgabemöglichkeit, das Histogramm, ist in der Statistik häufig anzutreffen. Ähnlich wie beim Tortendiagramm werden auch hier durch Eingabe einer "Klassenbreite" bzw. einer Anzahl von Klassen bestimmte Bereiche geschaffen, in die die Anzahl der in ihnen enthaltenen Daten eingetragen wird (in unserer Würfel-Datei ist die Klassenbreite gleich 1, da die Ergebnisse beim Würfeln in dieser Abstufung anfallen. Entsprechend kann die maximal sinnvolle Klassenanzahl den Wert 6 nicht übersteigen, weil die Augenzahl nur Werte zwischen 1 und 6 annehmen kann). Da die Bereiche gleich groß sind, werden die Bereichsgrenzen durch eine der beiden Variablen "Klassenanzahl" oder "Klassenbreite" festgelegt. In der Grafik werden diese nicht durch Kreissektoren, sondern durch die Längen von Rechtecken oder Strichen repräsentiert. Je kleiner die Klassenbreiten, desto mehr nähern sich die Werte benachbarter Linien an, bis schließlich eine kontinuierliche Kurve entstanden ist. Bei hinreichend großer Anzahl von Würfen würde man eine waagerechte Linie erhalten, trägt man auf der X-Achse die "Augen" und auf der Y-Achse die Häufigkeiten ab, mit der die einzelnen "Augen" gewürfelt werden. In der Statistik spricht man von einer "Gleichverteilung", da jede Zahl auf dem Würfel die gleiche Wahrscheinlichkeit besitzt. Es gibt zahlreiche weitere statistische Verteilungsmaße; ein relativ häufig anzutreffendes Maß ist die "Normalverteilung" (tritt z.B. bei der Verteilung individueller Intelligenzquotienten in einer großen Gesellschaft von Menschen auf).

Der erzeugte Datensatz, den Sie vielleicht <WUERFEL> benannt haben, ist die Grundlage für unsere weitere Arbeit. Wählen Sie im Untermenue zur Verarbeitung eindimensionaler Daten die Option <H> für "Histogramm". Nach den üblichen Kontrollvermerken auf dem Bildschirm erscheint das Menue:

```
Ausgabe eines Histogramms


Bitte wählen Sie eine der folgenden Möglichkeiten:


(L) ==> Datensatz von Diskette lesen
(P) ==> Plotoptionen verändern
(M) ==> zurück zum Hauptmenue
(I) ==> Inhaltsverzeichnis der Diskette


Sie wünschen? ■
```

Sie sehen also, daß dieses Menue dem der Tortengrafik entspricht. Wählen
Sie <L>, um dann Ihre Datei <WUERFEL> von Laufwerk <2> einzulesen.
Sie gelangen dann wieder in ein Bildschirmarbeitsblatt, das hier den fol-
genden Aufbau hat:

```
Standardoptionen übernehmen ? (J)a (N)ein ■


Ausgabegerät: (B)ildschirm  (D)rucker  (P)lotter


Text 1 (max. 17 Zeichen):
Text 2 (max. 28 Zeichen):


        Rahmen   : (J)a (N)ein                 | (N)ormal
Plotter: Logogramm: (J)a (N)ein  Drucker: Kopie| (V)ergrößert
        Format   : A(4) A(3)                   | (D)oppeldruck


statistische Verteilung einzeichnen:
        (G)außsche Normalverteilung
        (P)oissonverteilung
        (K)eine


    min = 1      max = 6        Klassenbreite:
                               Anzahl der Klassen: 10


fertige Grafik auf Diskette ablegen ? (N)ein (J)a


Ausgabeform: (B)alken  (L)inie    Stichprobenzahl: (R)elativ (A)bsolut
```

Sie haben hier mit der ersten Frage die Möglichkeit, die invers dargestellten Vorschläge des Rechners mit <RETURN> zu übernehmen, ohne
das gesamte Arbeitsblatt bearbeiten zu müssen. Wir wollen uns aber
zunächst die Optionen genauer ansehen.

Die Auswahl des Ausgabegeräts kennen Sie bereits. Neu ist weiter unten
die Möglichkeit, zu Vergleichszwecken eine bestimmte statistische Ver-

teilung über das eigene Histogramm zeichnen zu lassen. Zur Auswahl stehen die Gaussche Normal- und die Poissonverteilung. Zur Bestimmung der Bereiche dient die Frage nach der Anzahl der Klassen bzw. der Klassenbreite. Die Eingaben hierzu sind alternativ, d.h. wenn Sie eine Klassenbreite vorgeben, dann wird die Anzahl der Klassen automatisch berechnet. <RETURN> führt bei dieser Abfrage dazu, daß der Zeiger zur Eingabe der Klassenbreite weiterspringt, wird hier wieder <RETURN> gedrückt, dann erscheint er wieder bei der ersten Frage. Bei Übernahme der Standardoptionen wird die Klassenanzahl auf zehn festgesetzt.

Die nächste Abfrage bezieht sich auf die Ausgabeform. Hier kann zwischen "Balken" und "Linie" gewählt werden. Die erstere Form ist dabei bei geringen Klassenbreiten bzw. einer geringen Anzahl von Bereichen geeigneter, umgekehrt ist die Ausgabe vieler Bereiche als Kurvenzug weitaus übersichtlicher als die Darstellung in einzelnen Rechtecken. Da die Standardoptionen auf eine Klassenanzahl von zehn abgestellt sind, wird hier die Ausgabe in Form von Rechtecken bzw. Balken vorgeschlagen.

Die nächste Option gestattet die Beschriftung der Y-Achse entweder relativ oder absolut. Je nach Wahl kann die Größenangabe der Bereiche also in Prozent der Gesamtpunktzahl oder durch die Anzahl der in ihnen enthaltenen Elemente erfolgen.

Nach diesen Vorbemerkungen sollten Sie in der Lage sein, das Bildschirmformular nach Ihren Wünschen zu bearbeiten. Wählen Sie diesmal den Drucker als Ausgabegerät, um so auch Vergleiche zwischen der Qualität von Plotter- und Druckergrafiken anstellen zu können. Abbildung 2.3a zeigt ein Histogramm, das mit dem im Rechner vorhandenen Zufallszahlengenerator erzeugt wurde (siehe Abschnitt 4.1.2).

Abbildung 2.3

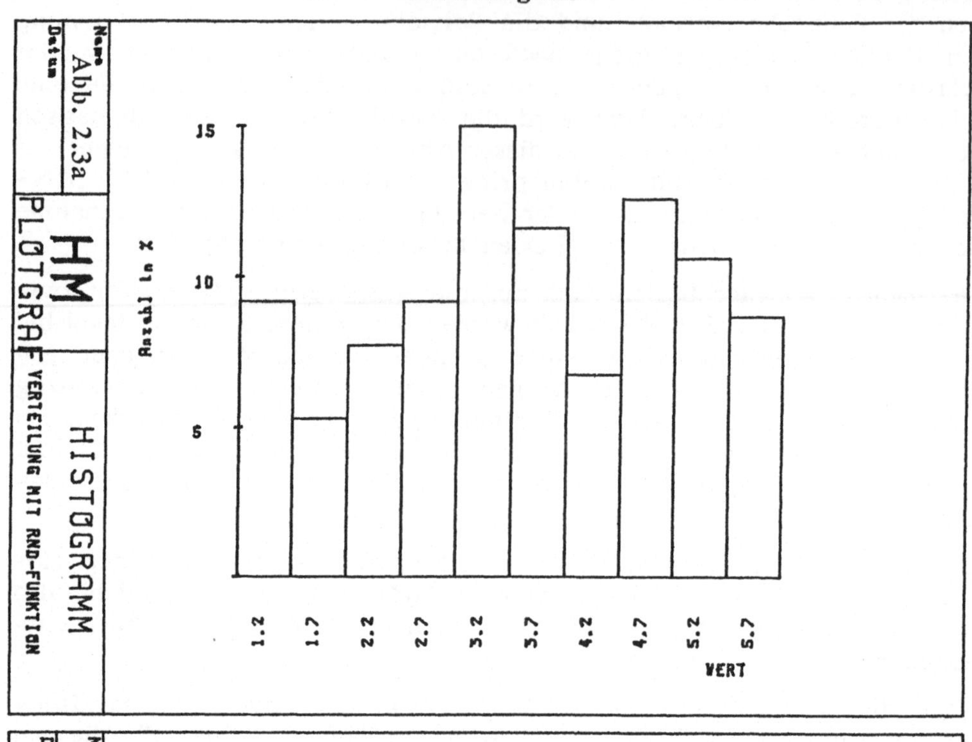

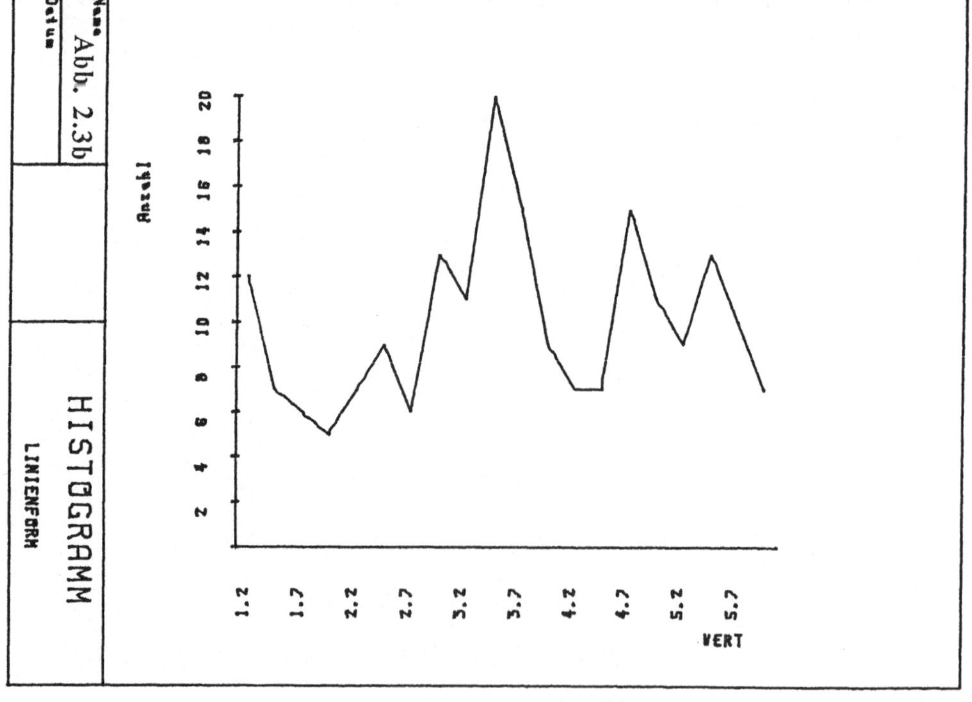

Auch mit der Ausgabeform "Histogramm" sollten Sie ein wenig "spielen", um deren Möglichkeiten kennenzulernen. Die Abbildung 2.3 enthält einige der verschiedenen Optionen.

Fassen wir kurz zusammen: Vor dem Zeichnen einer Grafik muß ein Bildschirmformular bearbeitet werden, mit dem die gewünschten Ausgabeoptionen eingelesen werden. Mit <RETURN> ist dabei die Übernahme einzelner oder aller invers dargestellten Vorgaben möglich. Als Grundsatz sollte jedoch gelten: Vor der Ausgabe auf Drucker oder Plotter sollte die Grafik auf dem Bildschirm überprüft werden.

PLOTGRAF arbeitet mit einer Reihe von Programmen, die in folgender Weise Zugriff auf die Dateien haben:

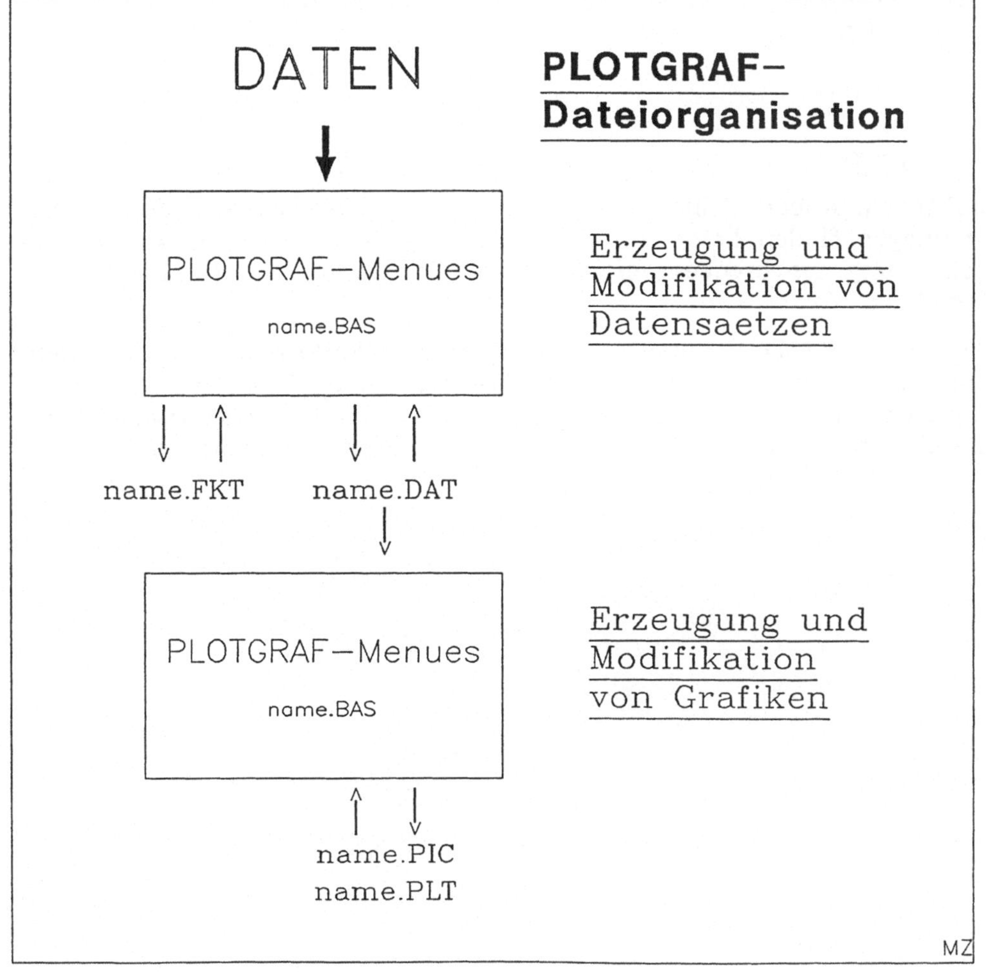

2.4 Zweidimensionale Datensätze

Wir wollen nun den Bereich der eindimensionalen Daten hinter uns lassen und uns den zweidimensionalen Datensätzen zuwenden. Definitionsgemäß gilt auch hier, daß sie aus zweispaltigen Tabellen bestehen. Solche Tabellen entstehen immer dann, wenn zwei Größen in Beziehung zueinander stehen und durch numerische Vorgaben für die eine das Verhalten der anderen Größe beobachtet wird. Die willkürlich eingestellte Variable wird dann als unabhängige, die andere als abhängige Variable bezeichnet. Der Zusammenhang zwischen beiden kann unbekannt sein. Die wohl am häufigsten anzutreffende Beziehung ist die Verknüpfung beider Variablen über eine Funktionsgleichung:

```
y = f(x) ,
```

beide Größen können aber auch von einer dritten Größe, einem Parameter t mit:

```
x = f(t)
```

```
y = f(t)
```

abhängen, wobei "t" hier die unabhängige Variable darstellt. Solche Darstellungen finden besonders oft in den Ingenieurwissenschaften zur Beschreibung des Frequenzverhaltens von Baugruppen ("Ortskurven") Verwendung.

Die grafische Darstellung erfolgt häufig im kartesischen Koordinatensystem, in dem die unabhängige Größe horizontal, die abhängige vertikal aufgetragen wird. Allerdings sind besonders im betriebswirtschaftlichen Bereich die bekannten Torten- bzw. Balkendiagramme gebräuchlich.

Aus diesen Vorbemerkungen folgt, daß der Bereich der zweidimensionalen Datensätze eine hervorragende Stellung innerhalb der Numerik einnimmt. Auch das Programmpaket PLOTGRAF trägt diesem Umstand durch die Tatsache Rechnung, daß es insgesamt sechs Programme zur Erzeugung und Verarbeitung dieser Daten enthält. Diesen Teil von PLOTGRAF anwenden und seine Leistungsfähigkeit beurteilen zu können ist Thema des nun folgenden Abschnitts.

Das erste Beispiel gehört zum Bereich der sogenannten "Businessgrafik", die, wie der Name schon andeutet, vielfach bei der Präsentation kaufmännischer Daten Anwendung findet. Die Daten, die der Grafik zugrunde liegen, sei die Umsatzentwicklung der Firma PLOTGRAF GmbH über sechs Jahre in den folgenden Geschäftszweigen:

```
 Jahr |      Umsatz      |      Umsatz      |         Umsatz
      |  Software/Tsd DM |  Hardware/Tsd DM |  sonstige Aktivitäten
 -----|------------------|------------------|----------------------
 1981 |       3.00       |       5.00       |         1.00
 1982 |       5.25       |       6.50       |         1.50
 1983 |       8.03       |       7.99       |         1.35
 1984 |      11.07       |       9.77       |         2.80
 1985 |      15.34       |      12.60       |         3.00
 1986 |      17.98       |      14.88       |         3.12
```

Diese Daten speichern Sie mit Hilfe des Programmpakets auf Diskette. Gehen Sie also ins Hauptmenue, wählen Sie <Z> für "Verarbeitung zweidimensionaler Daten". Der Rechner zeigt nun folgende Auswahlmöglichkeiten an:

```
Verarbeitung zweidimensionaler Datensätze

Bitte wählen Sie eine der folgenden Möglichkeiten:

(E) ==> Datensatz erstellen, speichern, lesen, verändern
(K) ==> Darstellung im kartesischen Koordinatensystem
(T) ==> Tortengrafik
(B) ==> Balkendiagramm
(I) ==> Interpolation diskreter Wertepaare
(A) ==> Approximation diskreter Wertepaare
(M) ==> zurück zum Hauptmenue

Sie wünschen? ■
```

Wählen Sie nun <E>. Nach den üblichen Bildschirmvermerken gelangen
Sie in folgende Auswahl:

```
Erzeugung und Verarbeitung zweidimensionaler Datensätze

Bitte wählen Sie eine der folgenden Möglichkeiten:

(E) ==> Erstellen eines neuen Datensatzes
(L) ==> Datensatz von Diskette lesen
(A) ==> Datensatz auflisten
(V) ==> Datensatz verändern
(S) ==> Datensatz auf Diskette speichern
(M) ==> zurück zum Hauptmenue
(I) ==> Inhaltsverzeichnis der Diskette

Sie wünschen? ■
```

Diese Zusammenstellung kommt Ihnen sicherlich von der Erstellung eindimensionaler Dateien her bekannt vor. Zur Eingabe der Daten drücken
Sie jetzt nochmals <E>, "Erstellen eines neuen Datensatzes". Sofort
erscheint ein weiteres Menue, das die möglichen Eingabemodi enthält:

```
Erstellung eines zweidimensionalen Datensatzes

Bitte wählen Sie eine der folgenden Möglichkeiten:

(A) ==> automatische Vorgabe der X-Werte

(H) ==> manuelle Eingabe der X-Werte

(F) ==> Berechnung mittels Funktionsgleichung

(P) ==> Berechnung mittels Parametergleichungen

(M) ==> zurück zum Menue


Sie wünschen? ■
```

Da die unabhängigen Variablen (hier die Jahreszahlen) gleiche Abstände besitzen, können Sie diese mit <A> automatisch erzeugen lassen. Auf die Frage des Programms nach Start- und Endwerten sowie den Abständen antworten Sie mit <1981>, <1986> und <1>. Der Bildschirm wird nun gelöscht, es erscheint eine Eingabemaske ähnlich der von der Eingabe eindimensionaler Daten:

```
(K) ==> letzten Punkt korrigieren (M) ==> zurück zum Menue
                        oder Dateneingabe
Punkt 1
  X(I) = 1981
  Y(I) = ■
```

Geben Sie nun alle Werte der Spalte "Umsatz Software" aus der obigen Tabelle, gefolgt von <RETURN>, ein. Bei der Eingabe bestehen wieder die gleichen Korrekturmöglichkeiten, die Sie bereits bei der Erstellung der eindimensionalen Dateien kennengelernt haben: Mit <K> kann die jeweils letzte Eingabe korrigiert werden, die nachträgliche Berichtigung einzelner Werte erfolgt dann mit der Menueauswahl <V>. Allerdings können Sie hier im manuellen Eingabemodus auch Texte in die erste Spalte eingeben, etwa die Bezeichnungen der Monate eines Jahres. Eine weitere numerische Verarbeitung dieser Spalte ist dann selbstverständlich ausgeschlossen, die grafische Ausgabe ist in diesem Fall aber übersichtlicher (siehe Abbildung 2.4d).

Nachdem Sie die Eingabe für 1986 mit <RETURN> abgeschlossen haben, ist der Datensatz vollständig erfaßt, der Rechner zeigt wieder das Menue an. Speichern Sie die Daten nun auf Diskette ab: Ähnlich wie bei eindimensionalen Daten müssen Sie erst Achsentexte, Zusatztext und Filename bzw. Laufwerk-Nr. angeben, bevor das betreffende Laufwerk arbeitet. Bevor Sie die nächste Spalte eingeben, kontrollieren Sie noch die Einga-

ben mit Hilfe der Menueauswahl <A>. Die Auflistung sieht z.B. wie folgt
aus:

```
Datensatz SOFT.DAT
PLOTGRAF: Umsatz Software
Punkt    Jahr    Umsatz/Tsd DM
1        1981         3.00
2        1982         5.25
3        1983         8.03
4        1984        11.07
5        1985        15.34
6        1986        17.98
```

Tragen Sie jetzt die anderen Umsatzreihen auf ähnliche Weise ein und
speichern Sie sie auf der Diskette ab. Gehen Sie dann zurück ins Untermenue "zweidimensionale Datenverarbeitung" und wählen Sie <B>, um ein
Balkendiagramm der Daten zu erzeugen. Es erscheint nun folgendes Menue:

```
Ausgabe eines Säulendiagramms mit Statistik


Bitte wählen Sie eine der folgenden Möglichkeiten:


(L) ==> Datensatz von Diskette lesen
(V) ==> Datensatz verändern
(P) ==> Plotoptionen ändern
(M) ==> zurück zum Hauptmenue
(I) ==> Inhaltsverzeichnis der Diskette


Sie wünschen? ■
```

Abweichend von allen anderen Menues dieser Art findet sich hier die
Option "Datensatz verändern". Sie dient dazu, Aussagen über die Frage
"Was wäre, wenn ... " zu ermöglichen. Zunächst jedoch wählen Sie <L>,
um Ihre Datei(en) von Diskette zu lesen. Auch hier können wieder bis zu
zehn Dateinamen und -laufwerke angegeben werden, die zusammen in einem Diagramm dargestellt werden. Lassen Sie also Ihre drei eben erstellten Dateien einlesen, so daß das Bildschirmarbeitsblatt mit den Plotoptionen erscheint:

```
Standardoptionen übernehmen ? (J)a (N)ein ■

Ausgabegerät: (B)ildschirm (D)rucker (P)lotter

Text 1 (max. 17 Zeichen):
Text 2 (max. 28 Zeichen):


        Rahmen   : (J)a (N)ein              | (N)ormal
Plotter: Logogramm: (J)a (N)ein Drucker: Kopie| (V)ergrößert
        Format   : A(4) A(3)                | (D)oppeldruck


gleitende Durchschnitte ausgeben ?     (J)a (N)ein
Statistik ausgeben ?                   (J)a (N)ein


fertige Grafik auf Diskette ablegen ? (N)ein (J)a


Datensätze (H)orizontal darstellen
           (S)ummieren
           (V)ertikal darstellen
```

Die ersten dieser Optionen kennen Sie bereits von anderen Plotmenues
her. Neu ist hier die Möglichkeit, die Balken oder Säulen mit gleitenden
Durchschnitten zu versehen. Dabei wird für jeden Balken der Durchschnittswert aller bis dahin gezeichneten Balken berechnet und der Verlauf dieser Durchschnitte anschließend als durchgezogene Linie eingezeichnet. Die Ergebnisse einiger statistischer Berechnungen (Extremwerte,
Mittelwert, Varianz, Standardabweichung) können ebenfalls in die Zeichnung aufgenommen werden, bei der Plotterzeichnung werden sie im unteren rechten Bildteil eingeschrieben, der Drucker druckt sie im Anschluß
an die Grafikausgabe, bei der Bildschirmgrafik erfolgt die Ausgabe nach
Aufbau der Grafik und anschließendem Drücken der <RETURN>-Taste.

Die letzte Plotauswahl des Säulendiagramms betrifft den Aufbau der Säulen, wenn der Grafik mehrere Datensätze zugrunde liegen. Um hier eine
bessere Unterscheidung der einzelnen Dateien zu ermöglichen, können Sie
die horizontale Darstellung wählen, bei der die Balken verschiedener Datensätze mit gleichen Werten der ersten Spalte nebeneinander eingezeichnet werden. Diese Ausgabeform wird häufig dann angewendet, wenn die
Dateien nicht in einer unmittelbaren Beziehung zueinander stehen (Beispiel: Entwicklung des Bruttosozialprodukts verschiedener Staaten über
einige Jahre hinweg). Stehen die einzelnen Säulen der Dateien in einem
gewissen Zusammenhang wie in unserem Beispiel, dann bietet sich die
vertikale Darstellung an, bei der die Balken für gleiche X-Werte (im Beispiel: Jahreszahlen) übereinander gezeichnet werden. Schließlich ermöglicht die dritte Option eine summierte Ausgabe, bei der die Balken aus

der Summe der Teilbereiche der einzelnen Dateien berechnet werden. Diese Form läßt kaum Rückschlüsse auf den Beitrag einzelner Dateien auf das Gesamtergebnis mehr zu. Sie bietet sich an, wenn etwa wie in unserem Beispiel die Gesamtumsätze der Geschäftsjahre ohne Berücksichtigung der drei Abteilungen einander gegenübergestellt werden sollen.

Wie in fast allen anderen Bildschirmarbeitsblättern können Sie auch hier die invers dargestellten Vorschläge des Rechners mit <RETURN> übernehmen. Um sich mit den Wirkungen der Wahlmöglichkeiten vertraut zu machen, empfiehlt es sich auch hier wieder, damit etwas zu experimentieren. Die Abbildungen 2.4a - 2.4d zeigen die Ausgabe der oben erstellten Daten mit verschiedenen Ausgabeoptionen.

Abbildung 2.4a – 2.4b

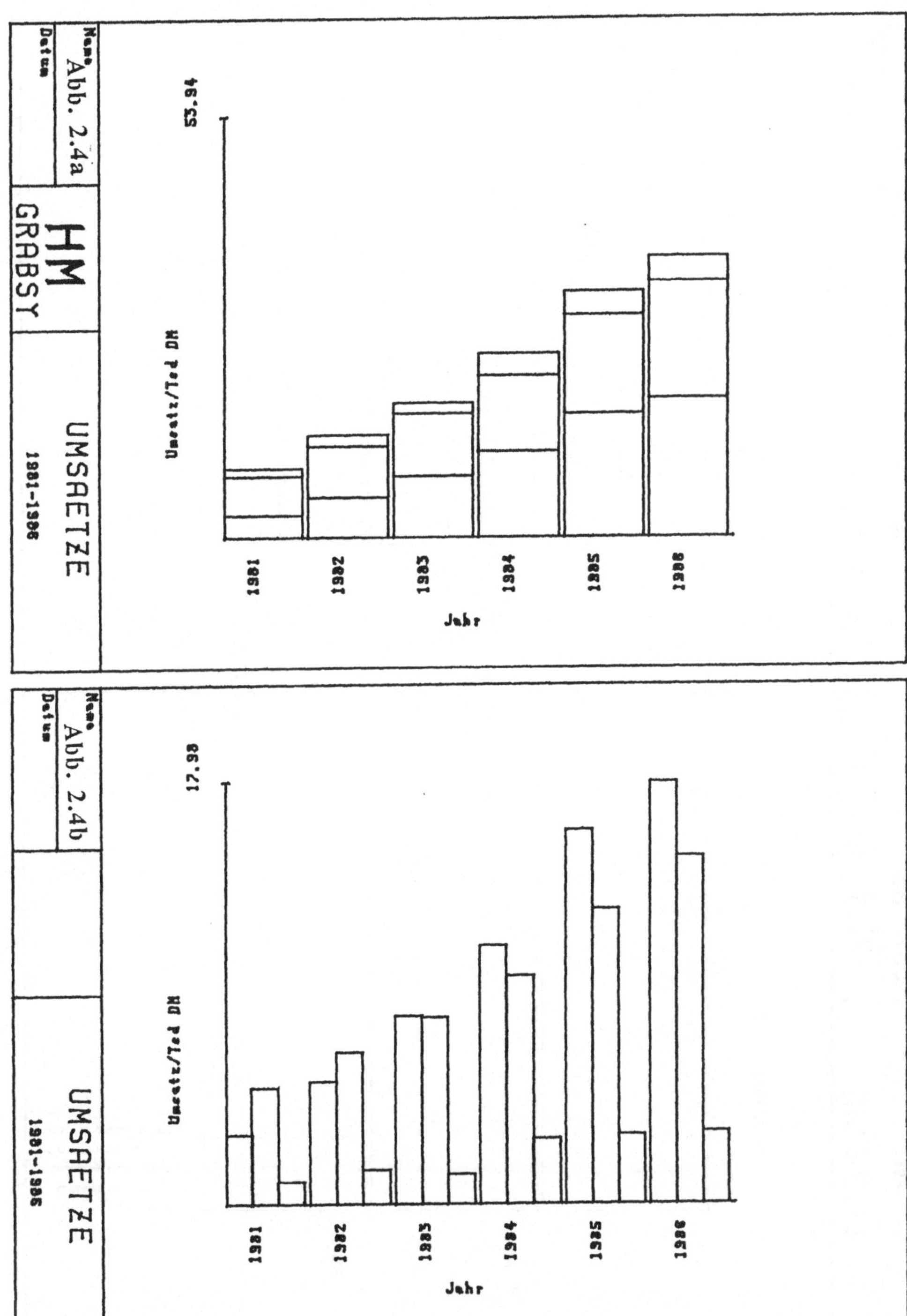

Abbildung 2.4c - 2.4d

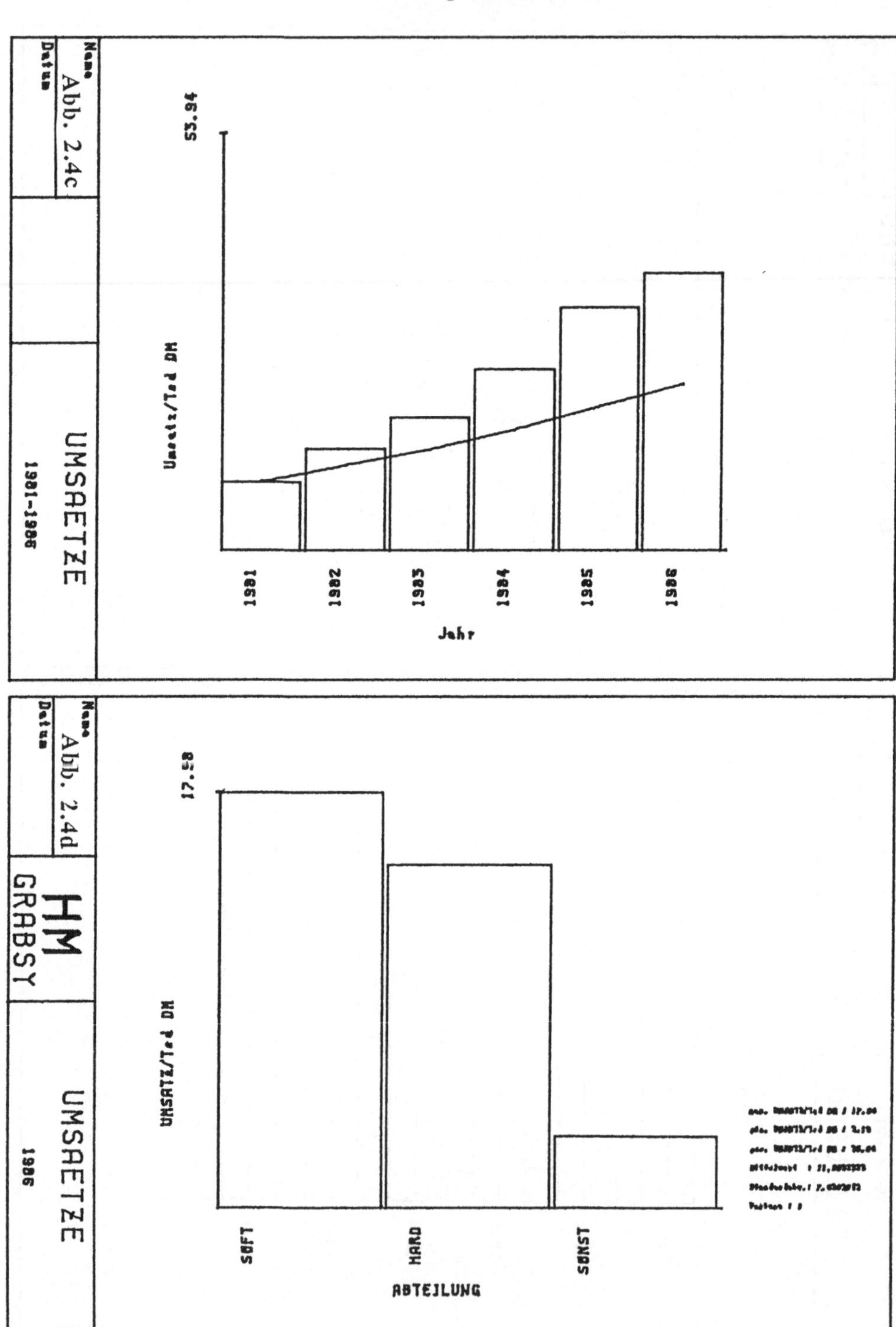

Das nächste Beispiel, mit dem wir uns beschäftigen wollen, kennen Sie in eindimensionaler Form bereits: Die Tortengrafik. Mit zweidimensionalen Daten ist eine solche Darstellung ebenfalls möglich, das entsprechende Bildschirmarbeitsblatt bietet die gleichen Auswahlen, und wir wollen nun den Unterschied zwischen ein- und zweidimensionaler Tortengrafik etwas erhellen.

Wenn Sie den betreffenden Abschnitt durchgearbeitet haben, dann wissen Sie, daß eindimensionale Daten aus einer einzigen Tabellenspalte bestehen. Die Tortengrafik wurde durch Bereichsbildung und anschließendes Einsortieren der Daten in diese Bereiche erstellt. Fiel dabei ein Wert in einen Bereich, so wurde der Bereichszähler inkrementiert, d.h. um eins erhöht. Die Erzeugung einer zweidimensionalen Tortengrafik beruht nun darauf, daß nicht alle Einzelwerte des Werteintervalls einzeln eingegeben werden, sondern schon vorher addiert werden, so daß der Bereichszähler nicht um eins, sondern um die betreffende Summe erhöht wird. Dieses Verfahren ist besonders dann sinnvoll, wenn die Bereiche schon vorgegeben sind. Unser Beispiel soll das verdeutlichen: Im Lager der PLOTGRAF GmbH werden im Rahmen einer Inventur alle Schrauben gezählt. Die Schrauben befinden sich der Größe nach in Kästen. Die Lagerliste sieht folgendermaßen aus:

Durchmesser/mm	Anzahl
1	563
2	1024
3	500
4	2063
5	2058
6	78

Diese Datei besteht aus zwei Spalten und kann daher mit einer zweidimensionalen Tortengrafik dargestellt werden. Die Sortierung in die Bereiche erfolgt hier mit Hilfe der ersten Spalte. Die Gesamtzahl der Schrauben wird als 100% bewertet, die Anzahlen in den einzelnen Bereichen ins Verhältnis zur Gesamtzahl gesetzt und in Form von Kreissektoren ausgegeben. Wie bereits angedeutet, bestehen die gleichen Plotmöglichkeiten wie beim eindimensionalen Pendant. Die folgenden Abbildungen wurden mit einigen der angebotenen Plotoptionen erstellt.

Abbildung 2.5a– 2.5b

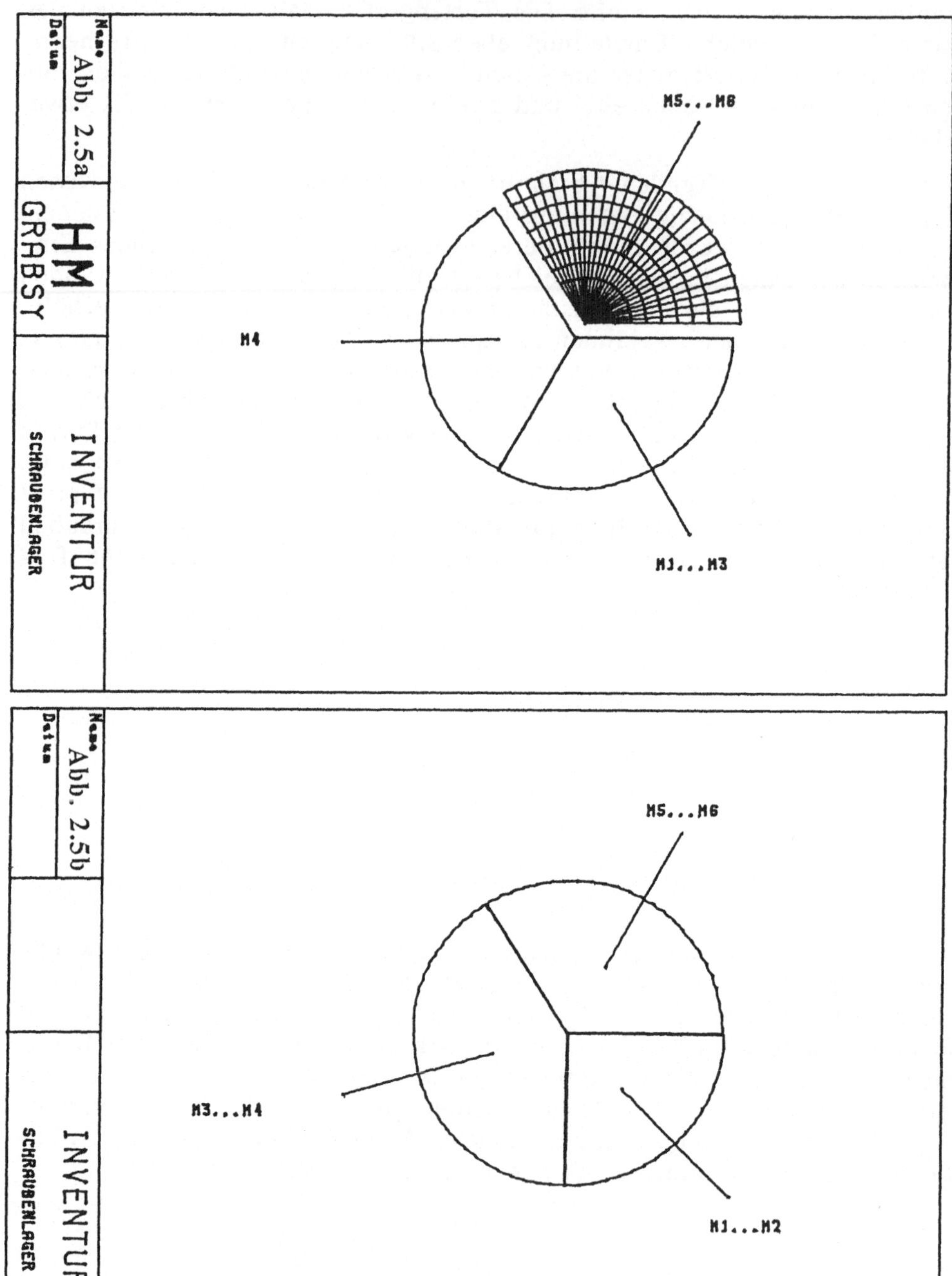

Unser nächstes Beispiel führt Sie in die Grafikausgabe im kartesischen Koordinatensystem ein. Sie erinnern sich vielleicht, daß dieses Koordinatensystem durch zwei rechtwinklig aufeinanderstehende Achsen definiert ist: der X-Achse oder Abszisse und der auch als Ordinate bezeichneten Y-Achse. Der abhängigen Variablen des Datensatzes wird die letztere, der unabhängigen Variablen die X-Achse zugeordnet. Einem Wertepaar aus der Datei entspricht dann genau ein Punkt auf der so aufgespannten Ebene. Diese Ausgabeform ist sicherlich die gebräuchlichste zur grafischen Darstellung zweidimensionaler Daten.

Aus einer Meßreihe eines elektrischen Bauteils sei folgende Tabelle entstanden, die in grafischer Form dargestellt werden soll:

U/mV	I/mA
0	0
1	1
2	4
4	16
5	25
7	49

Gehen Sie also ins Untermenue "Verarbeitung zweidimensionaler Daten". Geben Sie sodann mit Hilfe der "manuellen Eingabe der X-Werte" die oben gezeigte Tabelle ein und speichern Sie diese unter dem Namen <DATEN> auf Diskette ab. Gehen Sie dann mit <M> zurück ins Untermenue, aus dem Sie <K> für "Darstellung im kartesischen Koordinatensystem" auswählen. Lesen Sie mit <L> die eben erstellte Datei wieder ein. Jetzt erscheint das Bildschirmarbeitsblatt für die Plotoptionen auf dem Bildschirm:

```
Standardoptionen übernehmen?  (J)a   (N)ein ■

Ausgabegerät: (B)ildschirm  (D)rucker  (P)lotter

Text 1 (max. 17 Zeichen):
Text 2 (max. 28 Zeichen):

Achsenteilung: (D)ezimal (L)ogarithmisch    Abstände der lin. Teilung:
               X - Achse:                                  X - Achse:
               Y - Achse:                                  Y - Achse:


               Rahmen:     (J)a (N)ein      Achsenbeschriftung:
Plotterausgabe: Logogramm: (J)a (N)ein         X - Achse: U/mV
               Format:     A(4) A(3)           Y - Achse: I/mA


                    (N)ormal
Druckerausgabe: Kopie mit doppelter (D)ruckdichte
                    (V)ergrößert


Betriebsart:    (L)inie   (E)inzelpunkt
Marker setzen:  (N)ein    (J)a

Ausschnittzeichnung: Xmin: 0              Xmax:  7
                     Ymin: 0              Ymax: 49
```

Dieses Arbeitsblatt enthält zahlreiche Auswahlmöglichkeiten, die wir nun im einzelnen durchgehen wollen.

Abhängig vom Wertebereich der Daten kann sich eine lineare oder logarithmische Achsenteilung als sinnvoll erweisen. Erstreckt sich der Bereich über mehrere Zehnerpotenzen, dann würde bei einer linearen Darstellung, d.h. bei äquidistanter Achsenteilung, der Bereich kleiner Zahlen eng gedrängt erscheinen, während große Werte weit auseinanderlägen; die Übersichtlichkeit beider Wertebereiche wäre gering. Eine Form der Abhilfe schafft die logarithmische Achsenteilung, bei der nicht der lineare Wert "n", sondern der Zehnerlogarithmus dieses Werts "log n" in gleichem Abstand auf der Achse aufgetragen wird. Die so erzeugte Darstellung dehnt den unteren Wertebereich, während der obere gewissermaßen gestaucht wird. Dieses Verfahren kann mit der Auswahl in der achten Zeile des Arbeitsblatts auf beide Achsen unabhängig voneinander angewendet werden, so daß die für den jeweiligen Datensatz adäquate Anpassung erreicht wird. Besondere Anwendung findet diese Ausgabeform in der Technik (Beispiel: Übertragungsverhalten von Baugruppen).

Erstrecken sich die Werte jedoch nur über einen kleinen Bereich, so wird man zweckmäßigerweise die lineare Darstellung wählen. Zu diesem Zweck macht der Rechner in den letzten Spalten des oberen Bildschirmteils Vorschläge für die Distanz der Achsenteilung. Mit <RETURN> können diese Vorschläge übernommen werden, aber auch die Eingabe eigener Werte ist zugelassen.

Die Vorgaben für die Beschriftungen der X- und Y-Achsen ermittelt der Rechner aus den Texteingaben, die beim Abspeichern des jeweiligen Datensatzes gemacht wurden. Auch sie können mit <RETURN> übernommen oder geändert werden.

Die nächste Wahlmöglichkeit besteht zwischen den Betriebsarten "Linie" oder "Einzelpunkt" und der Ausgabe eines Markers bzw. zentrierten Symbols. Je nach Anzahl der Daten kann sich die eine oder die andere Darstellungsart als vorteilhaft erweisen: Befinden sich sehr viele Daten in der Datei, die Sie plotten lassen wollen, dann kann die Betriebsart "Einzelpunkt" ohne Ausgabe eines zentrierten Symbols auf dem Bildschirm Vorteile gegenüber der Ausgabe einer durchgezogenen Linie bieten, da die Einzelpunkte erkennbarer erscheinen als eine bloße Linie. Der Plotter ist jedoch für die Ausgabe vieler Werte in Linienform geradezu prädestiniert, da die Auflösung der Plotterfläche um ein Vielfaches höher liegt als auf dem Bildschirm. Umgekehrt muß der Stift hier für jeden Einzelpunkt abgesenkt und wieder angehoben werden, wodurch die Spitze des Stifts, soweit es sich um einen üblichen Faserstift handelt, innerhalb kurzer Zeit verschlissen ist. Vorteilhaft bei der grafischen Ausgabe einiger weniger Werte ist jedoch die Betriebsart "Einzelpunkt" in Verbindung mit dem Einzeichnen zentrierter Symbole. Dies trifft besonders dann zu, wenn in der Grafik mehrere Dateien unterschieden werden müssen. PLOTGRAF unterstützt zwar die Möglichkeit, für jede Datei eine andere Farbe zu wählen. Verfügt Ihr Ausgabegerät jedoch nur über eine Farbe, dann erweist sich die Option "Marker setzen" als hilfreich, da hier zur Kennzeichnung eines jeden Datensatzes ein anderes zentriertes Symbol verwendet werden kann.

Eine interessante Möglichkeit schließlich befindet sich im unteren Teil des Bildschirms: Die Option "Ausschnittzeichnung". Im Regelfall werden hier die absoluten Extremwerte der ausgewählten Dateien angezeigt, die gleichzeitig als Zeichengrenzen dienen: Mit <RETURN> übernommen erstrecken sich die gezeichneten Werte in der Horizontalen von Xmin bis Xmax, in der Vertikalen von Ymin bis Ymax. Um jedoch die detaillierte Darstellung einzelner Bereiche oder die Anpassung an vorher gezeichnete Grafiken zu ermöglichen, können die angezeigten Werte beliebig verändert werden. Die Skalierung der Zeichnung erfolgt dann nach den eingegebenen Zeichengrenzen.

Experimentieren Sie ein wenig mit den angebotenen Möglichkeiten, erstellen Sie andere Dateien, die sich über einen größeren Wertebereich
hinziehen, und plotten Sie diese mit logarithmischer und linearer
Achsenteilung, um sich die Vor- und Nachteile verschiedener Darstellungsformen bewußt zu machen. Die abgebildeten Grafiken (Abbildungen
2.6a - 2.6d) wurden mit einigen dieser Optionen erstellt.

Abbildung 2.6a – 2.6b

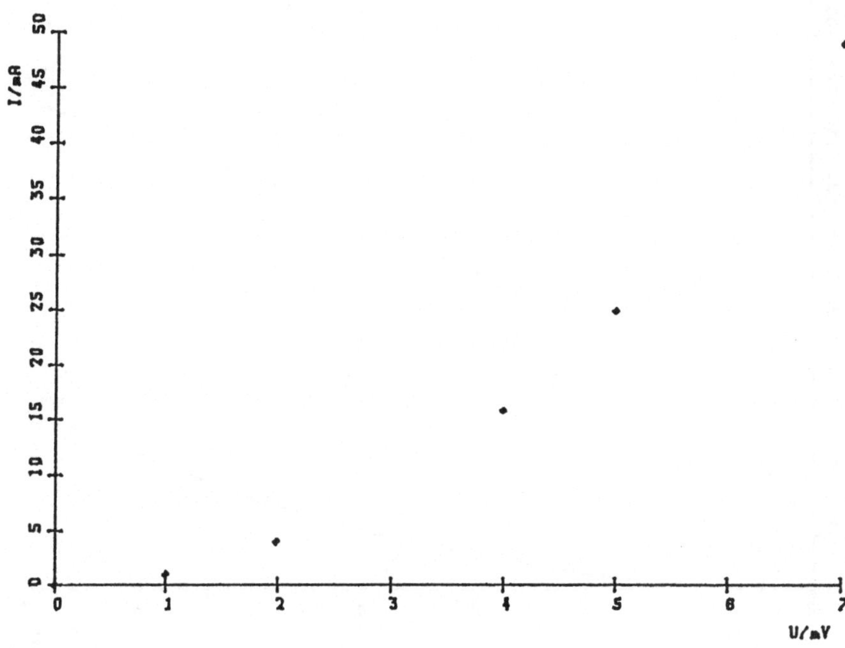

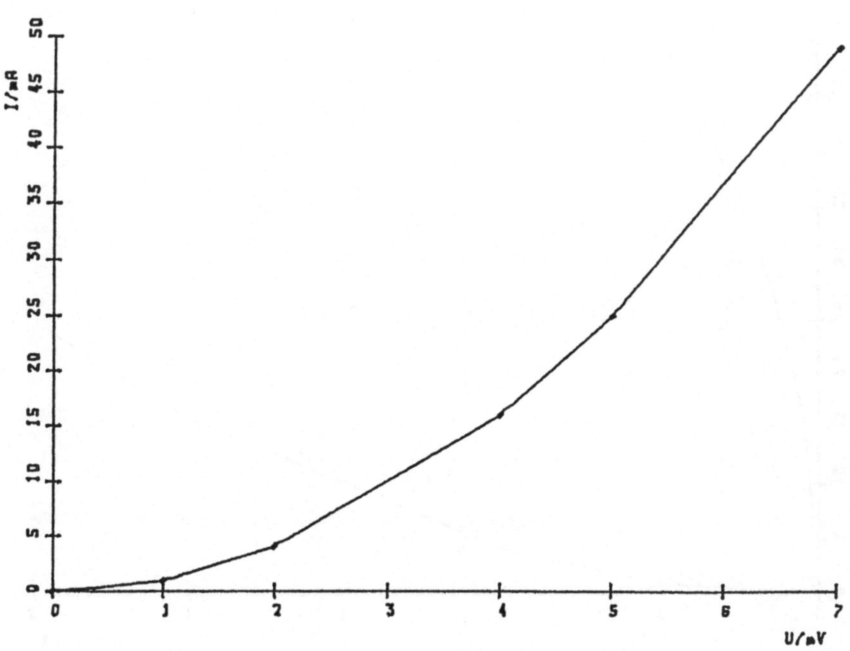

Abbildung 2.6c - 2.6d

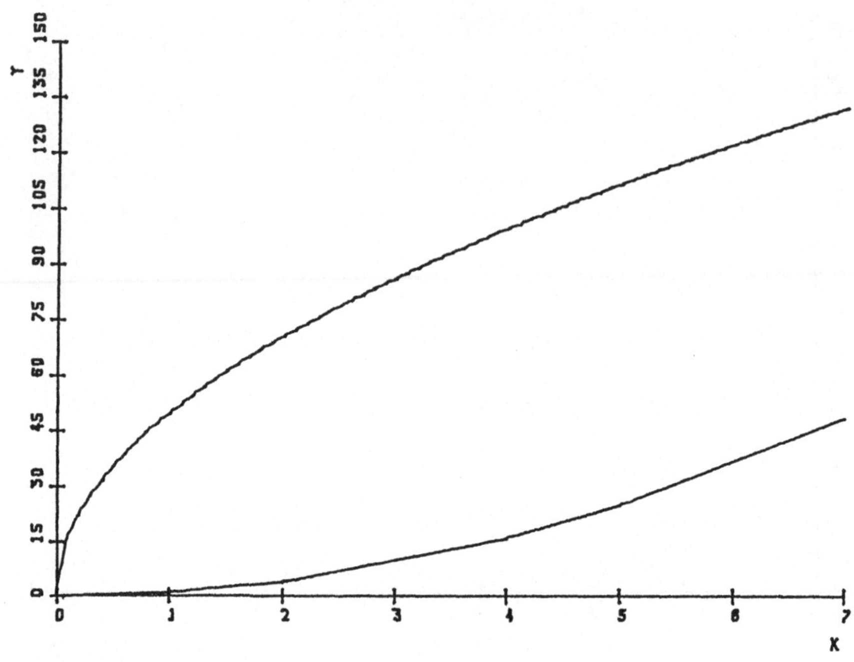

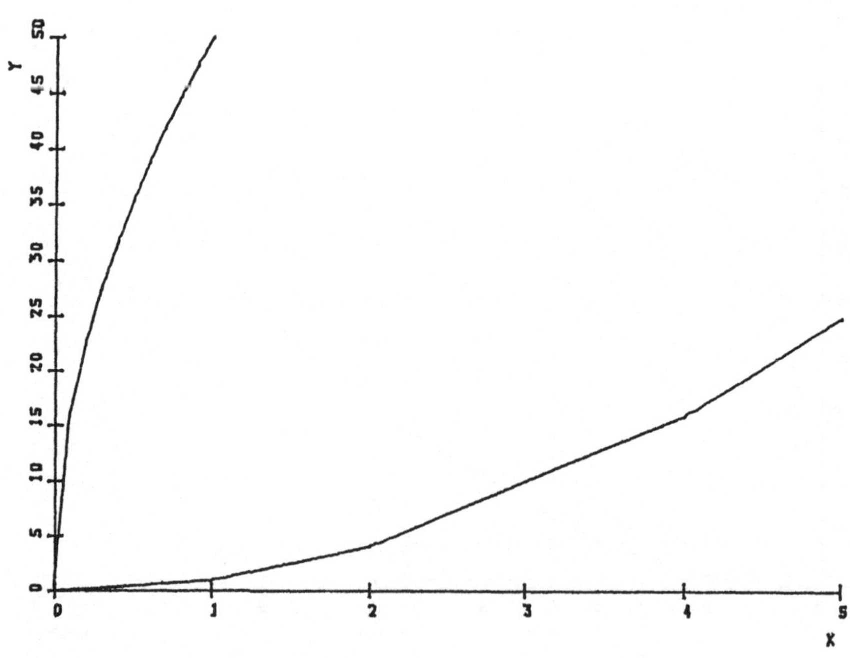

Die Zeichnungen der vorigen Seite weisen eine gemeinsame Schwäche auf. Bei jeder Datensatzkoordinate treten Knickstellen im Kurvenverlauf auf, Unstetigkeiten also, die in dieser Form nicht vorkommen dürften. Diese Knickstellen werden durch die Verbindungslinien der Datensatzkoordinaten erzeugt, die rechts und links der Punkte verschiedene Steigungen aufweisen.

Bei Betrachtung der Kurvenverläufe wird ein weiteres Problem sichtbar. Offenbar stehen die Y-Koordinaten in einer bestimmten Abhängigkeit zu den zugehörigen X-Koordinaten. Nur bei den fehlenden Werten für U = 3 mV und U = 6 mV weicht der tatsächliche vom erwarteten Verlauf ab. Das Problem, für diese Abszissenwerte zugehörige Ordinaten zu berechnen, oder allgemeiner, bei einem vorhandenen Datensatz Zwischenwerte einzufügen, wird Interpolation genannt. Eine Interpolation unseres Beispieldatensatzes hätte also zum einen den Effekt, daß innerhalb der Bildungsgesetzmäßigkeit die fehlenden Ordinatenwerte verfügbar wären, zum andern würden die Verbindungslinien bei steigender Anzahl der Zwischenschritte immer kürzer, so daß der Eindruck eines glatten Kurvenzugs entstünde: Beide Schwierigkeiten wären in einem Arbeitsgang aus dem Weg geräumt.

PLOTGRAF bietet eine solche Interpolationsmöglichkeit, die im Untermenue "Verarbeitung zweidimensionaler Daten" mit <I> angewählt werden kann. Nach dem üblichen Vermerk auf dem Bildschirm, daß das Programm DATASP geladen werde, befinden Sie sich im Menue "Interpolation zweidimensionaler Daten":

```
Interpolation von diskreten Funktionswerten mit kubischen Splines


Bitte wählen Sie eine der folgenden Möglichkeiten:


    (E) ==> Erstellen eines neuen Datensatzes
    (A) ==> Datensatz auflisten
    (S) ==> Datensatz auf Diskette ablegen
    (M) ==> zurück zum Hauptmenue
    (I) ==> Inhaltsverzeichnis der Diskette


Sie wünschen? ■
```

Die Überschrift sollte Sie nicht weiter verwirren: Mit "diskreten Funktionswerten" sind einfach jene Werte gemeint, die Sie vorher empirisch oder meßtechnisch gewonnen haben. Das Programm arbeitet mit einer mathematischen Methode, die "kubische 'Spline'-Interpolation" genannt wird.

Außer den Optionen "Datensatz von Diskette lesen" und "Datensatz verändern" sind hier die gleichen Wahlmöglichkeiten aufgeführt, die Ihnen in jedem Menue, mit dem Sie Datensätze erstellen können, zur Verfügung stehen. Der Text "Erstellen eines neuen Datensatzes" weist darauf hin, daß der Originaldatensatz bei der Interpolation unverändert bleibt, daß aber eine neue Datei mit allen Zwischenwerten erzeugt wird, die selbstverständlich auch einen neuen Namen erhalten muß. Tippen Sie also <E>, um die vorhandenen Meßwerte zu interpolieren. Es erscheint folgender Hinweis:

```
Erstellung eines Datensatzes


Zur Interpolation ist eine Anzahl von Stützstellen (min. 3, max. 50) erfor-
derlich. Wie soll die Dateneingabe erfolgen ?


(M) ==> manuell über die Tastatur      (D) ==> von Diskette laden ■
```

Da im allgemeinen nur einige wenige Werte vorliegen, wurde hier die Möglichkeit geschaffen, diese Werte manuell einzugeben, um den zeitraubenden Aufruf des Menues "Erstellung zweidimensionaler Datensätze" zu umgehen. Die Art und Weise der manuellen Dateneingabe unterscheidet sich im übrigen nicht von der in jenem Programm. Falls die Daten bereits eingegeben wurden, können sie jedoch zur Weiterverarbeitung mit der zweiten Möglichkeit eingelesen werden, wie das in unserem Beispiel der Fall ist. Geben Sie also <D> ein und beantworten Sie wie gewohnt die Fragen nach dem 'File'-Namen und Laufwerk. Danach wird der Bildschirm gelöscht und der Rechner verlangt die Eingabe der Schrittweite für die Interpolation:

```
Xmin = 0   Xmax = 7


Schrittweite für die Interpolation (max 0.0035): ■
```

Der Maximalwert 0.0035 (der eigentlich ein Minimalwert ist), wird vom Programm berechnet, da maximal 2000 Zwischenwerte errechnet werden können: 0,0035 = 7/2000. Geben Sie deshalb eine Schrittweite an, die nicht kleiner als der angegebene Maximalwert ist, z.B. <0.1>. Der Bildschirm zeigt jetzt folgendes an:

```
Eingabe der Glättungsfaktoren

Die Eingabe eines Glättungsfaktors kann für einen bestimmten Wertebereich
oder den gesamten Datensatz erfolgen. Mit '0' wird keine Glättung durchge-
führt, bei '10' werden die Punkte annähernd durch eine Gerade verbunden.

Bitte wählen Sie eine der folgenden Möglichkeiten:

(I) ==> einzelne Glättungsfaktoren in Teilintervallen
(G) ==> Glättungsfaktor für den gesamten Datensatz

Sie wünschen? ■
```

PLOTGRAF bietet Ihnen hiermit die Möglichkeit, bei stark variierenden
Ordinatenwerten eine "Glättung" des Kurvenverlaufs zu bewirken, indem
Sie für die Glättungsfaktoren Werte zwischen null und zehn vorgeben. Da
unser Datensatz eine relativ gleichmäßige Steigung aufweist, begnügen wir
uns mit dem mittleren Glättungsfaktor 5 für den gesamten Datensatz
(<G> und <5> eingeben). Nun erscheint folgender Hinweis

```
  B I T T E   W A R T E N  !

Berechnung der Funktionswerte
```

und nach einiger Zeit befinden Sie sich wieder im Menue. Überzeugen
Sie sich, daß tatsächlich Zwischenwerte ermittelt wurden, indem Sie sich
den neu erzeugten Datensatz auflisten lassen. Legen Sie die Daten dann
auf Diskette ab, gehen Sie zurück ins Untermenue und lassen sich zunächst den Originaldatensatz mit der Betriebsart "Einzelpunkt" und "Marker setzen" ausplotten, danach die neue Datei als durchgezogene Linie
ohne Marker (siehe Abbildung 2.7). Die Vor- und Nachteile der Interpolation sind offensichtlich.

Abbildung 2.7

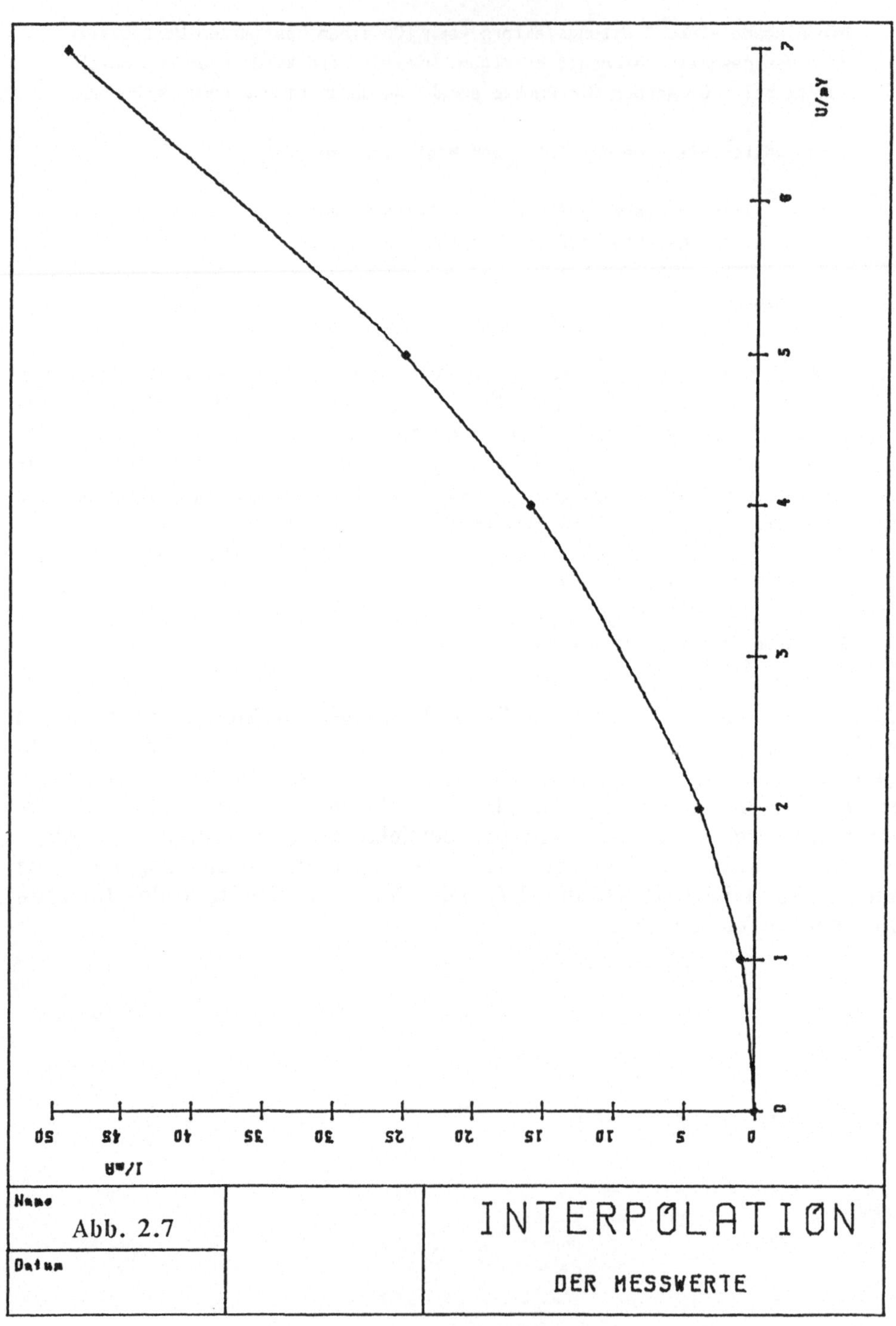

Um nun die eben kurz angesprochene Glättung zu demonstrieren, kehren Sie zurück ins Untermenue und wählen dort die Option <E>, um so wieder ins Menue "Erstellung zweidimensionaler Datensätze" zu gelangen. Verändern Sie nun einen Wert Ihrer manuell eingegebenen Datei, z.B. Punkt 3:

Tippen Sie <L>, um die Datei einzulesen, dann nach Eingabe von Dateiname und Laufwerk <V>. Der Rechner fragt nun erwartungsgemäß nach dem Punkt, den Sie verändern wollen; drücken Sie jetzt eine <3>. Behalten Sie den angezeigten X-Wert bei, indem Sie den Zeiger mit der rechten Pfeiltaste über die "2" führen, und anschließend <RETURN> drücken, ändern Sie den Y-Wert von "4" auf <20>. Kehren Sie nun zurück zum Untermenue und interpolieren Sie den geänderten Datensatz nochmals mit den gleichen Optionen (insbesondere dem konstanten Glättungsfaktor) wie oben gezeigt. Wenn Sie danach die so erzeugte Datei ausplotten lassen, erhalten Sie eine Grafik ähnlich Abbildung 2.8. Es fällt auf, daß der Kurvenzug um den veränderten Punkt herum etwas schwingt und auch im weiteren Verlauf von der beim ersten Interpolationsdurchgang erzeugten Kurve abweicht, obwohl nur ein einziger Wert verändert wurde.

Abbildung 2.8

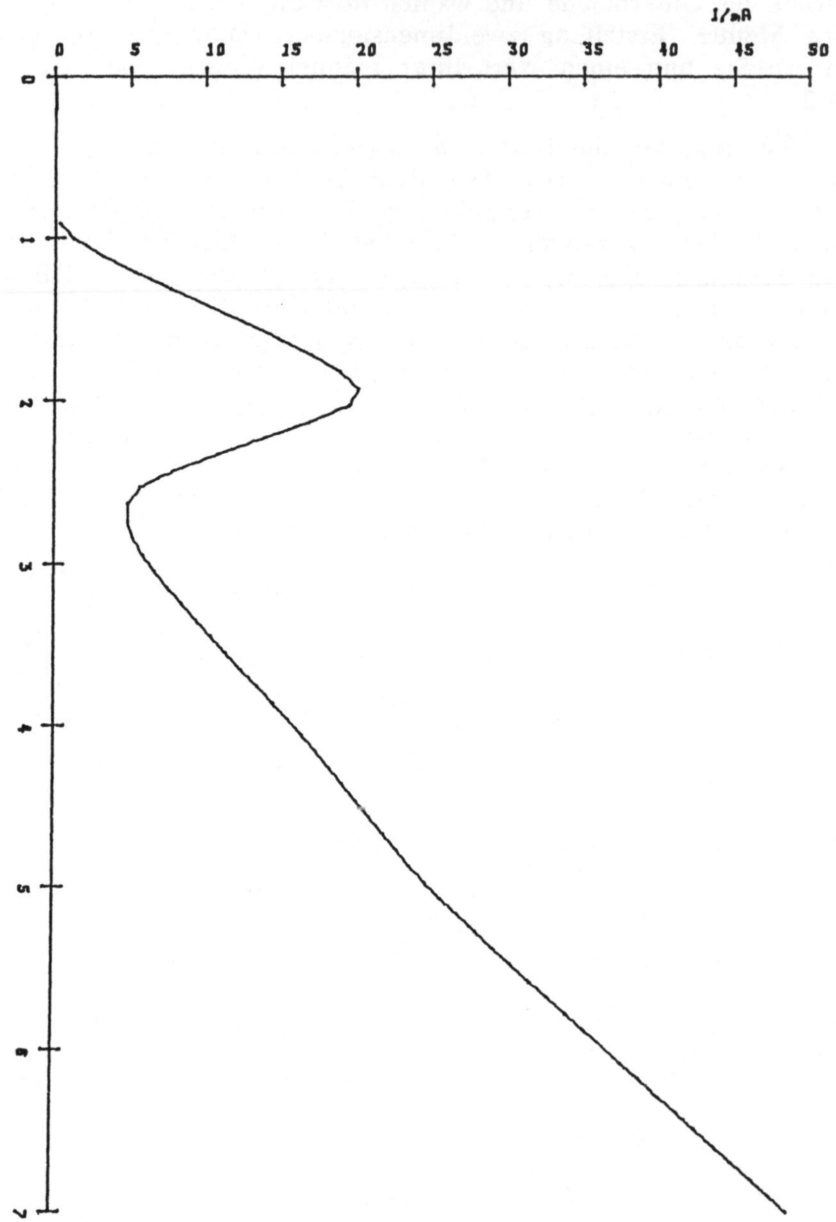

Abbildung 2.8

Diese Abweichung rührt vom verwendeten Interpolationsverfahren her, kann aber durch die erwähnte Glättung wieder "korrigiert" werden. Rufen Sie erneut das Menue "Interpolation zweidimensionaler Daten" auf, interpolieren Sie den veränderten Datensatz ein zweites Mal und antworten Sie bei der Wahlmöglichkeit:

```
(I) ==> einzelne Glättungsfaktoren in Teilintervallen

(G) ==> Glättungsfaktor für den gesamten Datensatz
```

nun mit <I>. Sofort erscheint folgender Bildschirminhalt:

```
X(1) = 0    Y(1) = 0
X(2) = 1    Y(2) = 1
X(3) = 2    Y(3) = 20
X(5) = 5    Y(5) = 25
X(6) = 7    Y(6) = 49


Glättungsfaktor im Bereich X ( 1) bis X ( 2): ■
```

Geben Sie für den ersten Bereich den Wert <5> ein und dann zweimal <10>, um die Schwingung um den "Ausreißer" herum stark zu dämpfen. Die restlichen Glättungswerte setzen Sie wieder auf <5>. Nach Berechnung und Abspeicherung der interpolierten Datei plotten Sie diese wieder mit der Betriebsart "Linie" und ohne zentrierte Symbole aus. Der Vergleich mit der früheren Grafik zeigt erwartungsgemäß eine starke Dämpfung der Schwingung; der Kurvenzug verläuft abgesehen vom Anfangsbereich annähernd wie die Originalkurve (Abbildung 2.9).

Abbildung 2.9

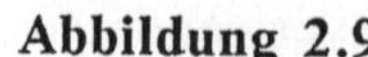

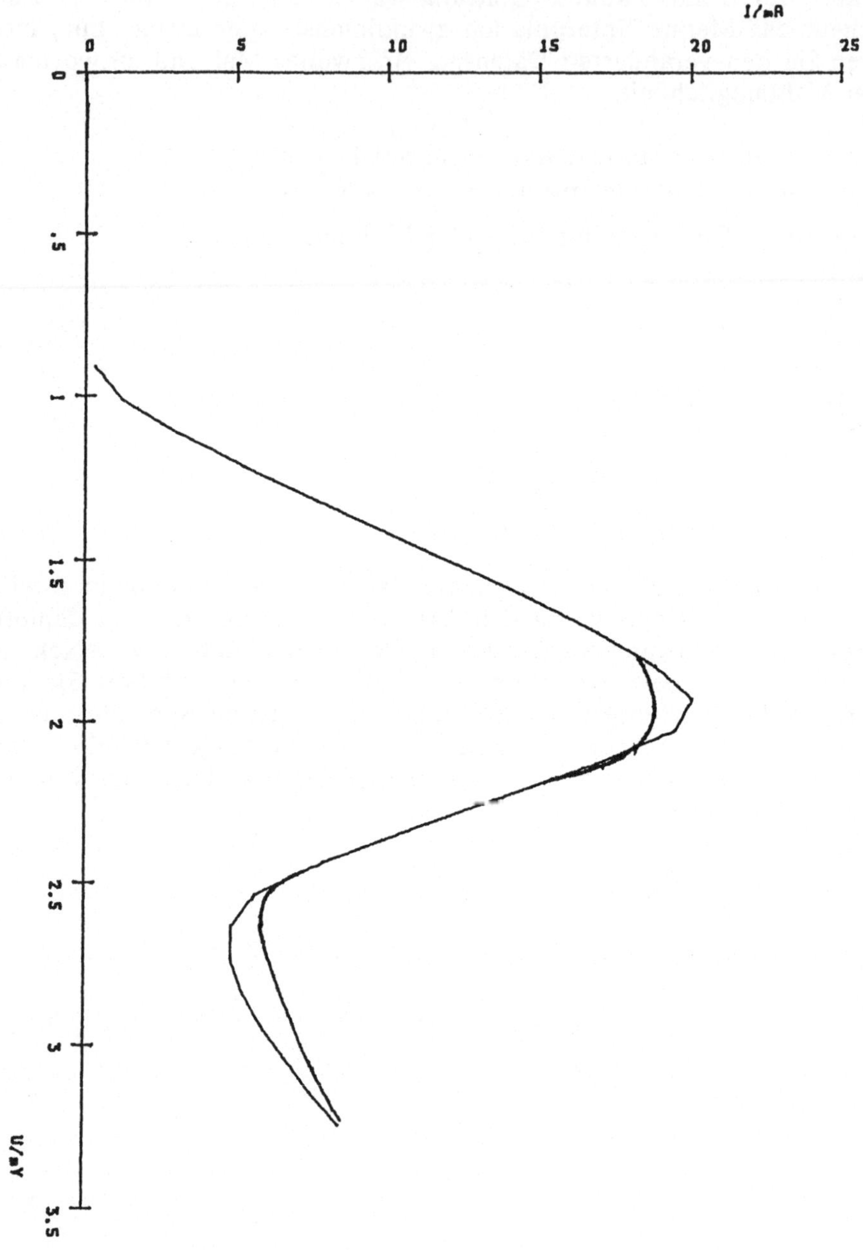

Auf den vorigen Seiten wurde die Abweichung vom gemessenen Wert bei U = 2 mV absichtlich erzeugt, um die Wirkung der Glättungsmöglichkeit zu demonstrieren. Es stellt sich jetzt die Frage nach der Beeinflußbarkeit des Kurvenverlaufs bei unbeabsichtigten Meßfehlern oder -ungenauigkeiten. Offenbar kann dieses Problem mit Hilfe dieser Form der Interpolation nicht gelöst werden, da hierbei der Kurvenzug durch jeden gegebenen Punkt hindurchführt; eine Beeinflussung ist lediglich zwischen den Stützstellen möglich.

Eine Lösungsmöglichkeit ergibt sich mit einer anderen Form der Approximation: der Regression. Bei diesem Verfahren wird der Datensatz durch einen Kurvenverlauf angenähert, der aus dem Graphen einer bestimmten Funktionenklasse besteht, wobei deren Koeffizienten bestmöglich an die vorhandenen Daten angepaßt sind. Ist die Größenordnung des Meßfehlers bekannt, kann mit Hilfe der Approximation eine gewisse Gewichtung dieses Fehlers im resultierenden Kurvenzug vorgenommen werden.

Das PLOTGRAF-Menue, das dieses Approximationsverfahren verwaltet, wird aus dem Untermenue "Verarbeitung zweidimensionaler Daten" mit <A> aufgerufen. Es meldet sich mit folgendem Bildschirminhalt:

```
Approximation von diskreten Funktionswerten mit kubischen Splines


Bitte wählen Sie eine der folgenden Möglichkeiten:


(E) ==> Erstellen eines neuen Datensatzes
(A) ==> Datensatz auflisten
(S) ==> Datensatz auf Diskette ablegen
(M) ==> zurück zum Hauptmenue
(I) ==> Inhaltsverzeichnis der Diskette


Sie wünschen? ■
```

Es handelt sich also wieder um das gleiche Menue wie bei der Interpolation. Auch das weitere Vorgehen ist ähnlich. Nachdem Sie <E> gedrückt haben, müssen Sie wieder angeben, ob die Daten von der Tastatur oder von Diskette gelesen werden sollen. Anschließend erfolgt die Eingabe von Gewichtungsfaktoren, die zwischen null und zehn liegen und den Einfluß einzelner Wertepaare auf den zu berechnenden Kurvenzug numerisch erfassen. "10" bedeutet eine starke Gewichtung und "0" ist die schwächste Gewichtung. Auch hier kann wieder ein konstanter Wert vorgegeben werden, der für den gesamten Datensatz gilt.

Approximieren Sie also den modifizierten Datensatz, indem Sie in den Bereichen X(2) bis X(3) und X(3) bis X(4) eine Gewichtung von <0> vorgeben und alle anderen Bereiche auf <5> setzen. Sehen Sie sich die resultierende Grafik (Abbildung 2.10) an und vergleichen Sie sie mit den interpolierten Kurven. Experimentieren Sie auch mit dem konstanten Wert "10".

Abbildung 2.10

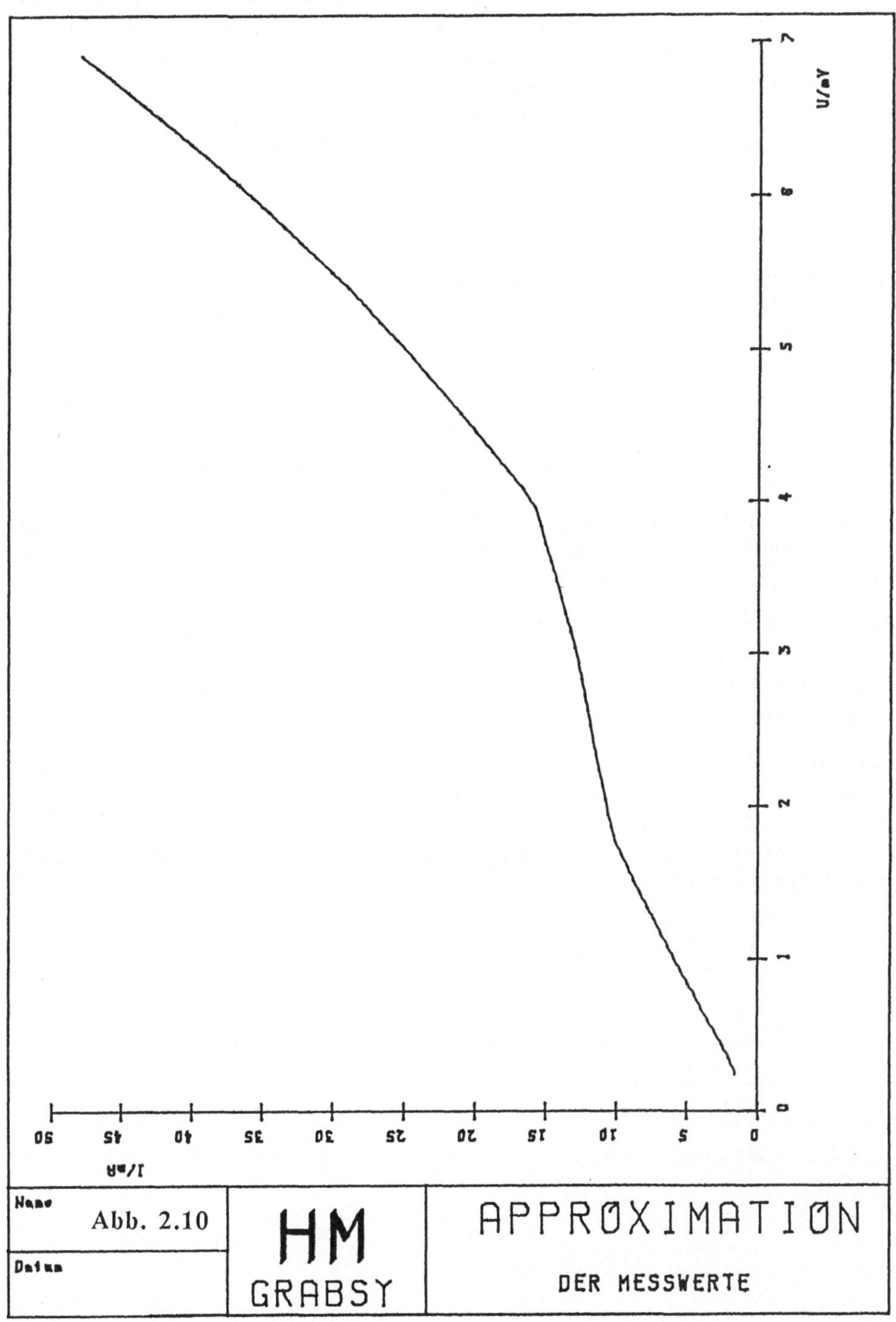

Wenn Sie noch einige andere Datensätze interpoliert bzw. approximiert haben, so haben Sie sicherlich festgestellt, daß der zeitliche Aufwand für diese Operationen stark von der Anzahl der Daten abhängt. Die Maximalzahl der Eingabedaten wurde deshalb auf 50 begrenzt. Wenn Ihre Datei also mehr als 50 Punkte enthält oder wenn Sie versehentlich versucht haben, eine bereits interpolierte Datei nochmals zu interpolieren, dann erhalten Sie beim Einlesen dieses Datensatzes die Meldung:

```
Es befinden sich xx Punkte im angegebenen Datensatz. Zur Interpolation wer-
den deshalb nur die ersten 50 Punkte eingelesen.
```

Sollten Sie also sehr große Dateien interpolieren bzw. approximieren wollen und reichen Ihnen die maximal möglichen 2000 Punkte nicht aus, die bei jedem Durchgang erzeugt werden, dann können Sie sich wie folgt behelfen. Unterteilen Sie ihren Datensatz in Blöcke von jeweils maximal 50 Punkten, wobei sich zur Vermeidung von Knick- oder Sprungstellen in der späteren Grafikausgabe die ersten und letzten Werte jeweils im letzten bzw. nächsten Block überlappen sollten. Speichern Sie diese Blöcke auf Diskette und interpolieren bzw. approximieren Sie alle Blöcke einzeln. Auf diese Weise können praktisch beliebig viele Zwischenwerte erzeugt werden. Allerdings wird die Größe einer so erzeugten Datei durch die Speicherkapazität des verwendeten Speichermediums begrenzt.

Bisher haben wir uns nur mit manuell oder halbautomatisch erstellten zweidimensionalen Datensätzen beschäftigt, die bei Meßreihen anfallen. Wie aber können mit PLOTGRAF Daten verarbeitet werden, die in analytischer Form etwa als Funktionsgleichung vorliegen?

Sicherlich haben Sie im Menue "Erzeugung zweidimensionaler Datensätze" die Option "Datensatz mit Funktionsgleichung berechnen" bemerkt. Rufen Sie also das Untermenue "Verarbeitung zweidimensionaler Daten" auf und geben Sie zweimal <E> ein, um eine Datei zu erzeugen. Sie befinden sich jetzt in folgendem Menue:

```
Erstellung eines zweidimensionalen Datensatzes


Bitte wählen Sie eine der folgenden Möglichkeiten:


(A) ==> automatische Erzeugung der X-Abstände
(H) ==> manuelle Erzeugung der X-Abstände
(F) ==> Datensatz mittels einer Funktionsgleichung berechnen
(P) ==> Datensatz mittels zweier Parametergleichungen berechnen
(M) ==> zurück zum Hauptmenue
(I) ==> Inhaltsverzeichnis der Diskette


Sie wünschen? ■
```

Drücken Sie nun <F>, um eine Funktionsgleichung eingeben zu können.
Sofort wird folgende Information auf dem Bildschirm sichtbar:

```
Berechnung mit einer Gleichung


Tippen Sie die gewünschte Gleichung in der allgemeinen Form


                         Y = f (X)

nachstehend ein.


Verwenden Sie dabei die BASIC-Notation mit den Ausdrücken SIN, COS, TAN,
ATN, EXP, LOG, SQR, ABS, INT, SGN, RND, +, -, *, /, ^, =. Die Gleichung darf
maximal 230 Zeichen enthalten.


Sie können aber auch mit <RETURN> die zuletzt von Ihnen eingegebene Glei-
chung verwenden.


Vordefinierte Konstanten:
PI = 3.1415926


Gleichung für Y:
■
```

Wenn Sie sich in der Programmiersprache BASIC bereits auskennen, dann
bereitet Ihnen die Eingabe der Gleichung sicherlich keine Schwierigkeiten. Folgende Tabelle gibt Aufschluß über die möglichen Operationen:

Bedeutung der Kurzzeichen

```
+           Addition
-           Subtraktion
*           Multiplikation
/           Division
^           Potenzierung
=           Gleichsetzung
SIN (x)     Sinus des Arguments x
COS (x)     Cosinus des Arguments x
TAN (x)     Tangens des Arguments x
ATN (x)     Arcustangens des Arguments x
EXP (x)     natürliche Exponentialfunktion (e^x)
LOG (x)     dekadischer Logarithmus
SQR (x)     Wurzelfunktion
ABS (x)     Betrag des Arguments x
INT (x)     ganzzahliger Anteil des Arguments x
SGN (x)     Signum- (Vorzeichen-)funktion
RND (x)     Erzeugung einer Pseudo-Zufallszahl zwischen 0 und 1
```

Die Argumente der trigonometrischen Funktionen müssen im Bogenmaß (radian) angegeben sein. Die Umrechnung zwischen Grad und Bogenmaß wird wie folgt vorgenommen:

$$x = phi * \frac{PI}{180} \quad ; \quad phi = \frac{180 * x}{PI}$$

```
wobei:
phi = Winkel in Grad
x   = Winkel im Bogenmaß
PI  = Ludolfsche Zahl (PI = 3.1415926...), als Konstante fest gespeichert
```

Mit diesen Funktionen kann Ihre Gleichung formuliert werden. Sollten Sie weitere Informationen benötigen, dann wird Ihnen Abschnitt 10 in [BASM] sicher weiterhelfen. Dort finden Sie u.a. die Definitionsbereiche der einzelnen Funktionen.

Geben Sie jetzt also eine Gleichung ein wie z.B. <Y=X^2> (Sie vermuten richtig: Das ist das gleiche Bildungsgesetz, das auch dem zuletzt manuell erstellten Datensatz zugrunde liegt). Schließen Sie die Eingabe wie üblich mit <RETURN> ab. Kurze Zeit danach erscheint folgender Bildschirminhalt:

```
Berechnung mit einer Gleichung


X - Startwert ..: ■
X - Endwert ....:
X - Schrittweite:
```

Geben Sie die erfragten Werte ein und lassen Sie die Variable Y z.B. von
<0> bis <7> mit einer Schrittweite von <0.1> laufen. Nach Eingabe der
Schrittweite wird der Bildschirm wieder gelöscht und zeigt nun folgendes
an:

```
B I T T E   W A R T E N   !
Datensatz wird berechnet


Punkt xx von 70
■
```

"xx" zeigt dabei die laufende Nummer des Punkts an, der gerade berechnet wird. Bei einer kurzen Datei ist diese Information unerheblich, bei
längeren Berechnungen dient sie jedoch zur Abschätzung des Zeitbedarfs
der Rechnung. Wenn der Durchgang beendet ist, erscheint wieder das
Menue. Sie können die Daten jetzt auflisten lassen und abspeichern.

Sollten Sie vorhin eine sehr kleine Schrittweite angegeben haben, dann
erhielten Sie vor der Meldung "Datensatz wird berechnet" vermutlich noch
den folgenden Hinweis:

```
Es werden n Punkte berechnet, die etwa nb Bytes auf der Diskette belegen.
Zur Erhöhung der Datensicherheit werden jeweils 500 Punkte zwi-
schengespeichert. Es ist daher nach Beendigung der Berechnungen keine
Abspeicherung mehr erforderlich.
Spaltentext 1: ■
```

Die Werte "n" und "nb" hängen vom Umfang der zu berechnenden Datei
ab. Da der Arbeitsspeicher des Rechners eine begrenzte Kapazität besitzt,
muß deshalb jedesmal dann eine Datenablage stattfinden, wenn der Teil
des Arbeitsspeichers nicht mehr ausreicht, der für die Daten reserviert ist.
Dies ist im Programm bei 500 Punkten der Fall. Geben Sie also alle
geforderten Eingaben so ein, als wollten Sie eine Datei auf Diskette
speichern. Nach dem Drücken einer Ziffer für das Laufwerk erscheint
dann wie oben beschriebene Meldung "Datensatz wird berechnet".

Wenn Sie eigene Konstanten in Ihrer Funktion benötigen, die mehrfach
aufgerufen werden, so gibt es zwei Wege, diese zu speichern. Die erste
Möglichkeit besteht darin, die Konstanten am Beginn der Funktionsgleichung mit einer Zuweisungsdirektive zu plazieren. Die eigentliche Glei-

chung wird dann durch einen Doppelpunkt (:) von dieser Anweisung getrennt. Ein Beispiel: Die Kreisfrequenz berechnet sich zu

```
OMEGA = 2 * PI * F,
```

wobei "F" die Frequenz in Hz darstellt. Soll ein Zeitdiagramm einer
Sinusschwingung angefertigt werden, so kann die zugehörige Berechnungsgleichung lauten:

```
F = 500: OMEGA = 2 * PI * F: Y = SIN (OMEGA * X) .
```

Die zweite Möglichkeit ist dann von Vorteil, wenn die gleiche Konstante
in vielen Funktionen auftaucht, wie etwa bei der Zahl PI. Die Konstante
kann in diesem Fall direkt im Programm gespeichert und fortan ohne
weiteres Zutun des Benutzers verwendet werden. Detaillierte Informationen über diese Art der Konstantenspeicherung finden Sie in Abschnitt
4.2.1 auf Seite 144.

Wir sind bisher noch nicht auf die letzte Textzeile eingegangen, die zusammen mit den Informationen über die verwendbaren Funktionen vor
der Eingabe der Gleichung angezeigt wurde:

```
Sie können aber auch mit <RETURN> die zuletzt von Ihnen eingegebene Glei-
chung verwenden.
```

Die Bedeutung dieser Textzeile ist schnell erläutert: Wie Sie bei der praktischen Anwendung der Funktioneneingabe bald merken werden, ergeben
sich bei Verwendung realistischer Gleichungen sehr lange Gleichungstexte, deren Eingabe mühevoll und fehleranfällig ist. PLOTGRAF
speichert daher jede Funktionsgleichung unter einem bestimmten Namen
mit der Dateiergänzung .FKT im PLOTGRAF I - Standardlaufwerk ab.
Mit dem Tastendruck <RETURN> wird diese Gleichung wieder eingelesen und kann nun verändert oder mit anderen Werten neu berechnet werden. Die Gleichung für die abhängige Variable wird dabei im unteren
Bildschirmteil angezeigt. Der Zeiger befindet sich über dem ersten Zeichen des Texts. Die Modifikation der Gleichung geschieht jetzt ähnlich
wie bei der Korrektur von BASIC-Programmzeilen durch Verwendung
der rechten und linken Pfeiltaste sowie der Tastenkombinationen ESC-I,
ESC-J, ESC-K, ESC-M, die ein Einfügen bzw. Löschen gestatten. Die
Editiermöglichkeiten werden in [APLS, S. 110 ff.] und [USER, S. 3-15
ff.] ausführlich beschrieben.

Wenn die Daten jetzt auf Diskette gespeichert sind, lassen Sie sich zum
Vergleich mit der ersten interpolierten Datei davon eine Grafik anfertigen
(Abbildung 2.11). Der Unterschied zur bereits früher erstellten Abbildung
ist sehr geringfügig. Dies ist aber nicht unbedingt ein Indiz für die Güte

des verwendeten Interpolationsverfahrens, da die Kurve ja relativ "gleichmäßig" verläuft. Nach einem Fundamentalsatz der Algebra kann mit "n" Stützstellen ein Polynom "n-ter" Ordnung beschrieben werden. Dieser Zusammenhang muß berücksichtigt werden, bevor allzu weitreichende Schlüsse aus einem interpolierten Kurvenverlauf gezogen werden (das Gesagte gilt natürlich sinngemäß auch für die Approximation).

Abbildung 2.11

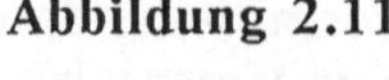

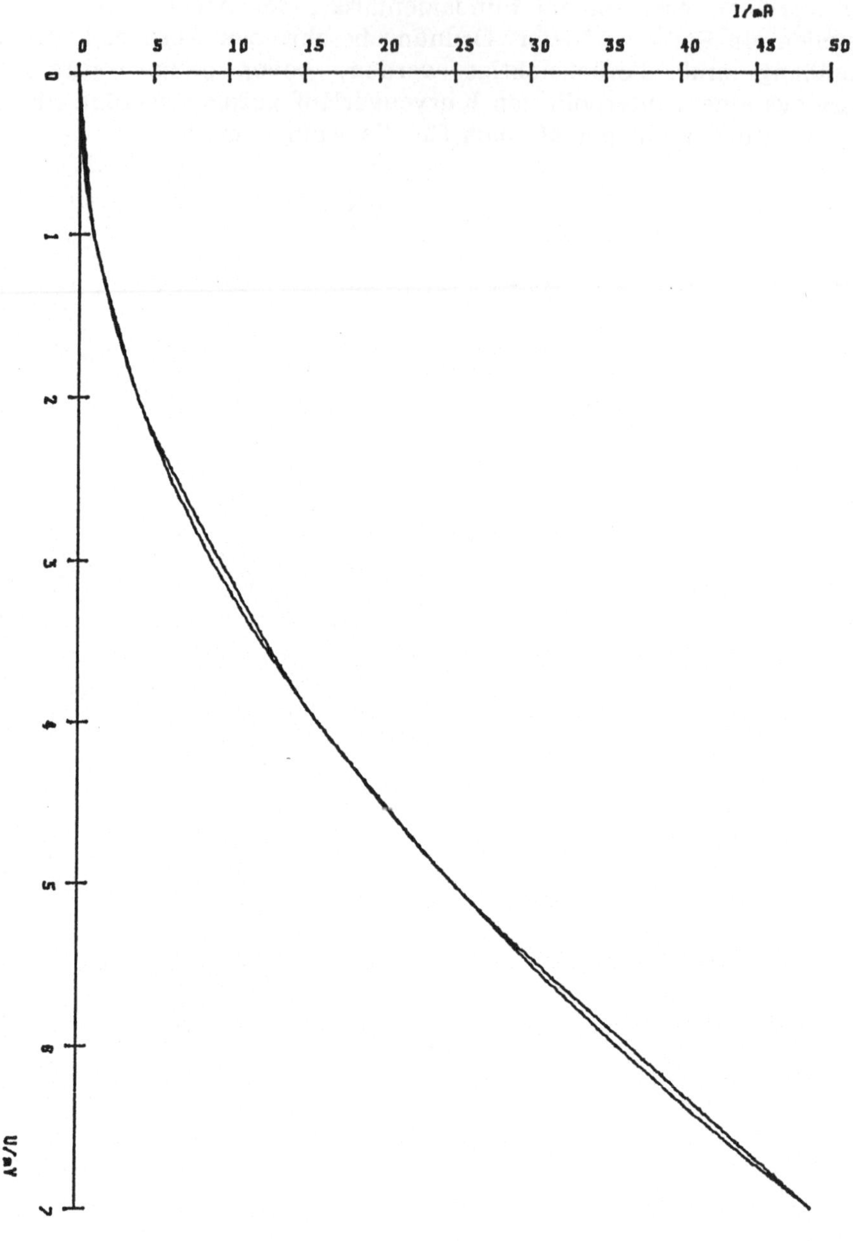

Die letzte Möglichkeit, die PLOTGRAF zur Datensatzerstellung mit Hilfe
von Gleichungen bietet, basiert auf der Eingabe zweier Parametergleichungen. Wie bereits im Vorspann zu diesem Abschnitt angedeutet wurde,
kann der Zusammenhang zwischen den beiden Tabellenspalten nicht nur
direkt gegeben sein, sondern auch indirekt über eine dritte Variable "T"
bestehen, die dann als Parameter bezeichnet wird. Eine solche Parame-
terdarstellung finden wir zum Beispiel bei den Kreisgleichungen

```
x = r * cos (phi)
y = r * sin (phi)
```

bei denen "x" und "y" die abhängigen Variablen, "r" den Radius und "phi"
den Parameter bezeichnet. Die Bedienung des entsprechenden Programm-
teils gestaltet sich ähnlich wie bei der Eingabe der Funktionsgleichung.
Unser nächstes Beispiel soll also einen Kreis erzeugen, dessen Radius 10
Einheiten beträgt und dessen Mittelpunkt auf den Koordinaten "x = 10"
und "y = 10" liegt. Die Gleichungen lauten also

```
X = 10 + 10 * COS (T * PI / 180)
Y = 10 + 10 * SIN (T * PI / 180)
```

Wählen Sie zunächst im Menue "Erstellung zweidimensionaler Datensätze"
die Option <P>, um die Berechnungen mit zwei Gleichungen durchführen
zu können. Es erscheint folgender Text auf dem Bildschirm:

```
Berechnung mit zwei Parametergleichungen

Tippen Sie die gewünschten Gleichungen in der allgemeinen Form


                              X = f (T)
                              Y = f (T)


nachstehend ein.


Verwenden Sie dabei die BASIC-Notation mit den Ausdrücken SIN, COS, TAN,
ATN, EXP, LOG, SQR, ABS, INT, SGN, RND, +, -, *, /, ^, =. Die Gleichung darf
maximal 230 Zeichen enthalten.


Sie können aber auch mit <RETURN> die zuletzt von Ihnen eingegebene
Gleichung verwenden.


Vordefinierte Konstanten:


PI = 3.1415926


Gleichung für X:
   ■
```

Tippen Sie nun die obenstehende Gleichung für "X" ein. Nachdem Sie die
Eingabe mit <RETURN> abgeschlossen haben, erscheint nach kurzer Zeit
der gleiche Text mit der Aufforderung, die Gleichung für "Y" anzugeben.
Danach fragt das Programm wie gewohnt nach Start- und Endwert sowie
Schrittweite für die Laufvariable, diesmal also für den Parameter "T". Da
oben das Winkelargument von Grad nach Bogenmaß umgerechnet wurde,
kann die Eingabe jetzt in Grad erfolgen. Setzen Sie den Startwert auf
<0>, den Endwert auf <360> und die Schrittweite auf <5> Grad. Danach
erscheint wieder die Meldung "Datensatz wird berechnet". Befinden Sie
sich nach Berechnung aller Werte wieder im Menue, speichern Sie die
Daten ab und lassen Sie sie im kartesischen Koordinatensystem ausplotten.
Der Absicht entsprechend entsteht ein Kreis mit den gewünschten Kenn-
werten (Abbildung 2.12).

Abbildung 2.12

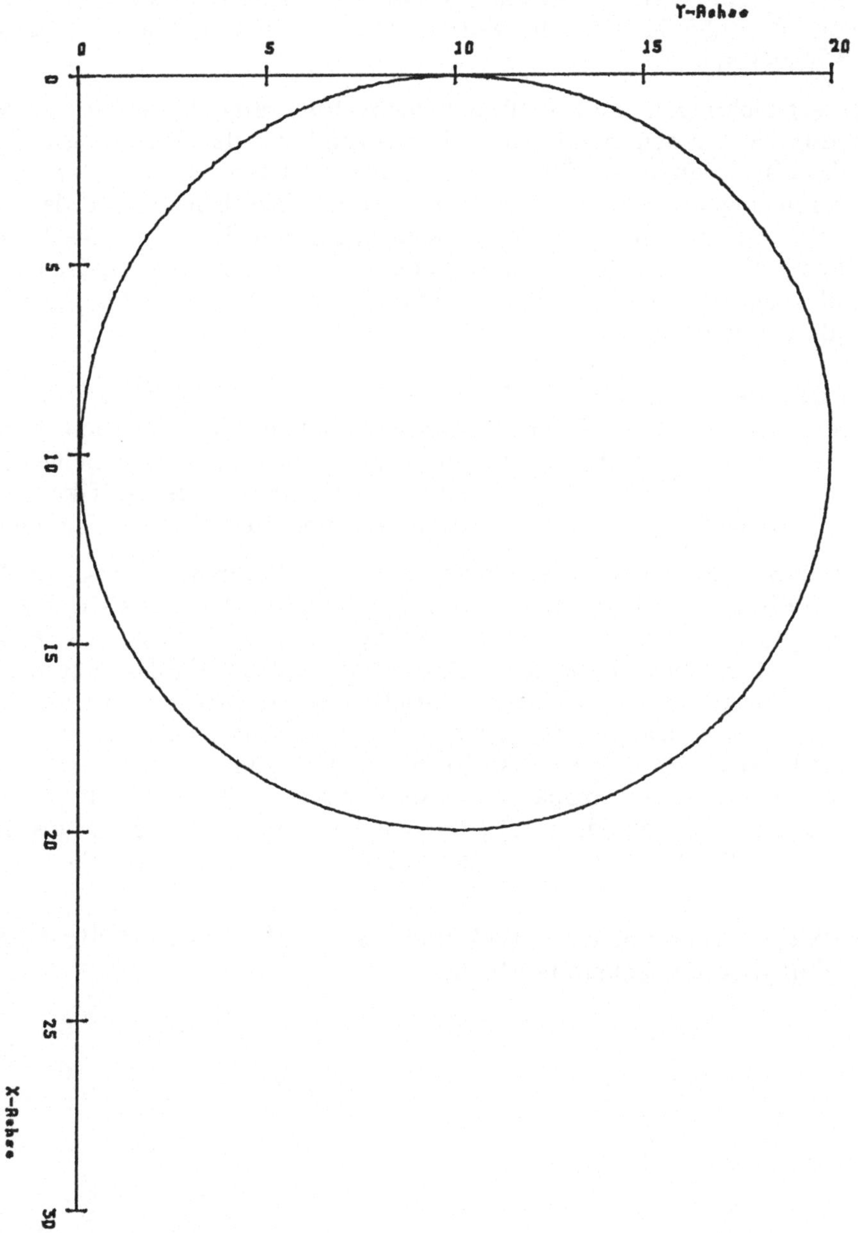

Sie können nun ein wenig mit dieser Möglichkeit experimentieren. Überlegen Sie, welcher Effekt z.B. eintritt, wenn der Radius des Kreises ebenfalls von T abhängig gemacht würde, und überprüfen Sie Ihr Ergebnis anhand der Grafik.

Parametergleichungen sind natürlich nicht nur reine Spielerei, sondern haben durchaus einen handfesten Hintergrund: In der Regelungstechnik beispielsweise können die Übertragungseigenschaften von Regelkreisgliedern durch sogenannte Ortskurven vollständig beschrieben werden, die durch die Aufspaltung der Übertragungsfunktion in einen Real- und einen Imaginärteil errechnet werden. Die beiden resultierenden Gleichungen sind ebenfalls Gleichungen des beschriebenen Typs mit der Kreisfrequenz als Parameter.

2.5 Aufbereitung gespeicherter Grafiken

Im Laufe dieser PLOTGRAF-Einführung haben Sie sicherlich bereits einige fertige Plottergrafiken auf Ihrer Datendiskette abgespeichert. Sie sollen deshalb jetzt eine Möglichkeit kennenlernen, diese Grafiken nach Ihrem Geschmack repräsentationsgerecht aufzubereiten und zu verändern.

Sie erinnern sich vielleicht: Nachdem Sie Ihre allererste Grafik mit Namen NOTEN auf Diskette abgelegt hatten, konnten Sie diese Grafik mit einer Hauptmenue-Option ohne Berechnungen auf Bildschirm bzw. Plotter bringen. Kennzeichnend für diese Option ist, daß die Grafik eine exakte Kopie des Originals ist. Vielfach wünscht man jedoch eine verkleinerte bzw. vergrößerte Darstellung oder zusätzliche Informationen auf der Zeichnung. Auch ist die Standardform der Umrahmung sicherlich nicht nach jedermanns Geschmack. Für diese Fälle hält PLOTGRAF eine zweite Ausgabemöglichkeit bereit, die wieder vom Hauptmenue aus aufgerufen wird. Diese Alternative kann allerdings nur Plottergrafiken bearbeiten.

Kehren Sie ins Hauptmenue zurück und wählen Sie <B> für "Bildoperationen". Nun wird das bekannte Menue:

```
Bildoperationen


Bitte wählen Sie eine der folgenden Möglichkeiten:

(L) ==> Grafik laden und ausgeben
(K) ==> mehrere Grafiken kombinieren/verändern
(M) ==> zurück zum Hauptmenue


Sie wünschen? ■
```

wieder angezeigt. Geben Sie jetzt <K> ein. An der Laufwerksaktivität bemerken Sie, daß ein Programm eingelesen wird, und kurz darauf erscheint ein weiteres Menue:

```
Kombinieren und Beschriften gespeicherter Grafiken


Bitte wählen Sie eine der folgenden Möglichkeiten:

(K) ==> Grafiken kombinieren/verändern
(B) ==> zusätzliche Beschriftungen anbringen
(M) ==> zurück zum Hauptmenue
(I) ==> Inhaltsverzeichnis der Diskette


Sie wünschen? ■
```

Wir wollen zunächst die Möglichkeiten erlernen, eine Grafik zu verändern. Tippen Sie also noch einmal <K>. Auf die Frage des Rechners:

```
Wie viele Einzelgrafiken soll die Zeichnung enthalten ? ■
```

antworten Sie mit <1>. Daraufhin erscheint auf dem Bildschirm folgendes "Miniatur-Arbeitsblatt":

```
Filename von Grafik 1: ■
Laufwerk-Nr.:

linke untere Ecke: X - Koordinate:
                   Y - Koordinate:

Vergrößerung: X - Richtung:
              Y - Richtung:

Rotationswinkel:
```

Sicherlich hatten Sie die eine oder andere Plottergrafik des letzten Abschnitts zu Vergleichszwecken auf Diskette gespeichert. Geben Sie deren Namen und Laufwerk in die beiden ersten Zeilen ein. Der Zeiger springt nun zur Abfrage der Eckpunkt-Koordinaten weiter. Diese Werte müssen in Plotterkoordinaten eingegeben werden. Um die Zeichnung an eine bestimmte Stelle auf dem Zeichenblatt zu rücken, müssen Sie daher zunächst die X- und Y-Koordinaten dieser Stelle mit einem Lineal ausmessen. Danach stellen Sie die kleinste Auflösung Ihres Plotters in Millimeter fest. Dividieren Sie nun beide Koordinaten durch diesen Wert, so erhalten Sie den korrekten Eingabewert.

Ein Beispiel: Die untere linke Ecke der Zeichnung soll 50 mm vom linken und 50 mm vom unteren Rand der Zeichenfläche entfernt sein. Der kleinstmögliche Schritt des Plotterstifts betrage 1/4 mm:

$$\text{X-Koordinate} = \frac{50\text{mm}}{0.25\text{mm}} = 200 \quad \text{und} \quad \text{Y-Koordinate} = \frac{50\text{mm}}{0.25\text{mm}} = 200$$

Geben Sie also zweimal <200> ein und schließen Sie jede Eingabe mit <RETURN> ab. Der Rechner erwartet nun die Angabe der Vergrößerungsfaktoren für Vertikale und Horizontale, vergleichbar mit zwei Maßstäben für X und Y. Die Größe der resultierenden Grafik errechnet sich aus der Multiplikation des bei der Originalzeichnung verwendeten Formats mit diesen Werten. Tippen Sie also z.B. zweimal <0.5> gefolgt von <RETURN>, um eine Verkleinerung auf DIN A5-Format zu erhalten, wenn Sie vorher mit DIN A4 gearbeitet haben.

Da Sie die resultierende Grafik um einen beliebigen Winkel verdreht zeichnen können, folgt jetzt die Eingabe eines Rotationswinkels (Angabe in Grad). Wählen Sie den Winkel vorzugsweise in 90^0-Schritten, um in jedem Fall eine korrekte Beschriftung zu erhalten. Einige Plotter können Texte nur horizontal oder vertikal ausgeben, so daß bei Zwischenwerten verwirrende Ergebnisse entstünden. Bei Verwendung eines Geräts, bei dem der Text in beliebiger Richtung geschrieben werden kann, entfällt diese Einschränkung natürlich.

Geben Sie jetzt einen Winkel vor, z.B. <90> Grad. Der Rechner fragt anschließend, ob die veränderte Grafik auf Diskette abgelegt werden soll, antworten Sie mit <N>ein. Danach erscheint die Meldung:

```
BITTE  WARTEN  !

PLOTTERAUSGABE
```

und der Plotter beginnt zu arbeiten. Sie erhalten ein um die Hälfte verkleinertes und um 90^0 gedrehtes Abbild Ihrer Originalgrafik. Nach Beendigung der Ausgabe befinden Sie sich wieder im Menue "Grafiken kombinieren/verändern".

Mit der genannten Modifikationsmöglichkeit sind Sie nun in der Lage, bei Angabe entsprechender Eckpunktskoordinaten mehrere Grafiken zu einer Übersichtsgrafik ähnlich Abbildung 2.13 zusammenzubinden und auf Diskette zu speichern.

Abbildung 2.13

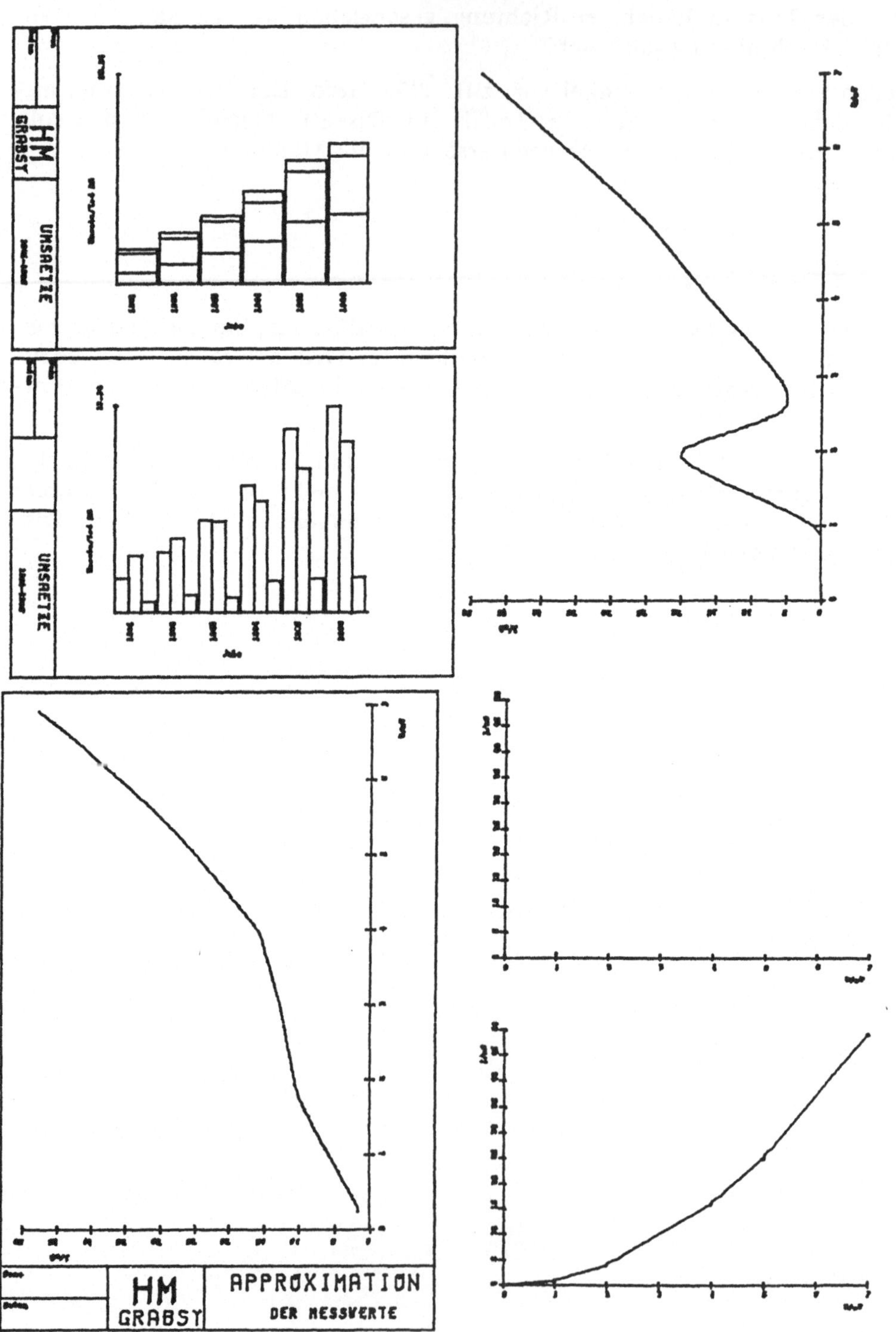

PLOTGRAF bietet Ihnen jedoch noch eine zweite interessante Variante
zur Veränderung Ihrer Grafiken: Die Eingabe zusätzlicher Information in
Form bildlicher und textlicher Mitteilungen. Wählen Sie im Menue die
Option <B>, um diese Möglichkeit näher kennenzulernen. Sofort erscheint
der folgende Bildschirminhalt:

```
zusätzliche Beschriftungen und Symbole anbringen


Mit dieser Option können Sie Ihre Grafiken durch zusätzliche Informationen
erweitern oder übersichtlicher gestalten. Geben Sie dazu die unten aufge-
listeten Anweisungen ein, deren Bedeutung und Syntax aus dem PLOTGRAF-Hand-
buch zu ersehen sind.


Sollen die eingegebenen Anweisungen auf Diskette abgelegt werden (J/N)? ■

LINE x1,y1...xn,yn   CIRCLE x,y,r          BOX x,y,b,h
MARK x,y,t           ARROW x1,y1,x2,y2,w   GRID x,y,nx,ny,dx,dy
SCALE x,y            OFFSET x,y            ROTATE w ... ENDROT
COLOR n              PRINT x1,y1,x2,y2,text END
MOVE x,y
```

Sie haben hier eine Handvoll Anweisungen zu Ihrer Verfügung, die unmittelbar nach ihrer Eingabe auf dem Plotter ausgeführt werden. Zusätzlich können alle Eingaben noch auf Diskette gespeichert werden, sowohl
in einer eigenen Datei als auch in einer bereits existierenden. Anstatt wie
üblich bei der Eingabe eines bereits existierenden Namens die alte Datei
zu löschen, werden die Eingaben an die Datei angehängt, was dazu führt,
daß die komplette Grafik einschließlich der Erweiterungen unter einem
einzigen Dateinamen abrufbar ist.

Die grafischen Primitive, die durch die einzelnen Anweisungen ausgeführt
werden, sind in folgender Tabelle zusammengefaßt:

Anweisung	Funktion
LINE x1,y1...xn,yn	Zeichenstift wird abgehoben auf die Position x1,y1 gebracht, durchläuft dann abgesenkt alle angegebenen Koordinaten bis xn,yn und wirdschließend wieder abgehoben.
CIRCLE x,y,r	Kreis mit Mittelpunkt x,y und Radius r zeichnen
BOX x,y,b,h	Rechteck der Breite b und Höhe h zeichnen, linke untere Ecke im Punkt x,y
MARK x,y,t	Marker (zentriertes Symbol) vom Typ t im Punkt x,y zeichnen
ARROW x1,y1,x2,y2,w	Linie von x1,y1 nach x2,y2 zeichnen, anschließend Pfeil mit Schaftweite w im Punkt x2,y2 zeichnen
GRID x,y,nx,ny,dx,dy	Gitter mit nx vertikalen und ny horizontalen Linien zeichnen, deren Abstand dx bzw. dy beträgt, linke untere Ecke im Punkt x,y
SCALE x,y	getrennte Vergrößerungsfaktoren für X- und Y-Richtung setzen
OFFSET x,y	neuen Koordinatenursprung x,y definieren
ROTATE w ... ENDROT	alle folgenden Koordinaten werden um den Ursprung mit Winkel w gedreht, Abschaltung dieses Effekts mit ENDROT oder ROTATE 0
COLOR n	mit Stift Nr. n weiterzeichnen (nur bei Mehrfarbplottern)
PRINT x1,y1,x2,y2,text	Ausgabe von text zwischen den Punkten x1,y1 und x2,y2. Zeichengröße wird automatisch eingestellt
MOVE x,y	Stift abgehoben in die Position x,y bringen
END	Eingabemodus verlassen, Stift auf Position 0,0 bringen, alle Eingaben auf Diskette speichern (sofern gewünscht), zurück ins Startmenue

Diese Anweisungen dürften für die Realisierung einer ganzen Reihe von Modifikationen ausreichen. Darüber hinaus sind aber noch andere Möglichkeiten mit dieser PLOTGRAF-Funktion gegeben. Sollten Sie aus irgendwelchen Gründen mit dem Aufbau der Zeichenflächenumrahmung bei der Plotterausgabe nicht zufrieden sein, dann steht Ihnen hiermit ein Werkzeug zur Verfügung, eine eigene Umrahmung zu entwerfen und in das Programmpaket einzubinden.

Wir gehen in unserem Beispiel also davon aus, daß die Einrahmung für das Format DIN A4 einfach aus einem Rahmen rings um die Zeichenfläche bestehen soll. Als Ausgabegerät dient ein Plotter, dessen maximale Auflösung 1/10 mm beträgt. Antworten Sie also zunächst mit <J> auf die Frage, ob Sie die Abspeicherung Ihrer Eingaben auf Diskette wünschen, und geben Sie einen sinnfälligen Dateinamen, z.B. <RAHMEN> an. Zur Dateiablage wählen Sie zweckmäßigerweise das PLOTGRAF I - Standardlaufwerk <1>, damit die Plotteranweisungen für die Umrandung später von der gleichen Diskette wie die Plotterschnittstelle gelesen wird. Um sich die Umrechnung von Millimeter- in Plotterkoordinaten zu ersparen, können Sie (bei einer Auflösung des Plotters von 0,1 mm in beiden Richtungen) als erste Anweisung:

<SCALE 10,10>

eingeben; entsprechendes gilt für andere Plotterauflösungen. Diese Anweisung hat naturgemäß keine Reaktion des Plotters zur Folge. Danach stellen Sie sicher, daß (bei Mehrfarbplottern) Stift Nr. 1 zum Zeichnen benutzt wird. Diesem Zweck dient der Befehl:

<COLOR 1>

Nun messen Sie Länge und Breite des Rechtecks, z.B. 270*190mm. Die dritte Anweisung lautet also:

<BOX 0,0,270,190>

Der Plotter zeichnet jetzt die gewünschte Umrandung. Tippen Sie jetzt:

<END>

um den Plotterstift auf die Position 0,0 zu bringen und wieder ins Menue zu gelangen. Unterdessen wird der Rahmen auf Diskette gespeichert. Damit haben Sie den ersten Teil der PLOTGRAF-Modifikation nun hinter sich. Wie Sie die dauerhafte Einbindung der erzeugten Datei RAHMEN in das Programmpaket bewerkstelligen, das erfahren Sie in Abschnitt 5.1.

Das zweite Beispiel soll Ihnen die Erstellung eines eigenen Logogramms demonstrieren, das die Identifizierung der von Ihnen (und PLOTGRAF)

erstellten Zeichnungen ermöglicht. Wir gehen dazu von der Standard-
Umrandung aus, bei der das PLOTGRAF-Logo durch Ihren Namen und
Ihre Anschrift ersetzt werden soll. Insgesamt steht dafür (im Zeichenfor-
mat DIN A4) eine Fläche von 45x27 mm zur Verfügung. Zeichnen Sie
also zunächst ein Rechteck der gleichen Größe und schreiben Sie die
Anschrift an die gewünschte Stelle, um anschließend die Vermessung der
Start- und Endkoordinaten der Texte zu ermöglichen. Die ersten Anwei-
sungen lauten wieder:

```
<SCALE 10,10>
<COLOR 1>
```

Da die linke untere Ecke der Logogramm-Zeichenfläche die Koordinaten
50,110 hat und um 270^0 gegenüber der Horizontalen verdreht ist, müssen
Sie jetzt:

```
<OFFSET 50,110>
<ROTATE 270>
```

angeben. Die weiteren Eingaben hängen von den Koordinaten und der
Art Ihrer Texte ab, müssen jedoch mit PRINT-Anweisungen formuliert
sein.

Schließen das Beispiel danach mit:

```
<END>
```

ab und schlagen Sie in Abschnitt 5.1 die Maßnahmen nach, die den Aufruf Ihres Logogramms bei jedem Zeichnen der Umrandung bewirken.

Wenn Sie ein wenig Erfahrung im Umgang mit dieser Beschriftungs-
möglichkeit haben, dann können Sie zur Erstellung einer entsprechenden
Datei auch ein Textverarbeitungsprogramm benutzen, das Standard-DOS-
Dateien verarbeitet. Dieses Vorgehen ist zu empfehlen, da sich Kor-
rekturen ansonsten nur schwer durchführen lassen. Andernfalls empfiehlt
es sich, die Erweiterungen, die gespeichert werden sollen, vorher ohne
Abspeicherung zu testen.

2.6 Dreidimensionale Daten

Der letzte Hauptabschnitt dieses Kapitels ist der Beschreibung der Verar-
beitungsmöglichkeiten für dreidimensionale Daten vorbehalten. Analog zu
den Aussagen für die zweispaltigen Tabellen kann der Zusammenhang
zwischen den Daten auch hier wieder direkt über eine Funktionsgleichung

```
z = f(x,y)
```

oder indirekt durch drei Parametergleichungen gegeben sein. Die Ähnlichkeiten beider Datensatzformen finden ihren Ausdruck auch darin, daß sich die Wahlmöglichkeiten im Menue "Erstellung dreidimensionaler Daten" nicht von denen bei der Erzeugung zweidimensionaler Daten unterscheiden. Allerdings bestehen einige Unterschiede bei der weiteren Verarbeitung, wie folgendes Beispiel zeigen soll.

Die Messung des Leistungsverbrauchs an einem elektrischen Widerstand hat folgende Tabelle ergeben:

U/V	I/mA	P/mW
1	1	1
1	2	1
1	3	1
1	4	1
1	5	1
2	1	1,5
2	2	2
2	3	1,5
2	4	1
2	5	1
3	1	2
3	2	3
3	3	2
3	4	1
3	5	1
4	1	1,5
4	2	2
4	3	1,5
4	4	1
4	5	1
5	1	1
5	2	1
5	3	1
5	4	1
5	5	1

Dieser Zusammenhang soll zeichnerisch dargestellt werden. Beachten Sie hierbei, daß die Spannungs- und Stromwerte (1. und 2. Spalte) in gleichen Abständen gemessen werden. Sie sind also in der Lage, die Dateneingabe mit Hilfe der automatischen Vorgaben zu vereinfachen. Während bei diesem Modus nach Einsetzen des letzten Werts sofort wieder das Menue angezeigt wird, müssen bei rein manueller Eingabe noch zwei Angaben geliefert werden:

```
Anzahl der Daten in X-Richtung? ■
Anzahl der Daten in Y-Richtung?
```

Die hier angeforderten Werte beziehen sich auf die Anzahl der numerisch unterschiedlichen Daten in jeder der beiden ersten Spalten; im Beispiel handelt es sich in beiden Fällen um eine <4>.

Leider ist die Markierung fehlender Daten durch ein für diesen Zweck vorgesehenes Zeichen nicht möglich, so daß Sie in diesem Fall einen geschätzten Wert einsetzen müßten.

Speichern Sie die Meßwerte nun auf die gewohnte Weise auf einer Diskette ab. Sodann gehen Sie zurück ins Untermenue und wählen Sie <G> für "Datensatz als Gitternetz darstellen". Nach dem Laden des betreffenden Programms erscheint das übliche Menue:

```
Datensatz als Gitternetz im kartesischen Koordinatensystem darstellen


Bitte wählen Sie eine der folgenden Möglichkeiten:


(L) ==> Datensatz von Diskette lesen
(P) ==> Plotoptionen verändern
(M) ==> zurück zum Hauptmenue
(I) ==> Inhaltsverzeichnis der Diskette


Sie wünschen? ■
```

Nach dem Drücken der Taste <L> und der Eingabe von Dateinamen und Laufwerk-Nr. gelangen Sie ins Bildschirmarbeitsblatt, das die Parameter für die grafische Ausgabe enthält.

```
Standardoptionen übernehmen?  (J)a (N)ein ■

Ausgabegerät: (B)ildschirm (D)rucker (P)lotter
Text 1 (max. 17 Zeichen):
Text 2 (max. 28 Zeichen):

Skalierung: X - Faktor: 1        Anzahl Xc - Linien: 4
            Y - Faktor: 1        Anzahl Yc - Linien: 4
            Z - Faktor: 1

Betrachtungswinkel: RX: 20       Plotter: Logogramm: (J)a (N)ein
                    RY: 80                Rahmen: (J)a (N)ein
                    RZ: 20                Format: DIN A(4) A(3)

Koordinatenursprung: X0: 140     Drucker: Kopie (N)ormal
                     Y0: 95               Kopie (E)nlarged
                     Z0: 0                (D)oppelte Druckdichte

Verdeckte Linien: (S)ichtbar   (U)nsichtbar

Ausschnittzeichnung: Xmin: 1   Xmax: 10
                     Ymin: 1   Ymax: 10
                     Zmin: 1   Zmax: 100
```

Die Angabe von Skalierungsfaktoren ungleich 1 bewirkt eine Streckung bzw. Stauchung der Achse und damit der Daten in der angegebenen Richtung (nicht zu verwechseln mit der entsprechenden Möglichkeit im Menue "fertige Grafiken kombinieren/verändern", die die gesamte Zeichnung auf diese Weise verkleinert bzw. vergrößert).

Bei sehr großen Dateien dauert der Zeichenvorgang eine geraume Zeit. Zudem liegen bei sehr vielen Werten die gezeichneten Linien so dicht beieinander, daß die Übersichtlichkeit stark eingeschränkt sein kann. Abhilfe schafft die Eingabe kleinerer Werte für die Linienzahl in jeder Achsenrichtung ("Xc-" bzw. "Yc-Linien"). Auf diese Weise kann die "Maschenweite" der resultierenden Grafik so weit vergrößert werden, daß zum einen der Zeitbedarf und zum andern die Übersichtlichkeit in einem akzeptablen Rahmen bleiben.

Alle weiteren Eingaben betreffen den Beobachterstandpunkt: Die Eingabe der Drehwinkel in Grad dient zur gewünschten Rotation der gesamten Grafik, um die Topologie interessierender Bereiche besser interpretieren zu können. Empfehlenswert sind in der Regel Winkel zwischen null und neunzig Grad.

Zur besseren Anpassung der Grafik an die Zeichenfläche dient die Abfrage des Koordinatenursprungs. Standardmäßig auf die Mitte der Zeichenebene gelegt, kann er beliebig verschoben werden, um bei extremen Datensatzwerten oder Winkeleingaben die volle Sichtbarkeit des Kurvenverlaufs einschließlich der Achsen zu gewährleisten. Die Eingabe erfolgt in Bildschirmkoordinaten für X im Bereich von 0 - 280 bzw. für Y im Bereich von 0 - 191.

Um verwirrende Ausgabeergebnisse beim Zeichnen komplexerer Funktionen zu vermeiden, kann schließlich im unteren Bereich der Bildschirmmaske mitgeteilt werden, ob verdeckte Linien ausgeblendet werden sollen oder nicht. Da der Rechenaufwand bei ausgeblendeten Linien stark ansteigt, ist diese Methode allerdings zeitaufwendiger.

Auch beim Zeichnen dreidimensionaler Daten ist die Vergrößerung bzw. Verkleinerung einzelner Bereiche der resultierenden Grafik über die Angaben zur "Ausschnittzeichnung" möglich, und zwar in allen drei Richtungen. Somit ist der direkte Vergleich zweier Kurvenverläufe im gleichen Wertebereich gegeben.

Tragen Sie nun Ihre Wünsche in das Arbeitsblatt ein bzw. übernehmen Sie die invers hervorgehobenen Rechnervorschläge mit <RETURN>. Das Bildschirmformular verschwindet, und es erscheint die Frage, ob die fertige Grafik auf Diskette abgelegt werden soll. Nach Ihrer Antwort erzeugt das gewählte Ausgabegerät die Zeichnung (siehe Abbildung 2.14).

Abbildung 2.14

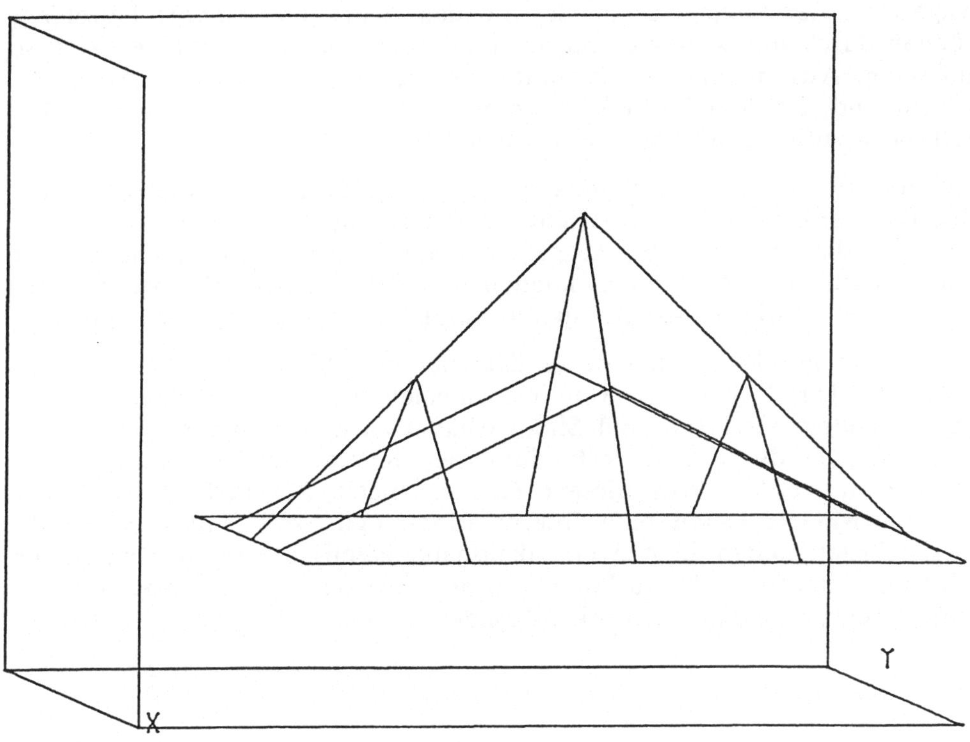

Besonders beim Zeichnen dreidimensionaler Grafiken sollten Sie sich den Grundsatz zu eigen machen, die Abbildung zunächst auf dem Bildschirm zu überprüfen, bevor Sie die Ausgabe auf Drucker oder Plotter lenken. Angesichts der vielen Parameter, die den Beobachterstandort betreffen, können durch ungeschickte Eingaben zahlreiche unerwünschte Ergebnisse auftreten. Aus diesem Grund sollte die Ausgabe zuerst mit dem Bildschirm und den Standardwerten vorgenommen werden, um danach eine evtl. notwendige Korrektur vorzunehmen.

Bedingt durch den Eingabemodus der aufgeführten Beispiel-Meßreihe sind die Werte in X- und Y-Richtung äquidistant. Dieser Umstand ist jedoch für die zeichnerische Ausgabe nicht relevant. Auch Datensätze mit unterschiedlichen Abständen können graphisch dargestellt werden; in diesem Fall ist dies natürlich nur mit variabler "Maschenweite" möglich.

Die Abbildung 2.14 zeigt eine Grafik, der die obige Meßreihe zugrunde liegt. Wie bereits bei den zweidimensionalen, durch manuelle Dateneingabe erstellten Grafiken sind Singularitäten an den Knotenpunkten festzustellen, die durch die Verbindung der Knoten durch Geraden hervorgerufen werden. Aus diesem Grunde bietet PLOTGRAF auch für dreidimensionale Daten eine Interpolationsmöglichkeit, mit deren Hilfe diese Unstetigkeiten in der Grafikausgabe beseitigt werden können. Es wird im Untermenue "Verarbeitung zweidimensionaler Datensätze" mit <I> aufgerufen und meldet sich mit folgendem Menue:

```
Interpolation dreidimensionaler Datensätze


Bitte wählen Sie eine der folgenden Möglichkeiten:


(E) ==> Erstellen eines neuen Datensatzes
(M) ==> zurück zum Hauptmenue
(I) ==> Inhaltsverzeichnis der Diskette


Sie wünschen? ■
```

Nach Drücken der Taste <E> und dem Einlesen des Dateinamens des zu interpolierenden Datensatzes werden dessen Dateiparameter ermittelt. Kurz danach fragt das Programm die Anzahl der Punkte in X- bzw. Y-Richtung ab:

```
Anzahl der Punkte von U/V:  4
Anzahl der Punkte von I/mA: 4


Wieviele Punkte in Richtung U/V sollen interpoliert werden ? ■
```

Da der kleinste und der größte Wert jeweils wieder die Extremwerte des interpolierten Datensatzes bilden, muß die eingegebene Zahl nach der Beziehung $z=(n-1)*d$ ermittelt werden (n = Anzahl der Punkte, d = Anzahl der Zwischenwerte zwischen zwei Punkten). Um Fehleingaben zu vermeiden, wird bei einem ungültigen Wert die Aufforderung ausgegeben, die Eingabe zu wiederholen.

Nach dieser Prozedur folgt die Angabe eines Dateinamens, mit dem die interpolierte Datei auf Diskette abgelegt wird. Danach erfolgt die Mitteilung

```
Bitte warten - Datensatz name wird berechnet


     xx. Kurvenzug von n
```

"xx" stellt hier wieder einen Zähler dar, der in Verbindung mit "n" eine Beurteilung der Bearbeitungszeit erlaubt. Die Datenablage auf Diskette erfolgt automatisch, d.h. die "manuelle" Abspeicherung mit Hilfe einer entsprechenden Menueauswahl entfällt.

Abbildung 2.15

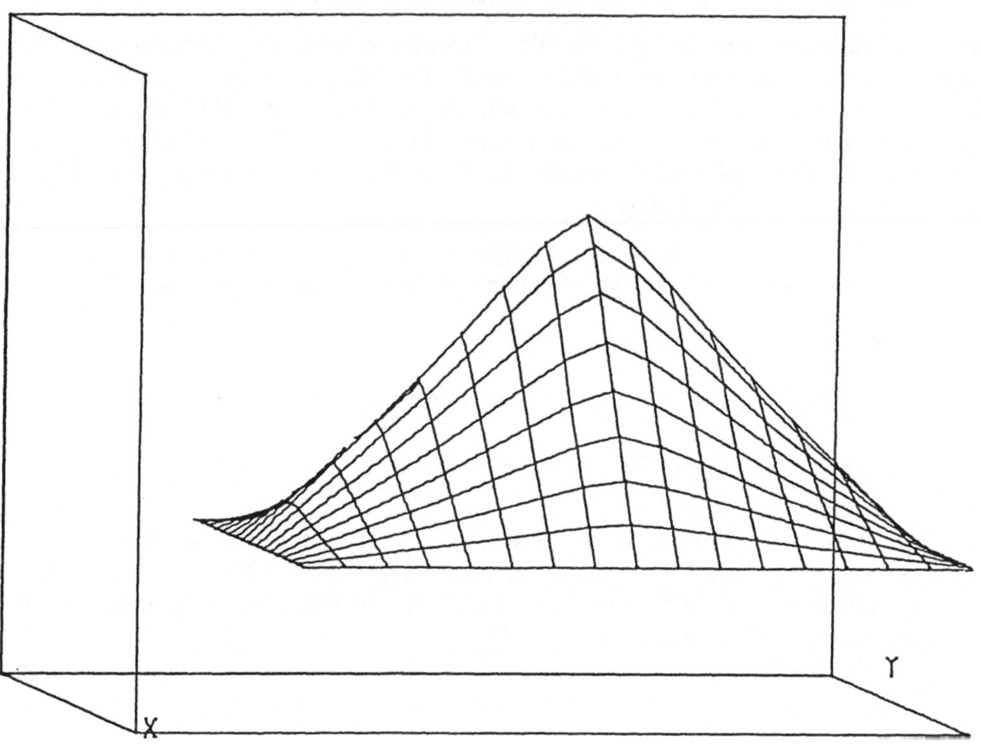

Abbildung 2.15 zeigt den Graphen des interpolierten Beispiel-Datensatzes. Der Vergleich mit der vorher erstellten Grafik ergibt, daß alle Unstetigkeiten verschwunden sind. Allerdings ist diese optische Verbesserung mit den gleichen Einschränkungen versehen wie die zweidimensionale Interpolation.

Eine zweite Darstellungsart für dreidimensionale Daten ergibt sich, wenn man eine Koordinate des "Gebirges", das mit diesem Programm im rechtwinkligen Koordinatensystem erzeugt wird, konstant hält und sich das Ergebnis, das in diesem Fall einem "Querschnitt" durch die Raumkurve in Richtung jener Koordinate gleichkommt, wiederum in grafischer Form ausgibt. Im Falle konstanter X- oder Y-Werte überrascht das Ergebnis nicht weiter, da der resultierende Kurvenzug auch mit Hilfe entsprechender zweidimensionaler Methoden erzeugt werden könnte. Für eine Z-Konstante ergibt sich allerdings eine Fläche, die von einer Niveaulinie umrandet wird ähnlich einer Höhenlinie auf einer Landkarte. Dem Ökonomen sind derartige Isoniveau-Linien in Form von Isoquanten und Indifferenzkurven bekannt.

Die praktische Anwendung dieser Datensatzumformung wird deutlich, wenn Sie sich die Meßreihe von oben noch einmal vergegenwärtigen, bei der eine Leistung P in Abhängigkeit von Spannung U und Strom I gemessen wurde. Eine Höhenlinie würde bedeuten, daß man ein Diagramm besäße, mit dem auf sehr einfache Weise bestimmt werden kann, ob bei einer gegebenen Spannung eine bestimmte durch die Höhenlinie repräsentierte Leistung überschritten wird bzw. welcher Strom fließen müßte, um diese Leistung im Bauteil umzusetzen. Solche Entscheidungen mit einem so hohen apparativen Aufwand wie mit PLOTGRAF zu treffen, erscheint zwar zunächst wenig sinnvoll angesichts der einfachen Zusammenhänge im Beispiel-Datensatz. Es handelt sich ja lediglich um die Umstellung der Berechnungsgleichung, die in diesem Fall sehr einfach ist, um die gesuchte Größe auch analytisch zu ermitteln. In den Fällen, in denen der Zusammenhang nicht auf den ersten Blick deutlich wird, bei umfangreichen Meßreihen etwa, kann diese Art der Darstellung jedoch nützliche Dienste leisten.

Um nun aber mit Isoniveau-Linien arbeiten zu können, muß der Datensatz, der dieser Ausgabeart zugrunde liegt, zunächst berechnet werden. Das geschieht ähnlich wie bei Interpolation bzw. Approximation, indem eine neue Datei erzeugt wird, die die neuen Werte enthält. Wählen Sie also im Menue "Verarbeitung dreidimensionaler Daten" Option <Z>. Sie erhalten nun folgende Bildschirminformation:

```
Erzeugung und Verarbeitung dreidimensionaler Datensätze für Z = const.

Bitte wählen Sie eine der folgenden Möglichkeiten:

(E) ==> Erstellen eines neuen Datensatzes
(A) ==> Datensatz auflisten
(M) ==> zurück zum Hauptmenue
(I) ==> Inhaltsverzeichnis der Diskette


Sie wünschen? ■
```

Wählen Sie mit <E> die "Erstellung eines neuen Datensatzes" und geben Sie Dateinamen und Laufwerk-Nr. der zugrundeliegenden Datei an. Nach der Ermittlung der Extremwerte dieses Datensatzes, auf die mit einem Bildschirmvermerk hingewiesen wird, erscheint folgender Bildschirminhalt:

```
Xmin = 1 Xmax = 10
Ymin = 1 Ymax = 10
Zmin = 1 Zmax = 100


Wie viele Höhenlinien sollen berechnet werden ? ■
```

Wie bei allen PLOTGRAF-Menues, bei denen mehrere Dateien verarbeitet werden, ist auch hier eine Maximalzahl von zehn zugelassen. Lassen Sie aber zunächst nur <1> Höhenlinie berechnen, um die Berechnungszeit nicht allzu weit auszudehnen. Sie erhalten dann:

```
Xmin = 1 Xmax = 10
Ymin = 1 Ymax = 10
Zmin = 1 Zmax = 100


Zk = ■


Filename:
Laufwerk-Nr.:
```

Geben Sie jetzt einen Z-Wert ein, der innerhalb der Grenzen Zmin und Zmax liegt, z.B. <10>. Befindet sich die Eingabe außerhalb des Intervalls, so werden Sie zu einer erneuten Eingabe aufgefordert. Tragen Sie noch Dateinamen und Laufwerk-Nr. der zu erzeugenden Datei ein. Nun erscheint folgende Information:

```
Die folgenden Angaben dienen dazu, physikalisch oder ökonomisch unsinnige
Wertebereiche von der weiteren Berechnung auszuschließen. Mit der Eingabe
von<RETURN> werden alle Werte zugelassen.
```

```
X - Werte: untere Grenze: ■
           obere Grenze :
Y - Werte: untere Grenze:
           obere Grenze:
```

Sie haben damit ähnlich wie bei der Ausschnittzeichnung die Möglichkeit, uninteressante Werte von vornherein auszuschließen, was sich natürlich auch auf die Berechnungszeit günstig auswirkt. Auf unser Beispiel übertragen hieße das etwa, daß ab einem bestimmten Strom das Bauteil ohnehin zerstört wäre, so daß eine Betrachtung des Leistungsumsatzes von diesem Punkt an aufwärts keine praktische Bedeutung hat.

Drücken Sie also viermal <RETURN>, um die oben angezeigten Minimal- und Maximalwerte beizubehalten. Nun erscheint

```
Bitte warten -- Datensatz für Z = 10 wird berechnet
```

```
Zelle xx von n
```

Auch hier besteht wieder eine Kontrollmöglichkeit der Rechenzeit über die beiden Angaben xx und n.

Nachdem alle Werte berechnet sind, wird die Datei selbsttätig auf Diskette abgelegt. Da jede Datei eine einzelne Niveaulinie enthält, geschieht dies nach jeder Höhenlinienberechnung. Anschließend finden Sie sich im Menue wieder und können sich das Ergebnis der Berechnungen ansehen. Gehen Sie zu diesem Zweck zurück ins Untermenue "Verarbeitung dreidimensionaler Daten" und wählen Sie dort <H>, "Datensatz mit Höhenlinien darstellen". Nach dem Laden des betreffenden Programms sehen Sie das Menue

```
grafische Ausgabe eines dreidimensionalen Datensatzes durch seine Hö-
henlinien


Bitte wählen Sie eine der folgenden Möglichkeiten:


(L) ==> Datensatz von Diskette lesen
(P) ==> Plotoptionen verändern
(M) ==> zurück zum Hauptmenue
(I) ==> Inhaltsverzeichnis der Diskette


Sie wünschen? ■
```

Wie üblich, drücken Sie jetzt <L>, um nach Eingabe von bis zu zehn Dateinamen ins Bildschirmarbeitsblatt zu gelangen:

```
Standardoptionen übernehmen? (J)a        (N)ein ■


Ausgabegerät: (B)ildschirm   (D)rucker  (P)lotter
Text 1 (max. 17 Zeichen):
Text 2 (max. 28 Zeichen):


Skalierung: X - Faktor: 1        Anzahl Xc - Linien: 4
            Y - Faktor: 1        Anzahl Yc - Linien: 4
            Z - Faktor: 1


Betrachtungswinkel: RX: 90       Plotter: Logogramm: (J)a (N)ein
                    RY: 0                 Rahmen: (J)a (N)ein
                    RZ: 90                Format: DIN A(4) A(3)


Koordinatenursprung: X0: 30      Drucker: Kopie (N)ormal
                     Y0: 15               Kopie (E)nlarged
                     Z0: 0                (D)oppelte Druckdichte


Verdeckte Linien: (S)ichtbar            (U)nsichtbar


Ausschnittzeichnung: Xmin: 1 Xmax: 10
                     Ymin: 1 Ymax: 10
```

Es fällt auf, daß die gleichen Ausgabeoptionen wie bei der Gitterlinien-Grafik möglich sind. Allerdings sind die Winkel- und Ursprungsvorgaben so gewählt, daß bei Übernahme dieser Standardwerte gewissermaßen eine Draufsicht von oben auf die Höhenlinien erzeugt wird.

Abbildung 2.16

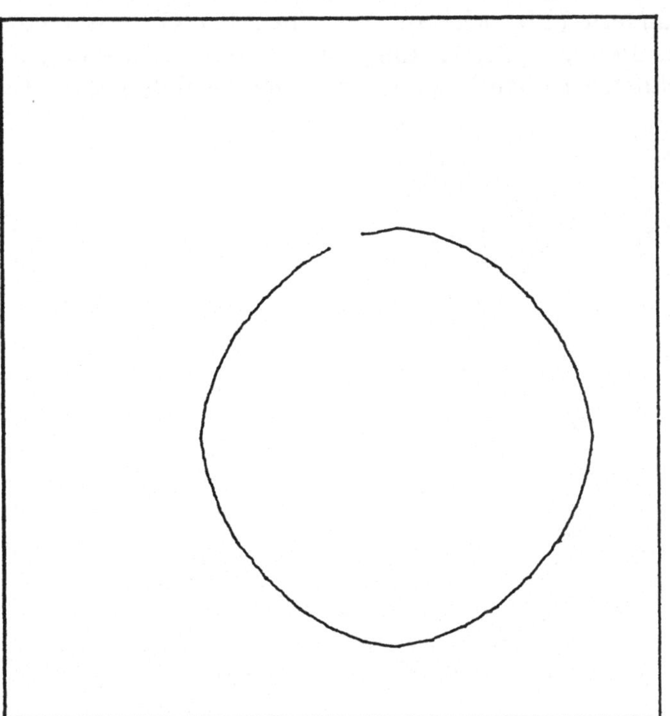

Unter Beibehaltung dieser Werte ergibt sich Abbildung 2.16. Bei Einzeichnung mehrerer Niveaus kann es sinnvoll sein, die Betrachtungswinkel etwas zu verändern (z.B. wie die Vorgaben bei Gitterliniendarstellung), um durch die räumliche Betrachtung eine bessere Zuordnung der Niveaus zu den gezeichneten Höhenlinien zu erreichen (Abbildung 2.17).

Abbildung 2.17

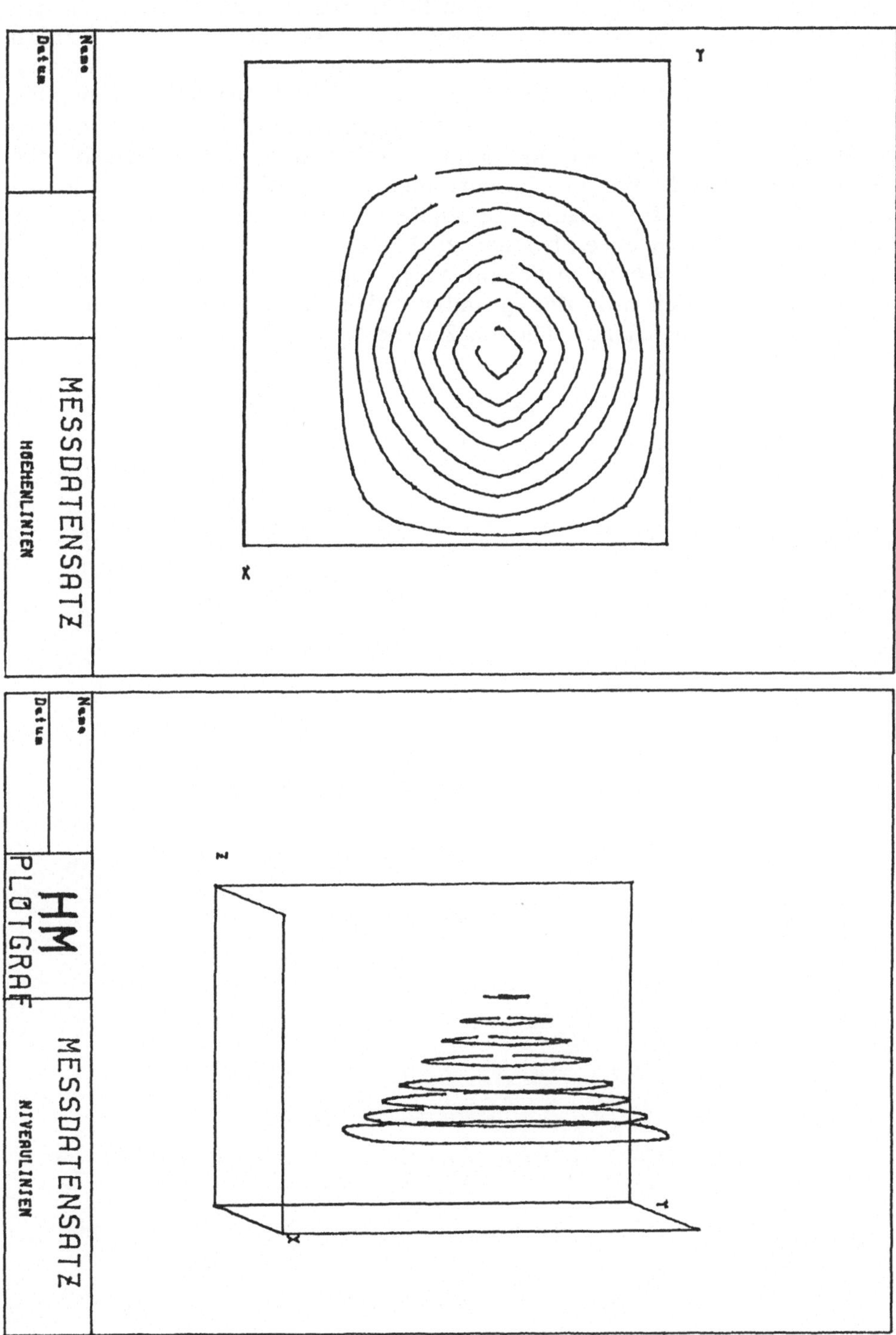

Wir sind damit am Ende des PLOTGRAF-Anwenderteils angelangt, aber keineswegs am Ende des Buchs. Wenn Sie Interesse daran haben, wie die hier beschriebenen Funktionen mit Hilfe Ihres Rechners realisiert werden und wie aus wenig aussagekräftigen Zahlenreihen die gezeigten Grafiken entstehen, dann blättern Sie noch ein wenig weiter. Die Sprache BASIC, in der der Rechner die Arbeitsanweisungen erhält, ist keineswegs so schwierig zu erlernen, wie es beim Anblick der Programmausdrucke scheinen mag. Wie bereits im Vorwort angedeutet, soll PLOTGRAF lediglich ein Gerüst für Ihre eigenen speziellen Anwendungen darstellen. Um aber diese Vorstellungen einbringen zu können oder um einfach nur bestimmte hier beschriebene Algorithmen in eigenen Programmen zu nutzen, sollten Sie sich mit der grundlegenden Arbeitsweise dieser Programmteile vertraut machen. Diesem Zweck dienen die nächsten Kapitel.

3 VORBEMERKUNGEN ZUR PROGRAMMIERUNG UND HILFSMODULN

3.1 Vorbemerkungen zur Programmierung

Die Aufgabenstellung an PLOTGRAF lautet: Es soll mit Hilfe des Rechners möglich sein, einen Satz numerischer Daten zu erstellen und zu modifizieren, dauerhaft zu speichern, wieder abzurufen und wahlweise in numerischer bzw. grafischer Form auf verschiedenen Medien auszugeben.

Zur Lösung dieses umfangreichen Problems wird man es zweckmäßigerweise in kleinere, sinnverwandte Einheiten segmentieren und zunächst die Lösung dieser Teilprobleme anstreben. Dieses Vorgehen (im Software-Engineering auch als 'top down'-Technik bezeichnet) bietet den Vorteil, daß der Fortschritt bei der Lösung der Aufgabe zu jeder Zeit verfolgt werden kann. Die Teilprobleme wiederum können so oft in noch kleinere Einheiten zerlegt werden, wie dies sinnvoll erscheint bzw. bis die Möglichkeit gegeben ist, die entsprechende Funktion in einem Programmteil zu realisieren.

Dieses Programmteil wird als Teillösung der nächsthöheren Ebene integriert, bis die gesamte abstrakte Aufgabe in allen Details realisiert ist.

Man wird jedoch sehr bald auf die Tatsache aufmerksam, daß einzelne Teillösungen in verschiedenen Zweigen dieses "Lösungsbaums" weitgehend identisch sind. Dies ist beispielsweise bei der Programmierung von Dienstleistungsfunktionen der Fall, die bei jeder Erstellung von Software anfällt. Hier bietet es sich an, eine Reihe von Unterprogrammen ("Moduln") zu schreiben und diese in eine Unterprogrammbibliothek einzubinden. Auf diese Weise besteht die Möglichkeit, das entsprechende Modul mit einer Programmierhilfe (RENUMBER, MERGE o.ä.) an die gewünschte Stelle im Programm zu setzen und die programmspezifischen Modifikationen vorzunehmen. Bei entsprechender Dokumentation hat der Programmierer so nach einiger Zeit ein unschätzbares Hilfsmittel zur Programmentwicklung in der Hand. Ein weiterer Vorteil besteht in der wesentlich besseren Übersichtlichkeit solchermaßen modularisierter Programme, die besonders dann als angenehm empfunden wird, wenn nach einiger Zeit eine Überarbeitung oder Änderung des Programms ansteht.

Noch einen Schritt weiter in diese Richtung geht die Überlegung, die Moduln nicht in jedes einzelne Programmteil einzufügen, das die entsprechende Funktion benötigt, sondern bei jedem Programmaufruf zusätzlich zu laden. Besondere Vorteile bringt dieses Vorgehen bei Moduln, die vom Programm in irgendeiner Weise verändert werden müssen. Ein typisches Beispiel ist gegeben, wenn dem Benutzer die Verwendung von Peripheriegeräten verschiedener Hersteller ermöglicht werden soll; auf diesen Fall wird im nächsten Abschnitt "Hilfsmoduln" bzw. im Kapitel 5: "Software-Hardware-Schnittstellen" noch eingegangen.

Nachdem das Problem strukturiert und modularisiert ist, wollen wir uns der Frage der Benutzerschnittstelle widmen. Der Begriff "Benutzerschnittstelle" soll hier definiert sein als die Summe der Programmteile, die direkt oder indirekt eine "Kommunikation" des Programms bzw. des Rechners mit dem Bediener ermöglichen. Insbesondere sind dies also alle Aufforderungen zur Dateneingabe, Fehlermeldungen, Mitteilungen usw. Überlegenswert ist in diesem Zusammenhang, welcher Personenkreis später mit der Bedienung des Programms betraut sein wird: Der einigermaßen erfahrene Programmierer mag die Fehlermeldung "SYNTAX ERROR" richtig interpretieren. Wie steht es aber mit jenem Schüler, der gerade seine erste Erfahrungen mit einem PC sammelt?

Lassen Sie uns aber zur Benutzerschnittstelle zurückkommen: Deren Umfang wird sich natürlich zum einen nach der Ein- bzw. Ausgabeintensität des Programms richten, zum andern nach dessen Benutzerfreundlichkeit. Bei einem Programmpaket wie PLOTGRAF, bei dem zwar viele Daten eingegeben und Plotoptionen eingestellt werden können, bei dem aber wegen des einfachen Aufbaus der Fehlerbehandlungsroutine lediglich eine relativ pauschale Fehlerursache genannt werden kann, umfassen die verschiedenen Teile der Benutzerschnittstelle etwa die Hälfte der gesamten Programmlänge. Dieser Aufwand geht jedoch mit steigender Benutzerfreundlichkeit exponential in die Höhe.

Grundsätzlich bieten sich für die Auswahl einer gegebenen Menge von Funktionen zwei Techniken an: die selektive und die imperative Befehlseingabe. Bei der selektiven Befehlseingabe, die auch als Menuetechnik bezeichnet wird, erscheinen auf dem Bildschirm ganz wie auf einer Speisekarte die im Moment verfügbaren Optionen, evtl. mit kurzen Anmerkungen versehen. Vorteilhaft macht sich hier bemerkbar, daß ein menuegeführtes Programm auch ohne Handbuch oder Dokumentation bedient werden kann. Nachteilig ist die Tatsache, daß zur Menueanzeige der Bildschirminhalt oft wechselt. Dieser Nachteil wird bei der zweiten Möglichkeit vermieden, der imperativen Befehlseingabe mittels einer Eingabesprache, bei der keinerlei Benutzerhinweise gegeben werden, wo also alle Bedieneraktionen "auswendig" gelernt werden müssen. Diese Form ist programmtechnisch etwas einfacher zu handhaben, obwohl auch hier Vorkehrungen gegen Fehleingaben getroffen werden müssen.

In der Praxis sind nicht selten Mischformen anzutreffen wie z.B. bei dem weitverbreiteten Textverarbeitungsprogramm WORDSTAR. Hier kann der Umfang der Menueanzeige stufenweise reduziert werden, bis schließlich keine Unterstützung mehr gegeben wird; die Eingabe erfolgt in diesem Zustand "quasi-imperativ".

3.2 Hilfsmoduln

Wie in Abschnitt 3.1 bereits erläutert umfaßt der Begriff "Modul" ein Unterprogramm, das eine bestimmte Funktion ausführt, das aber bei der programmtechnischen Realisierung so allgemein gehalten wurde, daß es ohne größeren Aufwand in verschiedenen Programmen eingesetzt werden kann. In diesem Abschnitt wollen wir uns nun den Hilfsmoduln widmen, also den Unterprogrammen, die mehr oder weniger modifiziert im gesamten Programmpaket wiederzufinden sein werden oder die, einmal geladen, sozusagen im Hintergrund darauf warten, in Aktion zu treten. Zu unterscheiden ist hier zwischen BASIC-Moduln und solchen, die in Maschinensprache geschrieben werden müssen, da der APPLESOFT-Interpreter einige geforderte Funktionen nicht unterstützt.

Solche Funktionen sind:

- Textausgabe auf der gesamten Grafikseite HGR2,

- Eingabe von Texten einschließlich Sonderzeichen,

- Druckerausgabe der hochauflösenden Grafikseite HGR2 und

- Dateiverkettung mit Hilfe einiger spezieller Speicherstellen.

Die BASIC-Moduln sind zuständig für:

- Fehlermeldungen

- Disketten-Inhaltsverzeichnis

- Daten sequentiell bzw. wahlfrei auf Diskette schreiben bzw. von Diskette lesen

- komplette Grafik auf Diskette schreiben bzw. von Diskette lesen

Einer strikten Durchführung des Menuekonzepts steht allerdings beim APPLESOFT-BASIC der Umstand im Weg, daß keine lokalen Variablen definiert werden können; der Speicherplatzbedarf und die Rechenzeit steigen ebenfalls wegen der vorhandenen Redundanzen stark an. Die vorgestellten Moduln bestehen also aus einer Kompromißlösung zwischen Übersichtlichkeit und allgemeiner Verwendbarkeit einerseits und Redundanzminimierung andererseits.

3.2.1 Text in der hochaufgelösten Grafik

Beim APPLE II besteht die Möglichkeit, durch Ansprechen der Speicherstellen -16304 und -16297 (hochaufgelöste Grafik) und -16301 eine Textausgabe in den letzten vier Zeilen des (Grafik-)Bildschirms zu bewirken. Diese Möglichkeit ist allerdings für unsere Zwecke unbrauchbar, da hierdurch der sichtbare Grafikbereich erheblich eingeschränkt wird und außerdem eine integrierte Text-Grafikausgabe auf dem gesamten Bildschirm weitaus wünschenswerter wäre.

Unser Rechner verfügt nun aber über die Fähigkeit, vorkonstruierte Linienfolgen (im folgenden kurz "Symbole" genannt) auf der Grafikseite darstellen zu können, die in einer Symboltabelle ("shape table") zusammengefaßt und vom APPLESOFT-BASIC aus mit DRAW ... AT, XDRAW ... AT, ROT= und SCALE= gehandhabt werden (eine ausführliche Beschreibung findet der interessierte Leser in [APLS, S. 6-13ff.] und in [MYER, S. 63ff.]). Es bietet sich also an, eine solche Tabelle mit allen alphanumerischen und einigen Sonderzeichen zu erstellen, die dann auf der Grafik in 90 Grad-Schritten gedreht dargestellt und sogar vergrößert werden können.

Wer allerdings mit der Erstellung dieser Tabellen etwas vertraut ist, wird nun die Hände über dem Kopf zusammenschlagen: Die Definition von vierzig Zeichen in einer Symboltabelle ist eine Fleißarbeit, fehleranfällig und ermüdend. Da unser Rechner eigentlich zu dem Zweck angeschafft wurde, uns solche Arbeiten zu ersparen, folgt nun ein kurzes Programm, das uns den Grafik-Zeichensatz (der sich im übrigen in nichts vom 40spaltigen Text-Zeichensatz unterscheidet) erzeugt und auch gleich als Binärdatei unter dem Namen "SHAPAL.BIN" auf der Diskette in Laufwerk 1 abspeichert.

PROGRAMM: SYMBOLDATEI

```
1    REM    PROGRAMM SYMBOLTABELLE
10   FOR I = 24576 TO 25364
20   READ X
30   POKE I,X
40   NEXT
50   PRINT CHR$ (4);"BSAVE SHAPAL.BIN,A24576,L793"
60   END
70   DATA 63,0,128,0,134,0,142,0,157,0:           REM --------------------------
80   DATA 172,0,185,0,200,0,206,0,214,0
90   DATA 222,0,236,0,245,0,249,0,255,0
100  DATA 2,1,9,1,24,1,32,1,44,1:                 REM ADRESSIERUNG
110  DATA 56,1,67,1,79,1,93,1,102,1
120  DATA 116,1,127,1,133,1,139,1,148,1
130  DATA 156,1,165,1,175,1,190,1,202,1:          REM DER
140  DATA 216,1,228,1,240,1,254,1,8,2
150  DATA 19,2,31,2,40,2,48,2,61,2
160  DATA 70,2,82,2,94,2,106,2,116,2:             REM SYMBOLTABELLE
170  DATA 130,2,143,2,155,2,163,2,174,2
180  DATA 185,2,198,2,210,2,219,2,231,2
190  DATA 245,2,253,2,9,3,17,3:                   REM ------------------------
200  DATA 73,4,32,36,36,0:                        REM  !
210  DATA 9,64,24,32,108,54,4,0:                  REM  "
220  DATA 9,36,103,60,5,32,13,246,45,23,30,45,23,38,0: REM  #
```

```
230 DATA 1,40,53,12,12,28,55,28,28,12,37,22,12,37,0:      REM $
240 DATA 73,41,60,223,12,12,12,5,248,35,55,4,0:           REM %
250 DATA 73,9,28,28,28,28,100,21,190,26,174,101,8,4,0:    REM &
260 DATA 73,64,24,32,36,0:                                REM '
270 DATA 73,28,28,36,12,12,4,0:                           REM (
280 DATA 73,12,12,36,28,28,4,0:                           REM )
290 DATA 73,36,36,36,141,23,31,28,150,98,13,21,4,0:       REM *
300 DATA 73,32,60,111,41,31,32,4,0:                       REM +
310 DATA 9,12,36,0:                                       REM ,
320 DATA 64,24,41,45,37,0:                                REM -
330 DATA 73,4,0:                                          REM .
340 DATA 1,96,12,12,12,4,0:                               REM /
350 DATA 9,45,12,36,36,28,63,23,54,54,12,12,12,4,0:       REM 0
360 DATA 9,45,28,36,36,188,4,0:                           REM 1
370 DATA 73,9,63,63,100,12,101,228,63,23,4,0:             REM 2
380 DATA 8,21,45,12,228,103,5,32,63,63,4,0:               REM 3
390 DATA 73,33,44,31,63,100,12,12,54,38,0:                REM 4
400 DATA 8,21,45,12,36,28,63,39,44,45,37,0:               REM 5
410 DATA 9,45,12,228,63,55,38,64,3,12,12,45,4,0:          REM 6
420 DATA 9,36,12,12,12,60,63,39,0:                        REM 7
430 DATA 9,45,12,228,63,23,38,64,3,100,45,21,38,0:        REM 8
440 DATA 41,101,12,36,228,63,23,174,45,4,0:               REM 9
450 DATA 73,64,3,4,32,0:                                  REM :
460 DATA 9,5,32,4,32,0:                                   REM ;
470 DATA 73,225,28,28,12,12,12,4,0:                       REM <
480 DATA 64,45,45,4,56,63,39,0:                           REM =
490 DATA 9,12,12,12,28,28,28,4,0:                         REM >
500 DATA 73,4,32,12,12,28,63,23,4,0:                      REM ?
510 DATA 9,45,37,64,3,36,28,63,23,54,54,76,229,36,0:      REM @
520 DATA 33,36,100,12,14,14,54,63,111,17,38,0:            REM A
530 DATA 33,36,36,44,45,21,190,31,109,50,23,63,4,0:       REM B
540 DATA 73,9,184,63,28,36,36,12,45,21,4,0:               REM C
550 DATA 33,36,36,44,45,21,54,54,23,63,4,0:               REM D
560 DATA 41,45,37,192,63,55,38,64,3,36,45,45,4,0:         REM E
570 DATA 33,36,36,44,45,181,26,63,4,0:                    REM F
580 DATA 9,45,37,60,223,34,36,100,45,37,0:                REM G
590 DATA 33,36,36,180,10,45,37,36,150,50,38,0:            REM H
600 DATA 9,45,28,36,36,60,13,4,0:                         REM I
610 DATA 1,168,45,12,36,36,36,0:                          REM J
620 DATA 33,36,36,108,9,23,23,23,21,21,21,4,0:            REM K
630 DATA 73,9,63,63,36,36,36,4,0:                         REM L
640 DATA 33,36,36,172,21,102,96,54,54,54,4,0:             REM M
650 DATA 33,36,36,172,170,21,149,36,36,36,4,0:            REM N
660 DATA 9,45,12,36,36,28,63,23,54,54,4,0:                REM O
670 DATA 33,36,36,44,45,21,190,63,4,0:                    REM P
```

```
680 DATA 9,37,168,21,4,32,36,28,63,23,54,54,4,0:        REM Q
690 DATA 33,36,36,44,45,21,190,63,21,21,21,4,00:        REM R
700 DATA 8,21,45,12,60,56,231,100,45,21,4,0:            REM S
710 DATA 73,36,36,36,63,77,37,0:                        REM T
720 DATA 9,45,12,36,36,252,27,54,54,38,0:               REM U
730 DATA 73,12,12,36,36,223,51,54,174,4,0:              REM V
740 DATA 33,36,36,108,9,54,54,54,28,28,180,35,0:        REM W
750 DATA 33,12,12,28,28,108,9,190,22,21,38,0:           REM X
760 DATA 73,36,228,28,108,9,246,4,0:                    REM Y
770 DATA 73,9,63,63,100,12,12,12,60,63,39,0:            REM Z
780 DATA 73,9,63,63,44,60,44,60,44,28,45,45,4,0:        REM [
790 DATA 72,73,28,28,28,28,4,0:                         REM \
800 DATA 41,45,37,39,37,39,37,39,253,63,4,0:            REM ]
810 DATA 64,24,97,12,21,21,4,0:                         REM ^
820 DATA 41,45,37,0:                                    REM _
```

Um mit dem Zeichensatz zu arbeiten, muß er zunächst mit BLOAD
SHAPAL.BIN in den Speicher geladen werden, dann wird seine Startadresse festgestellt (die aus Flexibilitätsgründen eine andere als beim Abspeichern sein kann und die deshalb den Speicherstellen 43634 und 43635
entnommen wird). Die Startadresse wird jetzt in die Speicherstellen 232
und 233 geschrieben. (Zur Verwendung spezieller Speicherstellen siehe
Anhang 2.) Nun kann jedes im Zeichensatz enthaltene Zeichen mit der
Befehlsfolge:

```
ZEICHEN = ASC( ZEICHEN$ ) - 32
```

und

```
DRAW ZEICHEN AT X,Y
```

an die Stelle X,Y auf den Bildschirm geschrieben werden.

3.2.2 Input-Routine

Wenn Sie jemals mit Ihrem APPLE versucht haben, ein Textverarbei-
tungsprogramm in BASIC zu schreiben, dann kennen Sie das Problem,
daß beim Eingeben der Textzeilen mit der Anweisung INPUT einige
Sonderzeichen nicht gelesen werden, sondern die Fehlermeldung EXTRA
IGNORED auf dem Bildschirm erscheint und der restliche Text bis zum
Ende der Zeile "verschluckt" wird. Der Grund dafür ist im APPLESOFT-
BASIC-Interpreter zu suchen: Der nämlich benutzt Komma und Semiko-
lon, um verschiedene Variablen voneinander zu trennen. Man kann dieses
Problem umgehen, indem statt zeilenweise mit INPUT zeichenweise mit
GET eingelesen wird und der Text immer um das zuletzt eingelesene Zei-
chen verlängert wird. Diese Methode ist zwar bei der manuellen Textein-
gabe ausreichend, doch stört die geringe Lesegeschwindigkeit sehr beim
Einlesen eines längeren Texts von Diskette. Wir wollen deshalb jetzt ein

kurzes Programm vorstellen, das wiederum ein Maschinenspracheprogramm mit POKE in den Speicher ab \$30A schreibt, das den &-Befehl zur Übernahme von Text einschließlich Sonderzeichen in den Textpuffer des Rechners veranlaßt. Das Maschinenspracheprogramm wird anschließend unter dem Namen INPUT .BIN auf die Diskette in Laufwerk 1 gespeichert.

PROGRAMM: INPUT.BAS

```
10 REM    PROGRAMM INPUT .BAS
20 REM
30 FOR I=1 TO 42:READ X
40 POKE 777 + I,X:NEXT
50 D$=CHR$(4):PRINT D$;"BSAVE INPUT .BIN,D1,S6,A$30A,L42"
60 END
70 DATA 32,227,223,162,0,32,117,253,134,253,32,57,213,165,253,32,82,
   228,162,0,160,2,32,226,229,160,0,165,253,145,131,200,165,111,145,
   131,200,165,112,145,131,96
```

Prinzipiell arbeitet das Programm folgendermaßen: Zunächst wird die Eingabezeile in den Tastaturpuffer geschrieben, dann wird deren Länge festgestellt und gespeichert und anschließend der Text vom Puffer in den freien Speicherplatz kopiert. Da dabei die ROM-Routinen des Interpreters umgangen werden, treten keine Schwierigkeiten mehr mit den Sonderzeichen auf.

Für die Benutzung des Programms muß es zunächst mit:

```
BLOAD INPUT .BIN,D1,S6
```

wieder geladen werden, falls es nicht mehr im Speicher steht. Um nun Eingaben aller Art zu ermöglichen, muß zunächst die Speicherstelle, auf die der BASIC-Interpreter springt, wenn er das Zeichen "&" erkannt hat, so modifiziert werden, daß sie die Startadresse des Maschinenspracheprogramms enthält:

```
POKE 1013,76: POKE 1014,10: POKE 1015,3.
```

Jetzt werden mit der Anweisung:

```
& A$
```

maximal 255 Zeichen von der Tastatur oder von Diskette eingelesen und der Textvariablen A$ zugeordnet, die dann weiterverarbeitet werden kann.

An diesem Beispiel wird deutlich, daß die aktive Beherrschung der Maschinensprache auch dem BASIC-Programmierer erhebliche Möglichkeiten zur Verfügung stellt. Eine ausführliche Darstellung der Assemblerprogrammierung jedoch kann an dieser Stelle nicht geboten werden, sie würde den Rahmen des Buches auch bei weitem überschreiten. Es sei deshalb auf [6502] hingewiesen, wo eine wirklich instruktive Einführung in die Maschinenspracheprogrammierung des Mikroprozessors 6502 zu finden ist. Dem interessierten Leser wird außerdem die Lektüre von [APLS] empfohlen, das u.a. die Arbeitsweise des Applesoft-Interpreters beschreibt.

3.2.3 Fehlermeldungen

Um einerseits eine gewisse Benutzerfreundlichkeit des Programmpakets zu gewährleisten und andererseits keine durch Eingabefehler hervorgerufenen Programmabstürze zu verursachen, wird der versierte Programmierer sein Programm mit Fehlermeldungen versehen, die auf die falsche Eingabe hinweisen oder irgendeine Benutzerreaktion zur Folge haben (volle Diskette gegen eine leere austauschen, Diskettenklappe schließen, Drucker einschalten o.ä.). Da die Fehlermöglichkeiten in allen PLOTGRAF-Programmen weitgehend gleich sind, werden auch bei gleichen Fehlern identische Hinweistexte ausgegeben. Um überhaupt einen Fehler abfangen zu können und die Fehlermeldungen des Interpreters zu unterdrücken, muß zunächst am Anfang des Programms die Anweisung:

```
ON ERR GOTO 6000
```

gegeben werden, wobei im Fehlerfall die Programmsteuerung mit der Zeile 6000 fortgesetzt wird (mit dieser Zeilennummer beginnt in allen PLOTGRAF-Programmen die Fehlerbehandlungsroutine; es kann natürlich auch jede andere Zeile eingesetzt werden). Die Speicherstelle 222 enthält den Fehlercode des zuletzt aufgetretenen Fehlers, in den Speicherstellen 218 und 219 findet sich die Programmzeile, in der der Fehler auftrat (wenn das Programm fehlerfrei geschrieben wurde, dann ist diese Information meist irrelevant). Im Modul "Fehlermeldungen", der nachstehend aufgelistet ist, werden zuerst Fehlercode und Zeilennummer des Fehlers ermittelt. Danach wird ein akustisches Signal ausgegeben und der Fehlercode mit den in der wahlfreien Datei ERROR.TXT abgespeicherten Fehlerbedingungen verglichen (Zeile 6010). Ist in dieser Datei ein gültiger Fehlertext vorhanden, dann wird die Datei eröffnet, der entsprechende Record gelesen, die Datei wieder geschlossen und der Text in der letzten Bildschirmzeile ausgegeben (Zeile 6014). Wenn kein passender Text vorhanden ist, dann wird der Fehlercode zusammen mit der Programmzeile angezeigt und die normale Fehlerbehandlung des Interpreters wieder eingeschaltet.

UNTERPROGRAMM: Fehlermeldungen

```
6000 REM ***** FEHLERMELDUNGEN
6002 ER = PEEK (222):EL = PEEK (218) + PEEK (219) * 256
6008 RESTORE: PRINT CHR$ (7)
6010 FOR T = 1 TO 26: READ TE: IF TE = ER THEN PRINT D$;"OPEN ERROR
```

```
.TXT,S6,D1,L80": PRINT D$;"READ ERROR .TXT,R";T: & ER$: PRINT
D$;"CLOSE ERROR .TXT": GOTO 6014
6012 NEXT: POKE 216,0:ER$ = "Fehler " + STR$ (ER) + " in Zeile " +
STR$ (EL)
6014 TEXT: PRINT CHR$ (30); CHR$ (32); CHR$ (52); CHR$ (11); CHR$
(10);ER$;: FOR T = 1 TO 2000: NEXT T
6016 GOTO 38 : REM Rücksprung ins Hauptprogramm: Anzeige des Menues
6018 DATA 1,2,3,4,5,6,7,8,9,10,11,12,13,14,42,53,69,77,107,133,163,
176,191,224,254,255
```

3.2.4 Dateiverkettung

Ein weiteres Problem, das noch vor uns liegt, ist die Verkettung von Dateien, d.h. das Aneinanderhängen von Programmteilen, die in verschiedenen Dateien auf der Diskette verstreut sind. Diese Funktion wird vom APPLESOFT-Basic nicht unterstützt. Wenn versucht wird, ein Programm aus einem anderen Programm heraus aufzurufen oder zu starten, dann wird das aufrufende Programm zerstört.

Der Lieferumfang des ersten APPLE-Laufwerks umfaßt unter anderem eine Diskette, auf der die Datei CHAIN zu finden ist. Mit Hilfe dieser Datei können mehrere Programme aneinandergehängt werden. Das Programm verbraucht jedoch Speicherplatz und muß außerdem vor jeder Verkettung neu geladen werden. Deshalb gilt es zu überlegen, ob nicht eine elegantere Lösung des Problems gefunden werden kann.

Wie bereits angedeutet, existieren im Speicher unseres APPLE bestimmte Speicherstellen, die eine Aussage über die momentane Speichereinteilung liefern (siehe Anhang 2). So enthalten die Speicherstellen $67,$68, die der Einfachheit halber im folgenden START genannt werden, die Startadresse des Basic-Programms, das sich gerade im Speicher befindet, das Bytepaar in $69,$6A (ENDE) gibt das Ende des Programms plus zwei Bytes an, und zwar wie überall im APPLE mit dem höherwertigen Byte zuletzt.

Der Leser merkt, worauf diese Überlegungen abzielen: Es muß gelingen, diese Speicherstellen so zu verändern, daß nach dem Laden des einen Programms der Inhalt von ENDE nach START kopiert wird, so daß das zweite Programm genau hinter das erste geladen wird. Dann wird START wieder mit dem ursprünglichen Wert beschrieben, et voilà: Zwei Programme wurden verkettet und können, vorausgesetzt, ihre Zeilennummern steigen kontinuierlich an, wie ein einziges Programm abgearbeitet werden.

Es ergibt sich jetzt nur noch die Schwierigkeit, diesen Vorgang automatisch ausführen zu lassen, denn es wäre wenig zweckmäßig, den Bediener alle benötigten Moduln von Hand laden zu lassen. Die ersten Zeilen des Hauptprogramms müssen also die entsprechenden POKE-Befehle enthalten, die die START-Speicherstellen modifizieren. Da nach einem Programmladen mit LOAD keine weitere programmgesteuerte Befehlsausführung mehr möglich ist, bleibt nur noch der Befehl RUN, um das zweite Programm in den Speicher zu laden. Nachdem die Programmsteuerung nun auf das Modul übergegangen ist, muß in dessen erster Programmzeile der Wert von START wieder zurückgesetzt werden und auf die nächste Zeile im Hauptprogramm gesprungen werden.

Ein Beispiel für die Dateiverkettung finden Sie in den folgenden beiden Programmen, die einzeln auf Diskette gespeichert werden. Beim Start von PROG1 wird PROG2 geladen und an das Ende von PROG1 angehängt. Zum besseren Verständnis sind die Speicherverhältnisse, wie sie sich dem BASIC-Interpreter darstellen, in Abbildung 3.1 graphisch veranschaulicht.

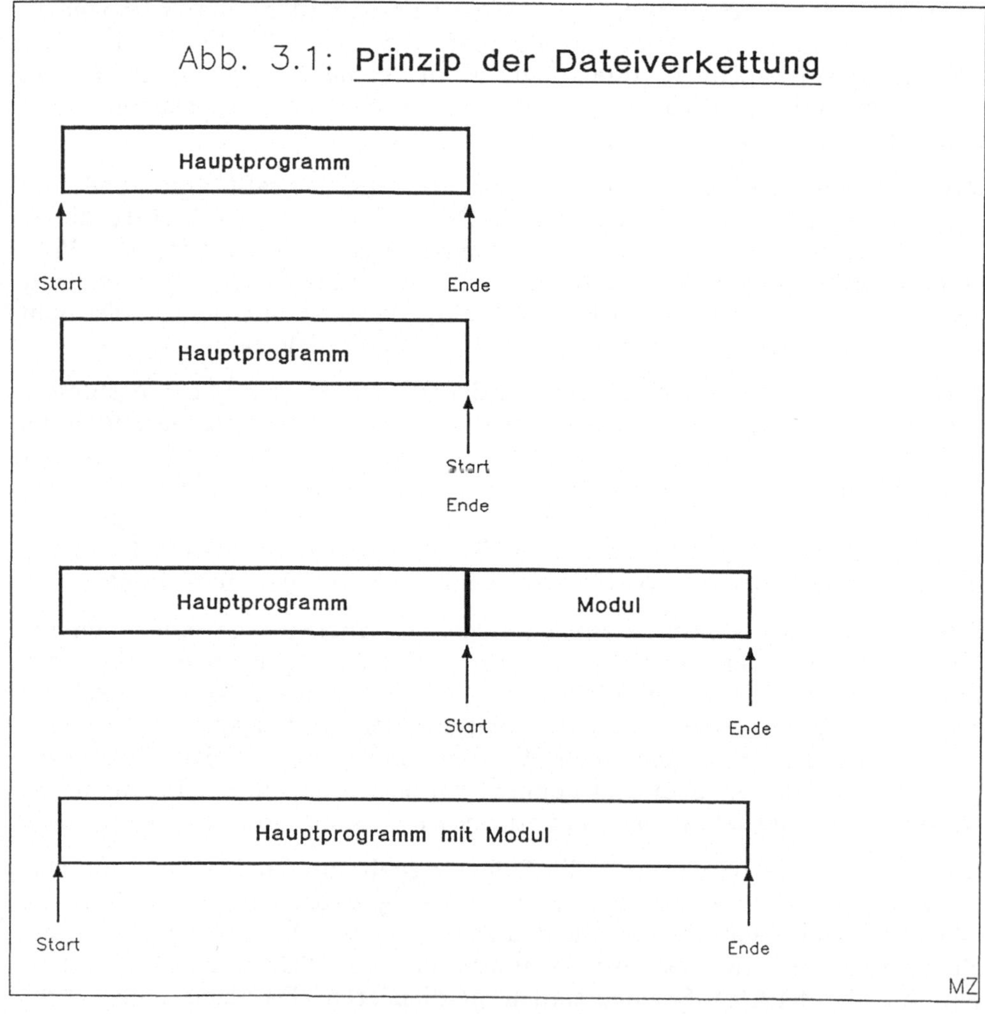

PROGRAMM: PROG1

```
10   PRINT "Dies ist Programm 1."
20   POKE 103, PEEK (175) - 2: POKE 104, PEEK (176): PRINT  CHR$ (4);"RUN PROG2.BAS"
30   GOTO 130
```

PROGRAMM: PROG2

```
100  REM  PROGRAMM 2
110  POKE 103,1: POKE 104,8: GOTO 30
130  PRINT "Dies ist Programm 2"
140  LIST
150  END
```

Hier werden nun zwei Nachteile der Verkettung mit Hilfe von Speicher-
stellenmodifikationen offenbar: Erstens müssen sämtliche benötigten Module geladen sein, bevor der Rechner irgendeine andere Aufgabe erhält,
da der Befehl RUN alle bis dahin definierten Variablen löscht. Zweitens
sind die Zeilennummern am Anfang des aufrufenden Programms nicht
variabel, da die Programmsteuerung nach dem Laden eines Moduls und
dem Zurücksetzen von START immer auf der gleichen Zeilennummer im
Hauptprogramm fortgesetzt werden muß. Gegenüber den Vorteilen der
Programmverkettung fallen diese Nachteile jedoch kaum ins Gewicht, da
sie die Flexibilität beim Programmieren kaum beeinträchtigen.

3.2.5 Disketten-Inhaltsverzeichnis

Ebenfalls weitgehend gleich sind in allen PLOTGRAF-Programmen die
Routinen zur Erstellung des Inhaltsverzeichnisses einer Diskette. Die
Routine fragt nach dem Laufwerk, in dem die entsprechende Diskette
eingelegt ist und listet anschließend alle Dateien auf dieser Diskette auf.
Hierbei bedeuten die Buchstaben vor dem Dateinamen:

```
A --> APPLESOFT-Basic-Programmdatei
I --> Integer-Basic-Programmdatei (in PLOTGRAF nicht verwendet)
T --> Textdatei oder Datensatz
B --> Binärdatei
```

Die Dateien im PLOTGRAF-System besitzen außerdem noch einen Da-
teiergänzungsnamen, ähnlich dem in CP/M und anderen umfangreicheren
Betriebssystemen:

```
name.DAT --> Datensatz
name.PIC --> komplette Bildschirm- bzw. Druckergrafik
name.PLT --> komplette Plottergrafik
name.BAS --> BASIC-Programmdatei
name.BIN --> Maschinensprachedatei
name.TXT --> Textdatei (Kurzinformation und Fehlermeldungen)
name.FKT --> Funktionsgleichung(en)
```

Ist der Dateiname in der ersten Spalte außerdem mit einem Sternchen gekennzeichnet, dann wurde die Datei gegen versehentliches Löschen geschützt.

Das Unterprogramm "INHALTSVERZEICHNIS" besteht im Wesentlichen
aus der CATALOG-Anweisung, um die herum die Kommandos für die
Eingabe des Laufwerks aufgebaut sind. Zeile 857 berechnet aus der
Laufwerkseingabe die korrekte Steckverbindung und die Laufwerksnum-
mer (1 oder 2).

UNTERPROGRAMM: Disketten-Inhaltsverzeichnis

```
850 REM   DISK-INHALTSVERZEICHNIS
855 PRINT CHR$ (12): PRINT "Disketten - Inhaltsverzeichnis": FOR I=1 TO 10: PRINT:
NEXT
856 PRINT "Laufwerk-Nr.: ";: GET DR: PRINT CHR$ (12)
857 SL = INT (7 - DR/2):D = 1:IF INT (DR / 2) * 2 = DR THEN D = 2
858 PRINT D$;"CATALOG,D";D;",S";SL: PRINT: PRINT: PRINT: PRINT "Drücken Sie die
<RETURN>-Taste ! ";
859 GET CK$: PRINT: RETURN
```

3.2.6 Wahlfreie Dateien speichern und lesen

Man kann sich einen PLOTGRAF-Datensatz als eine Tabelle mit ein,
zwei oder drei Spalten vorstellen. Jeder Zeile dieser Tabelle entspricht ein
Record auf der Diskette, zusätzlich werden die Records 0-4 zur Abspeicherung der Datensatzparameter reserviert. Einer Tabelle mit "n" Elementen entspricht also ein Datensatz mit "n+4" Records. Die Feldweite dieser
wahlfreien Datei hängt von der Anzahl der Spalten der Tabelle ab: Für
jede Spalte werden 15 Zeichen benötigt.

Eine Übersicht über die Datensatzparameter ist in folgender Tabelle zusammengestellt:

Record-Nr.	Inhalt
0	Feldweite, Gesamtzahl der Elemente, Zahl der Elemente in X-Richtung, Zahl der Elemente in Y-Richtung
1	X-Minimum, X-Maximum, Y-Minimum
2	Y-Maximum, Z-Minimum, Z-Maximum
3	Achsentexte X-, Y-, Z-Achse
4	Zusatztext

Die Reservierung einiger Records am Anfang des Datensatzes hat den
Vorteil, daß die Datensatzcharakteristik in komprimierter Form in weni-
gen Records zusammengefaßt wird, die so mit vergleichsweise wenig
Zeitaufwand präsent ist.

Das nächste Programmlisting zeigt eine Routine, die einen dreidimensionalen Datensatz auf Diskette speichert. Die Variablen sind wie folgt definiert:

Record-Nr.	Inhalt
WI	Feldweite (hier 45)
NI	Gesamtzahl der Zeilen in der Tabelle
X(I),Y(I),Z(I)	Tabellenwerte
T1$	Zusatztext
T2$,T3$,T4$	Achsentexte X,Y,Z
X1,Y1,Z1	Minimalwerte X,Y,Z
X2,Y2,Z2	Maximalwerte X,Y,Z
NX,NY	Anzahl der Feldelemente in X- und Y-Richtung

PROGRAMM: DATA

```
80   PRINT D$;"OPEN";F$;",D";DR;",L45"
82   PRINT D$;"WRITE";F$;",R0": PRINT WI: PRINT NI: PRINT NX: PRINT NY
84   PRINT D$;"WRITE";F$;",R1": PRINT X1: PRINT X2: PRINT Y1
86   PRINT D$;"WRITE";F$;",R2": PRINT Y2: PRINT Z1: PRINT Z2
88   PRINT D$;"WRITE";F$;",R3": PRINT T2$: PRINT T3$
90   PRINT D$;"WRITE";F$;",R4": PRINT T1$
94   FOR J = 1 TO NI
95   PRINT D$;"WRITE";F$;",R";J + ST * OUT + 4
96   PRINT X(J): PRINT Y(J): PRINT Z(J)
98   NEXT : PRINT D$;"CLOSE"
```

3.2.7 Komplette Grafik speichern und laden

Im Programmpaket PLOTGRAF können zwei Grafikarten erzeugt werden: Rastergrafik auf dem Bildschirm und Vektorgrafik mit dem Plotter. Bei der Rastergrafik haben wir es mit einem Speicherausschnitt zu tun, der auf die Diskette gebracht wird. Die Vektorgrafik besteht aus einzelnen Plotterbefehlen, die in eine Textdatei geschrieben werden müssen. Das Sichern einer Bildschirmgrafik geht deshalb denkbar einfach vonstatten: Die hochauflösende Grafikseite 2 (HGR2), die in PLOTGRAF ausschließlich benutzt wird, um Konflikte mit langen Programmen zu vermeiden, erstreckt sich von Speicherstelle 16384 ($4000) bis Speicherstelle 24576 ($6000). Sie ist also 8192 ($2000) Bytes lang und kann mit der Anweisung:

```
BSAVE name.PIC, A$4000, L$2000
```

auf Diskette abgelegt werden.

Die Grafik wird später wieder geladen und auf dem Bildschirm sichtbar, wenn mit der Anweisung:

```
HGR2
```

die Grafikseite 2 initialisiert und deren Inhalt gelöscht sowie der zuvor
gespeicherte Speicherausschnitt mit:

```
BLOAD name.PIC
```

wieder in den Rechner geladen wird.

Wir wollen uns nun der Vektorgrafik zuwenden. Wie bereits erwähnt, besteht sie aus einzelnen Plotterbefehlen, die der Einfachheit halber in einem Textvariablenfeld T$(I) zusammengefaßt sind, dessen Länge von der
Variablen TT (in einer der ersten Programmzeilen definiert) bestimmt
wird. Dieses Feld wird in einer sequentiellen Datei gespeichert, da der
Zugriff auf diese Datei später ebenfalls sequentiell sein wird. Grundsätzlich wird sie hierzu mit OPEN name.PLT eröffnet. Mit dem wiederholten
Aufruf von WRITE name: PRINT T$(I) wird das Textvariablenfeld in die
Datei geschrieben, danach wird sie mit CLOSE name.PLT wieder geschlossen. Da sich in PLOTGRAF jedoch die Schwierigkeit ergibt, daß
möglicherweise mehr als drei Dateien gleichzeitig eröffnet sind (Daten-
satz-Dateien, die sequentielle Datei, in der die Plotterbefehle gespeichert
werden sollen und die Textdatei, die die Fehlermeldungen beinhaltet) und
andererseits der verfügbare RAM-Bereich nicht durch MAXFILES all-
zuweit beschnitten werden soll, ergibt sich die Notwendigkeit, diese Datei
nach dem Speichern eines Blockes wieder zu schließen, um den nächsten
Block mit APPEND name.PLT an den vorhergehenden anzuhängen. Da
die Datei für die Verwendung von APPEND bereits auf der Diskette
existieren muß, wird sie vorher eröffnet und gleich wieder geschlossen.
Der Datensatz wurde vor dem Abspeichern der Plotterbefehle ebenfalls
geschlossen, er wird deshalb in Zeile 10052 wieder eröffnet, wenn noch
weitere Daten geplottet werden müssen (FS=1), oder das Unterprogramm
kehrt ohne Änderung zur aufrufenden Routine zurück, wenn mit dem
letzten Aufruf lediglich die restlichen Plotterbefehle abgespeichert werden
sollten (FS=0).

Der Unterscheidung zu einer abgespeicherten Rastergrafik dient die
Dateierweiterung .PLT.

PROGRAMM: PLOTBEF

```
10044 PRINT D$;"PR#"; PEEK (777): PRINT T$: PRINT D$;"PR#3": IF BI$ < > "J" THEN
10054
10046 T$(U) = T$:U = U + 1: IF U < TT + 1 THEN 10054
10048 PRINT D$;"PR#"; PEEK (777): PRINT "M";PX;",";PY: PRINT D$;"PR#3":AP =  FRE
(0): IF FS THEN  PRINT D$;"CLOSE";F$
10050 PRINT D$;"APPEND";FF$ + ".PLT";",S";SD;",D";DD
10052 FOR T = 0 TO U - 1: PRINT D$;"WRITE";FF$ + ".PLT": PRINT T$(T): NEXT : PRINT
D$;"CLOSE";FF$ + ".PLT":U = 0: IF FS THEN  PRINT D$;"OPEN";F$;",D";DR;",L";WI
```

```
10054 RETURN
```

Der Abruf der so gespeicherten Zeichnung geschieht ähnlich: Zunächst
wird die betreffende Datei eröffnet, dann solange mit READ name.PLT
eingelesen, bis Fehler 5 (END OF DATA) auftritt. Anschließend kann die
Datei geschlossen und die Befehle zum Plotter übertragen werden, wo
ihre Abarbeitung erheblich schneller erfolgt als in einem der Zeichenprogramme.

3.2.8 Bildschirmsteuerzeichen

Die Beschreibung der Steuerzeichen der verwendeten 80-Zeichen-Karte
fällt zwar thematisch etwas aus dem Rahmen dieses Abschnitts, doch trägt
ihre Kenntnis erheblich zum Verständnis der Routinen zum Bildschirmaufbau und zur Generierung der Eingabemasken in den folgenden Programmen bei. Insbesondere die Programmteile, die die sogenannten Bild-
schirmformulare erzeugen, machen intensiven Gebrauch von diesen Steuerzeichen. Es handelt sich hierbei um die ASCII-Codes 00 bis 29, die die
folgenden Funktionen ausführen:

Tastenfolge	dezimaler Wert [CHR$ (x)]	Funktion
CTRL-G	07	"Piep" durch den Lautsprecher ausgeben
CTRL-J	10	Cursor eine Zeile tiefer bewegen
CTRL-K	11	Bildschirm ab Cursorposition bis zum Bild- schirmende löschen
CTRL-L	12	gesamten Bildschirm löschen, Cursor in die obere linke Ecke stellen
CTRL-S	19	Hochrollen des Bildschirms unterbrechen (bei Listenausgabe), jede andere Taste setzt die Ausgabe fort
CTRL-SHIFT-M	29	Zeile ab Cursorposition bis zum Ende löschen
CTRL-SHIFT-N	30 sp ze	Cursorpositionierung: Cursor wird in Spalte (sp-32), Zeile (ze-32) gerückt

Diese Steuerzeichen sind für die AP 16-Karte der IBS Computertechnik,
Bielefeld, gültig. Sie müssen bei Verwendung von Interfacekarten anderer
Hersteller evtl. im gesamten Programmpaket angepaßt werden.

4 GRAFISCHE UND NUMERISCHE DATENDARSTELLUNG

4.1 Eindimensionale Datensätze

Eindimensionale Datensätze entstehen durch die Eingabe von skalaren Größen (wie Temperaturangaben, Längenmaßen oder Umsatzwerten), die nicht in Relation zu anderen Größen etwa wie der Zeit gebracht werden. Sie sind besonders häufig in der Statistik anzutreffen. In der Produktionsüberwachung bilden sie vielfach die Grundlage für die Berechnung von Mittelwerten, der Standardabweichung und Häufigkeiten der aus einer Grundgesamtheit entnommenen Stichproben. Diese Ergebnisse enthalten Aussagen zur Beurteilung der Effektivität des Produktionsverfahrens. Die graphische Darstellung der ermittelten Stichproben wird sich zumeist auf Histogramme und Tortengrafiken beschränken, in denen die Häufigkeit eines diskreten Stichprobenwerts erkennbar wird. Besser noch als die weniger gebräuchliche Tortengrafik werden Histogramme zur Registrierung von Unregelmäßigkeiten in der Grundgesamtheit eingesetzt.

4.1.1 Datensatz-Erstellung

4.1.1.1 Die Erstellung eindimensionaler Datensätze: Programm DATA1D.BAS

Da PLOTGRAF lediglich über Schnittstellen zur Datenausgabe verfügt, muß die Dateneingabe manuell erfolgen, d.h. über die Tastatur. Diesem Zweck dient das Programm DATA1D.BAS, das von der zweiten Menueebene aus aufgerufen wird. Da es das einfachste der Dateneingabeprogramme ist, gleichzeitig aber das Gerüst für die Programme DATA2D.BAS und DATA3D.BAS bildet, soll es besonders ausführlich beschrieben werden (Siehe auch Abbildung 4.1, die ein Flußdiagramm der Dateneingabe enthält).

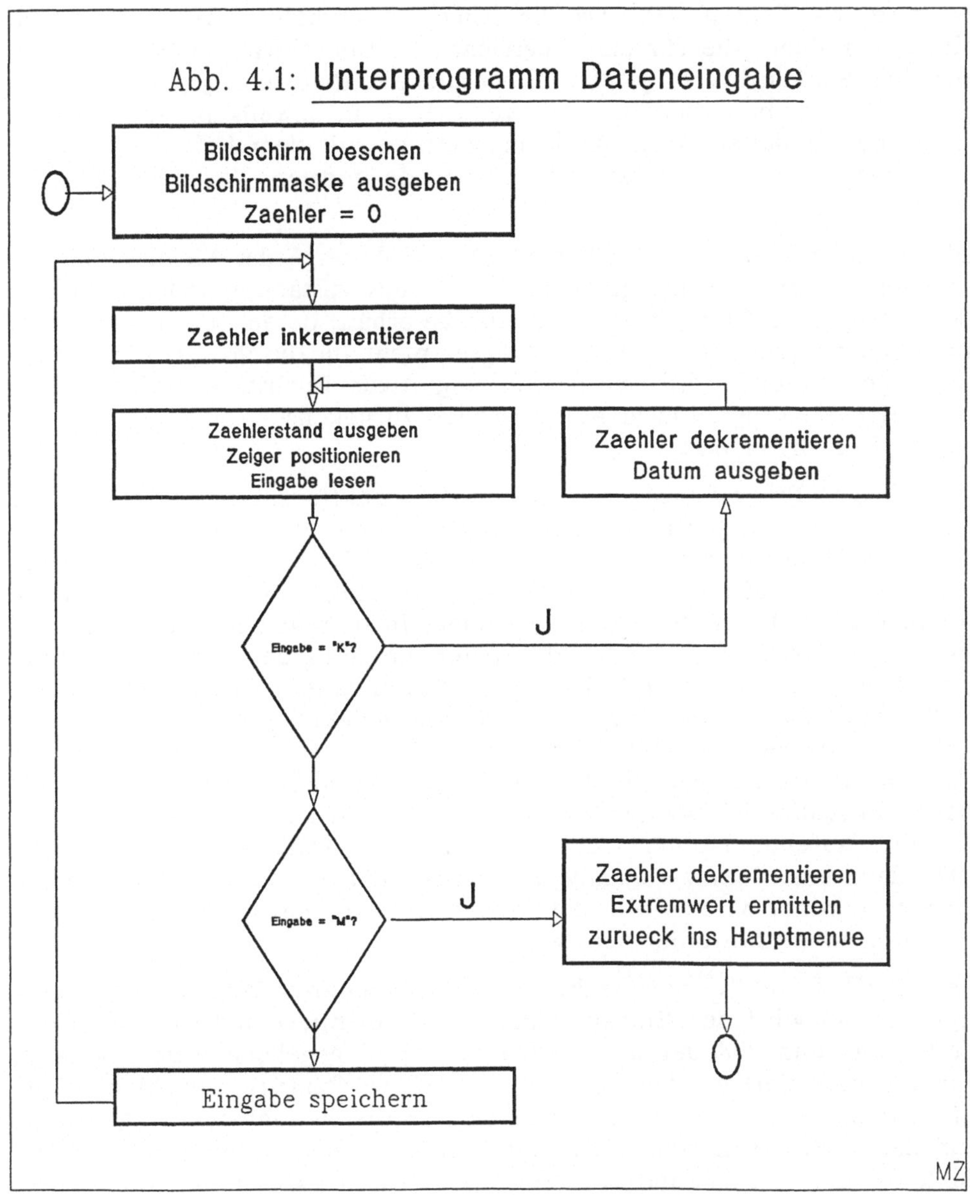

Die Zeilen von 11 - 15 initialisieren das Programm: Zeile 11 lädt den Druckertreiber; Zeile 12 ordnet die Anzahl der Elemente eines Blocks der Variablen OUT zu und definiert die Fehlerbehandlungsroutine; in Zeile

14 wird das Feld X (I), das die Eingaben enthält, dimensioniert und einige Variablen, die für eine übersichtliche Bildschirmgestaltung sorgen, auf ihre Standardwerte gesetzt. Eine solche Initialisierungsphase muß in jedem Programm enthalten sein, wenn auch in jeweils programmspezifisch abgewandelter Form, da ja bekanntlich mit dem Befehl RUN, der den Programmstart bewirkt, alle vorher definierten Variablen gelöscht werden.

Die nächsten Zeilen (16 - 32) sind für die Anzeige des Menues und das Einlesen des entsprechenden Kennbuchstabens zuständig, indem zunächst die Textvariable CK$ die Benutzereingabe erhält, deren numerischer Wert anschließend ermittelt wird. Liegt dieser nicht im durch das Menue vorgegebenen Bereich, d.h. wurde ein ungültiger Buchstabe getippt, dann verzweigt die Programmsteuerung solange zurück nach Zeile 16, bis eine gültige Eingabe erfolgt.

Alle übrigen Programmzeilen enthalten die Funktionsunterprogramme, die die im Menue ausgewählte Funktion realisieren. Beginnen wir zunächst mit dem Unterprogramm DATENSATZ ERZEUGEN, das die wesentlichsten Funktionen von DATA1D.BAS beinhaltet und dessen Programmflußplan Sie auf der vorigen Seite finden. In diesem Unterprogramm erhalten die Variablen I und NI, die später die laufende Nummer der Eingabe bzw. die Gesamtzahl der Eingaben enthalten, ihre Anfangswerte Null (Zeile 104). Dann wird der Bildschirm gelöscht und eine Befehlsauswahl auf dessen oberster Zeile sowie die Eingabetexte etwa in der Bildschirmmitte ausgegeben. In der Programmschleife von Zeile 192 bis Zeile 206 schließlich werden die Daten eingelesen und ausgewertet, indem erst die laufende Nummer des einzugebenden Datums erscheint (Zeile 194), dann eine Benutzereingabe abgewartet und der "Allround"-Variablen CK$ zugeordnet wird, die in den beiden nächstfolgenden Programmzeilen auf ihren Inhalt hin untersucht wird.

Enthält CK$ ein "K" entsprechend dem Menuepunkt "letzten Punkt korrigieren", so wird der Eingabezähler I dekrementiert und in den beiden Zeilen 207 und 208 der unmittelbar vorher eingegebene Wert angezeigt, der nun korrigiert werden kann. Wurde "M" für "zurück zum Menue" getippt, dann wird zunächst die Variable für die Anzahl der Eingaben NI auf den dekrementierten Wert von I gesetzt und anschließend aus der Schleife heraus nach Zeile 210 verzweigt, wo die Extrema des Datensatzes ermittelt werden und von wo zurück zum Menue am Programmanfang gesprungen wird.

Enthält CK$ keinen dieser beiden Kennbuchstaben, dann nimmt das Programm an, daß es sich um eine gültige Eingabe handelt und ermittelt den numerischen Wert dieser Eingabe, der dem aktuellen Feldelement zugewiesen wird.

Das Unterprogramm DATEN AKTUALISIEREN, das in Zeile 524 beginnt, bietet die Möglichkeit, den eben erstellten oder eingelesenen Datensatz zu modifizieren, sei es nun die Löschung oder Hinzufügung einzelner Daten oder aber deren Änderung. Dort wird im wesentlichen der Zeiger I auf das zu verändernde Element gestellt, um dann entweder diesen Wert durch einen andern zu ersetzen, um ab Element I neue Daten einzufügen oder um von hier aus alle folgenden Werte dem vorhergehenden Feldelement zuzuordnen, was einer Löschung des Punkts I und einer Verkürzung der Tabelle um ein Element gleichkommt.

Die Programmzeilen 576-6050 schließlich enthalten nichts Neues mehr: In 576-582 wird ein Disketten-Inhaltsverzeichnis ausgegeben und mit Zeile 586 vor dem Verlassen des Programms DATA1D.BAS und dem Aufruf des Hauptmenues zuerst der Wert "1" (für eindimensionale Datensätze) in die Speicherstelle 771 geschrieben, um nach dem Programmstart von HELLO gleich das korrekte Obermenue zu erreichen. Mit Programmzeile 6000 beginnt die Fehlerbehandlungsroutine, die in Abschnitt 3.2.3 bereits besprochen wurde.

PROGRAMM: DATA1D.BAS

```
11  PRINT  CHR$ (30); CHR$ (32); CHR$ (32); CHR$ (29);"Druckertreiber wird
geladen": POKE 103, PEEK (175) - 2: POKE 104, PEEK (176): PRINT  CHR$ (4);"RUN
PRINT .OVR,D"; PEEK (772);",S"; PEEK (773)
12  OUT = 1000:WI = 15: ONERR  GOTO 6000
14  DIM X(OUT):D$ = CHR$ (4):W$ = CHR$ (30) + CHR$ (52) + CHR$ (42) + "B I T T
E   W A R T E N     !":TA$ = CHR$ (30) + CHR$ (52) + CHR$ (45):C$ =  CHR$
(12):CR$ =  CHR$ (13):LF$ = CR$: FOR I = 1 TO 9:LF$ = LF$ + CR$:
15  NEXT
16  PRINT C$;: PRINT "Erzeugung und Verarbeitung eindimensionaler Datensätze";:
PRINT LF$: PRINT "Bitte wählen Sie eine der folgenden Möglichkeiten :": PRINT
21  PRINT "            (E)    Erstellen eines neuen Datensatzes"
22  PRINT "            (L)    Einlesen der Daten von Diskette"
23  PRINT "            (A)    Datensatz auflisten"
24  PRINT "            (V)    Datensatz aktualisieren"
25  PRINT "            (S)    Datensatz auf Diskette ablegen"
26  PRINT "            (M)    zurück zum Hauptmenue"
27  PRINT "            (I)    Inhaltsverzeichnis der Diskette"
28  PRINT
29  PRINT "Sie wünschen ? ";: GET CK$: PRINT :T$ = "ELAVSMI": FOR I = 1 TO 7: IF
CK$ =  MID$ (T$,I,1) THEN CK = I: GOTO 31
30  NEXT : GOTO 16
31  ON CK GOSUB 101,64,33,524,83,586,576
32  GOTO 16
33  REM   ********************** DATEN AUFLISTEN
```

```
34   PRINT C$: PRINT "Datensatz auflisten": PRINT LF$: PRINT "Ausgabegerät :    (B)
==> Bildschirm      (D) ==> Drucker    ";: GET CK$: PRINT
35   IF F$ = "" THEN F$ = "hat keinen Namen"
37   PRINT C$: IF CK$ = "D" THEN 47
38   PRINT "             Datensatz ";F$: PRINT : PRINT T1$: PRINT : PRINT "Punkt
";T2$: PRINT
41   FOR J = 1 TO NI: PRINT J;: HTAB (12): PRINT X(J): NEXT
42   PRINT : PRINT : PRINT "Drücken Sie die <RETURN> - Taste !  ";: GET CK$: RETURN
47   PRINT C$;W$: PRINT TA$;"D R U C K E R A U S G A B E": GOSUB 10106: RETURN
64   REM   ******************** DATEN VON DISKETTE LESEN ********************
65   PRINT C$: PRINT "Datensatz von Diskette lesen": PRINT LF$
69   INPUT "Filename : ";F$
70   PRINT : IF F$ = "" THEN  RETURN
71   PRINT "Laufwerk-Nr. : ";: GET DR: PRINT
72   PRINT C$: PRINT W$: PRINT : PRINT "            Datensatz ";F$;" wird von
Diskette gelesen":F$ = F$ + ".DAT"
73   PRINT D$;"OPEN";F$;",D";DR;",L15"
74   PRINT D$;"READ";F$;",R0": INPUT WI: INPUT NI: PRINT D$;"READ";F$;",R1": INPUT
X1: INPUT X2: PRINT D$;"READ";F$;",R3": & T2$: PRINT D$;"READ";F$;",R4": & T1$
76   IF NI < = OUT THEN N = NI: GOTO 81
78   PRINT D$;"CLOSE";F$: PRINT : PRINT "Der Datensatz enthält ";1 +  INT (NI /
OUT);" Blöcke mit je ";OUT;" Punkten.": PRINT "Welcher Block soll gelesen werden ?
";: INPUT "";ST:ST = ST - 1:N = NI - ST * OUT
79   PRINT  CHR$ (30); CHR$ (32); CHR$ (46); CHR$ (11): PRINT D$;"OPEN";F$;",L15":
IF N > OUT THEN N = OUT
81   FOR J = 1 TO N: PRINT D$;"READ";F$;",R";ST * OUT + J + 4: INPUT X(J): NEXT :
PRINT D$;"CLOSE"
82   NI = N: RETURN
83   REM   ********************* DATEN AUF DISKETTE SPEICHERN **************
84   PRINT C$: PRINT "Daten auf Diskette ablegen": PRINT LF$:ST = 0: PRINT
"Spaltentext : ";: & T2$: PRINT : PRINT "Zusatztext : ";: & T1$: PRINT
85   PRINT : PRINT : INPUT "Filename : ";F$: PRINT : IF F$ = "" THEN  RETURN
89   PRINT "Laufwerk-Nr. : ";: GET DR: PRINT :F$ = F$ + ".DAT"
90   PRINT C$
91   PRINT W$: PRINT  CHR$ (30); CHR$ (52); CHR$ (44); CHR$ (29);"Datensatz "; LEFT$
(F$, LEN (F$) - 4);" wird auf Diskette abgelegt"
92   PRINT D$;"OPEN";F$;",D";DR;",L15": PRINT D$;"WRITE";F$;",R0": PRINT WI: PRINT
NI: PRINT D$;"WRITE";F$;",R1": PRINT X1: PRINT X2: PRINT D$;"WRITE";F$;",R3": PRINT
T2$: PRINT D$;"WRITE";F$;",R4": PRINT T1$
94   FOR J = 1 TO NI
95   PRINT D$;"WRITE";F$;",R";J + ST * OUT + 4
96   PRINT X(J): NEXT
98   PRINT D$;"CLOSE";F$
100  RETURN
101  REM   ******************** DATENFILE ERZEUGEN ************************
```

```
104  NI = 0
187  I = 0
188  PRINT C$;: PRINT "(K) ==> letzten Punkt korrigieren        (M) ==> zurück zum
Menue": PRINT "                    oder Dateneingabe": PRINT LF$;
190  PRINT "Punkt": PRINT : PRINT : PRINT : PRINT "  X(I) ="
192  I = I + 1
194  PRINT  CHR$ (30); CHR$ (39); CHR$ (44); CHR$ (29);I
197  PRINT  CHR$ (30); CHR$ (42); CHR$ (48); CHR$ (29);: INPUT "";CK$
198  IF CK$ = "K" THEN I = I - 1: GOTO 207
199  IF CK$ = "M" THEN NI = I - 1: GOTO 210
200  X(I) =  VAL (CK$)
206  GOTO 192
207  PRINT  CHR$ (30); CHR$ (39); CHR$ (44); CHR$ (29);I
208  PRINT  CHR$ (30); CHR$ (42); CHR$ (48); CHR$ (29);X(I): GOTO 197
210  X1 = 1E37:X2 =  - X1:Y1 = X1:Y2 = X2:Q = NI
211  FOR I = 1 TO NI: IF X(I) < X1 THEN X1 = X(I)
212  IF X(I) > X2 THEN X2 = X(I)
215  NEXT : RETURN
524  REM   ******************* DATEN AKTUALISIEREN **********************
526  PRINT C$: PRINT "Datensatz aktualisieren": PRINT LF$
528  PRINT "Bitte wählen Sie eine der folgenden Möglichkeiten :"
529  PRINT
530  PRINT "       (V) ==> Daten ändern"
532  PRINT "       (H) ==> Daten hinzufügen"
534  PRINT "       (L) ==> Daten löschen"
536  PRINT "       (M) ==> zurück zum Menue"
538  PRINT : PRINT : PRINT "Sie wünschen ? ";: GET CK$: PRINT :T$ = "VHLM": FOR I =
1 TO 4: IF CK$ =  MID$ (T$,I,1) THEN CK = I: GOTO 540
539  NEXT : GOTO 526
540  ON CK GOTO 546,564,568,574
542  GOTO 526
544  REM   ******************* DATEN ÄNDERN
546  PRINT C$: PRINT "Daten verändern": PRINT LF$;
548  INPUT "An welchem Punkt sollen die Daten verändert werden (<M> ==> Menue) ?
";CK$: IF CK$ = "M" THEN 526
550  I =  VAL (CK$)
552  PRINT
554  PRINT "Die jetzigen Werte lauten :   X (I) = ";X(I)
558  PRINT  CHR$ (30); CHR$ (70); CHR$ (46);: INPUT "";X(I)
560  PRINT  CHR$ (30); CHR$ (32); CHR$ (44); CHR$ (29);: GOTO 548
562  REM   ******************** DATEN HINZUFÜGEN
564  I = NI: GOSUB 188: RETURN
566  REM   ******************* DATEN LÖSCHEN
568  PRINT C$: PRINT "Daten löschen": PRINT LF$
570  INPUT "Welcher Punkt soll gelöscht werden ? ";CK$:I =  VAL (CK$)
```

```
572   FOR Q = I TO NI - 1:X(Q) = X(Q + 1): NEXT :NI = NI - 1: GOTO 526
574   RETURN
576   PRINT C$;"Disketten - Inhaltsverzeichnis": PRINT LF$
578   PRINT "Laufwerk-Nr. : ";: GET DR: PRINT
579   SL = 7 -  INT (DR / 2):D = 1: IF  INT (DR / 2) * 2 = DR THEN D = 2
580   PRINT C$: PRINT D$;"CATALOG,D";D;",S";SL
582   PRINT : PRINT : PRINT "Drücken Sie die <RETURN> - Taste !  ";: GET CK$: PRINT
584   RETURN
586   POKE 771,1: PRINT C$: PRINT D$;"RUNHELLO,D"; PEEK (772);",S"; PEEK (773)
6000   REM  ***** FEHLERMELDUNGEN
6005   RESTORE : PRINT  CHR$ (7)
6010   ER =  PEEK (222):EL =  PEEK (218) +  PEEK (219) * 256
6020   FOR T = 1 TO 26: READ TE: IF TE = ER THEN  PRINT D$;"OPEN ERROR .TXT,S"; PEEK
(773);",D"; PEEK (772);",L80": PRINT D$;"READ ERROR .TXT,R";T: & ER$: PRINT
D$;"CLOSE ERROR .TXT": GOTO 6030
6025   NEXT : POKE 216,0:ER$ = "Fehler " +  STR$ (ER) + " in Zeile " +  STR$ (EL)
6030   TEXT : PRINT  CHR$ (30); CHR$ (32); CHR$ (52); CHR$ (11); CHR$ (10);ER$;: FOR
T = 1 TO 2000: NEXT T
6040   GOTO 16
6050   DATA  1,2,3,4,5,6,7,8,9,10,11,12,13,14,42,53,69,77,107,133,163,176,191,224
,254,255
10100   REM ********* DRUCKER - SCHNITTSTELLE *******
10101   REM Speicherstellen START auf Programmanfang setzen
10102   REM Grafikseite HGR2 auf Drucker bringen
10106   REM tabellarische Ausgabe eines Datensatzes
10124   REM Text M$ ausgeben
10126   REM Formularvorschub
```

Eindimensionale Datensätze können mit dem hier gezeigten Programm nur
manuell erstellt werden. Es gibt aber auch eine Möglichkeit der automatischen Erzeugung, bei der Sie sogar etwas über "zufällige" Zahlenfolgen
erfahren: die RND-Funktion des Rechners. Probieren Sie das Programm
einmal mit den folgenden zusätzlichen Zeilen aus:

```
102 PRINT C$,LF$,"(Z) ==> Zufallszahlen erzeugen (M) ==> manuelle Eingabe ";:GET
CK$:PRINT:IF CK$ < > "Z" THEN 187
104 FOR I=1 TO 1000: X(I) = 100 * RND (1): NEXT: NI=1000: RETURN
```

Beim Listen wird Ihnen kein systematischer Zusammenhang der Daten
auffallen. Lassen Sie sich den Datensatz einmal von PLOTHI.BAS zeichnen.

Eine sinnvolle Ergänzung zu diesem Programm, auch wenn dies bei der
ersten Inbetriebnahme noch nicht so augenfällig wird, wäre eine Routine,
die nicht nur die Löschung einzelner Punkte eines Datensatzes zuläßt,
sondern das "Radieren" ganzer Blöcke. Versuchen Sie eine Lösung dieses

Problems unter Einbeziehung des Funktionsunterprogramms "Daten löschen": Fragen Sie die Anzahl "n" der zu löschenden Punkte ab, nachdem Sie den Zeiger auf das erste dieser Elemente gestellt haben. Danach brauchen Sie den Datensatz nur noch um "n" statt um ein Element zu verkürzen, und siehe da: Die Erweiterung ist fertig.

Sie könnten in diesem Zusammenhang auch auf die Idee kommen, eine Routine "Daten einfügen" zu schreiben, um einzelne Werte oder Blöcke statt ans Ende des Datensatzes in dessen Mitte einzufügen. Nun ist aber die Reihenfolge der Werte bei eindimensionalen Datensätzen irrelevant, sie wird von keinem der Programme ausgewertet.

4.1.2 Grafische Datenausgabe

4.1.2.1 Grafische Datenausgabe in einem Histogramm: Programm PLOTHI.BAS

Das erste in der Reihe von Zeichenprogrammen, das im Rahmen von PLOTGRAF vorgestellt wird, hat den Namen PLOTHI.BAS und stellt eindimensionale Daten in einem Histogramm dar. Histogramme haben die Aufgabe, die Daten in Abhängigkeit von der Häufigkeit ihres Auftretens im Datensatz zu zeichnen. Ein Histogramm besteht aus einer Menge von Rechtecken mit den Eigenschaften:

- Ihre Grundseiten liegen auf der X-Achse, wobei die Mittelpunkte den Klassenmitten und die Längen den Klassenbreiten entsprechen.

- Ihre Flächen sind proportional zu den Klassenhäufigkeiten; besitzen alle Klassen äquidistante Breiten, so verhalten sich die Höhen der Rechtecke proportional zu den Klassenhäufigkeiten.

Als relative Häufigkeit einer Klasse bezeichnet man die Häufigkeit der Klasse dividiert durch die gesamte Häufigkeit aller Klassen.

Eine andere Form zur Darstellung von Häufigkeitsverteilungen sind Häufigkeitspolygone. Bei ihnen handelt es sich um Liniendiagramme, bei denen die Klassenhäufigkeiten über den Klassenmitten eingetragen wird. Bei einer großen Anzahl von Beobachtungswerten und kleinen Klassenbreiten gehen die diskreten Stufen in einen "geglätteten" Verlauf über. Man spricht deshalb auch von (relativen) Häufigkeitskurven. Für viele Anforderungen reichen bestimmte Maßzahlen (z.B. Mittelwerte, Streuungsmaße, Momente etc.) zur Beschreibung von Datensätzen oder Häufigkeitskurven aus. Das Ausmaß, in welchem numerische Daten dazu neigen, um einen Durchschnittswert zu streuen, bezeichnet man als "Variation" oder "Streuung" der Daten. Es gibt zahlreiche Streuungsmaße, von denen die "Standardabweichung" und die "Varianz" die bekanntesten sind. In der

Praxis auftretende Häufigkeitskurven nehmen gewisse charakteristische Formen an, die sich analytisch leicht darstellen lassen. Zu den bekanntesten Verteilungsfunktionen zählen:

- die "Gaußsche Normalverteilung" (die bekannte "Glockenkurve") und

- die "Poissonverteilung".

Diese Verteilungsfunktionen werden z.B. in der statistischen Qualitätskontrolle für die Beurteilung von Fertigungstoleranzen angewendet.

Nach diesen einleitenden Vorbetrachtungen wollen wir uns nun dem Programmlisting von PLOTHI.BAS widmen. Sehen Sie sich dazu auch das zugehörige Programmablaufschema der Abbildung 4.2 an. Die Programmzeile 10 ist für das Laden des Plottertreibers zuständig, der die Anweisungen des Programms in die Befehle des angeschlossenen Plotters übersetzt. Er wird mit RUN gestartet und springt auf die Zeile 11, in der auf ähnliche Weise der Druckertreiber und in Zeile 12 die Schnittstelle für den Monitor geladen wird. Die nächste Zeile initialisiert alle Feldvariablen des Programms mit Hilfe von IN und TT: N(IN) erhält im Laufe der Programmausführung die Anzahl der Werte in den Bereichen, XS(IN) und XE(IN) legen deren Anfangs- und Endwerte fest. Das Textfeld T\$ ist für die Zusammenfassung der Plotterbefehle zu einem Block der Länge TT zuständig, der auf Diskette abgelegt werden kann (die Abspeicherung jedes einzelnen Befehls bei seiner Erzeugung wäre viel zu zeitraubend). Weiterhin setzt Zeile 15 einige Textvariablen auf ihre Standardwerte, die in der Hauptsache der Bildschirmformatierung dienen.

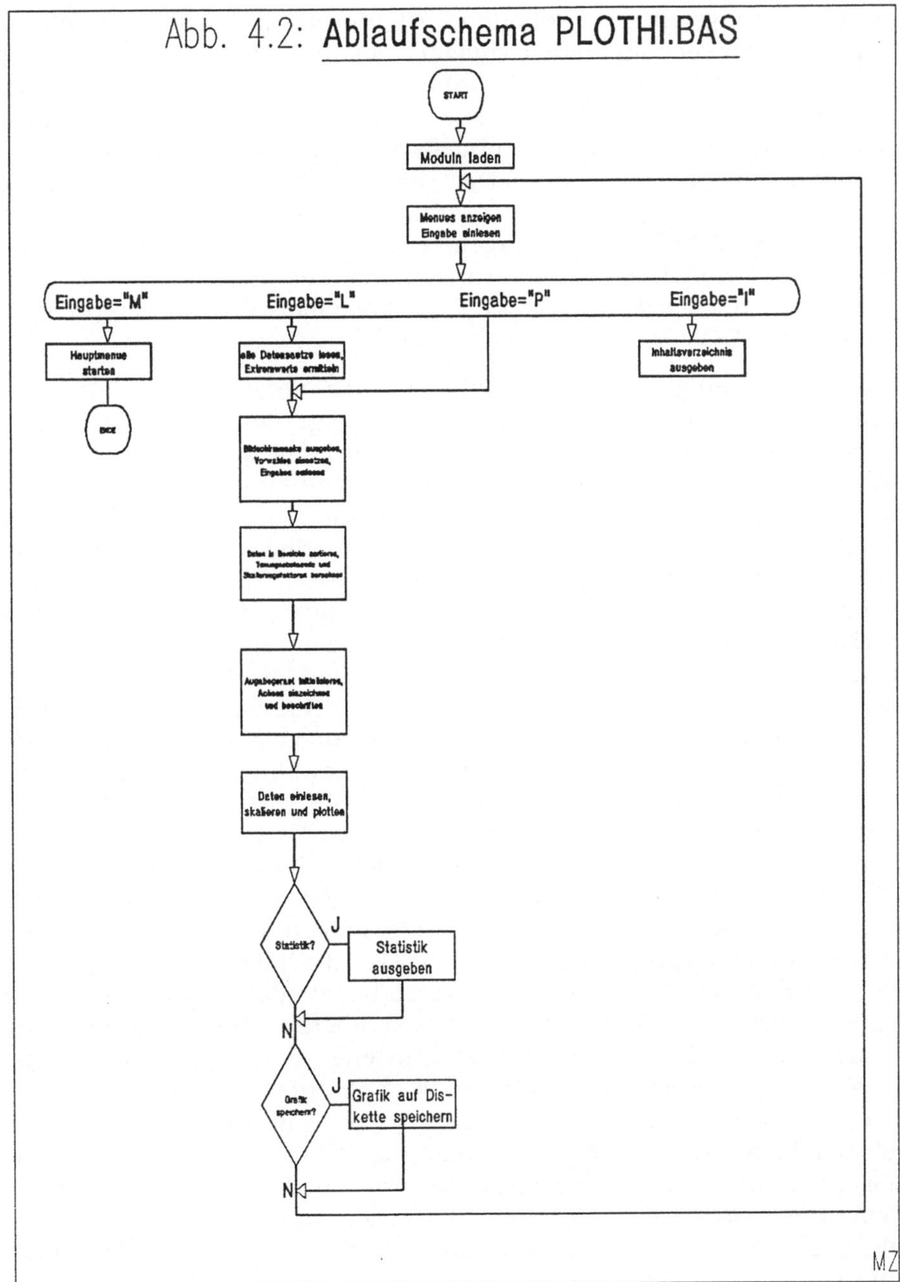
Abb. 4.2: Ablaufschema PLOTHI.BAS
START
Moduln laden
Menues anzeigen
Eingabe einlesen
Eingabe="M"
Eingabe="L"
Eingabe="P"
Eingabe="I"
Hauptmenue starten
alle Datensaetze lesen, Extremwerte ermitteln
Inhaltsverzeichnis ausgeben
ENDE
Bildschirmmaske ausgeben, Vorwahlen einsetzen, Eingaben einlesen
Daten in Bereiche sortieren, Trennungsintervalle und Skalierungsfaktoren berechnen
Ausgabegeraet initialisieren, Achsen einzeichnen und beschriften
Daten einlesen, skalieren und plotten
Statistik?
J
Statistik ausgeben
N
Grafik speichern?
J
Grafik auf Diskette speichern
N
MZ

Der Initialisierungsteil des Programms ist nun abgeschlossen, es folgt die
Ausgabe des Startmenues, indem zunächst in Zeile 17 der Bildschirm gelöscht und Hinweise über das Programm und die zur Verfügung stehenden Auswahlen gegeben werden. Die Zeile 23 liest nun den Benutzerwunsch ein und ordnet den Kennbuchstaben der Variablen CK$ zu. Da
das Einlesen mit GET erfolgt, hat es sich bewährt, auf diese Anweisung
PRINT folgen zu lassen, weil andernfalls unverständliche Fehler bei der
Abarbeitung von DOS-Anweisungen auftreten. Diese Schwierigkeit ist
weder in den APPLE-Handbüchern noch in der einschlägigen Literatur
dokumentiert, doch scheint das PRINT-Statement eine Entkopplung des
GET- und der DOS-Befehle zu bewirken.

Abhängig vom eingegebenen Kennbuchstaben verzweigt das Programm
nun zu den verschiedenen Funktions-Unterprogrammen. Das erste dieser
Programmteile ist das Unterprogramm "Daten lesen und Extrema finden",
auf das Sie im Laufe der PLOTGRAF-Beschreibung noch öfter stoßen
werden. Es beginnt hier in Zeile 37 und hat die Aufgabe, die Dateinamen
und Laufwerknummern der zu lesenden Datensätze den Variablen F$(I)
und DR(I) zuzuordnen, diese Dateien dann zu eröffnen und deren Maxi-
mal- und Minimalwerte A1 und A2 zu ermitteln, indem die Inhalte der
Sätze (Records) 1 aller Dateien eingelesen werden, anschließend die absoluten Extremwerte Y1 und Y2 zu berechnen und die Dateien mit CLOSE
wieder abzuschließen. Zusätzlich wird allen Dateinamen die Kennung
.DAT angehängt, ohne die die Datensätze nicht gelesen werden könnten,
und mit Zeile 42 die Steckverbindung des angewählten Laufwerks ermittelt, so daß deren Numerierung fortlaufend von 1...6 erfolgen kann. Das
nächste Unterprogramm "Optionen einlesen" baut zunächst eine
Bildschirmmaske ("Bildschirmarbeitsblatt") unter intensivem Gebrauch der
in 3.2.8 beschriebenen Steuerzeichen auf, indem zuerst der Monitor gelöscht und die normal dargestellten Texte eingetragen und anschließend
mit Hilfe des Unterprogramms von 256-266 alle inversen Texte, die auf
die Standardvorgaben hinweisen, dargestellt werden. Das Einlesen der
Variablenwerte ab Zeile 146 gestaltet sich überall gleich: Zunächst wird
der Cursor an die betreffende Bildschirmstelle gesetzt, dann die Eingabe
auf das Vorhandensein eines Zeichens hin überprüft. Ist der ASCII-Wert
des Zeichens kleiner als 32, d.h. wurde irgend ein Steuerzeichen (in der
Regel <RETURN>) eingegeben, so wird die Vorgabe der Variablen zugeordnet, andernfalls die Benutzereingabe. Anschließend wird der Wert, den
die Variable erhalten hat, zu Kontrollzwecken an der Cursorposition ausgegeben. Folgende Tabelle enthält die Variablennamen und zugehörigen
Funktionen der Bildschirmmaske:

Variable	Funktion
CK$	"J" Standardoptionen übernehmen "N" Bildschirmarbeitsblatt abarbeiten
A$	Ausgabegerät: "B" Bildschirm "D" Drucker "P" Plotter
PV$	Verteilungsfunktion: "K" keine Verteilung einzeichnen "G" Normalverteilung "P" Poissonverteilung
KB	Klassenbreite
NB	Anzahl der Klassen (Eingabe alternativ; der fehlende Wert wird aufgrund der Eingabe berechnet)
PO$	Ausgabeform: "B" Balken "L" Linie (bei kleinen Klassenbreiten)
AC$	"R" Y-Achsenteilung in % "A" Achsenteilung mit Absolutwerten
zusätzlich für Plotter:	
RA$	"J" Rahmen um die Zeichnung ziehen "N" kein Rahmen
AA$	"A4" Format DIN A4 "A3" Format DIN A3
LO$	"J" Logogramm einzeichnen "N" kein Logogramm
T1$,T2$	Texte für Bildunterschrift
zusätzlich für Drucker:	
OP$	Druckoptionen: "N" Normales Druckbild "V" vergrößerte Ausgabe "D" doppelte Druckdichte
T1$,T2$	Texte für Bildunterschrift

Aufgrund der Klassenbreite bzw. der Anzahl der Klassen im gesamten Werteintervall wird im darauffolgenden Programmteil die Sortierung der Daten vorgenommen, indem schrittweise alle Datensätze eröffnet, ihre Daten gelesen und mit den in Zeile 284 berechneten Bereichsanfangs- und Endwerten verglichen werden. Der Bereichszähler N(I) wird genau dann inkrementiert, wenn das eingelesene Datum größer oder gleich dem unteren und kleiner als der obere Grenzwert ist. Ist diese Programmschleife durchlaufen, so kann über den Inhalt von MMAX bzw. NMAX die Skalierung für die Grafikausgabe berechnet werden: Da in der Vertikalen 130 und in der Horizontalen 180 Bildpunkte des Bildschirms für die Grafik ausgenutzt werden sollen, errechnet sich der Skalierungsfaktor in Y-Richtung zu SF = 130/NMAX, das graphische Pendant zur Klassenbreite nach DX = 180/NB. Abhängig von der gewünschten Ausgabeart berechnen die Zeilen 318-354 die Anzahl der Teilungsstriche ND für die Y-Achse, der Abstand dieser Teilungen beträgt dann DY = 130/ND. Nun initialisieren die Programmzeilen 394-412 das jeweilige Ausgabegerät, indem entweder Rahmen, Logogramm und Bildunterschriften gezeichnet werden (Plotter), oder die hochauflösende Grafik mit HGR2 angewählt und eine Umrandungslinie und die Achsen gezeichnet werden (Bildschirm bzw. Drucker). Das Programmteil "Achsen beschriften", das jetzt folgt, teilt zunächst die X-Achse auf und beschriftet die einzelnen Bereiche im Abstand DE. Dieser ist so gewählt, daß auch bei sehr kleiner Klassenbreite durch Überspringen eines oder mehrerer Bereiche eine Lesbarkeit gesichert ist. Der Text, der auf Record 3 des ersten Datensatzes aufgezeichnet war, wird nun als Bildunterschrift ausgedruckt. Die nächsten Zeilen zeichnen die Achsenteilungen der Y-Achse im Abstand DY, anschließend erfolgt ihre Beschriftung abhängig von AC$ entweder in 5%-Schritten oder in absoluten Zahlen (Schrittweite DP). Zuletzt wird die Textvariable TY$ etwas versetzt eingeschrieben.

Wir kommen nun zum eigentlichen Kern des Programms, den Programmteilen "Daten plotten" und "Säule zeichnen". Hier geschieht die Umsetzung der numerischen in die graphische Information: Schrittweise vom ersten bis zum letzten Bereich werden die einzelnen Häufigkeiten durch Multiplikation mit SF auf die Zeichnung skaliert und vom "Fußpunkt" der Balken subtrahiert (erinnern Sie sich, daß der Punkt 0,0 bei der Bildschirmgrafik in der linken oberen Ecke liegt). Die Länge des Balkens LE wird sodann dem Unterprogramm "Säule zeichnen" übergeben, das diese Information zusammen mit der Balkenbreite WE zur Ausgabe eines Rechtecks benutzt. Noch einfacher ist die Ausgabe in Linienform: Jetzt zeichnet das Unterprogramm nur noch eine Linie zu dem Punkt, der den vertikalen Abstand LE zur Nullinie und den horizontalen Abstand DX vom letzten gezeichneten Punkt hat und kehrt anschließend ins Hauptprogramm zurück. Sind dort alle Bereiche durchlaufen worden, so erfolgt nun die Einzeichnung der gewählten statistischen Verteilung als Kurve. Die Berechnung der Parameter geschieht dabei in den Zeilen 583-585. Das Programm führt abschließend einige Verwaltungsaufgaben durch, die durch die verschiedenen Ausgabegeräte verursacht werden: Ist der Plotter aktiv, so wird die Feder auf die Position 0,0 gesetzt, sollte die Zeichnung auf Diskette abgelegt werden, dann müssen die restlichen Plotterbefehle noch gespeichert werden. Sollte die Ausgabe auf dem Drucker erfolgen, dann wird dieser Speicherbereich noch binär aufs Papier kopiert. Wenn lediglich der Monitor angewählt war, dann wird nun noch ein Tastendruck abgewartet, um das Betrachten der Grafik zu ermöglichen. An-

schließend kehrt das Unterprogramm ins Hauptprogramm zurück und
zeigt wieder das Startmenue.

Das Listing schließt mit den Unterprogrammen für die Fehlermeldungen
bzw. das Erstellen eines Disketten-Inhaltsverzeichnisses.

PROGRAMM: PLOTHI.BAS

```
10  PRINT  CHR$ (30); CHR$ (32); CHR$ (32); CHR$ (29);"Plottertreiber wird
geladen": POKE 103, PEEK (175) - 2: POKE 104, PEEK (176): PRINT  CHR$ (4);"RUN PLOT
.OVR,D1,S6"
11  PRINT  CHR$ (30); CHR$ (32); CHR$ (32); CHR$ (29);"Druckertreiber wird
geladen": POKE 103, PEEK (175) - 2: POKE 104, PEEK (176): PRINT  CHR$ (4);"RUN
PRINT .OVR"
12  PRINT  CHR$ (30); CHR$ (32); CHR$ (32); CHR$ (29);"Monitortreiber wird
geladen": POKE 103, PEEK (175) - 2: POKE 104, PEEK (176): PRINT  CHR$ (4);"RUN
SCREEN.OVR"
13  ONERR  GOTO 6000
15 IN = 100: DIM N(IN),BE(IN):CR$ =  CHR$ (13):LF$ = CR$: FOR I = 1 TO 9:LF$ = LF$
+ CR$: NEXT :W$ =  CHR$ (30) +  CHR$ (48) +  CHR$ (42) + "B I T T E      W A R T E N
!":C$ =  CHR$ (12):D$ =  CHR$ (4)
16 TT = 200: DIM T$(TT),XS(IN),XE(IN),CL(10)
17  PRINT C$: PRINT "Ausgabe eines Histogramms": PRINT LF$: PRINT "Bitte wählen Sie
eine der folgenden Möglichkeiten : ": PRINT : PRINT
18  PRINT "         (L) ==> Datensatz von Diskette lesen"
20  PRINT "         (P) ==> Plotoptionen ändern"
21  PRINT "         (M) ==> zurück zum Hauptmenue"
22  PRINT "         (I) ==> Inhaltsverzeichnis der Diskette"
23  PRINT : PRINT : PRINT "Sie wünschen ?  ";: GET CK$: PRINT
28  IF CK$ = "L" THEN  GOSUB 37
32  IF CK$ = "M" THEN 680
34  IF CK$ = "P" THEN  GOSUB 80
35  IF CK$ = "I" THEN  GOSUB 800
36  GOTO 17
37  PRINT  CHR$ (12);"Datensatz von Diskette lesen": PRINT LF$: INPUT "Wieviele
Datensätze sollen gelesen werden ? ";NF: PRINT : PRINT "Filename von Datensatz   :
": PRINT : PRINT "Laufwerk-Nr. : "
38  FOR I = 1 TO NF: PRINT  CHR$ (30); CHR$ (55); CHR$ (46);I; CHR$ (30); CHR$
(59); CHR$ (46); CHR$ (29);: INPUT "";F$(I): IF F$(I) = "" THEN  RETURN
39  PRINT  CHR$ (30); CHR$ (47); CHR$ (48);: GET DR(I): PRINT : NEXT
40  REM
41  PRINT  CHR$ (12): PRINT LF$: PRINT W$: PRINT  CHR$ (30); CHR$ (47); CHR$
(46);"Datensatz":X1 = 1E20:X2 =  - 1E20:Y1 = 1E20:Y2 =  - 1E20: FOR I = 1 TO NF:
PRINT  CHR$ (30); CHR$ (57); CHR$ (46); CHR$ (29);F$(I);" wird eingelesen"
42 MMAX = 0:F$(I) = F$(I) + ".DAT":SL =  INT (7 - DR(I) / 2):D = 1: IF  INT (DR(I)
/ 2) * 2 = DR(I) THEN D = 2
```

```
43   PRINT D$;"OPEN";F$(I);",D";D;",S";SL;",L15": PRINT D$;"READ";F$(I);",R0": INPUT
WI: INPUT NI: PRINT D$;"READ";F$(I);",R1": INPUT A1: INPUT A2
44 MMAX = MMAX + NI
46   IF I = 1 THEN  PRINT D$;"READ";F$(I);",R3": & TX$: PRINT D$;"CLOSE";F$(I)
47   IF A1 < Y1 THEN Y1 = A1
48   IF A2 > Y2 THEN Y2 = A2
49   NEXT
80   REM
82   PRINT C$
84   PRINT  CHR$ (30); CHR$ (40); CHR$ (32);"optionen übernehmen ?
(N)ein"
86   PRINT : PRINT
88   PRINT "Ausgabegerät :               (D)rucker    (P)lotter"
89   PRINT
90   PRINT "Text 1 (max. 17 Zeichen)  :": PRINT "Text 2 (max. 28 Zeichen)  :"
92   PRINT
102  PRINT "           Rahmen    :      (N)ein                      "; CHR$ (26);
CHR$ (20)
104  PRINT "Plotter : Logogramm :      (N)ein           Drucker : Kopie "; CHR$ (26);
CHR$ (23);" (V)ergrößert"
106  PRINT "           Format    :      A(3)                       "; CHR$ (26);
CHR$ (19);" (D)oppeldruck"
108  PRINT
110  PRINT "statistische Verteilung einzeichnen : (G)aussche Normalverteilung":
PRINT "                            (P)oissonverteilung"
112  PRINT : PRINT : PRINT "Min = ";Y1;: HTAB 20: PRINT "Max = ";Y2;: PRINT  CHR$
(30); CHR$ (70); CHR$ (49);"Klassenbreite :": PRINT  CHR$ (30); CHR$ (70); CHR$
(50);"Anzahl der Klassen :   10"
113  PRINT : PRINT "fertige Graphik auf Diskette ablegen ?         (J)a"
115  PRINT : PRINT "Ausgabeform :          (L)inie     Stichprobenzahl :
(A)bsolut"
126 X = 15:Y = 23:T$ = "(B)alken": GOSUB 256:X = 56:T$ = "(R)elativ": GOSUB 256
128 X = 1:Y = 1:T$ = "Standard": GOSUB 256
130 X = 34:T$ = "(J)a": GOSUB 256:X = 17:Y = 4:T$ = "(B)ildschirm": GOSUB 256
132 X = 23:Y = 9:T$ = "(J)a": GOSUB 256:Y = 10: GOSUB 256
134 X = 23:Y = 11:T$ = "A(4)": GOSUB 256
138 X = 61:Y = 9:T$ = "(N)ormal": GOSUB 256
140 X = 40:Y = 21:T$ = "(N)ein": GOSUB 256
141 X = 39:Y = 15:T$ = "(K)eine": GOSUB 256
146 P4$ =  CHR$ (30) +  CHR$ (110)
148 P1$ =  CHR$ (30) +  CHR$ (92):P2$ =  CHR$ (30) +  CHR$ (67): PRINT P1$ +  CHR$
(32);: GET CK$: PRINT : IF  ASC (CK$) < 32 THEN CK$ = "J"
150  IF CK$ = "J" THEN A$ = "B":ST$ = "J":GD$ = "J":BI$ = "N":PO$ = "V":AC$ =
"R":PV$ = "K":NB = 10: GOTO 282
152  IF CK$ <  > "N" THEN  PRINT P1$ +  CHR$ (32); CHR$ (29);: GOTO 148
```

```
154  PRINT P1$ +  CHR$ (32);CK$;
156  PRINT P1$ +  CHR$ (35);: GET A$: IF  ASC (A$) < 32 THEN A$ = "B"
158  PRINT P1$ +  CHR$ (35);A$;: IF A$ = "B" THEN 206
160  PRINT P2$ +  CHR$ (37);: INPUT "";T1$: PRINT P2$ +  CHR$ (38);: INPUT "";T2$
206  IF A$ <  > "P" THEN 220
208  PRINT P2$; CHR$ (40);: GET RA$: IF  ASC (RA$) < 32 THEN RA$ = "J"
210  PRINT P2$; CHR$ (40);RA$;
212  PRINT P2$; CHR$ (41);: GET LO$: IF  ASC (LO$) < 32 THEN LO$ = "J"
214  PRINT P2$; CHR$ (41);LO$;
216  PRINT P2$; CHR$ (42);: GET AA$: IF  ASC (AA$) < 32 THEN AA$ = "4"
218  AA$ = "A" + AA$: PRINT P2$; CHR$ (42);AA$;
220  IF A$ <  > "D" THEN 226
222  PRINT P4$ +  CHR$ (41);: GET OP$: IF  ASC (OP$) < 32 THEN OP$ = "N"
224  PRINT P4$ +  CHR$ (41);OP$;: IF OP$ = "N" THEN OP$ =  CHR$ (13)
226  PRINT  CHR$ (30) +  CHR$ (101) +  CHR$ (44);: GET PV$: IF  ASC (PV$) < 32 THEN
PV$ = "K"
227  PRINT  CHR$ (30) +  CHR$ (101) +  CHR$ (44) + PV$;
228  PRINT P1$; CHR$ (49);: INPUT "";KB$: IF  LEN (KB$) = 0 THEN 230
229 KB =  VAL (KB$): GOTO 233
230  PRINT P1$; CHR$ (50);: INPUT "";NK$: IF  LEN (NK$) = 0 THEN 228
231 NB =  VAL (NK$)
232 KB = (Y2 - Y1) / NB
233 NB = (Y2 - Y1) / KB
234  PRINT  CHR$ (30) +  CHR$ (66) +  CHR$ (54);: GET PO$: IF  ASC (PO$) < 32 THEN
PO$ = "B"
235  PRINT  CHR$ (30) +  CHR$ (66) +  CHR$ (54);PO$;
236  PRINT  CHR$ (30); CHR$ (110); CHR$ (54);: GET AC$: IF  ASC (AC$) < 32 THEN AC$
= "R"
237  PRINT  CHR$ (30); CHR$ (110); CHR$ (54);AC$;
238  PRINT  CHR$ (30); CHR$ (85); CHR$ (52);: GET BI$: PRINT : IF  ASC (BI$) < 32
THEN BI$ = "N"
239  PRINT  CHR$ (30); CHR$ (85); CHR$ (52);BI$: IF BI$ = "N" THEN 282
240  PRINT  CHR$ (30); CHR$ (32); CHR$ (53);"Filename : ";: INPUT "";FF$: IF FF$ =
"" THEN BI$ = "N": GOTO 282
241  PRINT  CHR$ (30); CHR$ (72); CHR$ (53);"Laufwerk-Nr. : ";: GET DR$:DR =  VAL
(DR$): PRINT
242 SD =  INT (7 - DR / 2):DD = 1: IF  INT (DR / 2) * 2 = DR THEN DD = 2
244  IF A$ = "P" THEN  PRINT D$;"OPEN";FF$ + ".PLT";",S";SD;",D";DD: PRINT
D$;"CLOSE";FF$ + ".PLT"
254  GOTO 282
256  REM         inverse Darstellung
258  PRINT  CHR$ (30); CHR$ (31 + X); CHR$ (31 + Y); CHR$ (26); CHR$ (51);T$;:
PRINT  CHR$ (26);"2";: RETURN
260  I = 0:X$ = ""
262  I = I + 1: GET XX$: IF  ASC (XX$) < 32 THEN 266
```

```
264  PRINT XX$;:X$ = X$ + XX$: GOTO 262
266  RETURN
281  REM
282 DE = (Y2 - Y1) / NB:XS(1) = Y1:XE(1) = Y1 + DE
283  PRINT C$;W$: PRINT : PRINT "                Die Daten werden sortiert"
284  FOR J = 2 TO NB:XS(J) = XS(J - 1) + DE:XE(J) = XE(J - 1) + DE: NEXT
300  FOR I = 1 TO IN:N(I) = 0: NEXT
310  FOR I = 1 TO NF: PRINT D$;"OPEN";F$(I);",D";DR(I);",L15": FOR J = 1 TO NI:
PRINT D$;"READ";F$(I);",R";J + 4: INPUT A: FOR K = 1 TO NB: IF A >  = XS(K) AND A <
XE(K) THEN N(K) = N(K) + 1: GOTO 314
312  NEXT
314  NEXT J: PRINT D$;"CLOSE";F$(I): NEXT I
315 NMAX = 0: FOR I = 1 TO NB: IF N(I) > NMAX THEN NMAX = N(I)
316  NEXT :SF = 130 / NMAX: IF AC$ = "A" THEN 350
318 ND =   INT (NMAX / MMAX * 20):DY = 130 / ND
320  IF DY < 10 THEN DY = DY * 2: GOTO 320
322  GOTO 392
350 DP =   INT (NMAX / 10): IF DP = 0 THEN DP = 1
352 ND = NMAX / DP:DY = 130 / ND
354  IF DY < 10 THEN DY = DY * 2:DP = DP * 2: GOTO 354
392  REM
394 DX = 180 / NB: IF A$ <  > "P" THEN  GOSUB 10202: PRINT C$: GOSUB 10224: GOTO
407
396  PRINT C$: PRINT W$: PRINT : PRINT : PRINT "                P L O T T E R A
U S G A B E"
398  GOSUB 10002: IF RA$ = "N" THEN 407
400  IF AA$ = "A4" THEN  GOSUB 10012: GOTO 405
402  GOSUB 10020
405  IF LO$ = "J" THEN  GOSUB 10026
407  SI = 3:XP = 230:YP = 160: GOSUB 10208: IF A$ = "P" THEN  GOSUB 10008
408  XP = 50: GOSUB 10206: IF A$ = "P" THEN  GOSUB 10006
409  YP = 30: GOSUB 10206: IF A$ = "P" THEN  GOSUB 10006
418  FOR YP = 30 TO 160 STEP DY:XP = 49: GOSUB 10208: IF A$ = "P" THEN  GOSUB 10008
419  XP = 51: GOSUB 10206: IF A$ = "P" THEN  GOSUB 10006
420  NEXT
421  REM    ACHSEN BESCHRIFTEN
422  Q = 1:XP = 50 + DX / 2:BO = 180:YP = BO:WE = DX:YO = 160
423  IF DX < 10 THEN DE = DE * 2:DX = DX * 2: GOTO 423
424  FOR J = Y1 TO Y2 STEP DE:X = J + DE / 2:M$ =  LEFT$ ( STR$ (X),3): GOSUB
10210: IF A$ = "P" THEN  GOSUB 10010
438 YP = BO:XP = XP + DX: NEXT :Q = 0
440 XP = 230 -  LEN (TX$) * 6:YP = 188:M$ = TX$: GOSUB 10210: IF A$ = "P" THEN
GOSUB 10010
441 TY$ = "Anzahl": IF AC$ = "R" THEN TY$ = TY$ + " in %"
```

```
442 XP = 20:YP = 30 +  LEN (TY$) * 6:Q = 1:M$ = TY$: GOSUB 10210: IF A$ = "P" THEN
GOSUB 10010
444  IF AC$ <  > "A" THEN 447
445  Q = 1: FOR I = 1 TO ND:XP = 40:YP = 164 - I * DY:M$ =  STR$ (I * DP): GOSUB
10210: IF A$ = "P" THEN  GOSUB 10010
446  NEXT : GOTO 522
447  Q = 0: FOR I = 1 TO ND:M$ =  STR$ (I * 5):XP = 35:YP = Y0 + 3 - I * DY: GOSUB
10210: IF A$ = "P" THEN  GOSUB 10010
448  NEXT
522  REM  *****  DATEN PLOTTEN
524  DX = 180 / NB
530  CL = 2:XP = 50:YP = Y0: IF PO$ = "L" THEN XP = XP + DX / 2
537  GOSUB 10238: IF A$ = "P" THEN  GOSUB 10038
538  FOR J = 1 TO NB:LE = N(J) * SF: GOSUB 560:XP = XP + DX: NEXT
540  IF PV$ <  > "K" THEN  GOSUB 580
544  IF A$ = "P" THEN  GOSUB 10040: IF BI$ = "J" THEN FS = 0: IF U > 0 THEN  GOSUB
10050
545  IF A$ = "P" THEN 550
546  IF BI$ = "J" THEN  PRINT D$;"BSAVE";FF$ +
".PIC";",S";SD;",D";DD;",A$4000,L$2000"
547  IF A$ = "D" THEN  GOSUB 10010
548  IF A$ = "B" THEN  GET CK$: PRINT  CHR$ (12): GOSUB 10202:
550  TEXT : RETURN
560  REM    SÄULE ZEICHNEN
561  IF PO$ = "L" THEN YP = Y0 - LE
562  IF J = 1 THEN  GOSUB 10208: IF A$ = "P" THEN  GOSUB 10008
563  IF PO$ <  > "L" THEN 566
564  GOSUB 10206: IF A$ = "P" THEN  GOSUB 10006
565  GOTO 570
566  YP = Y0 - LE: GOSUB 10206: IF A$ = "P" THEN  GOSUB 10006
567  XP = XP + WE: GOSUB 10206: IF A$ = "P" THEN  GOSUB 10006
568  YP = Y0: GOSUB 10206: IF A$ = "P" THEN  GOSUB 10006
569  XP = XP - WE
570  RETURN
580  REM    VERTEILUNGEN
581  AS = 0: FOR J = 1 TO NB:AS = AS + N(J): NEXT :MA = (Y2 - Y1) / 2:VA = 0: FOR J
= 1 TO NB:VA = VA + ((N(J) - MA)^2 / NB: NEXT : SA = SQR (VA)
584  IF PV$ = "G" THEN  DEF  FN V(X) = 1 / (SA * 2.5066) * EXP ( - ((X -MA) ^ 2 /
(2*VA))) : NB = 30
585  IF PV$ = "P" THEN  LA = MA: DEF  FN V(X) = LA ^ X * EXP (-LA): NB = INT (Y2 -
Y1) :FOR K = 1 TO X:FA = FA * K: NEXT : DEF FN V(X) = FN F(X) / FA
586  DE = (Y2 - Y1) / NB
595  BE(J) = FN V(X): NEXT : SM = 0: FOR J = 1 TO NB: SM = SM + BE(J): NEXT: SF =
SF * AS * KB / (SM * (Y2 - Y1) / NB)
599  DX = 180 / NB
```

```
600   PO$ = "L": XP = 50 + DX /2
610   FOR J = 1 TO NB: LE = BE(J) * SF: IF LE < YO AND LE > 0 THEN GOSUB 560
620   XP = XP + DX: NEXT : RETURN
680   POKE 771,1: PRINT C$: PRINT D$;"RUNHELLO,D"; PEEK (772);",S"; PEEK (773)
799   REM       INHALT
800   PRINT C$;"Disketten - Inhaltsverzeichnis": FOR I = 1 TO 10: PRINT : NEXT
810   PRINT "Laufwerk-Nr. : ";: GET DR: PRINT :SL =  INT (7 - DR / 2):D = 1: IF  INT
      (DR / 2) * 2 = DR THEN D = 2
820   PRINT C$: PRINT D$;"CATALOG,D";D;",S";SL
830   PRINT : PRINT : PRINT "Drücken Sie die <RETURN> - Taste !  ";: GET CK$: PRINT
840   RETURN
2000  FOR K = 1 TO 10: PRINT : NEXT : RETURN
6000  REM  ***** FEHLERMELDUNGEN
6005  RESTORE : PRINT  CHR$ (7)
6010  ER =  PEEK (222):EL =  PEEK (218) +  PEEK (219) * 256
6020  FOR T = 1 TO 26: READ TE: IF TE = ER THEN  PRINT D$;"OPEN ERROR .TXT,S"; PEEK
      (773);",D"; PEEK (772);",L80": PRINT D$;"READ ERROR .TXT,R";T: & ER$: PRINT
      D$;"CLOSE ERROR .TXT": GOTO 6030
6025  NEXT : POKE 216,0:ER$ = "Fehler " +  STR$ (ER) + " in Zeile " +  STR$ (EL)
6030  TEXT : PRINT  CHR$ (30); CHR$ (32); CHR$ (52); CHR$ (11); CHR$ (10);ER$;: FOR
      T = 1 TO 2000: NEXT T
6040  GOTO 17
6050  DATA  1,2,3,4,5,6,7,8,9,10,11,12,13,14,42,53,69,77,107,133,163,176,191,224
      ,254,255
10000 REM *********  PLOTTER - SCHNITTSTELLE *******
10001 REM Speicherstellen START auf Programmanfang setzen
10002 REM Plotter-Initialisierung
10004 REM Transformation von Bildschirm- und Plotterkoordinaten
10006 REM Plotterstift abgesenkt nach XP,YP bringen
10008 REM Plotterstift abgehoben nach XP,YP bringen
10010 REM Text M$ ab Position XP,YP ausgeben
10012 REM Rahmen DIN A4 ausgeben
10020 REM Rahmen DIN A3 ausgeben
10026 REM Logogramm einzeichnen
10038 REM Plotterstift CL auswählen
10040 REM Plotterstift abgehoben auf 0,0-Position bringen
10042 REM zentriertes Symbol MK auf die gegenwärtige Position setzen
10050 REM Plotterbefehle im Arbeitsspeicher bzw. auf Diskette speichern
10100 REM *********  DRUCKER - SCHNITTSTELLE *******
10101 REM Speicherstellen START auf Programmanfang setzen
10102 REM Grafikseite HGR2 auf Drucker bringen
10106 REM tabellarische Ausgabe eines Datensatzes
10124 REM Text M$ ausgeben
10126 REM Formularvorschub
10200 REM *********  MONITOR - SCHNITTSTELLE *******
```

```
10201   REM Speicherstellen START auf Programmanfang setzen
10202   REM Initialisierung der hochauflösenden Grafik
10206   REM Linie nach XP,YP ziehen
10208   REM Punkt auf Position XP,YP setzen
10210   REM Text M$ ab Position XP,YP ausgeben
10224   REM Rahmen setzen
10238   REM neue Farbe CL auswählen
10242   REM zentriertes Symbol MK auf die gegenwärtige Position setzen
```

4.1.2.2 Grafische Datenausgabe mit einer Tortengrafik: Programm PLOTP1.BAS

Eine weitere Darstellungsmöglichkeit für eindimensionale Daten ist mit diesem Programm gegeben, das eine Tortengrafik erstellt. Tortengrafiken werden in den verschiedensten Bereichen zur übersichtlicheren Präsentation von Daten eingesetzt, vorwiegend jedoch in populärwissenschaftlichen statistischen Berichten. Grundgedanke dieser Art von Grafiken ist es, die Verhältnisse der Größen zueinander nicht durch Längen, wie bei Balkendiagrammen und Histogrammen, sondern durch Winkel, oder genauer gesagt, durch Kreissegmente auszudrücken. Der Vollkreis (auch als "Torte" vorstellbar) entspricht dabei der Summe aller Elemente und wird mit 100 Prozent belegt. Der prozentuale Anteil der einzelnen Sektoren kann dann sehr einfach berechnet werden, die Darstellung läßt aber auch keine weiteren Schlüsse mehr zu, so daß sie wirklich nur für Anschauungszwecke geeignet erscheint.

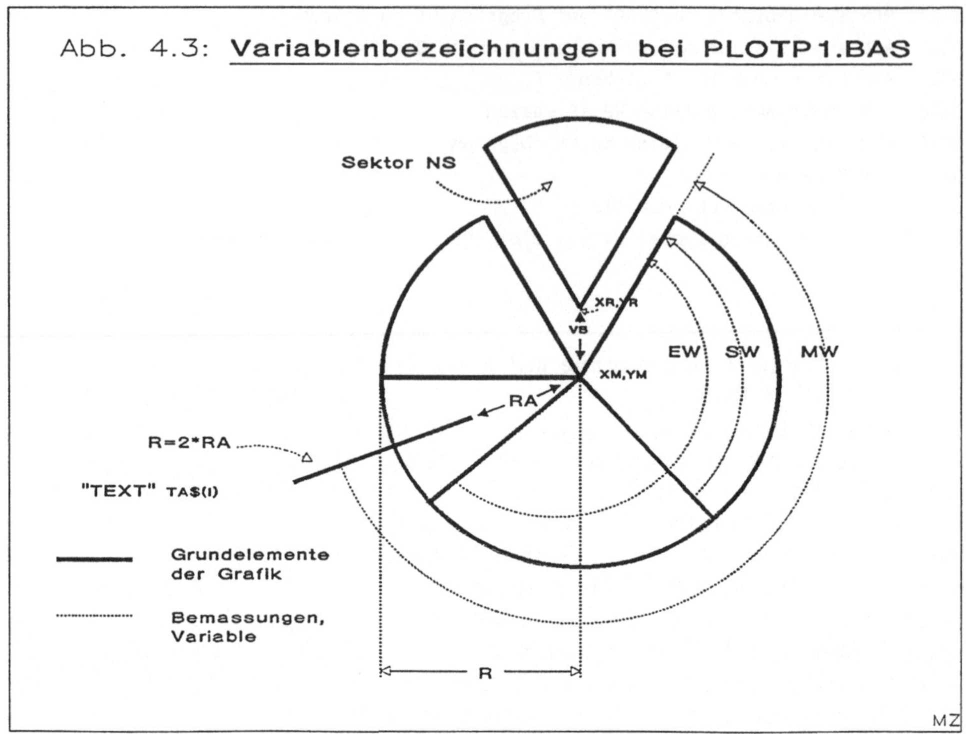

Anhand der Grafik wollen wir uns nun die Grundelemente der Tortengrafik verdeutlichen. Sie besteht aus einem Vollkreis mit dem Radius R
und dem Mittelpunkt XM,YM, um den die Sektoren 1 bis NS im Uhrzei-
gersinn angeordnet sind. Da die Summe aller Elemente TY den 360^0 des
kompletten Kreises entspricht, läßt sich die Winkeldifferenz für den Sektor des Bereichs C(I) wie folgt ermitteln:

```
         360⁰
phi  =  ------ * C(I)                (in Grad)
          TY
```

Die Koordinaten des Kreisumfangs errechnen sich mit den Kreisgleichungen zu:

```
x = XM + R * cos phi

y = YM + R * sin phi
```

Wird ein Sektor durch Herauslösen aus dem Kreis besonders hervorgehoben, so wird der neue "Sektormittelpunkt" XR,YR mit der Winkelhal-
bierenden MW und dem Betrag der Verschiebung VB nach:

```
XR = XM + VB * cos (MW)

YR = YM + VB * sin (MW)
```

berechnet. Der Startwinkel SW des Sektors I ist nun gleich dem Endwinkel des vorherigen Sektors, sein Endwinkel EW entspricht der Summe
von Startwinkel und Winkeldifferenz phi.

Wir wollen uns nun anhand des Programmlistings die Umsetzung in die
Praxis ansehen. Die Programmzeilen 10-13 laden die benötigten Treiber
ins Programm. Nach dem Initialisieren einiger Variablen in der Zeile 17
wird das Startmenue ausgegeben und der Wunsch des Benutzers in die
Variable CK$ eingelesen. Das Unterprogramm "Datensatz lesen und plot-
ten", das sich hieran anschließt, ermittelt Anzahl, Dateinamen und Lauf-
werk-Nummern der zu plottenden Datensätze, bevor die in den Datensätzen enthaltenen Extremwerte von Record 1 eingelesen werden (Zeile
76). Da verschiedene Datensätze natürlich auch verschiedene Extremwerte
enthalten, wird durch einfachen Vergleich in Zeile 82 das absolute Minimum mit der Variablen X1 gespeichert und das absolute Maximum mit
dem Namen X2 versehen. Ist der aktuelle Datensatz der erste, der bearbeitet wird, so liest Zeile 78 vorher noch den "Zusatztext" ein, der beim
Ablegen des Datensatzes in Record 3 gespeichert wurde. Er findet später
als Vorschlag für die Bildunterschrift Verwendung. Nun folgt die Ausgabe des "Bildschirmformulars". Es handelt sich hierbei um eine Eingabemaske für die Zeichnungsparameter. Obwohl deren Anzahl nicht sehr
hoch ist, läßt sich ihre Eingabe in dieser Form benutzerfreundlicher ge-
stalten als mit ständig wechselnden Bildschirminhalten (erkauft allerdings
mit einem relativ hohen Programmieraufwand). Sie können die Zuordnung der Funktionen zu den Variablen aus folgender Tabelle ersehen:

Variable	Funktion
A$	Ausgabegerät: "B" Bildschirm "D" Drucker "P" Plotter
PV$	"J" Angabe der prozent. Aufteilung auf die Sektoren "N" keine Ausgabe der Prozentverteilung
NS	Anzahl der Sektoren = Anzahl der Bereiche
XS(I)	Startwert des Bereichs
XE(I)	Endwert des Bereichs
SD$(I)	Schattierung (Stufen 0...9, "H" für Herauslösung aus dem Vollkreis)
TA$(I)	Sektorbeschriftung
BI$	"J" Ablage der Grafik auf Diskette "N" keine Ablage
T3$	Bildunterschrift, mit <RETURN> wird der Text vom 1. Datensatz übernommen

<u>zusätzlich für Plotter:</u>

Variable	Funktion
RA$	"J" Rahmen um die Grafik ziehen "N" kein Rahmen
LO$	"J" benutzerspezifisches Logogramm mit dem Rahmen zusammen ausgeben "N" kein Logogramm
AA$	Zeichenformat: "4" DIN A4 "3" DIN A3
T1$,T2$	Texte für die Bildlegende im Rahmen

<u>zusätzlich für Drucker:</u>

Variable	Funktion
OP$	Druckoptionen: "N" normale Ausgabe "V" vergrößertes Druckbild "D" Ausgabe mit doppelter Druckdichte
T1$,T2$	Texte für die Bildlegende

Nachdem dem Programm nun alle Parameter bekannt sind, kommen wir zum Programmteil "Sortieren" ab Zeile 311. Hier werden die Daten aller Datensätze in die eingegebenen Bereiche sortiert, indem die erste Schleife mit dem Index I für den Aufruf des aktuellen Datensatzes sorgt, die zweite Schleife mit dem Index J die Daten aus den Records des Datensatzes einliest, daraus die Gesamtsumme TY bildet und schließlich die dritte Schleife (Index K) für die Einordnung der Daten in den zugehörigen Bereich C(K) zuständig ist. Um Überschneidungen zu vermeiden, wird dann eine Summierung vorgenommen, wenn der eingelesene Wert größer oder gleich der unteren Bereichsgrenze und kleiner als die obere Bereichsgrenze ist.

Sollte dennoch eine Überschneidung auftreten (was dann der Bereichsvorgabe des Benutzers anzulasten wäre und die demnach zu unsinnigen Ergebnissen führen würde), die in Zeile 324 durch erneute Summenbildung erkannt wird, so erfolgt eine Fehlermeldung, die kurz auf dem Bildschirm verbleibt. Anschließend wird zurück in die Bildschirmformular-Ausgaberoutine verzweigt, wo die Variable PP, die in diesem Fall auf 1 gesetzt ist, nach der Ausgabe des Formulars dafür sorgt, daß der Benutzer sofort neue Bereiche angeben kann.

Am Ende dieser Sortierung enthält das Variablenfeld C(I) die Summen der einzelnen Bereiche und TY die Gesamtsumme. Nun erfolgt die Initialisierung der Plotoptionen.

Wurde die Ausgabe auf dem Plotter gewünscht, dann wird der Stift, mit dem gezeichnet wird, mit CL festgelegt, und eine Mitteilung über die Aktivität des Plotters auf dem Bildschirm angezeigt (sinnvoll bei räumlicher Trennung von Rechner und Plotter). Zum Zeichnen der Umrahmung wird das entsprechende Unterprogramm der Geräteschnittstelle aufgerufen, ebenfalls zur Einzeichnung des Logogramms (die Unterprogramme der Schnittstelle werden Sie im Listing vergeblich suchen, sie gehören nicht zum eigentlichen Programm, sondern sind im Kapitel 5 eingehender beschrieben). Wenn "Bildschirmausgabe" gewählt wurde, dann wird die Grafikseite HGR2 des Rechners initialisiert und gelöscht und eine Umrahmung eingezeichnet (Zeile 327).

Die folgende Zeile definiert die Inhalte einiger Variablen, die für den nächsten Programmteil "Sektor zeichnen" benötigt werden. Vorher aber noch eine kurze Bemerkung: Die Gleichungen, die in den ersten Zeilen dieses Abschnitts angegeben sind, stimmen bezüglich der Variablennamen mit den im Programm verwendeten überein. Da die transzendenten Funktionen des BASIC-Interpreters jedoch Argumente im Bogenmaß erwarten, werden dort alle Gradmaße mit dem Umrechnungsfaktor A = pi/180 multipliziert.

In der Schleife mit dem Schleifenindex I wird zunächst der Startwinkel SW dem Endwinkel des letzten gezeichneten Sektors gleichgesetzt, der neue Endwinkel und die Winkelhalbierende berechnet und der Plotterstift bzw. der imaginäre Grafik-Cursor auf den Punkt XR,YR gesetzt, der entweder dem Ursprungspunkt XM,YM entspricht oder (bei Hervorhebung des Sektors) radial um den Betrag VB verschoben ist. Die nächste Schleife ermittelt die Koordinaten des Sektorbogens, die vom Plotter mit abgesenkter Feder oder auf dem Monitor mit Punkten gezeichnet wird. Da die Schrittweite für den Sektorbogen 5 Grad beträgt, muß mit Zeile

341 sichergestellt werden, daß der Endwinkel auch wirklich erreicht ist. Abschließend wird die Verbindung zum Punkt XR,YR eingezeichnet.

Die nächsten Programmzeilen dienen der Ausgabe des Sektortexts zusammen mit einem Pfeil, der auf den betreffenden Sektor weist. Die Ausgabe dieser Texte radial um den Vollkreis hat sich als akzeptabel und der Methode überlegen erwiesen, bei der die Texte direkt in die Sektorfläche eingeschrieben werden und die deshalb mit einem erhöhten Rechenaufwand verbunden ist.

Hier wird also zunächst geprüft, ob der gezeichnete Sektor einen Text erhalten soll, wenn nicht, erübrigt sich natürlich auch der Zeiger und das Programm fährt mit dem Schattieren des Sektors fort. Andernfalls werden die Koordinaten einer Linie unter dem Winkel MW bestimmt, die die Länge R besitzt und deren Anfangspunkt auf dem halben Radius des Kreises liegt. Nachdem sie eingezeichnet ist, wird der Text TA$(I) in die Nähe des Endpunkts des Zeigers gesetzt. Das geschieht, indem dem Schnittstellen-Unterprogramm "Textausgabe" die Textvariable M$ und der Anfangspunkt des Texts XP,YP übergeben werden.

Nach der Textausgabe verzweigt das Programm zum Unterprogramm "Sektor schattieren" ab Zeile 373, das entsprechend des Werts von SD$(I) konzentrische und radiale Linien in den Sektor einzeichnet.

Nachdem alle Bereiche in Sektoren umgewandelt und gezeichnet sind, wird die Bildunterschrift T3$ etwa in der unteren Bildmitte ausgegeben und der Inhalt von PV$ überprüft. Wurde die Ausgabe der prozentualen Verteilung der Daten auf die Sektoren gewünscht, dann verzweigt das Programm nach der Sektorschattierung zum Unterprogramm "Prozentverteilung". Vom letzten bis zum ersten Sektor werden nun die Prozente berechnet und zusammen mit den Bereichsgrenzen auf dem angewählten Ausgabegerät ausgedruckt, und zwar bei Bildschirmausgabe auf der inzwischen gelöschten Textseite und beim Plotten in der rechten unteren Ecke der Zeichnung (zu diesem Zweck war der Kreismittelpunkt für die Plotterausgabe in Zeile 334 etwas nach links verschoben worden).

Je nach Benutzerwunsch werden jetzt die verbliebenen Plotterbefehle bzw. der Speicherbereich für die Bildschirmgrafik auf Diskette gespeichert oder auf dem Drucker ausgegeben. Das Unterprogramm kehrt danach zum Hauptprogramm und der Anzeige des Startmenues zurück.

Die restlichen Zeilen enthalten das Modul für die Erstellung des Disketten-Inhaltsverzeichnisses und die Fehlermeldungs-Routine, die beide im Kapitel 3 bereits angesprochen wurden.

PROGRAMM: PLOTP1.BAS

```
10  PRINT  CHR$ (30); CHR$ (32); CHR$ (32); CHR$ (29);"Plottertreiber wird
geladen": POKE 103, PEEK (175) - 2: POKE 104, PEEK (176): PRINT  CHR$ (4);"RUN PLOT
.OVR,S"; PEEK (773);",D"; PEEK (772)
11  PRINT  CHR$ (30); CHR$ (32); CHR$ (32); CHR$ (29);"Druckertreiber wird
geladen": POKE 103, PEEK (175) - 2: POKE 104, PEEK (176): PRINT  CHR$ (4);"RUN
PRINT .OVR"
12  PRINT  CHR$ (30); CHR$ (32); CHR$ (32); CHR$ (29);"Monitortreiber wird
geladen": POKE 103, PEEK (175) - 2: POKE 104, PEEK (176): PRINT  CHR$ (4);"RUN
SCREEN.OVR"
13  ONERR  GOTO 6000
17  C$ =  CHR$ (12):D$ =  CHR$ (4):CR$ =  CHR$ (13):LF$ = CR$: FOR I = 1 TO 9:LF$ =
LF$ + CR$: NEXT :W$ =  CHR$ (30) +  CHR$ (52) +  CHR$ (42) + "B I T T E    W A R T
E N   !"
22 IN = 10:TT = 200: DIM C(IN),XS(IN),XE(IN),SD$(IN),TA$(IN),T$(TT)
30  PRINT C$: PRINT "Ausgabe einer Tortengrafik mit Bereichsangabe": PRINT LF$:
PRINT "Bitte wählen Sie eine der folgenden Möglichkeiten :": PRINT : PRINT
32  PRINT "         (L) ==> Datensatz von Diskette lesen"
34  PRINT "         (P) ==> Plotoptionen ändern"
36  PRINT "         (M) ==> zurück zum Hauptmenue"
38  PRINT "         (I) ==> Inhaltsverzeichnis der Diskette"
46  PRINT : PRINT : PRINT "Sie wünschen ?   ";: GET CK$: PRINT
52  IF CK$ = "L" THEN  GOSUB 60
54  IF CK$ = "P" THEN  GOSUB 180
55  IF CK$ = "I" THEN  GOSUB 800
56  IF CK$ = "M" THEN 444
58  GOTO 30
60  REM
61 EI = 0
62  PRINT C$;"Datensatz von Diskette lesen";LF$: INPUT "Wieviele Datensätze sollen
gelesen werden ? ";NF: PRINT : PRINT "Filename von Datensatz   : ": PRINT : PRINT
"Laufwerk-Nr. : "
64  FOR I = 1 TO NF: PRINT  CHR$ (30); CHR$ (55); CHR$ (45);I; CHR$ (30); CHR$
(59); CHR$ (45); CHR$ (29);: INPUT "";F$(I): IF F$(I) = "" THEN  RETURN
66  PRINT  CHR$ (30); CHR$ (47); CHR$ (47);: GET DR(I): PRINT
68  NEXT
72  PRINT C$: PRINT LF$: PRINT W$: PRINT  CHR$ (30); CHR$ (52); CHR$
(46);"Datensatz":X1 = 1E20:X2 =  - 1E20: FOR I = 1 TO NF: PRINT  CHR$ (30); CHR$
(62); CHR$ (46); CHR$ (29);F$(I);" wird eingelesen"
74 F$(I) = F$(I) + ".DAT":SL =  INT (7 - DR(I) / 2):D = 1: IF  INT (DR(I) / 2) * 2
= DR(I) THEN D = 2
76  PRINT D$;"OPEN";F$(I);",D";D;",S";SL;",L15": PRINT D$;"READ";F$(I);",R0": INPUT
WI: INPUT NI: PRINT D$;"READ";F$(I);",R1": INPUT A1: INPUT A2
```

```
78   IF I = 1 THEN   PRINT D$;"READ";F$(I);",R4": & T3$: IF NI < 11 THEN   FOR J = 1
TO NI: PRINT D$;"READ";F$(I);",R";J + 4: & TA$(J): NEXT
80   PRINT D$;"CLOSE";F$(I)
82   IF A1 < X1 THEN X1 = A1
84   IF A2 > X2 THEN X2 = A2
90   NEXT
100  IF X1 = 0 AND X2 = 0 THEN EI = 1:NS = NI
110  IF EI = 0 THEN   FOR K = 1 TO IN:TA$(K) = " ": NEXT
180  PRINT C$: PRINT : PRINT
190  PRINT "Ausgabegerät :              (D)rucker    (P)lotter"
192  PRINT
194  PRINT "Text 1 (max. 17 Zeichen)  :": PRINT "Text 2 (max. 28 Zeichen)  :"
196  PRINT
198  PRINT "           Rahmen    :      (N)ein                      "; CHR$ (26);
CHR$ (20)
200  PRINT "Plotter : Logogramm :      (N)ein          Drucker : Kopie "; CHR$ (26);
CHR$ (23);" (V)ergrößert"
202  PRINT "           Format    :      A(3)                        "; CHR$ (26);
CHR$ (19);" (D)oppeldruck"
204  PRINT : PRINT "Angabe der prozentualen Verteilung :      (N)ein": IF SI = 1
THEN   PRINT : PRINT : GOTO 206
205  PRINT "Xmin = ";X1;: HTAB (20): PRINT "Xmax = ";X2;: HTAB (39): PRINT "Anzahl
der Sektoren :": PRINT
206  PRINT : PRINT "Sektor 1 :";: IF EI = 0 THEN   PRINT "    X - Bereichsanfang :":
PRINT "            X - Bereichsende :"
207  PRINT  CHR$ (30); CHR$ (44); CHR$ (50);"Schattierung (0..9,H):": PRINT  CHR$
(30), CHR$ (44), CHR$ (51);"     Text        :"
209  PRINT
210  PRINT "fertige Graphik auf Diskette ablegen ?        (J)a"
211  PRINT : PRINT "Bildunterschrift :";
214 X = 17:Y = 4:T$ = "(B)ildschirm": GOSUB 272
216 X = 23:Y = 9:T$ = "(J)a": GOSUB 272:Y = 10: GOSUB 272:X = 38:Y = 13: GOSUB 272
218 X = 23:Y = 11:T$ = "A(4)": GOSUB 272
220 X = 61:Y = 9:T$ = "(N)ormal": GOSUB 272
222 X = 40:Y = 22:T$ = "(N)ein": GOSUB 272
226 P4$ =  CHR$ (30) +  CHR$ (110)
228 P1$ =  CHR$ (30) +  CHR$ (90):P2$ =  CHR$ (30) +  CHR$ (67)
230  IF PP = 1 THEN   GOTO 268
236  PRINT P1$ +  CHR$ (35);: GET A$: IF  ASC (A$) < 32 THEN A$ = "B"
238  PRINT P1$ +  CHR$ (35);A$;: IF A$ = "B" THEN 242
240  PRINT P2$ +  CHR$ (37);: INPUT "";T1$: PRINT P2$ +  CHR$ (38);: INPUT "";T2$
242  IF A$ <  > "P" THEN 256
244  PRINT P2$; CHR$ (40);: GET RA$: IF  ASC (RA$) < 32 THEN RA$ = "J"
246  PRINT P2$; CHR$ (40);RA$;
248  PRINT P2$; CHR$ (41);: GET LO$: IF  ASC (LO$) < 32 THEN LO$ = "J"
```

```
250  PRINT P2$; CHR$ (41);LO$;
252  PRINT P2$; CHR$ (42);: GET AA$: IF  ASC (AA$) < 32 THEN AA$ = "4"
254 AA$ = "A" + AA$: PRINT P2$; CHR$ (42);AA$;
256  IF A$ <  > "D" THEN 262
258  PRINT P4$ +  CHR$ (41);: GET OP$: IF  ASC (OP$) < 32 THEN OP$ = "N"
260  PRINT P4$ +  CHR$ (41);OP$;: IF OP$ = "N" THEN OP$ =  CHR$ (13)
262  PRINT  CHR$ (30); CHR$ (84); CHR$ (44);: GET PV$: IF  ASC (PV$) < 32 THEN PV$
= "J"
264  PRINT  CHR$ (30); CHR$ (84); CHR$ (44);PV$;
265  IF EI = 1 THEN 268
267  PRINT  CHR$ (30); CHR$ (100); CHR$ (45);: INPUT "";NS
268 PP = 0: FOR I = 1 TO NS: PRINT  CHR$ (30); CHR$ (39); CHR$ (48);I: IF EI = 0
THEN  PRINT P2$; CHR$ (48);: INPUT "";XS(I): PRINT P2$; CHR$ (49);: INPUT "";XE(I)
269  PRINT P2$; CHR$ (50);: INPUT "";SD$(I): PRINT P2$; CHR$ (51);: PRINT TA$(I):
PRINT P2$; CHR$ (51);: & T$: IF T$ = "" THEN T$ = TA$(I)
270 TA$(I) = T$: PRINT P2$; CHR$ (48); CHR$ (29); CHR$ (10); CHR$ (29); CHR$ (10);
CHR$ (29); CHR$ (10); CHR$ (29)
271 TA$(I) =  LEFT$ (TA$(I),10): NEXT : GOTO 300
272  REM          inverse Darstellung
274  PRINT  CHR$ (30); CHR$ (31 + X); CHR$ (31 + Y); CHR$ (26); CHR$ (51);T$;:
PRINT  CHR$ (26);"2";: RETURN
276 I = 0:X$ = ""
278 I = I + 1: GET XX$: IF  ASC (XX$) < 32 THEN 282
280  PRINT XX$;:X$ = X$ + XX$: GOTO 278
282  RETURN
300  PRINT P1$; CHR$ (53);: GET BI$: PRINT : IF  ASC (BI$) < 32 THEN BI$ = "N"
302  PRINT P1$; CHR$ (53);BI$: IF BI$ <  > "J" THEN 308
303  PRINT "Filename :                         Laufwerk-Nr. :";
304  PRINT  CHR$ (30); CHR$ (43); CHR$ (54);: GOSUB 276:FF$ = X$: IF FF$ = "" THEN
BI$ = "N": GOTO 308
305  PRINT  CHR$ (30); CHR$ (95); CHR$ (54);: GET DR$:DR =  VAL (DR$): PRINT
306 SD =  INT (7 - DR / 2):DD = 1: IF  INT (DR / 2) * 2 = DR THEN DD = 2
307  IF A$ = "P" THEN  PRINT D$;"OPEN";FF$ + ".PLT";",S";SD;",D";DD: PRINT
D$;"CLOSE";FF$ + ".PLT"
308  PRINT  CHR$ (30); CHR$ (51); CHR$ (55);: & T$: IF T$ = "" THEN T$ = T3$
309 T3$ =  LEFT$ (T$,30)
311  REM  **** SORTIEREN
312 TY = 0: FOR I = 1 TO IN:C(I) = 0: NEXT
313  PRINT C$;W$: PRINT : PRINT : PRINT "                    Die Daten werden
sortiert"
314  PRINT : FOR I = 1 TO NF:F$ = F$(I):SL =  INT (7 - DR(I) / 2):D = 1: IF  INT
(DR(I) / 2) * 2 = DR(I) THEN D = 2
316  PRINT D$;"OPEN";F$;",D";D;",S";SL;",L15": PRINT D$;"READ";F$;",R0": INPUT WI:
INPUT NI
318  FOR J = 1 TO NI: PRINT D$;"READ";F$;",R";J + 4: INPUT B:TY = TY + 1
```

```
319   IF EI = 1 THEN C(J) = C(J) + B: GOTO 322
320   FOR K = 1 TO NS: IF B > = XS(K) AND B < XE(K) THEN C(K) = C(K) + 1
321   NEXT
322   NEXT : PRINT D$;"CLOSE";F$(I): NEXT I: IF SI = 1 THEN 327
324 A = 0: FOR I = 1 TO NS:A = A + C(I): NEXT
326   IF A > TY THEN PP = 1: PRINT  CHR$ (7): PRINT  CHR$ (30); CHR$ (32); CHR$
(52); CHR$ (11); CHR$ (10);"Die Bereiche überschneiden sich. Bitte neu eingeben
!";: FOR K = 1 TO 3000: NEXT K: GOTO 180
327 SI = 4:CL = 1: IF A$ < > "P" THEN  GOSUB 10202: PRINT C$: GOSUB 10224: GOTO
334
328   PRINT C$;W$: PRINT : PRINT : PRINT "                        P L O T T E R A U S
G A B E": GOSUB 10002:C1 = C2: IF RA$ = "N" THEN 334
329   IF AA$ = "A4" THEN  GOSUB 10012: GOTO 331
330   GOSUB 10020
331   IF LO$ = "J" THEN  GOSUB 10026
334 PI = 3.1415926:DW = 5:EW = 0:A = PI / 180:R = 45:XM = 140:YM = 95:Q = 0: IF A$
= "P" AND PV$ = "J" THEN XM = 110
336   FOR I = 1 TO NS:SW = EW:DS =  VAL (SD$(I)): IF  RIGHT$ (SD$(I),1) = "H" THEN
VB = 5
337 EW = C(I) * 360 / TY + SW:MW = SW + (EW - SW) / 2:DX = VB *  COS (MW * A):DY =
VB *  SIN (MW * A):XR = XM + DX:YR = YM + DY:XP = XR:YP = YR: GOSUB 10208: IF A$ =
"P" THEN  GOSUB 10008
339   FOR W = SW TO EW STEP DW:XP = XR + R *  COS (W * A):YP = YR + R *  SIN (W *
A): GOSUB 10206: IF A$ = "P" THEN  GOSUB 10006
341   NEXT : IF W < > EW THEN XP = XR + R *  COS (EW * A):YP = YR + R *  SIN (EW *
A): GOSUB 10206: IF A$ = "P" THEN  GOSUB 10006
343 XP = XR:YP = YR: GOSUB 10206: IF A$ = "P" THEN  GOSUB 10006
345   IF TA$(I) = " " THEN  GOSUB 374: GOTO 355
346 XP = XR + R / 2 *  COS (MW * A):YP = YR + R / 2 *  SIN (MW * A): GOSUB 10208:
IF A$ = "P" THEN  GOSUB 10008
348 XP = XR + 3 * R / 2 *  COS (MW * A):YP = YR + 3 * R / 2 *  SIN (MW * A): GOSUB
10206: IF A$ = "P" THEN  GOSUB 10006
350 M$ = TA$(I):XP = XR + 2 * R *  COS (MW * A) -  LEN (M$) / 2 * 6: IF (MW > 135
AND MW < 225) OR MW > 315 OR MW < 45 THEN YP = YR + 2 * R *  SIN (MW * A)
351   IF (MW > 135 AND MW < 225) OR MW > 315 OR MW < 45 THEN YP = YR + 2 * R *  SIN
(MW * A)
352   IF (MW > 45 AND MW < 135) THEN YP = YP + 10
353   IF (MW > 225 AND MW < 315) THEN YP = YP - 5
354   GOSUB 10210: IF A$ = "P" THEN  GOSUB 10010
355   GOSUB 374:VB = 0: NEXT I: GOSUB 388: IF PV$ = "J" THEN  GOSUB 412
356   IF A$ = "P" THEN  GOSUB 10040: IF BI$ = "J" AND U > 0 THEN  GOSUB 10050
357   IF A$ = "P" THEN 361
358   IF BI$ = "J" THEN  PRINT D$;"BSAVE";FF$ + ".PIC";",A$4000,L$2000,D";DD;",S";SD
359   IF A$ = "D" THEN  GOSUB 10102: GOTO 361
```

```
360  INPUT "";CK$: GOSUB 10202: TEXT : IF PV$ = "J" THEN  PRINT  CHR$ (30); CHR$
(32); CHR$ (55);"Drücken Sie die <RETURN>-Taste !  ";: INPUT "";CK$
361  TEXT : RETURN
373  REM  *** SCHATTIEREN
374  IF DS = 0 THEN  RETURN
375 DS = R / (DS + 1): FOR W = SW + DS TO EW - DS STEP DS
376 XP = XR +  COS (W * A):YP = YR +  SIN (W * A): GOSUB 10208: IF A$ = "P" THEN
GOSUB 10008
378 XP = XR + R *  COS (W * A):YP = YR + R *  SIN (W * A): GOSUB 10206: IF A$ = "P"
THEN  GOSUB 10006
380  NEXT : FOR RA = DS TO R - DS STEP DS
381 XP = XR + RA *  COS (SW * A):YP = YR + RA *  SIN (SW * A): GOSUB 10208: IF A$ =
"P" THEN  GOSUB 10008
383  FOR W = SW + DS TO EW STEP DS:XP = XR + RA *  COS (W * A):YP = YR + RA *  SIN
(W * A): GOSUB 10206: IF A$ = "P" THEN  GOSUB 10006
385  NEXT : IF W < > EW THEN XP = XR + RA *  COS (EW * A):YP = YR + RA *  SIN (EW
* A): GOSUB 10206: IF A$ = "P" THEN  GOSUB 10006
387  NEXT : RETURN : REM ***BILDUNTERSCHRIFT
388 XP = XM -  LEN (T3$) * 3:YP = 188:M$ = T3$: GOSUB 10210: IF A$ = "P" THEN
GOSUB 10010
410  RETURN
412  REM  **** PROZENTE
413 YP = 13:XP = 1:DY = .5: IF A$ = "P" THEN YP = 188:SI = 2:Q = 0:XP = 220:DY = 5
414  FOR I = NS TO 1 STEP  - 1:M$ = "Summe: " +  STR$ (C(I)) + " = " +  LEFT$ (
STR$ (C(I) / TY * 100),5) + "%": IF A$ = "P" THEN  GOSUB 10010: GOTO 416
415  PRINT  CHR$ (30); CHR$ (72); CHR$ (33 + YP);M$;
416 M$ = TA$(I): IF TA$(I) < > " " THEN M$ = M$ + ": "
417  IF EI = 0 THEN M$ = M$ +  STR$ (XS(I)) + " < x < " +  STR$ (XE(I))
418  IF A$ = "P" THEN YP = YP - DY: GOSUB 10010: GOTO 423
422  PRINT  CHR$ (30); CHR$ (32); CHR$ (33 + YP);M$;
423 YP = YP - 2 * DY: NEXT :M$ = "Gesamtsumme: " +  STR$ (TY) + " = 100%": IF A$ =
"P" THEN  GOSUB 10010: GOTO 425
424  PRINT  CHR$ (30); CHR$ (72); CHR$ (32 + YP);M$;: PRINT  CHR$ (30); CHR$ (32);
CHR$ (32);"Prozentuale Verteilung der Beträge auf die Sektoren"
425  RETURN
444  POKE 771,1: PRINT C$: PRINT D$;"RUN HELLO,S"; PEEK (773);",D"; PEEK (772)
800  PRINT C$;"Disketten - Inhaltsverzeichnis": FOR I = 1 TO 10: PRINT : NEXT
810  PRINT "Laufwerk-Nr. : ";: GET DR: PRINT :SL =  INT (7 - DR / 2):D = 1: IF  INT
(DR / 2) * 2 = DR THEN D = 2
820  PRINT C$: PRINT D$;"CATALOG,D";D: PRINT : PRINT : PRINT "Drücken Sie die
<RETURN> - Taste !  ";: GET CK$: PRINT
840  RETURN
6000  REM  ***** FEHLERMELDUNGEN
6002  RESTORE : PRINT  CHR$ (7)
6004 ER =  PEEK (222):EL =  PEEK (218) +  PEEK (219) * 256
```

```
6006  FOR T = 1 TO 26: READ TE: IF TE = ER THEN  PRINT D$;"OPEN ERROR .TXT,S"; PEEK
(773);",D"; PEEK (772);",L80": PRINT D$;"READ ERROR .TXT,R";T: & ER$: PRINT
D$;"CLOSE ERROR .TXT": GOTO 6010
6008  NEXT : POKE 216,0:ER$ = "Fehler " +  STR$ (ER) + " in Zeile " +  STR$ (EL)
6010  TEXT : PRINT  CHR$ (30); CHR$ (32); CHR$ (52); CHR$ (11); CHR$ (10);ER$;: FOR
T = 1 TO 2000: NEXT T
6012  GOTO 30
6014  DATA  1,2,3,4,5,6,7,8,9,10,11,12,13,14,42,53,69,77,107,133,163,176,191,224
,254,255
10000  REM ********** PLOTTER - SCHNITTSTELLE *******
10001  REM Speicherstellen START auf Programmanfang setzen
10002  REM Plotter-Initialisierung
10004  REM Transformation von Bildschirm- und Plotterkoordinaten
10006  REM Plotterstift abgesenkt nach XP,YP bringen
10008  REM Plotterstift abgehoben nach XP,YP bringen
10010  REM Text M$ ab Position XP,YP ausgeben
10012  REM Rahmen DIN A4 ausgeben
10020  REM Rahmen DIN A3 ausgeben
10026  REM Logogramm einzeichnen
10038  REM Plotterstift CL auswählen
10040  REM Plotterstift abgehoben auf 0,0-Position bringen
10042  REM zentriertes Symbol MK auf die gegenwärtige Position setzen
10050  REM Plotterbefehle im Arbeitsspeicher bzw. auf Diskette speichern
10100  REM ********** DRUCKER - SCHNITTSTELLE *******
10101  REM Speicherstellen START auf Programmanfang setzen
10102  REM Grafikseite HGR2 auf Drucker bringen
10106  REM tabellarische Ausgabe eines Datensatzes
10124  REM Text M$ ausgeben
10126  REM Formularvorschub
10200  REM ********** MONITOR - SCHNITTSTELLE *******
10201  REM Speicherstellen START auf Programmanfang setzen
10202  REM Initialisierung der hochauflösenden Grafik
10206  REM Linie nach XP,YP ziehen
10208  REM Punkt auf Position XP,YP setzen
10210  REM Text M$ ab Position XP,YP ausgeben
10224  REM Rahmen setzen
10238  REM neue Farbe CL auswählen
10242  REM zentriertes Symbol MK auf die gegenwärtige Position setzen
```

4.2 Zweidimensionale Datensätze

Zweidimensionale Daten spielen in Wissenschaft und Technik eine übergeordnete Rolle. Sie entstehen durch die Beschreibung von Vektoren, also Größen, die zeitlich oder räumlich veränderbar sind und durch eindeutige Zuordnung von Wertepaaren durch Funktionsgleichungen $y = f(x)$ oder Parametergleichungen $x = f(t)$, $y = f(t)$. Sie bieten die Möglichkeit, durch entsprechende Verfahren unbekannte Zwischen- oder Erwartungswerte anzunähern (Interpolation bzw. Extrapolation) oder Fehlermargen in gewissen Grenzen auszugleichen. Ihre Darstellungsmöglichkeiten sind vielfältig, angefangen bei der Darstellung im zweidimensionalen, rechtwinkligen Koordinatensystem im technisch-wissenschaftlichen Bereich bis hin zu Balkendiagrammen und Tortengrafiken im mehr kaufmännisch orientierten Sektor ("Businessgrafik").

Die Behandlung der zweidimensionalen Datensätze nimmt in PLOTGRAF den breitesten Raum ein.

4.2.1 Datensatz-Erstellung

4.2.1.1 Die Erstellung zweidimensionaler Datensätze: Programm DATA2D.BAS

Wie im Vorspann zu diesem Abschnitt bereits angedeutet wurde, bestehen vielerlei Möglichkeiten zur Erzeugung zweidimensionaler Datensätze. Zuerst sei die manuelle Eingabe genannt, die ja im vorigen Kapitel bereits eingehend besprochen wurde. Diese Eingabemöglichkeit wird in diesem Programm nun noch durch automatische Vorgaben für die X-Werte ergänzt, da diese in vielen Anwendungen äquidistant vorliegen. Die nächste Option ist die Berechnung von Funktionswerten innerhalb eines einzugebenden X-Intervalls durch eine Funktionsgleichung sowie die Berechnung mit Hilfe einer Parametergleichung, bei der die Variablen x und y nicht voneinander abhängig sind, sondern in Beziehung zu einem Parameter t stehen. Die übrigen Funktionen sind mit denen aus dem Programm DATA1D.BAS identisch.

Doch gehen wir das Listing Punkt für Punkt durch. Die ersten Zeilen enthalten wieder die Programminitialisierung und das Startmenue von DATA2D.BAS. Auch die Funktionsunterprogramme "Daten auflisten", "Daten lesen" und "Daten speichern" enthalten außer der größeren Datensatz-Feldweite von 30 Zeichen nichts grundlegend Neues gegenüber den Funktionen des entsprechenden eindimensionalen Programms. Im Unterprogramm "manuelle Eingabe" sind lediglich einige Zeilen verändert worden, um die Eingabe von zwei Werten für X und Y zu gestatten. Um später auch die Ausgabe von Texten (Tage, Monate, Firmennamen o.ä.) auf Säulendiagrammen und Tortengrafiken zu ermöglichen, wird der Abszissenwert X nicht in einer numerischen, sondern mit einer Textvariablen X$ gespeichert. Das hat zwar den Nachteil, daß alle numerischen X-Werte erst mit VAL (X$) konvergiert werden müssen, bietet aber eine wesentlich verbesserte Lesbarkeit der genannten Businessgrafiken. Das Unterprogramm "manuelle Eingabe" wird wieder gefolgt von einer Routine, die aus den eingegebenen Daten die Extremwerte bestimmt.

Das Funktionsunterprogramm "automatische Abstände" ist programmtechnisch schon ein wenig interessanter: Hier sorgen die Zeilen 240-260 für die Abfrage der Vorgaben (Start-, Endwert, Schrittweite) und berechnen die Anzahl N der einzugebenden Daten. Ein zu DATA1D.BAS ähnlicher Bildschirmaufbau wird in den Zeilen 261-263 erzeugt, dann folgt die Programmschleife, die die Werte für X und Y einliest. Sie kann vor Erreichen des Endwerts XE nur durch die Eingabe von <M> verlassen werden. Ist die Dateneingabe beendet worden, ermittelt das Programm durch einen Sprung nach Zeile 210 wieder die Extremwerte und kehrt von diesem Unterprogramm zum Startmenue zurück.

Wir kommen nun zum weitaus interessantesten Teil dieses Programms, dem Unterprogramm "Berechnung mit Funktion". Hier stellt sich nämlich die Frage, wie die Gleichung(en) zur Berechnung des Datensatzes ins laufende Programm eingegeben werden können, ohne daß der Interpreter alle Variablen löscht, oder allgemeiner: Wie können Programmzeilen eines ablaufenden Programms programmgesteuert verändert werden ?

Zur Erläuterung der gezeigten Lösung muß zunächst etwas weiter ausgeholt werden. Wie Sie vielleicht wissen (oder in [APLS] nachgelesen haben), legt der Applesoft-Interpreter die eingegebenen Programmzeilen im Speicher ab der Adresse 2048 ($800) ab. Er speichert dabei nicht jedes Zeichen einzeln, sondern verschlüsselt die vordefinierten BASIC-Ausdrücke zu sogenannten Tokens, d.h. 8 bit langen "Zeichen". Beim Auflisten des Programms ersetzt er diese Tokens wieder durch die entsprechenden Befehle in "Klarschrift". Dieses Verfahren spart Speicherplatz in erheblichem Umfang. Die so im Speicher verschlüsselte Programmzeile enthält außerdem noch Informationen über die aktuelle und die nächstfolgende Zeilennummer. Sehen wir uns also einmal an, wie die Programmzeile:

```
10 PRINT "HALLO"
```

im Speicher abgelegt wird. Wir tippen deshalb zunächst die angegebene Programmzeile, gefolgt von <RETURN> und CALL -151, um in den Monitor zu gelangen, und sehen uns dann die Speicherinhalte von $800 aufwärts mit der Anweisung 800.817 an (wenn Sie mit dem Monitor und seinen Anweisungen nicht so sehr vertraut sind, dann hilft Ihnen [USER] sicher weiter, es enthält neben einer ausführlichen Beschreibung des Monitorprogramms auch die Tokens für die reservierten BASIC-Wörter). Sie erhalten also folgende Ausgabe:

```
800-  00 0E 08 00 0A BA 22 48
808-  41 4C 4C 4F 22 00 00 00
810-  XX XX ...
```

Der Wert $00 in der Speicherstelle $800 dient zur Identifikation des Programmstarts für den Interpreter. Die beiden nächsten Speicherstellen enthalten die Adresse der nächsten Programmzeile und die Bytes $804 und $805 die hexadezimale Zeilennummer der aktuellen Zeile. In den Speicherstellen $806-$80C schließlich ist der Programmtext zu finden ($BA ist das Token für den PRINT-Befehl) und mit $00 in Byte $80D wird mitgeteilt, daß das Programm hier zu Ende ist. Die Speicherstellen $810ff sind nicht verändert worden (angedeutet mit XX), sie enthalten u.U. ein altes, bereits mit NEW gelöschtes Programm.

Mit der Kenntnis dieser Abspeicherungsmethode sind wir nun in der Lage, BASIC-Zeilen programmgesteuert zu verändern, indem einfach die gewünschten Schlüsselworte mit POKE in einen definierten Teil des Programmspeichers geschrieben werden. Sehen wir uns also das Unterprogramm von DATA2D.BAS an, in dem diese Funktion realisiert wird.

UNTERPROGRAMM: Eingabe einer Funktion

```
327  GOSUB 420:A = 2052:PP = 1: GOSUB 500:G1$ = G$: IF CK = 4 THEN PP = 2:A =
2292:VB$ = "Y": GOSUB 500:G2$ = G$
410  RETURN
420  RESTORE : FOR J = 1 TO 17: READ TK$(J),TK(J): NEXT : RETURN
422  DATA     "+",200,"-",201,"*",202,"/",203,"^",204,"=",208,"SQR",218,"EXP",221
,"SIN",223,"COS",222,"TAN",224,"ATN",225,"INT",211,"SGN",210,"ABS",212,"RND",219,"L
OG",220
500  REM    GLEICHUNGEN IN DIE ERSTEN ZEILEN POKEN
501  PRINT  CHR$ (30); CHR$ (32); CHR$ (49); CHR$ (11);"Gleichung für ";VB$;" : ":
PRINT : & G$: IF G$ < > "" THEN 508
502 P = 1: PRINT D$;"OPEN";FF$;",D1,S6": PRINT D$;"READ";FF$: & G$(1): IF CK = 4
THEN  PRINT D$;"READ";FF$: & G$(2)
503  PRINT D$;"CLOSE";FF$: PRINT  CHR$ (30); CHR$ (32); CHR$ (51);G$(PP): PRINT
CHR$ (30); CHR$ (32); CHR$ (51);: & G$
508  FOR I = 1 TO  LEN (G$):A1$ =  MID$ (G$,I,1):A2$ =  MID$ (G$,I,3):A = A + 1
510  FOR J = 1 TO 6: IF A1$ = TK$(J) THEN  POKE A,TK(J): GOTO 520
512  NEXT : FOR J = 7 TO 17: IF A2$ = TK$(J) THEN  POKE A,TK(J):I = I + 2: GOTO 520
514  NEXT
516  IF A1$ = "X" OR A1$ = "Y" THEN  POKE A, ASC (A1$):A = A + 1: POKE A,40:A = A +
1: POKE A,73:A = A + 1: POKE A,41: GOTO 520
518  POKE A, ASC (A1$)
520  NEXT I
522  A = A + 1: POKE A,58: POKE A + 1,177: POKE A + 2,58: POKE A + 3,178: RETURN
```

Die ersten Programmzeilen enthalten Benutzerhinweise über die Befehle zum Aufbau der Gleichung und initialisieren einige Variable, die später zur Cursorsteuerung und zur Ablage der Gleichungstexte dienen. In diesen Gleichungen kann natürlich auch mit Konstanten gearbeitet werden, sie können dem Bediener in der Zeile 326 und dem Programm in Zeile 368 mitgeteilt werden. Programmzeile 420 sorgt für das Einlesen der BASIC-Tokens, Zeile 327 setzt die Startadressen A für das Unterprogramm ab Zeile 500, das abhängig von der Bedienerwahl (Funktions- oder Parametergleichung) ein- oder zweimal aufgerufen wird. Dieses Unterprogramm fordert den Gleichungstext an und weist die Benutzereingabe der Textvariablen G$ zu, die dann auf ihren Inhalt hin überprüft wird. Enthält sie irgendeinen Text, dann wird der mit REM-Anweisungen freigehaltene Platz in den Zeilen 0 und 1 zur Aufnahme eines weiteren Unterprogramms genutzt, in das die Funktionsgleichung geschrieben wird (diese beiden ersten Programmzeilen bieten sich an, weil sie an einer genau definierten Stelle im Speicher stehen und auch bei Programmänderungen nicht verschoben werden).

Die nachfolgende geschachtelte Programmschleife untersucht den Gleichungstext, indem zwei "Fenstervariable" (A1$ und A2$), ein und drei Zeichen breit, gewissermaßen über den Text "geschoben" werden (die Schlüsselwörter sind entweder ein oder drei Zeichen lang, siehe Zeile 422). A fungiert dabei als Zeiger auf denjenigen Speicherplatz, in den das nächste Zeichen der verschlüsselten Zeile geschrieben werden soll. Enthält eins der "Fenster" ein Schlüsselwort, dann wird dessen Token an die aktuelle Zeigerposition geschrieben. Enthält die Variable A1$ ein "X" oder ein "Y", also eine der Gleichungsvariablen, so wird automatisch noch die Indizierung "(I)" angehängt, um dem Bediener Schreibarbeit zu sparen und den Gleichungstext einigermaßen übersichtlich zu halten. In allen anderen Fällen schreibt Zeile 518 den ASCII-Wert des Zeichens in A1$ an die Zeigerposition. Wenn die Schleife beendet, d.h. wenn der Gleichungstext komplett verschlüsselt ist, fügt Zeile 522 noch die Codes für "RETURN" und "REM" an, RETURN deshalb, weil die Gleichungen später als Unterprogramme aufgerufen werden, und REM, um evtl. von früheren Eingaben herrührende Gleichungs"reste" zu neutralisieren.

Enthält die Eingabevariable G$ lediglich das Zeichen für carriage-return [CHR$(13)], d.h. wünscht der Bediener die Verwendung der zuletzt eingegebenen Gleichung, so wird der Gleichungstext für die aktuelle Variable von der Datei FUNK2D.FKT für Funktionsgleichungen bzw. FUNK2P.FKT für Parametergleichungen eingelesen. Anschließend sorgt das oben beschriebene Unterprogramm wieder für die Unterbringung dieser Funktionen in den ersten Zeilen.

Nachdem nun die gewünschte(n) Gleichung(en) in den Zeilen 0 und 1 auch für den Interpreter erreichbar sind, kann das Programm mit dem

Einlesen der unabhängigen Variablen X bzw. T fortfahren (Zeile 333).
Ähnlich wie bei der Eingabe mit automatischer X-Vorgabe wird nun die
Anzahl der zu berechnenden Werte ermittelt, übersteigt diese die Größe
des vorgesehenen Felds (in OUT enthalten), dann werden jeweils OUT
Wertepaare auf der Diskette zwischengespeichert. Der Benutzer muß hierzu Dateinamen und Laufwerk angeben. Die eigentliche Berechnung des
Datensatzes führt die Programmschleife 370-400 durch, hier wird in Abhängigkeit von der Gleichungsart ins betreffende Funktionsunterprogramm verzweigt und bei Bedarf eine Zwischenspeicherung vorgenommen. Anschließend findet wieder die Ermittlung der Extremwerte statt.

Alle restlichen Programmzeilen dürften dem Leser bekannt vorkommen:
Es handelt sich um das Funktionsunterprogramm "Daten aktualisieren",
das bereits in DATA1D.BAS behandelt wurde, sowie die Routinen für die
Erstellung eines Disketten-Inhaltsverzeichnisses, den Aufruf des Haupt-
menue-Programms HELLO und die Fehlermeldungen.

PROGRAMM: DATA2D.BAS

```
0  REM Hinter diesem REM-Statement müssen einschließlich eventueller Leerzeichen
exakt 235 Zeichen eingegeben werden.


1  REM Hinter diesem REM-Statement müssen einschließlich eventueller Leerzeichen
exakt 235 Zeichen eingegeben werden.


11  PRINT  CHR$ (30); CHR$ (32); CHR$ (32); CHR$ (29);"Druckertreiber wird
geladen": POKE 103, PEEK (175) - 2: POKE 104, PEEK (176): PRINT  CHR$ (4);"RUN
PRINT .OVR"
12  REM
13  OUT = 1000:WI = 30: DIM TK(17),TK$(17),X(OUT): ONERR  GOTO 6000
14  DIM X$(OUT),Y$(OUT):D$ =  CHR$ (4):W$ =  CHR$ (30) +  CHR$ (52) +  CHR$ (42) +
"B I T T E    W A R T E N    !":TA$ =  CHR$ (30) +  CHR$ (52) +  CHR$ (45):C$ =
CHR$ (12):CR$ =  CHR$ (13):LF$ = CR$: FOR I = 1 TO 9:LF$ = LF$ + CR$: NEXT
16  PRINT C$;: PRINT "Erzeugung und Verarbeitung zweidimensionaler Datensätze";:
PRINT LF$: PRINT "Bitte wählen Sie eine der folgenden Möglichkeiten :": PRINT :
PRINT
21  PRINT "             (E)    Erstellen eines neuen Datensatzes"
22  PRINT "             (L)    Einlesen der Daten von Diskette"
23  PRINT "             (A)    Datensatz auflisten"
24  PRINT "             (V)    Datensatz aktualisieren"
25  PRINT "             (S)    Datensatz auf Diskette ablegen"
26  PRINT "             (M)    zurück zum Hauptmenue"
27  PRINT "             (I)    Inhaltsverzeichnis der Diskette"
28  PRINT
29  PRINT "Sie wünschen ? ";: GET CK$: PRINT :TK$ = "ELAVSMI": FOR I = 1 TO 7: IF
CK$ =  MID$ (TK$,I,1) THEN CK = I: GOTO 31
```

```
30   NEXT
31   ON CK GOSUB 101,64,33,524,83,586,576
32   GOTO 16
33   REM     *********************** DATEN AUFLISTEN
34   PRINT C$: PRINT "Datensatz auflisten": PRINT LF$: PRINT "Ausgabegerät :    (B)
==> Bildschirm        (D) ==> Drucker    ";: GET CK$: PRINT
35   IF F$ = "" THEN F$ = "hat keinen Namen"
37   PRINT C$: IF CK$ = "D" THEN 47
38   PRINT "             Datensatz ";F$: PRINT : PRINT T1$: PRINT : PRINT "Punkt
";T2$;: HTAB (31): PRINT T3$: PRINT
41   FOR J = 1 TO NI: PRINT J;: HTAB (12): PRINT X$(J);: HTAB (31): PRINT Y(J): NEXT
42   PRINT : PRINT : PRINT "Drücken Sie die <RETURN> - Taste !  ";: GET CK$: RETURN
47   PRINT C$;W$: PRINT TA$;"D R U C K E R A U S G A B E": GOSUB 10106: RETURN
64   REM     ******************* DATEN VON DISKETTE LESEN ******************
65   PRINT C$: PRINT "Datensatz von Diskette lesen": PRINT LF$
69   INPUT "Filename : ";F$
70   PRINT : IF F$ = "" THEN  RETURN
71   PRINT "Laufwerk-Nr. : ";: GET DR: PRINT
72   PRINT C$: PRINT W$: PRINT : PRINT "               Datensatz ";F$;" wird von
Diskette gelesen":F$ = F$ + ".DAT"
73   PRINT D$;"OPEN";F$;",D";DR;",L30"
74   PRINT D$;"READ";F$;",R0": INPUT WI: INPUT NI: PRINT D$;"READ";F$;",R1": INPUT
X1: INPUT X2: PRINT D$;"READ";F$;",R2": INPUT Y1: INPUT Y2
75   PRINT D$;"READ";F$;",R3": & T2$: & T3$: PRINT D$;"READ";F$;",R4": & T1$
76   IF NI < = OUT THEN N = NI: GOTO 81
78   PRINT D$;"CLOSE";F$: PRINT : PRINT "Der Datensatz enthält ";1 +  INT (NI /
OUT);" Blöcke mit ie ";OUT;" Punkten.": PRINT "Welcher Block soll gelesen werden ?
";: INPUT "";ST:ST = ST - 1:N = NI - ST * OUT
79   PRINT  CHR$ (30); CHR$ (32); CHR$ (46); CHR$ (11): PRINT D$;"OPEN";F$;",L30":
IF N > OUT THEN N = OUT
81   FOR J = 1 TO N: PRINT D$;"READ";F$;",R";ST * OUT + J + 4: INPUT X$(J): INPUT
Y(J): NEXT : PRINT D$;"CLOSE"
82 NI = N: RETURN
83   REM     ********************* DATEN AUF DISKETTE SPEICHERN **************
84   PRINT C$: PRINT "Daten auf Diskette ablegen": PRINT LF$:ST = 0: PRINT
"Spaltentext 1 : ";: & T2$: PRINT "Spaltentext 2 : ";: & T3$: PRINT : PRINT
"Zusatztext : ";: & T1$: PRINT
85   PRINT : PRINT : INPUT "Filename : ";F$: PRINT : IF F$ = "" THEN  RETURN
89   PRINT "Laufwerk-Nr. : ";: GET DR: PRINT :F$ = F$ + ".DAT"
90   PRINT C$
91   PRINT W$: PRINT  CHR$ (30); CHR$ (52); CHR$ (44); CHR$ (29);"Datensatz "; LEFT$
(F$, LEN (F$) - 4);" wird auf Diskette abgelegt"
92   PRINT D$;"OPEN";F$;",D";DR;",L30": PRINT D$;"WRITE";F$;",R0": PRINT WI: PRINT
NI: PRINT D$;"WRITE";F$;",R1": PRINT X1: PRINT X2: PRINT D$;"WRITE";F$;",R2": PRINT
Y1: PRINT Y2
```

```
93   PRINT D$;"WRITE";F$;",R3": PRINT T2$: PRINT T3$: PRINT D$;"WRITE";F$;",R4":
PRINT T1$
94   FOR J = 1 TO NI
95   PRINT D$;"WRITE";F$;",R";J + ST * OUT + 4
96   PRINT X$(J): PRINT Y(J)
98   NEXT : PRINT D$;"CLOSE"
100   RETURN
101   REM    **************** DATENFILE ERZEUGEN ***************************
102   PRINT C$: PRINT "Erstellung eines zweidimensionalen Datensatzes": PRINT LF$
104 NI = 0:F$ = "":T1$ = F$:T2$ = F$:T3$ = F$:X1 = 1E37:X2 =  - X1:Y1 = X1:Y2 = X2
107   PRINT "Bitte wählen Sie eine der folgenden Eingabemöglichkeiten aus :"
108   PRINT : PRINT
109   PRINT "              (A)      automatische Erzeugung der X-Abstände"
110   PRINT "              (H)      manuelle Eingabe der X-Abstände"
111   PRINT "              (F)      Datensatz mittels Funktionsgleichung berechnen"
112   PRINT "              (P)      Datensatz mittels Parametergleichung berechnen"
113   PRINT "              (M)      zurück zum Menue"
114   PRINT : PRINT
115   PRINT "Sie wünschen ? ";: GET CK$: PRINT :TK$ = "AHFPM": FOR I = 1 TO 5: IF
CK$ =  MID$ (TK$,I,1) THEN CK = I: GOTO 117
116   NEXT
117   ON CK GOTO 236,186,300,300,16
120   GOTO 102
186   REM    ******************** MANUELLE EINGABE  ***********************
187 I = 0
188   PRINT C$;: PRINT "(K) ==> letzten Punkt korrigieren        (M) ==> zurück zum
Menue": PRINT "                    oder Dateneingabe": PRINT LF$;
190   PRINT "Punkt": PRINT : PRINT : PRINT "  X(I) =": PRINT "  Y(I) ="
192 I = I + 1
194   PRINT  CHR$ (30); CHR$ (39); CHR$ (44); CHR$ (29);I
196   PRINT  CHR$ (30); CHR$ (42); CHR$ (47); CHR$ (29); CHR$ (10); CHR$ (29);
197   PRINT  CHR$ (30); CHR$ (42); CHR$ (47);: INPUT "";CK$
198   IF CK$ = "K" THEN I = I - 1: GOTO 207
199   IF CK$ = "M" THEN NI = I - 1: GOTO 210
200   X$(I) = CK$
202   PRINT  CHR$ (30); CHR$ (42); CHR$ (48);: INPUT "";Y(I)
206   GOTO 192
207   PRINT  CHR$ (30); CHR$ (39); CHR$ (44); CHR$ (29);I
208   PRINT  CHR$ (30); CHR$ (42); CHR$ (47); CHR$ (29);X$(I): PRINT  CHR$ (30);
CHR$ (42); CHR$ (48); CHR$ (29);Y(I): GOTO 197
210   Q = NI
211   FOR I = 1 TO NI:X =  VAL (X$(I)): IF X < X1 THEN X1 = X
212   IF X > X2 THEN X2 = X
213   IF Y(I) < Y1 THEN Y1 = Y(I)
214   IF Y(I) > Y2 THEN Y2 = Y(I)
```

```
215  NEXT : RETURN
236  REM     ****************** AUTOMATISCHE ABSTAENDE *********************
238  PRINT C$;"manuelle Dateneingabe mit automatischer X- Vorgabe": PRINT LF$;
239  T$ =  CHR$ (30) +  CHR$ (53)
240  PRINT "X - Startwert : ....."
241  PRINT "X - Endwert : ......."
242  PRINT "X - Schrittweite : .."
246  PRINT T$; CHR$ (43);: INPUT "";XS
247  PRINT T$; CHR$ (44);: INPUT "";XE
248  PRINT T$; CHR$ (45);: INPUT "";DX
256  I = 0
258  NX = 1 + (XE - XS) / DX:N = NX
260  N =  ABS (N):X$(0) =  STR$ (XS - DX)
261  PRINT C$;"(K) ==> letzten Wert korrigieren          (M) ==> zurück zum
Menue": PRINT "                       oder Dateneingabe": PRINT : PRINT :
262  PRINT "Es werden ";N;" Punkte eingegeben."
263  PRINT : PRINT : PRINT : PRINT : PRINT "Punkt": PRINT : PRINT : PRINT "  X(I)
=": PRINT "  Y(I) =":T$ =  CHR$ (30) +  CHR$ (41)
264  FOR IX = 1 TO NX
268  I = I + 1
270  PRINT  CHR$ (30); CHR$ (38); CHR$ (41); CHR$ (29);I
272  X$(I) =  STR$ ( VAL (X$(I - 1)) + DX)
276  PRINT T$; CHR$ (44); CHR$ (29);X$(I)
279  PRINT T$; CHR$ (45); CHR$ (29);: INPUT "";CK$
280  IF CK$ = "K" THEN I = I - 1: GOTO 285
281  IF CK$ = "M" THEN NI = I - 1: GOTO 290
282  Y(I) =  VAL (CK$): NEXT IX:NI = I: GOTO 290
285  PRINT  CHR$ (30); CHR$ (38); CHR$ (41); CHR$ (29);I;" wiederholen"
286  GOTO 276
290  GOTO 210
300  REM     ********************** BERECHNUNG MIT FORMEL ***************
301  PRINT C$;"Berechnung mit einer Gleichung"
302  G2$ = "":G1$ = G2$:P = 0:VA$ = "X":VB$ = "Y":FF$ = "FUNK2D.FKT": IF CK = 4
THEN VA$ = "T":VB$ = "X":FF$ = "FUNK2P.FKT"
322  PRINT C$;"Berechnung mit einer Gleichung": PRINT : PRINT "Tippen Sie die
gewünschte Gleichung in der allgemeinen Form": PRINT : PRINT : IF CK = 4 THEN
PRINT "          X = f (T)"
323  PRINT "          Y = f (";VA$;")": PRINT : PRINT "nachstehend ein (max. 255
Zeichen)."
324  PRINT "Verwenden Sie dabei die BASIC - Notation mit den Ausdrücken": PRINT
"SIN, COS, TAN, ATN, EXP, LOG, SQR, ABS, INT, SGN, RND, +, -, *, /, ^, =."
325  PRINT "Sie können aber auch mit <RETURN> die letzte von Ihnen verwendete
Gleichung": PRINT "übernehmen."
326  PRINT : PRINT "Vordefinierte Konstanten :      PI = 3.1415926" : REM Hier alle
Konstanten eintragen
```

```
327  GOSUB 420:A = 2052:PP = 1: GOSUB 500:G1$ = G$: IF CK = 4 THEN PP = 2:A =
2292:VB$ = "Y": GOSUB 500:G2$ = G$
329  PRINT D$;"OPEN";FF$;",S6,D1": PRINT D$;"DELETE";FF$: PRINT D$;"OPEN";FF$:
PRINT D$;"WRITE";FF$: PRINT G1$: IF CK = 4 THEN  PRINT D$;"WRITE";FF$: PRINT G2$
330  PRINT D$;"CLOSE";FF$
331  PRINT C$;: PRINT "Berechnung mit einer Gleichung": PRINT : PRINT : PRINT G1$:
PRINT G2$: PRINT : PRINT : PRINT : PRINT : PRINT : PRINT
332  T$ =  CHR$ (30) +  CHR$ (53):P = 0
333  PRINT VA$;" - Startwert : ....." : PRINT VA$;" - Endwert : ......." : PRINT
VA$;" - Schrittweite : .." : PRINT T$; CHR$ (43);: INPUT "";TS: PRINT T$; CHR$
(44);: INPUT "";TE: PRINT T$; CHR$ (45);: INPUT "";DT
348  N = 1 + (TE - TS) / DT:N =  ABS ( INT (N)): IF N <  = OUT THEN 362
351  PRINT  CHR$ (30); CHR$ (32); CHR$ (36); CHR$ (11)
352  PRINT : PRINT : PRINT "Es werden ";N;" Punkte berechnet, die etwa ";250 + N *
20;" Bytes auf der Diskette": PRINT "belegen."
353  PRINT : PRINT "Zur Erhöhung der Datensicherheit werden jeweils ";OUT;" Punkte
auf Diskette": PRINT "zwischengespeichert. Es ist daher nach Beendigung der
Berechnungen keine": PRINT "Abspeicherung mehr notwendig."
354  PRINT : PRINT "Spaltentext 1 : ";: & T1$: PRINT "Spaltentext 2 : ";: & T2$:
PRINT : PRINT "Zusatztext : ";: & T3$: PRINT
358  PRINT : INPUT "Filename : ";F$: IF F$ = "" THEN 102
360  PRINT : PRINT "Laufwerk-Nr. : ";: GET DR: PRINT :F$ = F$ + ".DAT"
362  R$ =  CHR$ (30) +  CHR$ (52) +  CHR$ (44) +  CHR$ (29) + "Datensatz wird
berechnet": PRINT C$: PRINT W$: PRINT R$
367  PRINT  CHR$ (30); CHR$ (52); CHR$ (46);"Punkt       von ";N
368  I = 0:ST = 0:Q = 0:PI = 3.1415926 : REM Hier alle Konstanten eintragen
370  FOR T = TS TO TE STEP DT
371  IF CK = 3 THEN X(I) = T
374  I = I + 1:Q = Q + 1: PRINT  CHR$ (30); CHR$ (58); CHR$ (46);Q: IF I > OUT THEN
I = 1:NI = OUT: GOSUB 91: PRINT R$:ST = ST + 1
375  IF CK = 3 THEN X(I) = T
376  GOSUB 0: IF CK = 4 THEN  GOSUB 1
377  IF Y(I) < Y1 THEN Y1 = Y(I)
378  IF Y(I) > Y2 THEN Y2 = Y(I)
379  IF X(I) < X1 THEN X1 = X(I)
380  IF X(I) > X2 THEN X2 = X(I)
381  X$(I) =  STR$ (X(I))
400  NEXT :NI = Q - ST * OUT: IF ST > 0 THEN  GOSUB 91
410  RETURN
420  RESTORE : FOR J = 1 TO 17: READ TK$(J),TK(J): NEXT : RETURN
422  DATA     "+",200,"-
",201,"*",202,"/",203,"^",204,"=",208,"SQR",218,"EXP",221,"SIN",223,"COS",222,"TAN"
,224,"ATN",225,"INT",211,"SGN",210,"ABS",212,"RND",219,"LOG",220
500  REM    GLEICHUNGEN IN DIE ERSTEN ZEILEN POKEN
```

```
501  PRINT  CHR$ (30); CHR$ (32); CHR$ (49); CHR$ (11);"Gleichung für ";VB$;" : ":
PRINT : & G$: IF G$ < > "" THEN 508
502  P = 1: PRINT D$;"OPEN";FF$;",D1,S6": PRINT D$;"READ";FF$: & G$(1): IF CK = 4
THEN  PRINT D$;"READ";FF$: & G$(2)
503  PRINT D$;"CLOSE";FF$: PRINT  CHR$ (30); CHR$ (32); CHR$ (51);G$(PP): PRINT
CHR$ (30); CHR$ (32); CHR$ (51);: & G$
508  FOR I = 1 TO  LEN (G$):A1$ =  MID$ (G$,I,1):A2$ =  MID$ (G$,I,3):A = A + 1
510  FOR J = 1 TO 6: IF A1$ = TK$(J) THEN  POKE A,TK(J): GOTO 520
512  NEXT : FOR J = 7 TO 17: IF A2$ = TK$(J) THEN  POKE A,TK(J):I = I + 2: GOTO 520
514  NEXT
516  IF A1$ = "X" OR A1$ = "Y" THEN  POKE A, ASC (A1$):A = A + 1: POKE A,40:A = A +
1: POKE A,73:A = A + 1: POKE A,41: GOTO 520
518  POKE A, ASC (A1$)
520  NEXT I
522  A = A + 1: POKE A,58: POKE A + 1,177: POKE A + 2,58: POKE A + 3,178: RETURN
524  REM   ******************** DATEN AKTUALISIEREN **********************
526  PRINT C$: PRINT "Datensatz aktualisieren": PRINT LF$
528  PRINT "Bitte wählen Sie eine der folgenden Möglichkeiten :"
529  PRINT
530  PRINT "        (A) ==> Daten ändern"
532  PRINT "        (H) ==> Daten hinzufügen"
534  PRINT "        (L) ==> Daten löschen"
536  PRINT "        (M) ==> zurück zum Menue"
538  PRINT : PRINT : PRINT "Sie wünschen ? ";: GET CK$: PRINT
539  T$ = "AHLM": FOR I = 1 TO 4:K$ =  MID$ (T$,I,1): IF CK$ < > K$ THEN  NEXT
540  CK = I: IF CK$ < > "M" AND CK = 4 THEN 526
541  ON CK GOTO 546,564,568,574
542  GOTO 526
544  REM   ******************** DATEN ÄNDERN
546  PRINT C$: PRINT "Daten verändern": PRINT LF$;
548  INPUT "An welchem Punkt sollen die Daten verändert werden ?  ";CK$: IF CK$ =
"M" THEN 526
550  I =  VAL (CK$)
552  PRINT
554  PRINT "Die jetzigen Werte lauten :   X (I) = ";X$(I)
556  PRINT "                              Y (I) = ";Y(I)
558  PRINT  CHR$ (30); CHR$ (70); CHR$ (46);: INPUT "";X$(I): PRINT  CHR$ (30);
CHR$ (70); CHR$ (47);: INPUT "";Y(I)
560  PRINT  CHR$ (30); CHR$ (32); CHR$ (44); CHR$ (29);: GOTO 548
562  REM  ******************** DATEN HINZUFÜGEN
564  I = NI: GOSUB 188: RETURN
566  REM  ******************** DATEN LÖSCHEN
568  PRINT C$: PRINT "Daten löschen": PRINT LF$
570  INPUT "Welcher Punkt soll gelöscht werden ? ";CK$:I =  VAL (CK$)
```

```
572  FOR Q = I TO NI - 1:X$(Q) = X$(Q + 1):Y(Q) = Y(Q + 1): NEXT :NI = NI - 1: GOTO
526
574  RETURN
576  PRINT C$;"Disketten - Inhaltsverzeichnis": PRINT LF$
578  PRINT "Laufwerk-Nr. : ";: GET DR: PRINT
580  PRINT C$: PRINT D$;"CATALOG,D";DR
582  PRINT : PRINT : PRINT "Drücken Sie die <RETURN> - Taste !  ";: GET CK$: PRINT
584  RETURN
586  POKE 771,2: PRINT C$: PRINT D$;"RUNHELLO,D"; PEEK (772);",S"; PEEK (773)
6000   REM  ***** FEHLERMELDUNGEN
6005   PRINT  CHR$ (7)
6010   ER =  PEEK (222):EL =  PEEK (218) +  PEEK (219) * 256
6020   FOR T = 1 TO 26: READ TE: IF TE = ER THEN  PRINT D$;"OPEN ERROR .TXT,S"; PEEK
(773);",D"; PEEK (772);",L80": PRINT D$;"READ ERROR .TXT,R";T: & ER$: PRINT
D$;"CLOSE ERROR .TXT": GOTO 6030
6025   NEXT : POKE 216,0:ER$ = "Fehler " +  STR$ (ER) + " in Zeile " +  STR$ (EL)
6030   TEXT : PRINT  CHR$ (30); CHR$ (32); CHR$ (52); CHR$ (11); CHR$ (10);ER$;: FOR
T = 1 TO 2000: NEXT T
6040   GOTO 16
6014   DATA  1,2,3,4,5,6,7,8,9,10,11,12,13,14,42,53,69,77,107,133,163,176,191,224
,254,255
10100   REM ********** DRUCKER - SCHNITTSTELLE *******
10101   REM Speicherstellen START auf Programmanfang setzen
10102   REM Grafikseite HGR2 auf Drucker bringen
10106   REM tabellarische Ausgabe eines Datensatzes
10124   REM Text M$ ausgeben
10126   REM Formularvorschub
```

Einer der wichtigsten Programmiertricks, die Sie im letzten Abschnitt erfahren haben, ist die programmgesteuerte Einfügung bzw. Veränderung von Programmzeilen. Sehen Sie sich das betreffende Unterprogramm nochmals an und überlegen Sie, was geändert werden müßte, um nicht nur BASIC-Funktionen in die Zeilen einzufügen, sondern generell alle Befehle, die der Interpreter Ihres Rechners verarbeitet! Denken Sie an die unterschiedliche Länge der Anweisungen, die verschiedenartige Handhabung von BASIC-Schlüsselwörtern in der Programmzeile und die gleichen Wörter in einem Text. Ein kleiner Tip: Der Interpreter ermittelt den Code eines vordefinierten Worts, indem zur Position des Worts in der Befehlstabelle 128 ($80) hinzuaddiert wird. Die Befehlstabelle selbst ist in [USER, S. 1-3] zu finden. Eine elegante Lösungsmöglichkeit für das Problem selbst besteht darin, nach der Eingabe der Gleichung den Teil des Interpreters aufzurufen, der für die Ablage der Programmzeilen zuständig ist und dieses Unterprogramm zu veranlassen, den Inhalt des Tastaturpuffers als Programmzeile zu interpretieren.

Die Abspeicherung des Gleichungstexts hat Vorteile, wenn Sie im Nach-
hinein feststellen, daß irgendein Parameter des eben berechneten Datensatzes nicht Ihren Wünschen entspricht. Wenn Sie öfter sehr lange Gleichungen zu berechnen haben, werden Sie schnell auf die Idee kommen,
die Gleichungen auf eine separate Diskette zu schreiben und mit der
entsprechenden Hauptmenue-Option sinnfälligere Namen zu vergeben als
FUNK2D.FKT.

Falls Ihnen das Ergebnis den Aufwand wert ist, können Sie auch folgendes versuchen: Ändern Sie das Programm so um, daß Sie zwischen manueller Gleichungseingabe und dem Einlesen von Diskette unter Angabe
von Dateinamen und Laufwerks-Nr. wählen können. Mit dieser Wahlmöglichkeit wären Sie nicht mehr an den Standardnamen und ans Laufwerk 1 für die Ablage Ihrer Gleichung gebunden. Aber Vorsicht: Sie
müssen (programmgesteuert oder von der Namensgebung her) die Ver-
wechslung von parametrischen und Funktionsgleichungen ausschließen.

Ein Punkt, der in der Programmbesprechung etwas stiefmütterlich behandelt wurde, betrifft das Unterprogramm "Daten aktualisieren". Eine wesentliche Ergänzung wäre die Möglichkeit, mit diesem Unterprogramm
nicht nur Einzelpunkte zu löschen und hinzuzufügen, sondern diese Operationen auch blockweise durchführen zu können (vgl. DATA1D.BAS,
"Anmerkungen und Vorschläge"). Insbesondere für die Einfügung von
Daten könnte sich eine besondere Notwendigkeit ergeben. Versuchen Sie,
einen Algorithmus zur Lösung dieser Aufgabe zu entwickeln!

(Lösungshinweis: Einzufügende Daten in einem separaten Feld speichern,
nach Beendigung der Dateneingabe Zeiger auf den Punkt im alten Feld
stellen, an dem eingefügt werden soll, dann die alten Daten um n Stellen
nach oben verschieben und die neuen Daten an die freigewordenen Plätze
schreiben)

4.2.1.2 Interpolation mit kubischen Splines: Programm DATASP.BAS
Die Berechnung von Zwischenwerten zu empirisch ermittelten Punkten,
kurz Interpolation, ist ein sehr weit verbreitetes Problem in Wissenschaft
und Technik. Interpolationsaufgaben sind en masse bei der compu-
tergestützten Entwicklung (CAD) zu lösen, sie fallen bei der Analyse von
Zeitreihen in der Statistik an, die Arbeit in technischen Labors ist ohne
Interpolation, zumindest in graphischer Form, undenkbar. Entsprechend
groß ist die Palette der mathematischen Lösungsansätze, die mehr oder
weniger gut für die Verwendung auf digitalen Rechenanlagen geeignet
sind, die aber alle auf der Überlegung beruhen, die ermittelten Meßwerte,
die bei der Interpolation als Stützstellen dienen, im gesamten Meßintervall
oder bereichsweise mit Polynomen unterschiedlichen Grades anzunähern.
Die Theorie dieser Interpolationsverfahren kann im einzelnen hier nicht
behandelt werden, der mathematisch interessierte Leser sei auf die um-

fangreiche Literatur zu diesem Thema verwiesen, insbesondere auf [**BRON**, S. 796 ff.] und [**BECK**].

Die Interpolation mit kubischen Splines, die in PLOTGRAF Verwendung findet, ist zwar eine relativ aufwendige Methode, was Programmier- und Rechenumfang betrifft, die aber den Vorteil von glatten, sprungstellenfreien Graphen mit einer universellen Anwendbarkeit verbindet. Da einerseits bei einer großen Zahl oder weit auseinanderliegenden Stützstellen der Grad des Interpolationspolynoms sehr groß werden kann, andererseits die Welligkeit der Kurve bei großen Exponenten stark zunimmt, was wiederum die Genauigkeit beeinflußt, interpoliert man hier stückweise über wenige Stützstellen mit verschiedenen kubischen Polynomen unter der Forderung:

$$\frac{d}{dx}\,f(x_i) \overset{!}{=} \frac{d}{dx}\,g(x_i)$$

und

$$\frac{d^2}{dx^2}\,f(x_i) \overset{!}{=} \frac{d^2}{dx^2}\,g(x_i)$$

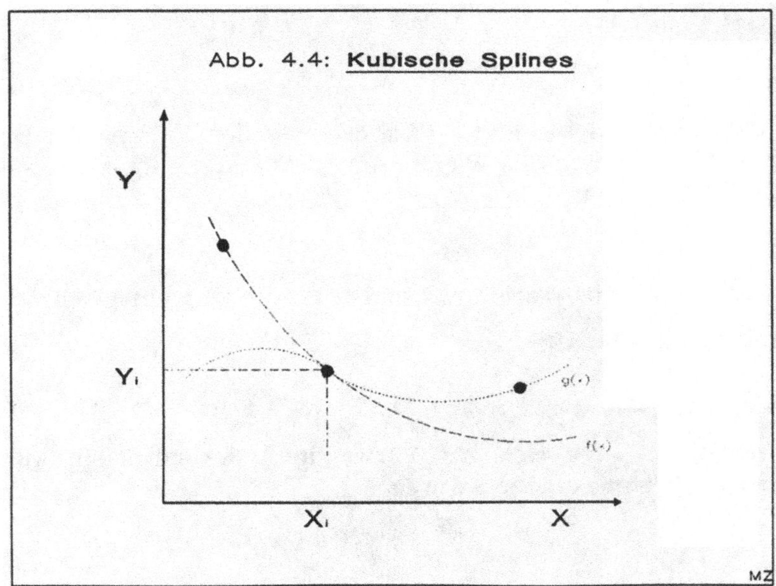

was einfach bedeutet, daß die Nahtstellen der Interpolationsintervalle sprungstellen frei sein müssen.

Die einzelnen Polynome haben also die Form:

$$P_i = a_i + b_i(x - x_i) + c_i(x - x_i)^2 + d_i(x - x_i)^3$$

wobei die Koeffizienten a_i, ..., d_i bestimmt werden müssen. Dies geschieht mit Hilfe von Algorithmen zur Lösung linearer Gleichungssysteme (Gaußscher Algorithmus, Matrixinvertierung o.ä.).

Obwohl man zeigen kann, daß mit kubischen Splinefunktionen die Kurven mit der geringsten Krümmung erzeugt werden, neigt das Verfahren bei stark variierenden Stützstellenwerten zu Schwingungen. Deshalb führt man zusätzlich einen Parameter t ein, für den gilt:

$$x = f(t), \quad y = f(t)$$

Mit diesem Parameter ist nun ein allgemeinerer Ansatz der Form:

$$P_i = a_i f_1(t) + b_i f_2(t) + c_i f_3(t) + d_i f_4(t)$$

möglich, bei dem die $f_n(t)$ beliebige, differenzierbare Funktionen sein können. Wählt man etwa:

$$f_1(t) = u$$

$$f_2(t) = t \qquad \text{mit: } t = (x - x_i)/(x_{t+1} - x_t)$$

$$f_3(t) = u^3/(p_i t + 1) \qquad u = 1 - t$$

$$f_4(t) = t^3/(q_i u + 1)$$

so kann das Überschwingen des Graphen mit den Parametern p und q gesteuert werden. Für große Werte von p und q ergibt sich somit ein Polynom 1. Grades in t:

$$P_i = a_i - (a_i + b_i)t$$

was einer linearen Interpolation mit einem Polygonzug entspricht.

Analog liefert p,q = 0 mit:

$$P_i = a_i + c_i + (b_i - a_i - 3c_i)t + 3c_i t^2 + (d_i - c_i)t^3$$

den Kurvenverlauf, der sich bei Verwendung des normalen kubischen Interpolationspolynoms ergeben würde.

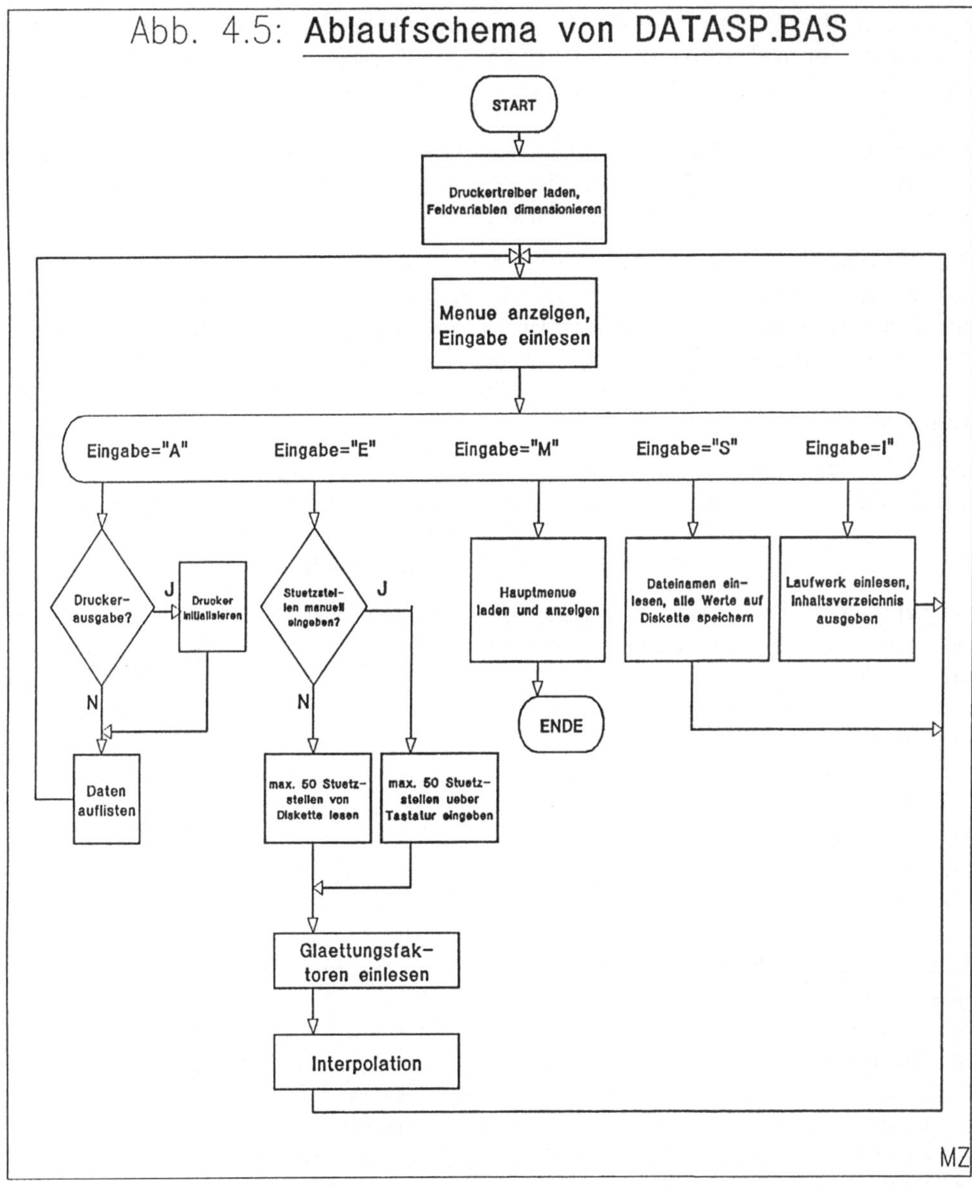

Die programmtechnische Umsetzung zeigt Abbildung 4.5 und ist aus dem Listing zu ersehen. Zunächst werden wieder einige Variablen initialisiert, darunter auch die Felder X(OUT), Y(OUT), die später die berechneten Punkte aufnehmen sollen, XS(IN), YS(IN), die die Stützstellen enthalten, A(IN)...D(IN), denen die Polynomkoeffizienten zugewiesen werden sowie P(IN) und Q(IN), die die Glättungsparameter p_i und q_i speichern. Die Felddimensionierung kann mit den Variablen IN und OUT flexibel an die vorhandene Speicherkapazität angepaßt werden.

Es folgen die Programmteile "Startmenue", "Datensatz auflisten", "Datensatz lesen" und "Datensatz speichern". Im Programmteil "Datensatz erzeugen", der sich anschließt, besteht die Wahlmöglichkeit zwischen manueller Eingabe der Stützstellen, wie sie von DATA2D.BAS her bekannt ist, und dem Einlesen von Diskette. Bei der Handeingabe werden zusätzlich die Glättungsfaktoren p und q mit eingelesen, die Eingabe kann bereichsweise oder als Konstante über das gesamte Intervall erfolgen.

Die Berechnung der Koeffizienten schließlich findet im Programmblock von Zeile 376 bis Zeile 397 statt, die Zwischenwerte X und Y werden in der Schleife von 397 bis 404 ermittelt, indem sukzessiv für alle Stützstellen-Zwischenräume die gültigen Koeffizienten in die Splinefunktion in Zeile 403 eingesetzt und dann mit der Schrittweite SW deren Wert an der Stelle $M = X(I)$ berechnet wird.

Der Rest des Programms besteht aus den Unterprogrammen für Disketten-Inhaltsverzeichnis, Aufruf des Hauptmenues und Fehlermeldungen.

PROGRAMM: DATASP.BAS

```
11  PRINT  CHR$ (30); CHR$ (32); CHR$ (32); CHR$ (29);"Druckertreiber wird
geladen": POKE 103, PEEK (175) - 2: POKE 104, PEEK (176): PRINT  CHR$ (4);"RUN
PRINT .OVR"
12 IN = 50:OUT = 2000:WI = 30
13  ONERR  GOTO 6000
18  DIM P(IN),Q(IN),X5(IN),Y5(IN),A(IN),B(IN),C(IN),D(IN),Y1(IN),PX(IN),X(OUT)
,Y(OUT)
22 TA$ =  CHR$ (30) +  CHR$ (52) +  CHR$ (45):WA$ =  CHR$ (12) +  CHR$ (30) +  CHR$
(52) +  CHR$ (42) + "B I T T E    W A R T E N  !":D$ =  CHR$ (4):C$ =  CHR$
(12):SB =  PEEK (766):EZ = 0: PRINT D$;"PR#3"
24  PRINT C$: PRINT "Interpolation von diskreten Funktionswerten mit kubischen
Splines": GOSUB 408: PRINT "Bitte wählen Sie eine der folgenden Möglichkeiten :":
PRINT : PRINT
26  PRINT "            (E)    Erstellen eines neuen Datensatzes"
28  PRINT "            (A)    Datensatz auflisten"
30  PRINT "            (S)    Datensatz auf Diskette ablegen"
32  PRINT "            (M)    zurück zum Hauptmenue"
34  PRINT "            (I)    Inhaltsverzeichnis der Diskette"
36  PRINT : PRINT : PRINT "Sie wünschen ? ";: GET CK$: PRINT :TK$ = "EASMI": FOR I
= 1 TO 5: IF CK$ =  MID$ (TK$,I,1) THEN CK = I: GOTO 38
37  NEXT
38  ON CK GOSUB 300,42,200,1100,428
40  GOTO 24
42  REM     ********************* DATEN AUFLISTEN
44  PRINT C$: PRINT "Datensatz auflisten": GOSUB 408: PRINT "Ausgabegerät :    (B)
==> Bildschirm        (D) ==> Drucker ";: GET CK$: PRINT
```

```
46   PRINT
48   PRINT C$: IF CK$ = "D" THEN 56
50   PRINT "          Datensatz ";F$: PRINT : PRINT T1$: PRINT : PRINT "Punkt
";T2$;: HTAB (31): PRINT T3$: PRINT
52   FOR J = 1 TO NI: PRINT J;: HTAB (10): PRINT X(J);: HTAB (31): PRINT Y(J): NEXT
54   PRINT : PRINT : INPUT "Drücken Sie die <RETURN>-Taste ! ";CK$: GOTO 68
56   PRINT WA$: PRINT TA$;"D R U C K E R A U S G A B E ": GOSUB 10106
68   RETURN
100  REM   *************** FILE LESEN
102  PRINT C$: PRINT "Datensatz von Diskette lesen": GOSUB 406: INPUT "Filename :
";F$: IF F$ = "" THEN  RETURN
104  PRINT : PRINT "Laufwerk-Nr. : ";: GET DR: PRINT :SL =  INT (7 - DR / 2):D = 1:
IF  INT (DR / 2) * 2 = DR THEN D = 2
106  PRINT WA$: PRINT TA$;"Datensatz ";F$;" wird von Diskette gelesen"
108  F$ = F$ + ".DAT": PRINT D$;"OPEN";F$;",D";D;",L30,S";SL
110  PRINT D$;"READ";F$;",R0": INPUT WI: INPUT NI: IF (NI > IN) THEN  PRINT : PRINT
: PRINT "Es befinden sich ";NI;" Punkte im angegebenen Datensatz. Zur
Interpolation": PRINT "werden deshalb nur die ersten ";IN;" Punkte eingelesen.":NI
= IN
111  PRINT D$;"READ";F$;",R1": INPUT X1: INPUT X2: PRINT D$;"READ";F$;",R2": INPUT
Y1: INPUT Y2: PRINT D$;"READ";F$;",R3": & T2$: & T3$: PRINT D$;" READ ";F$;",R4": &
T1$
112  FOR J = 1 TO NI: PRINT D$;"READ";F$;",R";J + 4: INPUT X(J): INPUT Y(J): NEXT :
PRINT D$;"CLOSE"
114  RETURN
200  REM    ******************** DATEN AUF DISKETTE SPEICHERN
202  PRINT C$: PRINT "Datensatz auf Diskette ablegen": GOSUB 406: INPUT "Filename :
";F$: IF F$ = "" THEN  RETURN
204  PRINT
206  PRINT : PRINT "Laufwerk-Nr. : ";: GET DR: PRINT :SL =  INT (7 - DR / 2):D = 1:
IF  INT (DR / 2) * 2 = DR THEN D = 2
208  PRINT C$: GOSUB 406
210  PRINT WA$: PRINT TA$;"Datensatz ";F$;" wird auf Diskette abgelegt"
212  F$ = F$ + ".DAT": PRINT D$;"OPEN";F$;",D";DR;",L30 ,S";SL: PRINT
D$;"WRITE";F$;",R0": PRINT WI: PRINT NI: PRINT D$;"WRITE";F$;",R1": PRINT X1: PRINT
X2: PRINT D$;"WRITE";F$;",R2": PRINT Y1: PRINT Y2
213  PRINT D$;"WRITE";F$;",R3": PRINT T2$: PRINT T3$: PRINT D$;"WRITE";F$;",R4":
PRINT T1$
214  FOR J = 1 TO NI: PRINT D$;"WRITE";F$;",R";J + 4: PRINT X(J): PRINT Y(J): NEXT
: PRINT D$;"CLOSE"
216  RETURN
300  REM    ******************** DATENFILE ERZEUGEN
302  PRINT C$: PRINT "Erstellung eines Datensatzes": GOSUB 406
304 NI = 0: PRINT "Zur Interpolation ist eine Anzahl von Stützstellen (min. 3, max.
";IN;") erforder - lich. Wie soll die Dateneingabe erfolgen ?": PRINT : PRINT
```

```
306  PRINT "(M) ==> manuell über die Tastatur        (D) ==> von Diskette laden
";: GET CK$: PRINT
308  IF CK$ = "M" THEN 316
310  IF CK$ = "D" THEN  GOSUB 102: GOTO 346
312  IF CK$ = "" THEN  RETURN
314  GOTO 302
316  REM      ******************** MANUELLE EINGABE
318 I = 0
320  PRINT C$: PRINT "(M) ==> zurück zum Menue       (K) ==> Wert korrigieren":
PRINT "              oder Dateneingabe": GOSUB 406
322  PRINT "Punkt": PRINT : PRINT : PRINT "X(I) =": PRINT "Y(I) ="
324 I = I + 1: PRINT  CHR$ (30); CHR$ (38); CHR$ (45); CHR$ (29);I
326  PRINT  CHR$ (30); CHR$ (39); CHR$ (48); CHR$ (29): PRINT  CHR$ (30); CHR$
(39); CHR$ (49); CHR$ (29)
328  PRINT  CHR$ (30); CHR$ (39); CHR$ (48);: INPUT "";CK$
330  IF CK$ = "M" THEN NI = I - 1: GOTO 346
332  IF CK$ = "K" THEN I = I - 1: GOTO 340
334 X(I) =  VAL (CK$)
336  PRINT  CHR$ (30); CHR$ (39); CHR$ (49);: INPUT "";Y(I)
338  GOTO 324
340  PRINT  CHR$ (30), CHR$ (38); CHR$ (45);I;" wiederholen"
342  PRINT  CHR$ (30); CHR$ (39); CHR$ (48);X(I): PRINT  CHR$ (30); CHR$ (39); CHR$
(49);Y(I)
344  GOTO 328
346  PRINT C$: GOSUB 406: PRINT "Xmin = ";X(1);"    Xmax = ";X(NI): PRINT : PRINT :
PRINT "Schrittweite für die Interpolation (max ";(X(NI) - X(1)) / OUT;") : ";:
INPUT "";SW:SW =  INT ((X(NI) - X(1)) / SW)
348  PRINT C$;"Eingabe der Glättungsfaktoren": GOSUB 408
350  PRINT "Die Eingabe eines Glättungsfaktors kann für einen bestimmten
Wertebereich oder  den gesamten Datensatz erfolgen. Mit '0' wird keine Glättung
durchgeführt, bei  '10' werden die Punkte annähernd durch Geraden verbunden."
352  PRINT : PRINT : PRINT "Bitte wählen Sie eine der folgenden Möglichkeiten :":
PRINT : PRINT
354  PRINT "(I) ==> einzelne Glättungsfaktoren in Teilintervallen": PRINT "(G) ==>
Glättungsfaktor für den gesamten Datensatz": PRINT : PRINT : PRINT "Sie wünschen ?
";: GET CK$: PRINT
356  IF CK$ = "" THEN P = 0
358  IF CK$ = "G" THEN  PRINT  CHR$ (30); CHR$ (32); CHR$ (33); CHR$ (11);: GOSUB
408: INPUT "Glättungsfaktor : ";P$:P =  VAL (P$)
360  IF CK$ = "" OR CK$ = "G" THEN  FOR K = 1 TO NI:P(K) = P:Q(K) = P: NEXT : GOTO
374
362  PRINT  CHR$ (30); CHR$ (32); CHR$ (34); CHR$ (11);
364  FOR K = 1 TO NI: PRINT "X (";K;") = ";X(K);: HTAB (39): PRINT "Y (";K;") =
";Y(K): NEXT : PRINT
366  PRINT  CHR$ (30); CHR$ (32); CHR$ (53);
```

```
368  PRINT "Glättungsfaktor im Bereich X(  ) bis X(  ) :";
370  FOR K = 1 TO NI: PRINT  CHR$ (30); CHR$ (61); CHR$ (53);K; CHR$ (30); CHR$
(71); CHR$ (53);1 + K; CHR$ (30); CHR$ (78); CHR$ (53);: INPUT "";P(K)
372 Q(K) = P(K): NEXT
374  PRINT C$: GOSUB 408
376  FOR K = 1 TO NI:X5(K) = X(K):Y5(K) = Y(K): NEXT :N = NI
378  PRINT WA$: PRINT TA$;"Berechnung der Funktionswerte"
380 Y1(1) = (Y5(2) - Y5(1)) / (X5(2) - X5(1)):Y1(N) = (Y5(N) - Y5(N - 1)) / (X5(N)
- X5(N - 1)):N1 = N - 1:C(1) = 0:D(1) = 0
382  FOR K = 1 TO N1:J2 = K + 1:P = P(K):Q = Q(K):P1 = P * (P + 3) + 3:Q1 = Q * (Q
+ 3) + 3:P2 = 2 + P:Q2 = 2 + Q:A(K) = X5(J2) - X5(K):H = 1 / A(K):B(K) = 1 / (P2 *
Q2 - 1):H2 = H * B(K):R2 = H * H2 * (Y5(J2) - Y5(K)): IF K = 1 THEN 390
384 H8 = H1 * Q3:H9 = H2 * P1:A = 1 / (H8 * (P4 - C(J1)) + H9 * Q2):C(K) = A * H9:H
= R1 * Q3 * (1 + P4) + R2 * P1 * (1 + Q2): IF K = 2 THEN H = H - H8 * Y1(1)
386  IF K = N1 THEN H = H - H9 * Y1(N)
388 D(K) = A * (H - H8 * D(J1))
390 J1 = K:P4 = P2:Q3 = Q1:H1 = H2:R1 = R2: NEXT
392 Y1(N1) = D(N1): IF N1 <  = 2 THEN 396
394 N2 = N1 - 1: FOR J1 = 2 TO N2:K = N - J1:Y1(K) = D(K) - C(K) * Y1(K + 1): NEXT
396  FOR K = 1 TO N1:J2 = K + 1:H = B(K) * (Y5(J2) - Y5(K)):A = B(K) * A(K):P5 = 2
+ P(K):Q5 = 2 + Q(K):C(K) = (1 + Q5) * H - A * (Y1(J2) + Q5 * Y1(K)):D(K) =  - (1 +
P5) * H + A * (P5 * Y1(J2) + Y1(K))
397 A(K) = Y5(K) - C(K):B(K) = Y5(J2) - D(K): NEXT :J = 1:A1 = X5(1): FOR I = 1 TO
N - 1:M = A1
398  IF Y(J) < Y1 THEN Y1 = Y(J)
399  IF Y(J) > Y2 THEN Y2 = Y(J)
402  IF M > X5(I + 1) THEN 404
403 T = (M - X5(I)) / (X5(I + 1) - X5(I)):U = 1 - T:Y(J) = A(I) * U + B(I) * T +
C(I) * U ^ 3 / (P(I) * T + 1) + D(I) * T ^ 3 / (Q(I) * U + 1):X(J) = M:J = J + 1:M
= M + (X5(N) - X5(1)) / SW: GOTO 398
404 A1 = M: NEXT :NI = 1 + SW: IF X(J) = 0 THEN X(J) = X5(I):Y(J) = Y5(I)
405 X1 = X(1):X2 = X(J): RETURN
406  REM
408  FOR K = 1 TO 10: PRINT : NEXT : RETURN
428  PRINT C$: PRINT "Disketten - Inhaltsverzeichnis": GOSUB 408: PRINT "Laufwerk-
Nr. : ";: GET DR: PRINT :SL =  INT (7 - DR / 2):D = 1: IF  INT (DR / 2) * 2 = DR
THEN D = 2
429  PRINT C$: PRINT D$;"CATALOG,D";D;",S";SL
430  PRINT : PRINT : PRINT : INPUT "Drücken Sie die <RETURN>-Taste ! ";CK$: RETURN
1100  POKE 771,2: PRINT C$: PRINT D$;"RUNHELLO,D"; PEEK (772);",S"; PEEK (773)
6000  REM  ***** FEHLERMELDUNGEN
6002  RESTORE : PRINT  CHR$ (7)
6004 ER =  PEEK (222):EL =  PEEK (218) +  PEEK (219) * 256
```

```
6006  FOR T = 1 TO 26: READ TE: IF TE = ER THEN  PRINT D$;"OPEN ERROR .TXT,S"; PEEK
(773);",D"; PEEK (772);",L80": PRINT D$;"READ ERROR .TXT,R";T: & ER$: PRINT
D$;"CLOSE ERROR .TXT": GOTO 6010
6008  NEXT : POKE 216,0:ER$ = "Fehler " +  STR$ (ER) + " in Zeile " +  STR$ (EL)
6010  TEXT : PRINT  CHR$ (30); CHR$ (32); CHR$ (52); CHR$ (11); CHR$ (10);ER$;: FOR
T = 1 TO 2000: NEXT T
6012  GOTO 24
6014  DATA  1,2,3,4,5,6,7,8,9,10,11,12,13,14,42,53,69,77,107,133,163,176,191,224
,254,255
10100  REM **********  DRUCKER - SCHNITTSTELLE *******
10101  REM Speicherstellen START auf Programmanfang setzen
10102  REM Grafikseite HGR2 auf Drucker bringen
10106  REM tabellarische Ausgabe eines Datensatzes
10124  REM Text M$ ausgeben
10126  REM Formularvorschub
```

4.2.1.3 Approximation mit kubischen Splines: Programm DATAAP.BAS

Der Approximation empirischer Daten kommt ähnlich wie der Interpolation eine herausragende Stellung in vielen Bereichen zu. Anwendungsbeispiele finden sich wieder im 'computer aided design'(CAD), bei der Interpretation fehlerbehafteter Messungen o.ä. Im Gegensatz zur Interpolation stellt sich hier das Problem, den resultierenden Kurvenzug nicht exakt durch die vorgegebenen Stützstellen zu führen, sondern unter Duldung einer gewissen Abweichung eine Funktion zu finden, die der Stützstellenverteilung möglichst nahe kommt. Oftmals kann aufgrund dieser Verteilung bereits eine Aussage über eine zugehörige Funktionenklasse getroffen werden.

Aus der Vielzahl der Lösungsansätze seien hier nur zwei der wichtigsten genannt:

Bei der "diskreten Gaußschen Fehlerquadratmethode" geht man davon aus, daß die beste Approximation genau dann erreicht ist, wenn:

$$[y_1 \text{-} f(x_1)]^2 + [y_2 \text{-} f(x_2)]^2 + \ldots + [y_n \text{-} f(x_n)]^2 \overset{!}{=} \min$$

$$\text{wobei: } f(x) = c_0 + c_1 x + c_2 x^2 + \ldots + c_n x^n$$

als Approximationspolynom ihr Minimum annimmt, d.h. wenn die Summe des Quadrats der Abweichungen minimal wird. Durch die Quadrierung wird dabei verhindert, daß sich positive und negative Fehler gegenseitig aufheben.

Eine weitere Methode, die besonders in den Ingenieurwissenschaften Verbreitung gefunden hat, ist die "harmonische Analyse", auch "Fourier-Analyse" genannt. Hier wird versucht, den Stützstellenverlauf mit ortho-

gonalen periodischen Funktionen (i.a. Sinus und Cosinus) anzunähern. Der
Reihenansatz:

$$f(x) = a_0 + (a_1\cos x + b_1\sin x) + (a_2\cos 2x + b_2\sin 2x) + \ldots$$
$$+ (a_n\cos nx + b_n\sin nx)$$
$$\text{wobei: } x = 2*pi*t/T \quad \text{und } pi = 3.1415926\ldots$$

liefert eine Approximationsfunktion f(x), deren Koeffizienten ai und bi
wieder über die Minimierung der Fehlerquadratsumme berechnet werden
können. Es ergibt sich ein Gleichungssystem, das mit Hilfe eines geeigneten Verfahrens gelöst wird. Die Fourierkoeffizienten ergeben sich nun
zu:

$$a_0 = \frac{1}{n}\; \underset{k=0}{\overset{n-1}{\text{SUMME}}}\; y_k$$

$$a_i = \frac{2}{n}\; \underset{k=0}{\overset{n-1}{\text{SUMME}}}\; y_k\,\cos\,(ix_k)$$

$$b_i = \frac{2}{n}\; \underset{k=0}{\overset{n-1}{\text{SUMME}}}\; y_k\,\sin\,(ix_k)$$

In der Praxis können oft aufgrund von Symmetrieeigenschaften der
Meßwerte einzelne Koeffizienten von vornherein auf Null gesetzt werden,
solche geometrischen Vorbetrachtungen haben jedoch bei numerischen
Verfahren keine Bedeutung.

Es gibt eine ganze Reihe weiterer Approximationsmethoden, die in der
Mehrzahl spezielle Funktionen ($y = ae^{bx}$, $y = a+bx$ o.ä.) enthalten, deren
Koeffizienten berechnet werden müssen. Sie liefern jedoch in der Regel
nur dann brauchbare Ergebnisse, wenn eine gewisse Vorstellung vom
Verlauf des Graphen besteht und dementsprechend die geeignete Funk-
tionenklasse ausgewählt wird.

Das Programm DATAAP.BAS benutzt jedoch eine kubische Spline-Ap-
proximationsmethode, bei der die Forderung nach strenger Monotonie der
Abszissenwerte:

$$x_0 < x_1 < x_2 \ldots < x_n$$

wegfällt, das heißt also, daß mit diesem Programm die Ordinate in der
Reihenfolge der zugehörigen Abszissenwerte approximiert wird (parame-
trische Datensätze o.ä.).

Prinzipiell wird bei diesem Algorithmus ein Parameter t mit:

$$x = f(t), \quad y = f(t)$$

erzeugt und die Polynomkoeffizienten jeweils einzeln für die Stützstellen
x_{si} und y_{si} bestimmt. Die Berechnung der Funktionswerte x_i, y_i erfolgt
dann mit den jeweils gültigen Koeffizienten.

Leider ist der mathematische Unterbau so komplex, daß er hier nicht annähernd dargestellt werden kann. Die zugehörige Theorie ist jedoch in [REIN] aufgeführt.

Doch kehren wir nun zum eigentlichen Programm zurück. Es unterscheidet sich wenig vom vorhergegangenen. Es wurde lediglich das Modul "Interpolation" gegen das Modul "Approximation" ausgetauscht. Dieses Modul befindet sich in den Zeilen 380-412.

In den Zeilen 376-380 findet zunächst die Initialisierung einiger Hilfsvariablen statt, bevor durch zweimaligen Aufruf des Unterprogramms "Koeffizientenberechnung" die Polynomkoeffizienten in den Feldern A(2,I) ... D(2,I) gespeichert werden. Der Programmteil zur Ermittlung der Funktionswerte ist ähnlich wie der von DATASP.BAS her bekannte aufgebaut: Die äußere FOR-NEXT-Schleife übergibt den gültigen Parameterbereich T(I) an die innere Schleife von 409-411, in der die Funktionswerte durch Einsetzen der Koeffizienten und des Parameters in die beiden kubischen Approximationspolynome in der Zeile 410 berechnet werden.

PROGRAMM: DATAAP.BAS

```
11  PRINT  CHR$ (30); CHR$ (32); CHR$ (32); CHR$ (29);"Druckertreiber wird
geladen": POKE 103, PEEK (175) - 2: POKE 104, PEEK (176): PRINT  CHR$ (4);"RUN
PRINT .OVR"
12 IN = 50:OUT = 2000:WI = 30
13  ONERR  GOTO 6000
18  DIM
P(IN),T(IN),X5(IN),Y5(IN),A(2,IN),B(2,IN),C(2,IN),D(2,IN),Y6(IN),X(OUT),Y(OUT),X2(I
N)
22 TA$ =  CHR$ (30) +  CHR$ (52) +  CHR$ (45):WA$ =  CHR$ (12) +  CHR$ (30) +  CHR$
(52) +  CHR$ (42) + "B I T T E    W A R T E N  !":D$ =  CHR$ (4):C$ =  CHR$
(12):SB =  PEEK (766):EZ = 0: PRINT D$;"PR#3"
24  PRINT C$: PRINT "Approximation von diskreten Funktionswerten mit kubischen
Splines": GOSUB 422: PRINT "Bitte wählen Sie eine der folgenden Möglichkeiten :":
PRINT : PRINT
26  PRINT "             (E)    Erstellen eines neuen Datensatzes"
28  PRINT "             (A)    Datensatz auflisten"
30  PRINT "             (S)    Datensatz auf Diskette ablegen"
32  PRINT "             (M)    zurück zum Hauptmenue"
34  PRINT "             (I)    Inhaltsverzeichnis der Diskette"
36  PRINT : PRINT : PRINT "Sie wünschen ? ";: GET CK$: PRINT :TK$ = "EASMI": FOR I
= 1 TO 5: IF CK$ =  MID$ (TK$,I,1) THEN CK = I: GOTO 38
37  NEXT
38  ON CK GOSUB 300,42,200,430,424
40  GOTO 24
```

```
42  REM     *********************** DATEN AUF DRUCKER LISTEN ***************
44  PRINT C$: PRINT "Datensatz auflisten": GOSUB 422: PRINT "Ausgabegerät :     (B)
==> Bildschirm        (D) ==> Drucker  ";: GET CK$: PRINT
46  PRINT
48  PRINT C$: IF CK$ = "D" THEN 56
50  PRINT "          Datensatz ";F$: PRINT : PRINT T1$: PRINT : PRINT "Punkt
";T2$;: HTAB (31): PRINT T3$: PRINT
52  FOR J = 1 TO NI: PRINT J;: HTAB (10): PRINT X(J);: HTAB (31): PRINT Y(J): NEXT
54  PRINT : PRINT : INPUT "Drücken Sie die <RETURN>-Taste ! ";CK$: GOTO 68
56  PRINT WA$: PRINT TA$;"D R U C K E R A U S G A B E ": GOSUB 10106
68  RETURN
100  REM  *************** FILE LESEN
102  PRINT C$: PRINT "Datensatz von Diskette lesen": GOSUB 420: INPUT "Filename :
";F$: IF F$ = "" THEN  RETURN
104  PRINT : PRINT "Laufwerk-Nr. : ";: GET DR: PRINT :SL =  INT (7 - DR / 2):D = 1:
IF  INT (DR / 2) * 2 = DR THEN D = 2
106  PRINT WA$: PRINT TA$;"Datensatz ";F$;" wird von Diskette gelesen"
108  F$ = F$ + ".DAT": PRINT D$;"OPEN";F$;",D";D;",L30,S";SL
110  PRINT D$;"READ";F$;",R0": INPUT WI: INPUT NI: IF (NI > IN) THEN  PRINT : PRINT
: PRINT "Es befinden sich ";NI;" Punkte im angegebenen Datensatz. Zur
Interpolation": PRINT "werden deshalb nur die ersten ";IN;" Punkte eingelesen.":NI
= IN
111  PRINT D$;"READ";F$;",R1": INPUT X1: INPUT X2: PRINT D$;"READ";F$;",R2": INPUT
Y1: INPUT Y2: PRINT D$;"READ";F$;",R3": & T2$: & T3$: PRINT D$;" READ ";F$;",R4": &
T1$
112  FOR J = 1 TO NI: PRINT D$;"READ";F$;",R";J + 4: INPUT X(J): INPUT Y(J): NEXT :
PRINT D$;"CLOSE"
114  RETURN
200  REM     ********************* DATEN AUF DISKETTE SPEICHERN
202  PRINT C$: PRINT "Datensatz auf Diskette ablegen": GOSUB 420: INPUT "Filename :
";F$: IF F$ = "" THEN  RETURN
204  PRINT
206  PRINT : PRINT "Laufwerk-Nr. : ";: GET DR: PRINT :SL =  INT (7 - DR / 2):D = 1:
IF  INT (DR / 2) * 2 = DR THEN D = 2
208  PRINT C$: GOSUB 420
210  PRINT WA$: PRINT TA$;"Datensatz ";F$;" wird auf Diskette abgelegt"
212  F$ = F$ + ".DAT": PRINT D$;"OPEN";F$;",D";DR;",L30 ,S";SL: PRINT
D$;"WRITE";F$;",R0": PRINT WI: PRINT NI: PRINT D$;"WRITE";F$;",R1": PRINT X1: PRINT
X2: PRINT D$;"WRITE";F$;",R2": PRINT Y1: PRINT Y2
213  PRINT D$;"WRITE";F$;",R3": PRINT T2$: PRINT T3$: PRINT D$;"WRITE";F$;",R4":
PRINT T1$
214  FOR J = 1 TO NI: PRINT D$;"WRITE";F$;",R";J + 4: PRINT X(J): PRINT Y(J): NEXT
: PRINT D$;"CLOSE"
216  RETURN
300  REM     ******************** DATENFILE ERZEUGEN ***********************
```

```
302   PRINT C$: PRINT "Erstellung eines Datensatzes": GOSUB 420
304 NI = 0: PRINT "Zur Interpolation ist eine Anzahl von Stützstellen (min. 3, max.
";IN;") erforder - lich. Wie soll die Dateneingabe erfolgen ?": PRINT : PRINT
306   PRINT "(M) ==> manuell über die Tastatur        (D) ==> von Diskette laden
";: GET CK$: PRINT
308   IF CK$ = "M" THEN 316
310   IF CK$ = "D" THEN  GOSUB 102: GOTO 346
312   IF CK$ = "" THEN  RETURN
314   GOTO 302
316   REM     ******************** MANUELLE EINGABE  ***********************
318 I = 0
320   PRINT C$: PRINT "(M) ==> zurück zum Menue       (K) ==> Wert korrigieren":
PRINT "              oder Dateneingabe": GOSUB 420
322   PRINT "Punkt": PRINT : PRINT : PRINT "X(I) =": PRINT "Y(I) ="
324 I = I + 1: PRINT  CHR$ (30); CHR$ (38); CHR$ (45); CHR$ (29);I
326   PRINT  CHR$ (30); CHR$ (39); CHR$ (48); CHR$ (29): PRINT  CHR$ (30); CHR$
(39); CHR$ (49); CHR$ (29)
328   PRINT  CHR$ (30); CHR$ (39); CHR$ (48);: INPUT "";CK$
330   IF CK$ = "M" THEN NI = I - 1: GOTO 346
332   IF CK$ = "K" THEN I = I - 1: GOTO 340
334 X(I) =  VAL (CK$)
336   PRINT  CHR$ (30); CHR$ (39); CHR$ (49);: INPUT "";Y(I)
338   GOTO 324
340   PRINT  CHR$ (30), CHR$ (38); CHR$ (45);I;" wiederholen"
342   PRINT  CHR$ (30); CHR$ (39); CHR$ (48);X(I): PRINT  CHR$ (30); CHR$ (39); CHR$
(49);Y(I)
344   GOTO 328
346   PRINT C$: GOSUB 420: PRINT "Xmin = ";X(1);"    Xmax = ";X(NI): PRINT : PRINT :
PRINT "Schrittweite für die Interpolation (max ";(X(NI) - X(1)) / OUT;") : ";:
INPUT "";SW:SW =  INT ((X(NI) - X(1)) / SW)
348   PRINT C$;"Eingabe der Glättungsfaktoren": GOSUB 422
350   PRINT "Die Eingabe eines Glättungsfaktors kann für einen bestimmten
Wertebereich oder  den gesamten Datensatz erfolgen. Mit '0' wird keine Glättung
durchgeführt, bei  '10' werden die Punkte annähernd durch Geraden verbunden."
352   PRINT : PRINT : PRINT "Bitte wählen Sie eine der folgenden Möglichkeiten :":
PRINT : PRINT
354   PRINT "(I) ==> einzelne Glättungsfaktoren in Teilintervallen": PRINT "(G) ==>
Glättungsfaktor für den gesamten Datensatz": PRINT : PRINT : PRINT "Sie wünschen ?
";: GET CK$: PRINT
356   IF CK$ = "" THEN P = 100
358   IF CK$ = "G" THEN  PRINT  CHR$ (30); CHR$ (32); CHR$ (33); CHR$ (11);: GOSUB
422: INPUT "Glättungsfaktor : ";P$:P = 100 - 10 *  VAL (P$) + .0001
360   IF CK$ = "" OR CK$ = "G" THEN  FOR K = 1 TO NI:P(K) = P: NEXT : GOTO 374
362   PRINT  CHR$ (30); CHR$ (32); CHR$ (34); CHR$ (11);
```

```
364  FOR K = 1 TO NI: PRINT "X (";K;") = ";X(K);: HTAB (39): PRINT "Y (";K;") =
";Y(K): NEXT : PRINT
366  PRINT  CHR$ (30); CHR$ (32); CHR$ (53);
368  PRINT "Glättungsfaktor im Bereich X(  ) bis X(  ) :";
370  FOR K = 1 TO NI: PRINT  CHR$ (30); CHR$ (61); CHR$ (53);K; CHR$ (30); CHR$
(71); CHR$ (53);1 + K; CHR$ (30); CHR$ (78); CHR$ (53);: INPUT "";P$:P(K) = 100 -
10 *  VAL (P$) + .0001
372  NEXT
374  PRINT C$: GOSUB 422
376  FOR K = 1 TO NI:X5(K) = X(K):Y5(K) = Y(K): NEXT :N = NI
378  PRINT WA$: PRINT TA$;"Berechnung der Funktionswerte"
380 EE = .05:T(1) = 0:J2 = 1: FOR K = 2 TO N:U = X5(K) - X5(J2):V = Y5(K) -
Y5(J2):D =  SQR (U * U + V * V):T(K) = T(J2) + D:J2 = K: NEXT
381 A = 1: GOSUB 382:A = 2: GOSUB 382: GOTO 408
382 W = 1:W1 = 0:N1 = N - 1:N2 = N - 2:C(A,1) = 0:D(A,1) = 0:R1 = X2(1):R2 = X2(N):
IF A = 2 THEN R1 = Y6(1):R2 = Y6(N)
383 B(A,1) = 0:B(A,N) = 0:X(N) = 1:H1 = T(2) - T(1):X(1) = H1: FOR K = 2 TO N1:H2 =
T(K + 1) - T(K):X(K) = H2:D(A,K) = 1 / (2 * (H1 + H2) - H1 * H1 * D(A,K - 1)):H1 =
H2: NEXT
384  FOR K = 1 TO N:X2(K) = 0:Y(K) = X5(K): IF A = 2 THEN Y(K) = Y5(K):Y6(K) = 0
385  NEXT
386 W2 = W:W3 = 1 - W2: FOR K = 1 TO N1:H2 = X(K):R4 = (Y(K + 1) - Y(K)) / H2: IF K
= 1 THEN 390
387 H = 6 * (R4 - R3): IF K = 2 THEN H = H - H1 * B(A,1)
388  IF K = N1 THEN H = H - H2 * B(A,N)
389 C(A,K) = D(A,K) * (H - H1 * C(A,K - 1))
390 H1 = H2:R3 = R4: NEXT :B(A,N1) = C(A,N1): IF N1 <  = 2 THEN 392
391  FOR J = 2 TO N2:K = N - J:B(A,K) = C(A,K) - D(A,K) * X(K) * B(A,K + 1): NEXT
392  FOR K = 2 TO N1:B(A,K) = W2 * B(A,K) + W3 * X2(K): IF A = 2 THEN B(A,K) = W2 *
B(A,K) + W3 * Y6(K)
393  NEXT
394 J1 = 1:H5 = 0: FOR K = 1 TO N:J2 = K + 1: IF K = N THEN J2 = N
395 H = ((B(A,J2) - B(A,K)) / X(K) - (B(A,K) - B(A,J1)) / X(J1)) / P(K): IF W2 = 1
THEN A(A,K) =  - H
396  IF W2 <  > 1 THEN A(A,K) = W2 * (X5(K) - H) + W3 * Y(K): IF A = 2 THEN A(A,K)
= W2 * (Y5(K) - H) + W3 * Y(K)
397 H5 = H5 +  ABS (A(A,K)):J1 = K: NEXT :H5 = 1 / H5: IF W2 <  > 1 THEN 401
398 H1 = 0:H2 = 0: FOR K = 1 TO N:H = Y(K):H1 = H1 + A(A,K) * H:H2 = H2 + H * H:
NEXT :W4 = H1 / H2: IF  ABS (W4 - W1) < EE *  ABS (W4) THEN 400
399 W1 = W4: GOTO 404
400 W = 2 / (1 +  SQR (1 - W4)):B(A,1) = R1:B(A,N) = R2: GOTO 384
401 H2 = 0:H3 = 0:H4 = 0: FOR K = 1 TO N:H2 = H2 +  ABS (A(A,K) - Y(K)):H3 = H3 +
ABS (B(A,K)):H4 = H4 +  ABS (B(A,K) - X2(K)): IF A = 2 THEN H4 = H4 +  ABS (B(A,K)
 - Y6(K))
402  NEXT : IF H2 * H5 + H4 / H3 < EE THEN 406
```

```
403 H5 = 1
404  FOR K = 1 TO N:X2(K) = B(A,K): IF A = 2 THEN Y6(K) = B(A,K)
405 Y(K) = A(A,K) * H5: NEXT : GOTO 386
406  FOR K = 1 TO N1:J2 = K + 1:D(A,K) = A(A,K):A(A,K) = (B(A,J2) - B(A,K)) / (6 *
X(K)):C(A,K) = (A(A,J2) - D(A,K)) / X(K) - X(K) * (B(A,J2) + 2 * B(A,K)) / 6:B(A,K)
= B(A,K) / 2: NEXT
407 D(A,N) = A(A,N):B(A,N) = B(A,N) / 2: RETURN
408 J = 1:A1 = T(1): FOR I = 1 TO N - 1:M = A1
409  IF M > T(I + 1) THEN 412
410 X(J) = A(1,I) * (M - T(I)) ^ 3 + B(1,I) * (M - T(I)) ^ 2 + C(1,I) * (M - T(I))
+ D(1,I):Y(J) = A(2,I) * (M - T(I)) ^ 3 + B(2,I) * (M - T(I)) ^ 2 + C(2,I) * (M -
T(I)) + D(2,I)
411 J = J + 1:M = M + (T(N) - T(1)) / SW: GOTO 409
412 A1 = M: NEXT :X(J) = X5(N):Y(J) = Y5(N):NI = SW: RETURN
420  REM
422  FOR K = 1 TO 10: PRINT : NEXT : RETURN
424  PRINT C$: PRINT "Disketten - Inhaltsverzeichnis": GOSUB 422: PRINT "Laufwerk-
Nr. : ";: GET DR: PRINT :SL =  INT (7 - DR / 2):D = 1: IF  INT (DR / 2) * 2 = DR
THEN D = 2
426  PRINT C$: PRINT D$;"CATALOG,D";D;",S";SL
428  PRINT : PRINT : PRINT : INPUT "Drücken Sie die <RETURN>-Taste ! ";CK$: RETURN
430  POKE 771,2: PRINT C$: PRINT D$;"RUNHELLO,D"; PEEK (772);",S"; PEEK (773)
6000  REM    *************** FEHLERBEHANDLUNG
6002  PRINT D$;"CLOSE":ER =  PEEK (222):EL =  PEEK (218) +  PEEK (219) * 516: TEXT
6004  FOR RC = 1 TO 25: READ E0: IF ER <  > E0 THEN  NEXT
6006  PRINT D$;"OPEN ERROR .TXT,D"; PEEK (772);",S"; PEEK (773);",L80": PRINT
D$;"READ ERROR .TXT,R";RC
6008  & ER$: PRINT D$;"CLOSE ERROR .TXT"
6010  PRINT  CHR$ (30); CHR$ (32); CHR$ (56);ER$;: FOR QQ = 1 TO 3000: NEXT QQ
6012  GOTO 24
6014  DATA 1,2,3,4,5,6,7,8,9,10,11,12,13,14,42,53,69,77,107,133,163,176,191,254,255
10100  REM ********** DRUCKER - SCHNITTSTELLE ******
10101  REM Speicherstellen START auf Programmanfang setzen
10102  REM Grafikseite HGR2 auf Drucker bringen
10106  REM tabellarische Ausgabe eines Datensatzes
10124  REM Text M$ ausgeben
10126  REM Formularvorschub
```

Wenn Sie beim Lesen der mathematischen Konzepte nicht alles verstanden
haben sollten: Das macht nichts. Erstens ist es den Standardwerken auf
diesem Gebiet vorbehalten, das Thema erschöpfend zu behandeln, und
zweitens wollen wir uns hier lediglich mit der Anwendung der Algorithmen und den Ergebnissen, die diese liefern, beschäftigen. Wichtig ist also
nur, daß Sie sich die prinzipielle Wirkungsweise der Programme klarma-
chen. Notfalls fassen Sie die Algorithmen als "black boxes" auf, in die

oben ein paar Einzelwerte eingefüllt werden und aus denen unten beliebig viele Koordinaten eines glatten Kurvenzugs herauskommen. Glauben Sie nicht, daß jeder Autofahrer auf Anhieb die Wirkungsweise des Otto-Motors erläutern könnte.

Wenn Sie oft mit Datensätzen zu tun haben, deren Abszissenwertebereich mehrere Zehnerpotenzen umfaßt, deren Darstellung also zweckmäßigerweise mit logarithmischer X-Achsenteilung erfolgt, dann werden Sie mit dem Problem konfrontiert, daß die berechneten Werte am Bereichsanfang zu weit auseinander und zum Intervallende hin viel zu eng beieinander liegen, um eine Interpolation gerechtfertigt erscheinen zu lassen. Andererseits geht die Rechenzeit bei kleinen Schrittweiten schnell in die Größenordnung von Stunden. Geben Sie also bei der Datensatzerzeugung nicht den dezimalen Abszissenwert ein, sondern ermitteln Sie vorher dessen Zehnerlogarithmus (log) und vermerken Sie dies im Datensatz. Sie können so wieder mit linearer Achsenteilung arbeiten und die Abszissenwerte der berechneten Koordinaten sind äquidistant.

4.2.2 Graphische Datenausgabe

4.2.2.1 Graphische Datenausgabe in einem zweidimensionalen kartesischen Koordinatensystem: Programm PLOTXY.BAS

Abgesehen von den Businessgrafiken, die in den nächsten Abschnitten behandelt werden, findet die graphische Datenausgabe für wissenschaftlich-technische Zwecke in einem Koordinatensystem statt, also einem zweidimensionalen Bezugssystem, in dem die Lage eines jeden Punktes durch zwei Koordinaten eindeutig festgelegt ist. Diese Koordinaten beziehen sich auf den Koordinatenursprung (0,0). Es ist zu unterscheiden zwischen krummlinigen Koordinatensystemen, die durch zwei Scharen von krummlinigen Koordinatenlinien entstehen (Beispiel: Polarkoordinatensystem, Abbildung 4.6) und geradlinigen Koordinatensystemen, die durch zwei geradlinige Koordinatenlinien, den Koordinatenachsen, gebildet werden und deren Ursprung im Schnittpunkt dieser Achsen liegt. Eine spezielle Form dieser letzteren Systeme ist das kartesische oder rechtwinklige Koordinatensystem, bei dem die Koordinatenachsen senkrecht aufeinander stehen und als X-Achse oder Abszisse und als Y-Achse oder Ordinate bezeichnet werden. Ausgehend vom Koordinatenursprung wird die Achsenteilung aufgetragen, und zwar positiv nach rechts bzw. oben und negativ nach links bzw. unten: Es entstehen so vier Flächen, die Quadranten I...IV (siehe Abbildung 4.7).

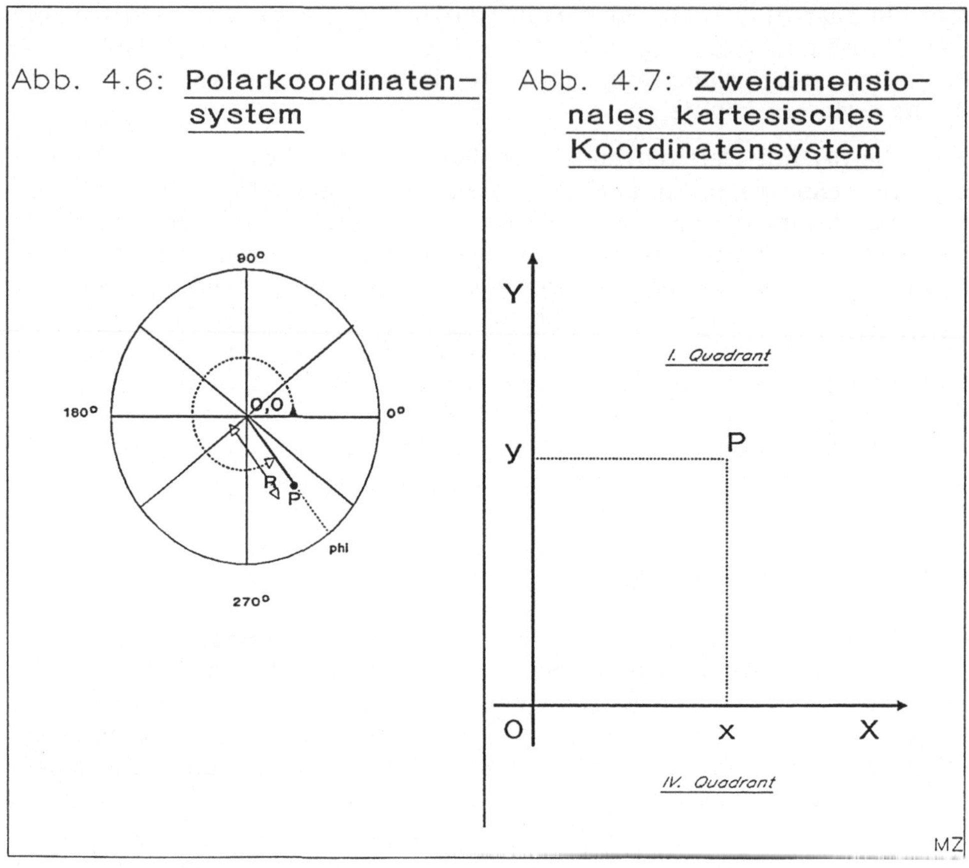

Abhängig von dem Wertebereich, der dargestellt werden soll, kann eine logarithmische Achsenteilung, bei der die Zehnerlogarithmen der Koordinaten äquidistant aufgetragen werden, Vorteile gegenüber der linearen Achsenteilung bringen. Diese Darstellungsweise kann einzeln für X- und Y-Achse oder für beide gemeinsam gewählt werden. Da der Wert "Null" für den Zehnerlogarithmus nicht definiert ist, können auf diese Weise allerdings nur Punkte gezeichnet werden, die ungleich Null sind. Man wendet die logarithmische Achsenteilung deshalb oft in Bereichen an, bei denen der Nullpunkt irrelevant ist und deren Wertebereich sich über mehrere Zehnerpotenzen erstreckt (Beispiel: Darstellung des Frequenzverhaltens von Baugruppen in der Nachrichtentechnik).

Die Skalierung bezeichnet die Umrechnung der numerischen Werte der zu zeichnenden Punkte in ihre graphische Entsprechung, also im wesentlichen Längen und Abstände. Man unterscheidet hier zwischen fester Skalierung, bei der diese Maßeinteilung konstant ist und bei der auch meist feste Anfangs- und Endwerte vorgegeben sind (Beispiel: Balkendiagramm des Jahresumsatzes eines Unternehmens, nach Monaten aufgeteilt), und die variable Skalierung. Bei dieser Skalierungsmethode werden Minimal- und Maximalwert des darzustellenden Intervalls mit dem auf der Zeichenebene zur Verfügung stehenden Platz ins Verhältnis gesetzt, so daß sich der Abstand der dazwischenliegenden Daten zum Bezugspunkt X1,Y1 nach:

$$l_x = \frac{(x-X1)\,l_{x2}}{X2 - X1}$$

und

$$l_y = \frac{(y-Y1)\,l_{Y2}}{Y2 - Y1}$$

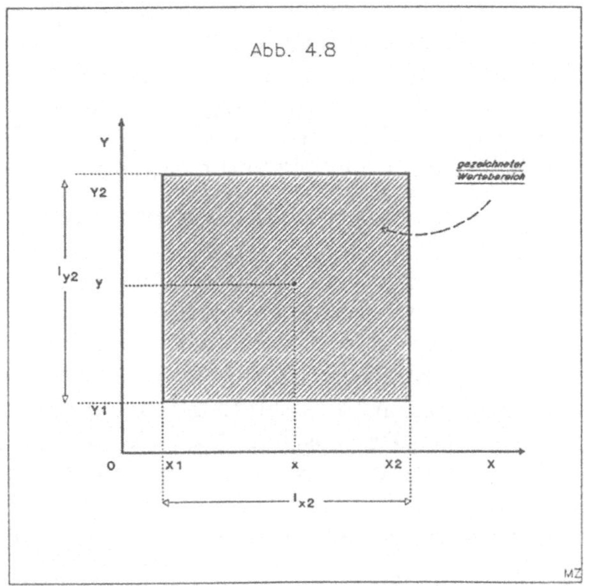

ermittelt werden kann (siehe Abbildung 4.8). Diese Berechnungen können selbstverständlich vom Rechner ausgeführt werden, so daß unabhängig vom Wertebereichsumfang die beste Ausnutzung der Zeichenebene gewährleistet wird. Durch manuelle Vorgaben für die Extremwerte X1,X2 und Y1,Y2 läßt sich diese Skalierung zum Zwecke der verkleinerten Darstellung des gesamten Intervalls bzw. der Vergrößerung einzelner Bereiche zusätzlich beeinflussen.

Doch nun zum Programm: Die ersten Programmzeilen laden die benötigten Geräteschnittstellen aus den Dateien mit den jeweiligen Standardnamen. Die Symboltabelle wird oberhalb der zweiten HGR-Seite abgelegt, die Peripherietreiber ab Zeile 10000 in das Programm eingebunden. Sie erscheinen im Listing als REM-Statements, um die beabsichtigte Funktion des aufgerufenen Unterprogramms zu illustrieren. Den konkreten Schnittstellenlistings für die einzelnen Geräte widmen wir uns im Kapitel 5.

In Zeile 13 werden neben den Variablen für die Cursorsteuerung auch die Variable TT und das Textvariablenfeld T$ initialisiert. Sie dienen später zum Abspeichern der Plotterbefehle.

Die nächsten Zeilen enthalten das Startmenue. Die Optionen "Inhaltsverzeichnis" und "zurück zum Hauptmenue" beschäftigen uns hier nicht weiter, wohl aber die Wahlmöglichkeit "Datensatz lesen und plotten", deren Realisierung in Zeile 100 beginnt.

Dort wird zunächst nach der Anzahl der gewünschten Datensätze gefragt, bevor deren Dateinamen und Laufwerks-Nummern eingelesen werden. Die Maximalzahl der Dateien ist in PLOTGRAF relativ willkürlich auf zehn festgelegt, durch Änderung der Felddimensionierung in Zeile 13 aber leicht auf andere Werte zu setzen. Nun wird durch Auswertung der Records 1 und 2 aller NF Datensätze, in denen die Extremwerte aufgezeichnet sind, die Ermittlung der absoluten Extrema durchgeführt und die so erhaltenen Größen in X1,X2 und Y1,Y2 gespeichert. Sie dienen später zur Berechnung der Skalierungsfaktoren.

Das Programm verzweigt dann zweimal ins Unterprogramm ab Zeile 758, das eine "vernünftige" Vorwahl für die lineare Achsenteilung berechnet: Man stelle sich vor, daß sich der Wertebereich der aktuellen Datensätze von 0 bis 9.9 erstrecken würde, bei zehn Achsenmarkierungen (tickmarks) entspräche das einem Abstand von 0.99, eine recht verwirrende Achsenbeschriftung ist die Folge. Dem entgegenwirken soll eben jenes Unterprogramm, das einfach solange die Nachkommastellen des Abstandswerts DM abschneidet, wie die Anzahl der Markierungen noch unter 20 oder die DM-Stellenzahl über 2 bleibt. Die Abstände DM werden im Hauptprogramm den Variablen DX und DY zugewiesen (zu diesem Unterprogramm siehe auch "Anmerkungen und Vorschläge".).

Nach dieser Prozedur wird ein Bildschirmarbeitsblatt aufgebaut, in das der Bediener die gewünschten Plotoptionen einträgt. Die Zeilen 302-344 erzeugen die normal dargestellten Texte, die inversen Texte zur Hervorhebung der Voreinstellungen werden mit Hilfe der Zeilen 346-350 und dem Unterprogramm "inverse Textausgabe" ab 432 in Zeile Y und Spalte X ausgegeben. Dieses Unterprogramm und der nachfolgende Teil, der die Plotoptionen einliest, machen intensiven Gebrauch von den Bildschirmsteuerzeichen, die in 3.2.8 beschrieben sind.

Das Einlesen der Optionen gestaltet sich für alle Variablen ähnlich: Zunächst wird der Cursor an die betreffende Bildschirmstelle gerückt und mit GET var\$ ein Tastendruck abgewartet. Enthält var\$ danach ein Zeichen, dessen ASCII-Wert kleiner 32 ist, wurde also z.B. <RETURN> gedrückt, dann wird var\$ der Wert der Vorgabe zugewiesen. Ansonsten wird die Eingabe in var\$ gespeichert und anschließend auf dem Bildschirm ausgegeben (GET schreibt nicht wie INPUT die Eingabe auf den Schirm).

Die nachfolgende Tabelle erläutert die Variablennamen und die mit ihnen verbundenen Funktionen in der Reihenfolge der Eingabe.

Variable	Funktion
CK$	"J" Standardoptionen übernehmen "N" Bildschirmformular abarbeiten
A$	"B" Bildschirmausgabe "D" Bildschirmausgabe, anschließend Kopie auf Drucker "P" Plotterausgabe
AX$,AY$	"D" lineare Achsenteilung "L" logarithmische Achsenteilung
P$	"L" Einzelpunkte durch Linien verbinden "E" nur Einzelpunkte setzen
MA$	"J" Einzelpunkte durch zentrierte Symbole hervorheben "N" keine Hervorhebung
X1,X2,Y1,Y2	Werte für die Zeichengrenzen
<u>zusätzlich für Plotterausgabe:</u>	
AA$	"4" Ausgabeformat DIN A4 "3" Ausgabeformat DIN A3
RA$	"J" Zeichnung mit Umrahmung "N" keine Umrahmung
LO$	"J" Logogramm einzeichnen "N" kein Logogramm
TX$,TY$	Achsentexte
T1$,T2$	Legende für die Grafik
<u>zusätzlich für Druckerausgabe:</u>	
OP$	"N" normale Ausgabe "D" doppelte Druckdichte "V" vergrößert
T1$,T2$	Legende für die Grafik

Ist diese Eingabeprozedur abgeschlossen, dann fragt das Programm, ob eine Ablage der Zeichnung auf Diskette gewünscht wird. Wenn nicht, dann verzweigt es sofort zur Skalierungsroutine, andernfalls werden erst Dateiname und Laufwerks-Nr. der zu erzeugenden Datei eingelesen. Gegebenenfalls (bei Plotterausgabe) muß sie erst auf dem gewünschten Laufwerk eröffnet werden, da die Plotterbefehle später mit APPEND in die Datei geschrieben werden (siehe auch 3.2.7). Diese Aufgabe wird von Zeile 504 übernommen.

Nachdem nun alle wichtigen Parameter eingelesen sind, berechnet das Programm ab Zeile 507 die Skalierungsfaktoren. Da der APPLE im Grafikmodus eine Bildschirmauflösung von 280x191 Punkten hat und auf jeder Seite ein Rand von zehn Punkten verbleiben soll, ergeben sich die Werte 260 für l_{X2} und 170 für l_{Y2} (siehe Grafik auf der vorhergehenden

Seite). Die nächsten Befehle in der Zeile bewirken zwei Sprünge ins Unterprogramm "Zehnerpotenz feststellen", das in Zeile 740 beginnt. Dort wird für logarithmische Achsenteilungen die Berechnung der kleinsten bzw. größten Zehnerpotenz durchgeführt, zwischen denen sich die Daten bewegen, so daß in diesem Ausgabemodus sichergestellt ist, daß nur ganze Zehnerpotenzen gezeichnet werden.

Ab Zeile 509 schließlich wird der Koordinatenursprung ermittelt. Für die X-Achse gilt: Sind die Abszissenwerte alle größer oder kleiner als Null, dann wird der Koordinatenursprung XA auf den linken bzw. rechten Bildschirmrand gelegt. Gehen sie durch den Nullpunkt hindurch, so wird XA skalierungsgerecht auf einen Zwischenwert gesetzt. Für die Y-Achse gilt dies analog in der Vertikalen.

Der Programmteil "Achsen zeichnen" übernimmt nun die graphische Umsetzung all dieser Informationen. Zunächst wird das angewählte Ausgabegerät initialisiert: Der Bildschirm mit dem Befehl HGR2, der Plotter durch das Zeichnen der Umrahmung und der Bildlegende mit dem Logogramm, sofern dies gewünscht wurde. Danach werden die Achsen eingetragen. Es folgen die vier Programmteile, die für die Einzeichnung der Teilungsmarken auf den Achsen sorgen, getrennt nach linearer und logarithmischer Darstellung. Sie bestehen im wesentlichen aus einer Schleife, die in den Abständen DX und DY die Strichmarkierungen auftragen. Bei logarithmischer Darstellung (Zeilen 555-578 und 644-664) wird hier auch gleich die Achsenbeschriftung mit durchgeführt, bei der linearen (Zeilen 580-636) findet sie in einer separaten Schleife statt. Das Programm bedient sich hierbei der Unterprogramme in den Gerätetreibern, denen die Variablen M$, die den Text enthalten, und A,B bzw. XP,YP, die die Koordinaten des ersten Textzeichens speichern, übermittelt werden.

Die Programmsteuerung befindet sich nun in Zeile 666, dem Beginn der Routine "Daten lesen und zeichnen", die in Abbildung 4.9 mit einem Flußdiagramm veranschaulicht wird. Hier wird zunächst die Farbe gewechselt, mit der gezeichnet wird, sofern das Ausgabegerät dies zuläßt.

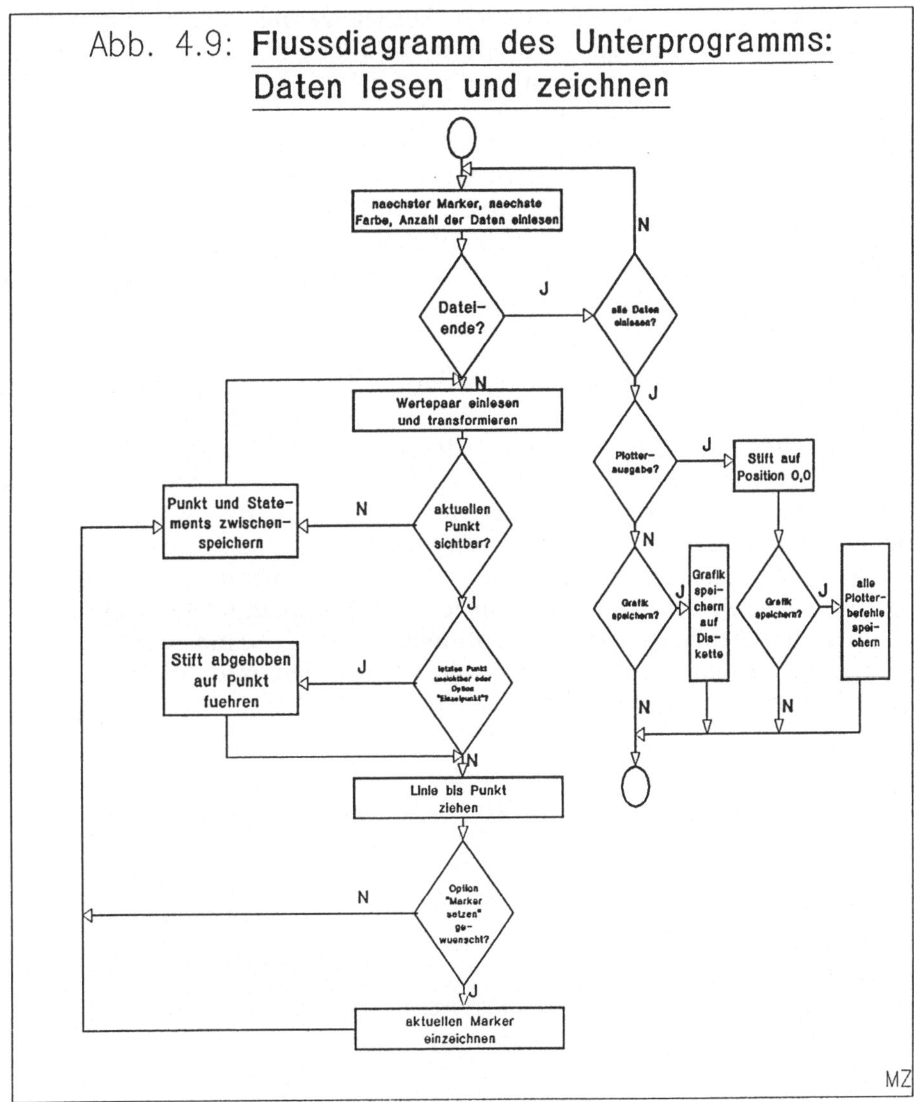

Danach wird der erste Datensatz eröffnet und Feldweite WI, Anzahl der Punkte NI und die ersten beiden Daten eingelesen. Die Transformation auf Zeichenkoordinaten AA,BB findet im Unterprogramm ab Zeile 710 statt, das auch überprüft, ob sich diese Zeichenkoordinaten innerhalb der Zeichenebene befinden. Ist dies der Fall, so kehrt die Programmsteuerung ins Hauptprogramm zurück, in dem die graphische Ausgabe entsprechend der gewählten Optionen erfolgt.

Befinden sich die berechneten Koordinaten außerhalb der Zeichenebene, dann erhält die Variable PS, die vorher auf den Wert 1 gesetzt war, den Wert 0 und die Programmausführung fährt im Hauptprogramm fort, wo dann ohne irgendeine Aktion auf den Ausgabegeräten die nächsten Daten eingelesen werden. Um zu verhindern, daß beim Zeichnen von Linien eine Fehlerbedingung dadurch ausgelöst wird, daß eine Verbindungslinie von einem Punkt außerhalb zu einem Punkt innerhalb der Zeichenebene gezogen wird oder umgekehrt, wird der Status des aktuellen Punkts in PA zwischengespeichert und mit dem des nächsten Punkts verglichen. Eine Linie wird somit erst dann gezeichnet, wenn beide Statusvariablen eine 1 enthalten. In Zeile 698 befindet sich die NEXT-Anweisung für die innere Schleife, die den Datensätzen die einzelnen numerischen Werte entnimmt, Zeile 700 enthält das NEXT-Statement für die äußere Schleife, die von Datensatz zu Datensatz weiterschaltet.

Wird diese äußere Schleife beendet, weil alle Datensätze abgearbeitet sind, so sorgen die Zeilen 702-708 für die ordnungsgemäße Beendigung der Zeichnung: Bei Plotterausgabe wird die Feder auf 0,0-Position gebracht und die restlichen Plotterbefehle noch auf Diskette abgelegt, bei der Druckerausgabe verzweigt das Programm nach 10102, wo der HGR2-Speicherbereich auf dem Drucker ausgegeben wird und bei Bildschirmausgabe wird erst ein Tastendruck abgewartet, bevor die Programmsteuerung in allen Ausgabemodi zurück ins Startmenue verzweigt. Wählt man dort den Menuepunkt "Plotoptionen ändern", dann wird das Programm ohne erneute Anforderung der Dateinamen mit der Ausgabe des Bildschirmformulars fortgesetzt.

PROGRAMM: PLOTXY.BAS

```
10  PRINT  CHR$ (30); CHR$ (32); CHR$ (32); CHR$ (29);"Plottertreiber wird
geladen": POKE 103, PEEK (175) - 2: POKE 104, PEEK (176): PRINT  CHR$ (4);"RUN PLOT
.OVR,S"; PEEK (773);",D"; PEEK (772)
11  PRINT  CHR$ (30); CHR$ (32); CHR$ (32); CHR$ (29);"Druckertreiber wird
geladen": POKE 103, PEEK (175) - 2: POKE 104, PEEK (176): PRINT  CHR$ (4);"RUN
PRINT .OVR"
12  PRINT  CHR$ (30); CHR$ (32); CHR$ (32); CHR$ (29);"Monitortreiber wird
geladen": POKE 103, PEEK (175) - 2: POKE 104, PEEK (176): PRINT  CHR$ (4);"RUN
SCREEN.OVR"
13  D$ =  CHR$ (4):CL$ =  CHR$ (12):WA$ =  CHR$ (30) +  CHR$ (48) +  CHR$ (42) + "B
I T T E     W A R T E N   !": DIM F$(10),DR(10):TT = 100: DIM T$(TT):CR$ =  CHR$
(13)
14  PRINT  CHR$ (12): PRINT "Ausgabe von einem bis zehn zweidimensionalen
Datensätzen ": GOSUB 754: PRINT "Bitte wählen Sie eine der folgenden Möglichkeiten
:": PRINT
15  ONERR  GOTO 6000
16  PRINT "        (L) ==> Datensatz lesen und plotten"
18  PRINT "        (O) ==> Plotoptionen verändern"
22  PRINT "        (M) ==> zurück zum Hauptmenue"
23  PRINT "        (I) ==> Inhaltsverzeichnis der Diskette"
```

```
24   PRINT : PRINT : PRINT "Sie wünschen ? ";: GET CK$: PRINT
26   IF CK$ = "O" THEN  GOSUB 302
27   IF CK$ = "I" THEN  GOSUB 800
28   IF CK$ = "L" THEN  GOSUB 100
32   IF CK$ = "M" THEN 1100
34   TEXT : GOTO 14
100  REM ********  DATENSATZ LESEN UND PLOTTEN
102  PRINT  CHR$ (12);"Datensatz von Diskette lesen": GOSUB 754: INPUT "Wieviele
Datensätze sollen gelesen werden ? ";NF: PRINT : PRINT "Filename von Datensatz   :
": PRINT : PRINT "Laufwerk-Nr. : "
104   FOR I = 1 TO NF: PRINT  CHR$ (30); CHR$ (55); CHR$ (45);I; CHR$ (30); CHR$
(59); CHR$ (45); CHR$ (29);: INPUT "";F$(I): IF F$(I) = "" THEN  RETURN
106  PRINT  CHR$ (30); CHR$ (47); CHR$ (47);: GET DR(I): PRINT
108  NEXT
112  PRINT  CHR$ (12): GOSUB 754: PRINT WA$: PRINT  CHR$ (30); CHR$ (47); CHR$
(46);"Datensatz":X1 = 1E20:X2 =  - 1E20:Y1 = 1E20:Y2 =  - 1E20: FOR I = 1 TO NF:
PRINT  CHR$ (30); CHR$ (57); CHR$ (46); CHR$ (29);F$(I);" wird eingelesen"
114  F$(I) = F$(I) + ".DAT":SL =  INT (7 - DR(I) / 2):D = 1: IF  INT (DR(I) / 2) * 2
= DR(I) THEN D = 2
116  PRINT D$;"OPEN";F$(I);",D";D;",S";SL;",L30": PRINT D$;"READ";F$(I);",R0":
INPUT WI: INPUT NI: PRINT D$;"READ";F$(I);",R1": INPUT A1: INPUT A2: PRINT
D$;"READ";F$(I);",R2": INPUT B1: INPUT B2
117  PRINT D$;"READ";F$(I);",R3": & XT$: & YT$
118  PRINT D$;"CLOSE";F$(I)
119  IF A1 < X1 THEN X1 = A1
120  IF A2 > X2 THEN X2 = A2
121  IF B1 < Y1 THEN Y1 = B1
122  IF B2 > Y2 THEN Y2 = B2
128  NEXT I
300 MI = X1:MA = X2: GOSUB 758:DX = DM:MI = Y1:MA = Y2: GOSUB 758:DY = DM: REM
BERECHNUNG EINER VORWAHL FÜR LIN. ACHSENTEILG.
302  PRINT  CHR$ (12)
304  PRINT  CHR$ (30); CHR$ (40); CHR$ (32);"optionen übernehmen ?
(N)ein"
306  PRINT
308  PRINT "Ausgabegerät :                      (D)rucker     (P)lotter"
310  PRINT "Text 1 (max. 17 Zeichen)  :": PRINT "Text 2 (max. 28 Zeichen)  :"
312  PRINT
314  PRINT "Achsenteilung :                (L)ogarithmisch        Abstände der lin.
Teilung:"
316  PRINT "    X - Achse :                                X-Achse :"
318  PRINT "    Y - Achse :                                Y-Achse :"
320  PRINT
322  PRINT "                        Format DIN       A(3)        Achsenbeschriftung
:"
```

```
324  PRINT "Plotterausgabe :   Rahmen          (N)ein              X-Achse :"
326  PRINT "                   Logogramm       (N)ein              Y-Achse :"
328  PRINT
330  PRINT "                              "; CHR$ (26); CHR$ (20)
332  PRINT "Druckerausgabe :   Kopie "; CHR$ (26); CHR$ (23);" mit doppelter
(D)ruckdichte"
334  PRINT "                              "; CHR$ (26); CHR$ (19);" (V)ergrößert"
336  PRINT : PRINT "Betriebsart :         (E)inzelpunkt"
338  PRINT "Marker setzen :       (J)a"
340  PRINT
342  PRINT "Ausschnittzeichnung :   Xmin :               Xmax :"
344  PRINT "                        Ymin :               Ymax :"
346 X = 1:Y = 1:T$ = "Standard": GOSUB 432:X = 34:T$ = "(J)a": GOSUB 432:X = 17:Y =
3:T$ = "(B)ildschirm": GOSUB 432:X = 17:Y = 7:T$ = "(D)ezimal": GOSUB 432:X = 65:Y
= 8:T$ =  STR$ (DX): GOSUB 432:Y = 9:T$ =  STR$ (DY): GOSUB 432
347 X = 65:Y = 12:T$ = XT$: GOSUB 432:Y = 13:T$ = YT$: GOSUB 432
348 X = 30:Y = 11:T$ = "A(4)": GOSUB 432:Y = 12:X = 27:T$ = "(J)a": GOSUB 432:Y =
13:X = 30: GOSUB 432:X = 27:Y = 15:T$ = "(N)ormal": GOSUB 432:X = 15:Y = 19:T$ =
"(L)inie": GOSUB 432:X = 17:Y = 20:T$ = "(N)ein": GOSUB 432
350 X = 34:Y = 22:T$ =  STR$ (X1): GOSUB 432:X = 61:T$ =  STR$ (X2): GOSUB 432:X =
34:Y = 23:T$ =  STR$ (Y1): GOSUB 432:X = 61:T$ =  STR$ (Y2): GOSUB 432
352 P3$ =  CHR$ (30) +  CHR$ (49):P4$ =  CHR$ (30) +  CHR$ (76):P5$ =  CHR$ (30) +
CHR$ (96)
354 P1$ =  CHR$ (30) +  CHR$ (92):P2$ =  CHR$ (30) +  CHR$ (65): PRINT P1$ +  CHR$
(32);: GET CK$: IF  ASC (CK$) < 32 THEN CK$ = "J"
356  PRINT P1$ +  CHR$ (32) + CK$
358  IF CK$ = "J" THEN A$ = "B":AX$ = "D":AY$ = "D":P$ = "I":MA$ = "N": GOTO 500
360  IF CK$ <  > "N" THEN  PRINT P1$ +  CHR$ (32); CHR$ (29);: GOTO 354
362  PRINT P1$ +  CHR$ (32);CK$;
364  PRINT P1$ +  CHR$ (34);: GET A$: IF  ASC (A$) < 32 THEN A$ = "B"
366  PRINT P1$ +  CHR$ (34);A$;: IF A$ = "B" THEN 370
368  PRINT P2$ +  CHR$ (35);: INPUT "";T1$: PRINT P2$ +  CHR$ (36);: INPUT "";T2$
370  PRINT P3$ +  CHR$ (39);: GET AX$: IF  ASC (AX$) < 32 THEN AX$ = "D"
372  PRINT P3$ +  CHR$ (39);AX$;: IF AX$ <  > "L" THEN  PRINT P5$; CHR$ (39);:
INPUT "";DX$: IF DX$ = "" THEN DX$ =  STR$ (DX)
374 DX =  VAL (DX$): PRINT P5$; CHR$ (39);DX
376  PRINT P3$ +  CHR$ (40);: GET AY$: IF  ASC (AY$) < 32 THEN AY$ = "D"
378  PRINT P3$ +  CHR$ (40);AY$;: IF AY$ <  > "L" THEN  PRINT P5$ +  CHR$ (40);:
INPUT "";DY$: IF DY$ = "" THEN DY$ =  STR$ (DY)
380 DY =  VAL (DY$): PRINT P5$; CHR$ (40);DY
382  IF A$ <  > "P" THEN 398
384  PRINT P4$ +  CHR$ (42);: GET AA$: IF  ASC (AA$) < 32 THEN AA$ = "4"
386 AA$ = "A" + AA$: PRINT P4$ +  CHR$ (42);AA$;
388  PRINT P4$ +  CHR$ (43);: GET RA$: IF  ASC (RA$) < 32 THEN RA$ = "J"
390  PRINT P4$ +  CHR$ (43);RA$;
```

```
392   PRINT P4$ +   CHR$ (44);: GET LO$: IF  ASC (LO$) < 32 THEN LO$ = "J"
394   PRINT P4$ +   CHR$ (44);LO$;
395   PRINT P5$ +   CHR$ (43);: INPUT "";TX$: IF TX$ = "" THEN TX$ = XT$
396   PRINT P5$ +   CHR$ (43);TX$: PRINT P5$ +   CHR$ (44);: INPUT "";TY$: IF TY$ = ""
THEN TY$ = YT$
397   PRINT P5$ +   CHR$ (44);TY$;
398   IF A$ <  > "D" THEN 406
400   PRINT P1$ +   CHR$ (47);: GET OP$: IF  ASC (OP$) < 32 THEN OP$ = "N"
402   PRINT P1$ +   CHR$ (47);OP$;
404   IF OP$ = "N" THEN OP$ =   CHR$ (13)
406   PRINT   CHR$ (30); CHR$ (72); CHR$ (50);: GET P$: IF  ASC (P$) < 32 THEN P$ =
"L"
408   PRINT   CHR$ (30); CHR$ (72); CHR$ (50);P$;
410   PRINT   CHR$ (30); CHR$ (72); CHR$ (51);: GET MA$: IF  ASC (MA$) < 32 THEN MA$
= "N"
412   PRINT   CHR$ (30); CHR$ (72); CHR$ (51);MA$
414   PRINT P2$ +   CHR$ (53);: GOSUB 436: IF I = 1 THEN X$ =   STR$ (X1)
416 X1 =   VAL (X$): PRINT P2$; CHR$ (53);X1;
418   PRINT P1$; CHR$ (53);: INPUT "";X2$: IF X2$ = "" THEN X2$ =   STR$ (X2)
420 X2 =   VAL (X2$): PRINT P1$; CHR$ (53);X2;
422   PRINT P2$ +   CHR$ (54);: GOSUB 436: IF I = 1 THEN X$ =   STR$ (Y1)
424 Y1 =   VAL (X$): PRINT P2$; CHR$ (54);Y1;
426   PRINT P1$; CHR$ (54);: INPUT "";Y2$: IF Y2$ = "" THEN Y2$ =   STR$ (Y2)
428 Y2 =   VAL (Y2$): PRINT P1$; CHR$ (54);Y2
430   GOTO 500
432   REM ********  INVERSE TEXTAUSGABE
434   PRINT   CHR$ (30); CHR$ (31 + X); CHR$ (31 + Y); CHR$ (26); CHR$ (51);T$;:
PRINT   CHR$ (26);"2";: RETURN
436 I = 0:X$ = ""
438 I = I + 1: GET XX$: IF  ASC (XX$) < 32 THEN 442
440   PRINT XX$;:X$ = X$ + XX$: GOTO 438
442   RETURN
500   PRINT   CHR$ (12): GOSUB 754: PRINT "Soll die fertige Graphik auf Diskette
abgelegt werden (J/N) ?  ";: GET BI$: PRINT : IF BI$ = "N" OR  ASC (BI$) < 32 THEN
BI$ = "N": GOTO 506
501   IF BI$ = "J" THEN  PRINT : PRINT : PRINT : INPUT "Filename : ";FF$: IF FF$ =
"" THEN BI$ = "N": GOTO 506
502   IF BI$ = "J" THEN  PRINT : PRINT "Laufwerk-Nr. : ";: GET DR$:DR =  VAL (DR$):
PRINT
503 SD =   INT (7 - DR / 2):DD = 1: IF  INT (DR / 2) * 2 = DR THEN DD = 2
504   IF A$ = "P" THEN  PRINT D$;"OPEN";FF$ + ".PLT";",S";SD;",D";DD: PRINT
D$;"DELETE";FF$ + ".PLT": PRINT D$;"OPEN";FF$ + ".PLT": PRINT D$;"CLOSE";FF$ +
".PLT":FS = 1
506   IF A$ = "P" THEN  PRINT   CHR$ (12): PRINT WA$: PRINT   CHR$ (30); CHR$ (49);
CHR$ (45);"P L O T T E R A U S G A B E": GOSUB 10002
```

```
507 SX = 260 / (X2 - X1):SY = 160 / (Y2 - Y1):V = X1:F = 0: GOSUB 740:L1 = L:V =
X2:F = 1: GOSUB 740:L2 = L:XL = L2 - L1 + 1:V = Y1:F = 0: GOSUB 740:L3 = L:V = Y2:F
= 1: GOSUB 740:L4 = L:YL = L4 - L3 + 1
509 REM           Y - ACHSE
511 IF AY$ = "L" THEN 519
513 IF Y2 <  = 0 THEN YA = 10: GOTO 527
515 IF Y1 >  = 0 THEN YA = 170: GOTO 527
517 YA = 10 + SY * Y2: GOTO 527
519 YA = 170:SY = (160 / (YL - 1)) /  LOG (10)
521 IF L3 < 0 THEN YA = 170 -  ABS (L3) * (160 / (YL - 1))
523 IF Y2 < 1 THEN YA = 20
525 REM           X - ACHSE
527 IF AX$ = "L" THEN 535
529 IF X2 <  = 0 THEN XA = 270: GOTO 543
531 IF X1 >  = 0 THEN XA = 10: GOTO 543
533 XA = 10 - SX * X1: GOTO 543
535 XA = 10:SX = (260 / (XL - 1)) /  LOG (10)
537 IF L1 < 0 THEN XA = 270 - L2 * (260 / (XL - 1))
539 IF X2 < 1 THEN XA = 270
541 REM ******  ACHSEN ZEICHNEN
543 IF A$ <  > "P" THEN  GOSUB 10202: PRINT  CHR$ (12): GOSUB 10224: GOTO 550
545 IF RA$ = "N" THEN 550
547 XO = XO * 1.45: IF AA$ = "A3" THEN  GOSUB 10020: GOTO 550
549 GOSUB 10012: IF LO$ = "J" THEN  GOSUB 10026
550 Q = 0:SI = 3:XP = 10:YP = YA: GOSUB 10208: IF A$ = "P" THEN  GOSUB 10008
551 XP = 270: GOSUB 10206: IF A$ = "P" THEN  GOSUB 10006
552 XP = XA:YP = 170: GOSUB 10208: IF A$ = "P" THEN  GOSUB 10008
553 YP = 10: GOSUB 10206: IF A$ = "P" THEN  GOSUB 10006
554 IF AX$ <  > "L" THEN 580
555 REM      ******************** TIC - MARKS X-ACHSE LOG
556 B = YA - 2:C = YA + 2: FOR L = L1 TO L2 - 1: FOR LL = 1 TO 10:A = (10 ^ L) *
LL: GOSUB 710
558 XP = AA:YP = B: GOSUB 10208: IF A$ = "P" THEN  GOSUB 10008
560 YP = C: GOSUB 10206: IF A$ = "P" THEN  GOSUB 10006
562 NEXT : NEXT
564 REM      ****************** X-ACHSE LOG BESCHRIFTEN
566 FOR L = L1 TO L2
568 A = XA + SX * ( LOG (10 ^ L) -  LOG (10 ^ L1)):B = YA + 10: IF L1 < 1 THEN A =
A - XA + 10
570 M$ = "1E" +  STR$ (L):XP = A - 8:YP = B: GOSUB 10210
572 IF A$ = "P" THEN XP = A - 4:YP = YA + 7: GOSUB 10010
576 NEXT : IF A$ = "P" THEN  GOSUB 772
578 GOTO 612
580 REM      **************** TIC - MARKS X-ACHSE LIN
582 A = X1:B = YA - 2:C = YA + 2:PP = A: IF A < 0 THEN PP = 0
```

```
584 AA = XA + SX * (A - PP): IF AA > 271 THEN 600
585 XP = AA:YP = B: GOSUB 10208: IF A$ = "P" THEN   GOSUB 10008
586 YP = C: GOSUB 10206: IF A$ = "P" THEN   GOSUB 10006
587 XP = XP - 3:YP = YA + 10:M$ =   LEFT$ ( STR$ (A),3): GOSUB 10210: IF A$ = "P"
THEN XP = XP + 3:YP = YP - 3: GOSUB 10010
588 A = A + DX: GOTO 584
600  IF A$ = "P" THEN XP = 270 -   LEN (TX$) * 4:YP = YA + 15:M$ = TX$: GOSUB 10010:
GOTO 612
612  IF AY$ = "L" THEN 644
614  REM   ***************** TIC - MARKS Y-ACHSE LIN
616 B = Y1:A = XA - 2:C = XA + 2:Q = 1:PP = B: IF B < 0 THEN PP = 0
618 BB = YA - SY * (B - PP): IF BB < 5 THEN 634
619 XP = A:YP = BB: GOSUB 10208: IF A$ = "P" THEN   GOSUB 10008
620 XP = C: GOSUB 10206: IF A$ = "P" THEN   GOSUB 10006
621 XP = XA - 3:YP = YP + 3:M$ =   LEFT$ ( STR$ (B),3): GOSUB 10210: IF A$ = "P"
THEN XP = XP - 2:YP = YP - 3: GOSUB 10010
622 B = B + DY: GOTO 618
634  IF A$ = "P" THEN XP = XA - 13:YP = 15 +   LEN (TY$) * 4:M$ = TY$: GOSUB 10010
636  GOTO 668
644  REM     ****************** TIC - MARKS Y-ACHSE   LOG
646 D = XA - 2:C = XA + 2: FOR L = L3 TO L4 - 1: FOR LL = 1 TO 10:B = (10 ^ L) *
LL: GOSUB 710:XP = D:YP = BB: GOSUB 10208: IF A$ = "P" THEN   GOSUB 10008
648 XP = C: GOSUB 10206: IF A$ = "P" THEN   GOSUB 10006
650  NEXT : NEXT
652  REM     ****************** Y - ACHSE LOG BESCHRIFTEN
654 Q = 1: FOR L = L4 TO L3 STEP   - 1:A = XA + 5
656 B = 180 - SY * ( LOG (10 ^ L) -   LOG (10 ^ L3))
658 M$ = "1E" +   STR$ (L)
660 XP = XA - 5:YP = B: GOSUB 10210: IF A$ = "P" THEN   GOSUB 10010
664  NEXT : IF A$ = "P" THEN   GOSUB 774
666  REM     ********* DATEN LESEN UND ZEICHNEN
668 AS = 0:BS = 0
672  FOR I = 1 TO NF:F$ = F$(I):DR = DR(I):MK = I + 1: IF MA$ = "N" THEN MK = 1
674 CL = I + 1: GOSUB 10238: IF A$ = "P" THEN   GOSUB 10038
676  PRINT D$;"OPEN";F$;",D";DR;",L30": PRINT D$;"READ";F$;",R0": INPUT WI: INPUT
NI
678  FOR J = 1 TO NI: PRINT D$;"READ";F$;",R";J + 4: INPUT A: INPUT B: GOSUB 710
680  IF PS = 0 THEN 698
682  IF PA = 1 THEN XP = AS:YP = BS: GOSUB 10208
684 XP = AA:YP = BB: IF PA = 0 OR P$ = "E" THEN   GOSUB 10208: IF A$ = "P" THEN
GOSUB 10008
686  GOSUB 10206: IF A$ = "P" THEN   GOSUB 10006
688  IF MA$ = "J" THEN   GOSUB 10242: IF A$ = "P" THEN   GOSUB 10042
698 AS = AA:BS = BB:PA = PS: NEXT
700  PRINT D$;"CLOSE";F$:PA = 0: NEXT I
```

```
702  IF A$ = "P" THEN  GOSUB 10040:FS = 0: IF U > 0 THEN  GOSUB 10050: GOTO 708
703  IF BI$ = "J" THEN  PRINT D$;"BSAVE";FF$ +
".PIC";",S";SD;",D";DD;",A$4000,L$2000"
704  IF A$ = "D" THEN  GOSUB 10102
706  IF A$ = "B" THEN  GET CK$: PRINT : GOSUB 10202: TEXT
708  RETURN
710  REM      ************** TRANSFORMIEREN
712 PS = 1: IF AX$ = "L" THEN 718
713 PP = X1: IF PP < 0 THEN PP = 0
714 AA = XA + SX * (A - PP): GOTO 721
718  IF A <  = 0 THEN PS = 0: RETURN
720 AA = XA + SX * ( LOG (A) -  LOG (10 ^ L1)): IF L1 < 1 THEN AA = AA - XA + 10
721  IF AA < 9 OR AA > 279 OR A < X1 OR A > X2 THEN PS = 0
722  IF AY$ = "L" THEN 728
723 PP = Y1: IF PP < 0 THEN PP = 0
724 BB = YA - SY * (B - PP): GOTO 731
728  IF B <  = 0 THEN PS = 0: RETURN
730 BB = 170 - SY * ( LOG (B) -  LOG (10 ^ L3))
731  IF BB < 1 OR BB > 190 OR B < Y1 OR B > Y2 THEN PS = 0
732  RETURN
738  REM  ******* Zehnerpotenz feststellen
740 L =  - 4
742 L = L + 1:E = 10 ^ L:P = V - E:P =  SGN (P): IF (P = 0 AND F = 0) OR (P < 1 AND
F = 1) THEN  RETURN
744  IF P =  - 1 AND F = 0 THEN L = L - 1: RETURN
746  GOTO 742
752  REM
754  FOR K = 1 TO 10: PRINT : NEXT : RETURN
756  REM      Bestimmung einer "geraden" Zahl für die lin. Achsenteilung
758 D =  ABS (MA - MI):DM = D / 10:I = 0: IF (D >  = 10 ^ 6 OR DX =  < 10 ^  - 3)
THEN 766
760 I = I + 1
762 DM$ =  STR$ (DM):LE =  LEN (DM$): IF LE < 3 THEN 766
764 DM =  VAL ( LEFT$ (DM$,LE - 1)): IF D / DM < 20 AND LE > I THEN 760
766  RETURN
770  REM ************* ACHSENTEXT FÜR PLOTTER
772  IF A$ = "P" THEN XP = 270 -  LEN (TX$) * 4:YP = YA + 15:M$ = TX$: GOSUB 10010:
RETURN
774  IF A$ = "P" THEN XP = XA - 13:YP = 15 +  LEN (TY$) * 4:M$ = TY$: GOSUB 10010:
RETURN
800  PRINT CL$;"Disketten - Inhaltsverzeichnis": GOSUB 754
810  PRINT "Laufwerk-Nr. : ";: GET DR: PRINT :SL =  INT (7 - DR / 2):D = 1: IF  INT
(DR / 2) * 2 = DR THEN D = 2
820  PRINT CL$: PRINT D$;"CATALOG,D";D
830  PRINT : PRINT : PRINT "Drücken Sie die <RETURN> - Taste !  ";: GET CK$: PRINT
```

```
840   RETURN
1100   POKE 771,2: PRINT CL$: PRINT D$;"RUNHELLO,S"; PEEK (773);",D"; PEEK (772)
6000   REM  ***** FEHLERMELDUNGEN
6002   RESTORE : PRINT  CHR$ (7)
6004 ER =  PEEK (222):EL =  PEEK (218) +  PEEK (219) * 256
6006   FOR T = 1 TO 26: READ TE: IF TE = ER THEN  PRINT D$;"OPEN ERROR .TXT,S"; PEEK
(773);",D"; PEEK (772);",L80": PRINT D$;"READ ERROR .TXT,R";T: & ER$: PRINT
D$;"CLOSE ERROR .TXT": GOTO 6010
6008   NEXT : POKE 216,0:ER$ = "Fehler " +  STR$ (ER) + " in Zeile " +  STR$ (EL)
6010   TEXT : PRINT  CHR$ (30); CHR$ (32); CHR$ (52); CHR$ (11); CHR$ (10);ER$;: FOR
T = 1 TO 2000: NEXT T
6012   GOTO 14
6014   DATA  1,2,3,4,5,6,7,8,9,10,11,12,13,14,42,53,69,77,107,133,163,176,191,224
,254,255
10000  REM *********  PLOTTER - SCHNITTSTELLE ******
10001  REM Speicherstellen START auf Programmanfang setzen
10002  REM Plotter-Initialisierung
10004  REM Transformation von Bildschirm- und Plotterkoordinaten
10006  REM Plotterstift abgesenkt nach XP,YP bringen
10008  REM Plotterstift abgehoben nach XP,YP bringen
10010  REM Text M$ ab Position XP,YP ausgeben
10012  REM Rahmen DIN A4 ausgeben
10020  REM Rahmen DIN A3 ausgeben
10026  REM Logogramm einzeichnen
10038  REM Plotterstift CL auswählen
10040  REM Plotterstift abgehoben auf 0,0-Position bringen
10042  REM zentriertes Symbol MK auf die gegenwärtige Position setzen
10050  REM Plotterbefehle im Arbeitsspeicher bzw. auf Diskette speichern
10100  REM *********  DRUCKER - SCHNITTSTELLE ******
10101  REM Speicherstellen START auf Programmanfang setzen
10102  REM Grafikseite HGR2 auf Drucker bringen
10106  REM tabellarische Ausgabe eines Datensatzes
10124  REM Text M$ ausgeben
10126  REM Formularvorschub
10200  REM *********  MONITOR - SCHNITTSTELLE ******
10201  REM Speicherstellen START auf Programmanfang setzen
10202  REM Initialisierung der hochauflösenden Grafik
10206  REM Linie nach XP,YP ziehen
10208  REM Punkt auf Position XP,YP setzen
10210  REM Text M$ ab Position XP,YP ausgeben
10224  REM Rahmen setzen
10238  REM neue Farbe CL auswählen
10242  REM zentriertes Symbol MK auf die gegenwärtige Position setzen
```

Das Unterprogramm in den Zeilen 756-766 soll "vernünftige" Teilungsabstände für die lineare Achsenteilung liefern. Es verändert dabei nicht die Extremwerte der Zeichnung, sondern nur den gebrochenen Anteil der Abstände. Es ist aber vielfach sinnvoller, auch die Extremwerte zu verändern, oder, um bei unserem Beispiel zu bleiben, die obere Zeichengrenze auf 10 zu erhöhen statt 9.9 unverändert festzuhalten. Wie wäre dies zu bewerkstelligen? Versuchen Sie eine Lösung dieser Aufgabe.

(Lösungshinweis für die X-Achse: Stellen Sie ähnlich wie beim logarithmischen Modus die niedrigste und höchste Zehnerpotenz P1,P2 in der Zeichnung fest. Liegen die Extrema X1,X2 in deren Nähe, so können sie direkt als untere bzw. obere Zeichengrenze dienen. Weichen die Extremwerte der Datensätze sehr von diesen Potenzen ab, so kann nun schrittweise ein bestimmter Betrag B hinzuaddiert bzw. subtrahiert werden, bis man sich innerhalb einer gewissen Schranke (z.B. X2 + 10% vom Wertebereich) befindet. Der Betrag, den man vor diesem letzten Schritt erhielt, addiere man nun zu P2, um X2, und subtrahiere ihn von P1, um X1 zu erhalten. Verfahren Sie analog für die Y-Achse)

4.2.2.2 Grafische Datenausgabe mit einem Balkendiagramm: Programm PLOTBA.BAS

Die Datendarstellung in Säulendiagrammen gehört mit den sogenannten Tortengrafiken zum Bereich der Businessgrafik, einer Präsentationsform, die überwiegend im kaufmännischen Sektor Anwendung findet. Das Säulendiagramm, im angelsächsischen Sprachraum als "bar-chart" bezeichnet, dient zur visuellen Illustration ökonomischer Zusammenhänge, oft als Zusatz zu entsprechenden Studien. Da die zugrundeliegenden Daten sehr oft zeitabhängig sind, findet die Darstellung in einem rechtwinkligen Koordinatensystem mit der Teilung in die entsprechenden Zeitabschnitte auf der Abszisse und der Eintragung der variablen Größe auf der Ordinate statt. Statt der zeitlichen Abszissenteilung sind auch andere Einteilungen denkbar, beispielsweise für den Größenvergleich innerhalb eines Gruppengefüges (Vergleich des Bruttosozialprodukts mehrerer Nationen o.ä.). Die Darstellung der abhängigen Variablen kann hierbei prinzipiell sowohl auf der X- wie auch auf der Y-Achse erfolgen. Da es sich meist um wenige, diskrete Werte handelt, die nicht oder nur schwer analytisch beschreibbar sind, begnügt man sich hier im Gegensatz zur Darstellungsart im vorigen Abschnitt mit der Wiedergabe in Form von Rechtecken, bei denen die Seite b proportional zur variablen Größe und die Seite a abhängig von der Zahl der Rechtecke konstant gewählt wird (siehe Abbildung 4.10). Diese Seite muß u.U. der Übersichtlichkeit halber alphanumerisch beschriftet werden.

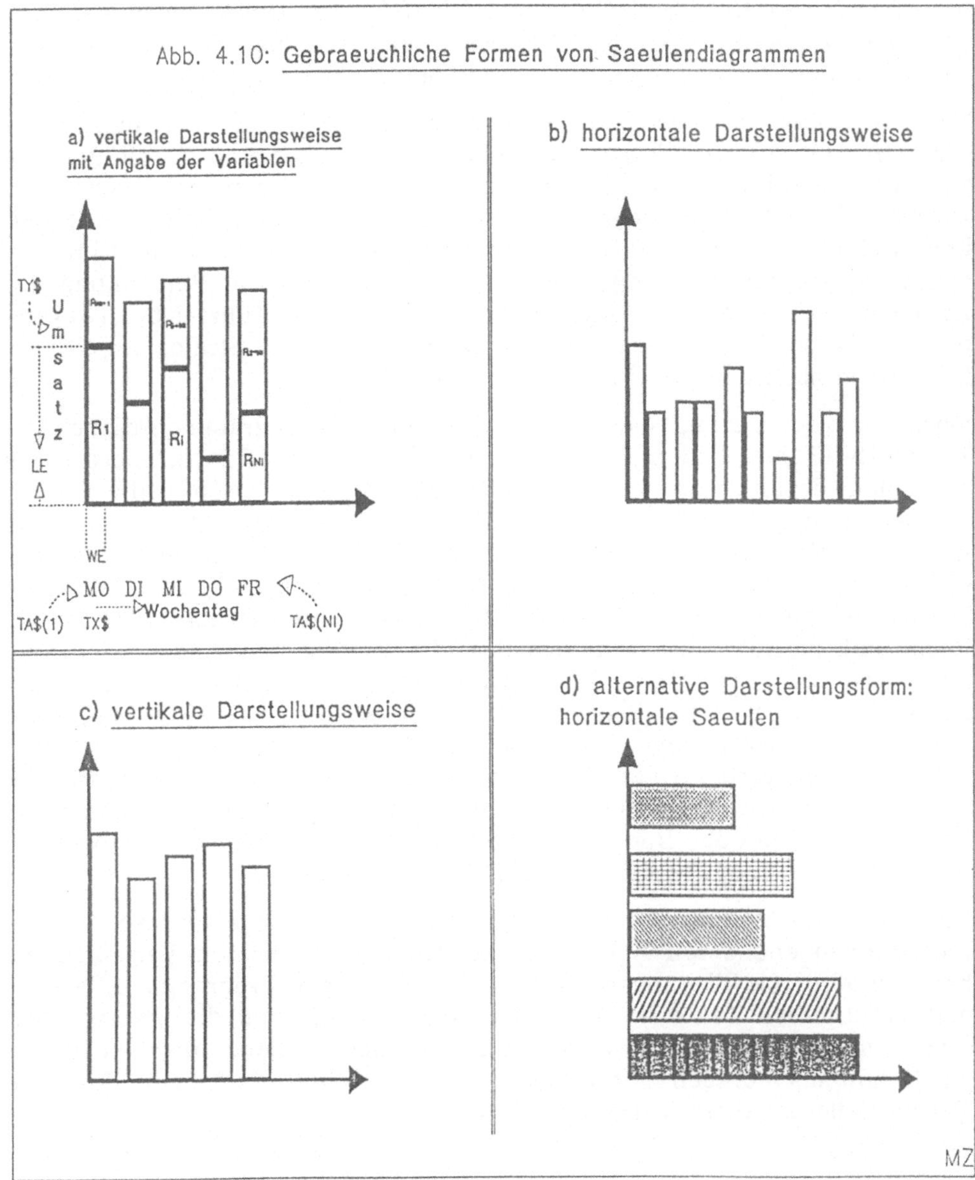

Ein Zusatz zur Säulenausgabe ist die Einzeichnung von gleitenden Durchschnitten, die allerdings nur bei Zeitreihen sinnvoll erscheint. Aus den jeweils vorangegangenen Daten wird dabei fortlaufend der algebraische Mittelwert gebildet und in Linienform ins Diagramm mit aufgenommen. Die Ausgabe dieser Mittelwerte unterscheidet sich insofern also kaum von der Datenausgabe im kartesischen Koordinatensystem.

Das Programm PLOTBA.BAS unterstützt die Ausgabe von Balkendiagrammen der ersteren Form (Abbildungen 4.9 a,b,c und Abbildung 2.4 a,b). Da diese Form vor allem für kurzzeitige Analysen eingesetzt wird, wurde auf die strenge programmtechnische Trennung von Erstellung und graphischer Ausgabe der Daten verzichtet und eine manuelle Eingabemöglichkeit sowie ein Programmteil geschaffen, das die Berechnung der Zeitdauer bis zu einem vorgegebenen Y-Niveau ausführt ("break-even-point"). Diese Ergänzungen ermöglichen interaktive Strategiespiele am Bildschirm nach dem Motto "Was wäre, wenn ...".

Doch nun zum Listing. Wie in allen PLOTGRAF-Programmen dienen die Zeilen 10-13 zum Laden der Peripherietreiber. Zeile 15 initialisiert einige Variablen, darunter die Felder MT(IN), BA(IN) und RA(IN), die für die Aufnahme der Y-Werte, der Seitenlängen LE der Rechtecke und der gleitenden Durchschnitte vorgesehen sind. Die Felder können wieder mit der Variablen IN an den Speicher angepaßt werden.Die Zeilen 17-36 enthalten das Startmenue, in Zeile 37 beginnt das Unterprogramm "Datensatz lesen und plotten". Es liest zunächst die Dateinamen und Laufwerks-Nummern der gewünschten Datensätze ein, bevor mit der Ermittlung der absoluten Extremwerte aller Datensätze fortgefahren wird. QMAX dient hier als Zwischenspeicher zur korrekten Skalierung für das Y-Maximum MMAX. Vom ersten Datensatz wird zusätzlich die Beschriftung für die X-Achse mit eingelesen und im Textvariablenfeld TA$ gespeichert, sie kann aus Zahlen oder Buchstaben bestehen (wahlfrei numerische oder alphanumerische Eingabe bei DATA2D.BAS, siehe dort).

Das nächste Programmteil (80-280) realisiert die Eingabemaske für die Plotoptionen und deren Zuordnung zu den entsprechenden Variablen. Es hat eine ähnliche Wirkungsweise wie das im vorigen Programm: Alle normal dargestellten Texte werden zuerst ausgegeben, dann die inversen Beschriftungen eingesetzt und anschließend die Bedienereingaben durch wiederholten Gebrauch der Bildschirmsteuerzeichen eingelesen. Folgende Tabelle erläutert diese Variablenbelegung:

Variable	Funktion
CK$	"J" Standardparameter übernehmen "N" Bildschirmformular abarbeiten
A$	Ausgabegerät: "P" Plotter "B" Bildschirm "D" Drucker
GD$	"J" gleitende Mittelwerte zeichnen "N" nur Säulendiagramm
ST$	"J" statistische Werte aufführen "N" keine statistischen Berechnungen
PO$	"V" Datensätze vertikal anordnen "H" Datensätze horizontal anordnen "S" alle Datensätze summieren, keine Einteilung
BI$	"J" gezeichnete Graphik auf Diskette speichern "N" keine Speicherung auf Diskette
<u>zusätzlich für Plotterausgabe:</u>	
AA$	"4" Ausgabeformat DIN A4 "3" Ausgabeformat DIN A3
RA$	"J" Zeichnung mit Umrahmung "N" keine Umrahmung
LO$	"J" Logogramm einzeichnen "N" kein Logogramm
TX$,TY$	Achsentexte
T1$,T2$	Legende für die Grafik
<u>zusätzlich für Druckerausgabe:</u>	
OP$	"N" normale Ausgabe "D" doppelte Druckdichte "V" vergrößert
T1$,T2$	Legende für die Grafik

Sie sehen, daß Variablen gleichen Namens in verschiedenen Programmen identische Aufgaben zu erfüllen haben (vergleichen Sie mit der Variablentabelle der PLOTXY.BAS-Beschreibung). Wie Sie hoffentlich bereits bemerkt haben, erleichtert dieses Verfahren der Namensgebung die Einarbeitung in die Programme erheblich.

Nachdem nun alle Parameter eingelesen sind, kommen wir langsam zum Kern des Programms: Zeile 286 berechnet hier zunächst die Teilungsabstände in horizontaler und vertikaler Richtung. Da für die X-Achse 180 und für die Y-Achse 130 Einheiten für die Ausgabe vorgesehen sind und der Koordinatenursprung auf der Zeichenfläche im Punkt 50,160 liegen soll, gestaltet sich deren Berechnung recht einfach: Die Y-Achse erhält zehn Teilstriche im Abstand DY von dreizehn Bildpunkten, die X-Achse soviele, wie Daten im Datensatz vorhanden sind, im Abstand von DX = 180/NI. Nachdem die Achsen in den nächsten Zeilen gezeichnet worden sind, werden diese Teilstriche aufgetragen.

Es folgt die Achsenbeschriftung. In Zeile 420-512 werden die Texte mit M$ dem Schnittstellen-Unterprogramm "Textausgabe" übergeben. Bei der Bildschirmausgabe ist die Textlänge aus Platzgründen auf die ersten beiden Zeichen beschränkt, wird der Plotter angewählt, so kann der gesamte Text dargestellt werden. Ähnlich verhält es sich bei der Ausgabe der Achsentexte TX$,TY$, hier ist aber auch im Bildschirmmodus die Anzeige des kompletten Texts möglich, da dieser ja nur aus maximal 30 Zeichen besteht.

Wir kommen nun zum Programmteil "Daten lesen und plotten". Hier wird zunächst der Skalierungsfaktor SF für die Ordinate, die Breite eines einzelnen Rechtecks WE und die Blockbreite WB berechnet, bevor der erste Datensatz eröffnet und alle darin enthaltenen Daten gelesen und in MT(J) gespeichert werden. Wurde die Option "Summierung der Datensätze" gewählt, dann addiert das Programm alle Daten, die im gleichen Record auf der Diskette stehen, unter dem Variablennamen BA(J) und eröffnet den nächsten Datensatz, sofern vorhanden. Bei den beiden anderen Optionen wird die linke untere Ecke des zu zeichnenden Rechtecks XA,YA und seine Seitenlänge LE berechnet, um danach das Unterprogramm "Rechteck zeichnen" aufzurufen, das dessen Ausgabe auf dem gewählten Gerät übernimmt. Bei der vertikalen Darstellung dient BA(J) dabei als Hilfsgröße zur Ermittlung des Startvektors für das Rechteck Ri+NI (siehe Abb. 4.10a).

Sind alle Datensätze verarbeitet, so erledigt das Programm noch einige Verwaltungsaufgaben (Grafik auf Diskette speichern, bei Bildschirmausgabe Tastendruck abwarten o.ä.) und springt entweder zum Startmenue zurück, zeichnet noch die Kurve für die gleitenden Mittelwerte ein, wenn lediglich ein Datensatz ausgegeben wurde, und berechnet die folgenden statistischen Datensatz-Kennwerte:

Bezeichnung	Variable	Berechnungsgrundlage
Summe	AS	$AS = MT(1) + MT(2) + \ldots + MT(NI)$
Mittelwert	MA	$MA = AS/NI$
Standardab- weichung	SA	$SA = \left\{ \sum_{i=1}^{NI} (MT_i - MA)^2 / NI \right\}^{0,5}$
Varianz	VA	$VA = SA^2$

Danach kann eine "break even"-Analyse durchgeführt werden, indem vom Bediener ein angestrebter Y-Wert eingelesen wird und anschließend die einzelnen Daten solange aufsummiert werden, bis die Vorgabe erreicht ist. Das Programm teilt dann dem Benutzer die entsprechende Stelle auf der X-Achse mit.

Wenn nur ein einzelner Datensatz gezeichnet wurde, kann es auch sinnvoll sein, einzelne Werte zu verändern und das Säulendiagramm sowie die statistischen Daten nochmals ausgeben zu lassen. Diesem Zweck dient das Unterprogramm "Daten verändern" ab Zeile 700. Die Eingabemethode ist ähnlich wie die von DATA2D.BAS her bekannte mit dem Unterschied, daß der resultierende Y-Wert durch Addition des alten und des eingegebenen Betrags entsteht.

Das Programmlisting schließt mit den Programmteilen "Inhaltsverzeichnis" und "Fehlermeldungen".

PROGRAMM: PLOTBA.BAS

```
10  PRINT  CHR$ (30); CHR$ (32); CHR$ (32); CHR$ (29);"Plottertreiber wird
geladen": POKE 103, PEEK (175) - 2: POKE 104, PEEK (176): PRINT  CHR$ (4);"RUN PLOT
.OVR,S"; PEEK (773);",D"; PEEK (772)
11  PRINT  CHR$ (30); CHR$ (32); CHR$ (32); CHR$ (29);"Druckertreiber wird
geladen": POKE 103, PEEK (175) - 2: POKE 104, PEEK (176): PRINT  CHR$ (4);"RUN
PRINT .OVR"
12  PRINT  CHR$ (30); CHR$ (32); CHR$ (32); CHR$ (29);"Monitortreiber wird
geladen": POKE 103, PEEK (175) - 2: POKE 104, PEEK (176): PRINT  CHR$ (4);"RUN
SCREEN.OVR"
13  ONERR  GOTO 6000
15  IN = 31: DIM MT(IN),MP(IN),RA(IN):CR$ =  CHR$ (13):LF$ = CR$: FOR I = 1 TO 9:LF$
= LF$ + CR$: NEXT :W$ =  CHR$ (30) +  CHR$ (52) +  CHR$ (42) + "B I T T E     W A R
T E N    !":C$ =  CHR$ (12):D$ =  CHR$ (4)
16 TT = 200: DIM T$(TT),TA$(IN)
17  PRINT C$: PRINT "Ausgabe eines Säulendiagramms mit Statistik": PRINT LF$: PRINT
"Bitte wählen Sie eine der folgenden Möglichkeiten : ": PRINT : PRINT
18  PRINT "        (L) ==> Datensatz von Diskette lesen"
```

```
19  PRINT "          (A) ==> Datensatz verändern"
20  PRINT "          (P) ==> Plotoptionen ändern"
21  PRINT "          (M) ==> zurück zum Hauptmenue"
22  PRINT "          (I) ==> Inhaltsverzeichnis der Diskette"
23  PRINT : PRINT : PRINT "Sie wünschen ?  ";: GET CK$: PRINT
28  IF CK$ = "L" THEN  GOSUB 37
30  IF CK$ = "A" THEN  GOSUB 700
32  IF CK$ = "M" THEN 680
34  IF CK$ = "P" THEN  GOSUB 80
35  IF CK$ = "I" THEN  GOSUB 800
36  GOTO 17
37  PRINT  CHR$ (12);"Datensatz von Diskette lesen": PRINT LF$: INPUT "Wieviele
Datensätze sollen gelesen werden ? ";NF: PRINT : PRINT "Filename von Datensatz   :
": PRINT : PRINT "Laufwerk-Nr. : "
38  FOR I = 1 TO NF: PRINT  CHR$ (30); CHR$ (55); CHR$ (46);I; CHR$ (30); CHR$
(59); CHR$ (46); CHR$ (29);: INPUT "";F$(I): IF F$(I) = "" THEN  RETURN
39  PRINT  CHR$ (30); CHR$ (47); CHR$ (48);: GET DR(I): PRINT : NEXT
40  REM      **************** FILES LESEN UND MIN-MAX-WERTE FINDEN
41  PRINT  CHR$ (12): PRINT LF$: PRINT W$: PRINT  CHR$ (30); CHR$ (51); CHR$
(46);"Datensatz":X1 = 1E20:X2 =  - 1E20:Y1 = 1E20:MM =  - 1E20: FOR I = 1 TO NF:
PRINT  CHR$ (30); CHR$ (61); CHR$ (46); CHR$ (29);F$(I);" wird eingelesen"
42  F$(I) = F$(I) + ".DAT":SL =  INT (7 - DR(I) / 2):D = 1: IF  INT (DR(I) / 2) * 2
= DR(I) THEN D = 2
43  PRINT D$;"OPEN";F$(I);",D";D;",S";SL;",L30": PRINT D$;"READ";F$(I);",R0": INPUT
WI: INPUT NI: PRINT D$;"READ";F$(I);",R2": INPUT B1: INPUT B2
44  IF I = 1 THEN  FOR J = 1 TO NI: PRINT D$;"READ";F$(I);",R";J + 4: & TA$(J):
NEXT
46  PRINT D$;"READ";F$(I);",R3": & N$(1): & N$(2): PRINT D$;"CLOSE";F$(I)
47  IF B1 < Y1 THEN Y1 = B1
48  IF B2 > MMAX THEN MMAX = B2
49  NEXT :QMAX = MMAX
50  REM
72  TX$ = N$(1):TY$ = N$(2)
80  REM      ************** ACHSEN PLOTTEN
82  PRINT C$:MMAX = QMAX
84  PRINT  CHR$ (30); CHR$ (40); CHR$ (32);"optionen übernehmen ?
(N)ein"
86  PRINT : PRINT
88  PRINT "Ausgabegerät :              (D)rucker    (P)lotter"
89  PRINT
90  PRINT "Text 1 (max. 17 Zeichen)  :": PRINT "Text 2 (max. 28 Zeichen)  :"
92  PRINT
102 PRINT "          Rahmen   :     (N)ein                    "; CHR$ (26);
CHR$ (20)
```

```
104  PRINT "Plotter : Logogramm :        (N)ein           Drucker : Kopie "; CHR$ (26);
CHR$ (23);" (V)ergrößert"
106  PRINT "        Format    :       A(3)                          "; CHR$ (26);
CHR$ (19);" (D)oppeldruck"
108  PRINT : PRINT
110  PRINT "gleitende Durchschnitte ausgeben ?          (N)ein": PRINT : PRINT
"Statistik ausgeben ?        (N)ein"
112  PRINT
113  PRINT "fertige Graphik auf Diskette ablegen ?          (J)a"
115  PRINT : PRINT : PRINT "Datensätze (H)orizontal darstellen": PRINT "
(S)ummieren"
126 X = 12:Y = 20:T$ = "(V)ertikal darstellen": GOSUB 256
128 X = 1:Y = 1:T$ = "Standard": GOSUB 256
130 X = 34:T$ = "(J)a": GOSUB 256:X = 17:Y = 4:T$ = "(B)ildschirm": GOSUB 256
132 X = 23:Y = 9:T$ = "(J)a": GOSUB 256:Y = 10: GOSUB 256
134 X = 23:Y = 11:T$ = "A(4)": GOSUB 256
138 X = 61:Y = 9:T$ = "(N)ormal": GOSUB 256
140 X = 40:Y = 18:T$ = "(N)ein": GOSUB 256
141 X = 36:Y = 14:T$ = "(J)a": GOSUB 256:X = 22:Y = 16: GOSUB 256
146 P4$ =  CHR$ (30) +  CHR$ (110)
148 P1$ =  CHR$ (30) +  CHR$ (92):P2$ =  CHR$ (30) +  CHR$ (67): PRINT P1$ +  CHR$
(32);: GET CK$: PRINT : IF  ASC (CK$) < 32 THEN CK$ = "J"
150  IF CK$ = "J" THEN A$ = "B":ST$ = "J":GD$ = "J":BI$ = "N":PO$ = "V": GOTO 282
152  IF CK$ <  > "N" THEN  PRINT P1$ +  CHR$ (32); CHR$ (29);: GOTO 148
154  PRINT P1$ +  CHR$ (32);CK$;
156  PRINT P1$ +  CHR$ (35);: GET A$: IF  ASC (A$) < 32 THEN A$ = "B"
158  PRINT P1$ +  CHR$ (35);A$;: IF A$ = "B" THEN 206
160  PRINT P2$ +  CHR$ (37);: INPUT "";T1$: PRINT P2$ +  CHR$ (38);: INPUT "";T2$
206  IF A$ <  > "P" THEN 220
208  PRINT P2$; CHR$ (40);: GET RA$: IF  ASC (RA$) < 32 THEN RA$ = "J"
210  PRINT P2$; CHR$ (40);RA$;
212  PRINT P2$; CHR$ (41);: GET LO$: IF  ASC (LO$) < 32 THEN LO$ = "J"
214  PRINT P2$; CHR$ (41);LO$;
216  PRINT P2$; CHR$ (42);: GET AA$: IF  ASC (AA$) < 32 THEN AA$ = "4"
218 AA$ = "A" + AA$: PRINT P2$; CHR$ (42);AA$;
220  IF A$ <  > "D" THEN 226
222  PRINT P4$ +  CHR$ (41);: GET OP$: IF  ASC (OP$) < 32 THEN OP$ = "N"
224  PRINT P4$ +  CHR$ (41);OP$;: IF OP$ = "N" THEN OP$ =  CHR$ (13)
226  PRINT  CHR$ (30) +  CHR$ (83) +  CHR$ (45);: GET GD$: IF  ASC (GD$) < 32 THEN
GD$ = "J"
227  PRINT  CHR$ (30) +  CHR$ (83) +  CHR$ (45) + GD$
228  PRINT  CHR$ (30) +  CHR$ (69) +  CHR$ (47);: GET ST$: IF  ASC (ST$) < 32 THEN
ST$ = "J"
229  PRINT  CHR$ (30) +  CHR$ (69) +  CHR$ (47) + ST$:OF = 270: IF ST$ = "J" THEN
OF = 120
```

```
232  PRINT  CHR$ (30) +  CHR$ (68) +  CHR$ (51);: GET PO$: IF  ASC (PO$) < 32 THEN
PO$ = "V"
233  PRINT  CHR$ (30) +  CHR$ (68) +  CHR$ (51);PO$
254  GOTO 272
256  REM          inverse Darstellung
258  PRINT  CHR$ (30); CHR$ (31 + X); CHR$ (31 + Y); CHR$ (26); CHR$ (51);T$;:
PRINT  CHR$ (26);"2";: RETURN
260  I = 0:X$ = ""
262  I = I + 1: GET XX$: IF  ASC (XX$) < 32 THEN 266
264   PRINT XX$;:X$ = X$ + XX$: GOTO 262
266  RETURN
272   PRINT P1$; CHR$ (49);: GET BI$: PRINT : IF  ASC (BI$) < 32 THEN BI$ = "N"
273  PRINT P1$; CHR$ (49);BI$: IF BI$ <  > "J" THEN 282
274  PRINT  CHR$ (30); CHR$ (32); CHR$ (50);"Filename : ";: INPUT "";FF$: IF FF$ =
"" THEN BI$ = "N": GOTO 282
276  PRINT  CHR$ (30); CHR$ (62); CHR$ (50);"Laufwerk-Nr.´: ";: GET DR$:DR =  VAL
(DR$): PRINT
278 SD =  INT (7 - DR / 2):DD = 1: IF  INT (DR / 2) * 2 = DR THEN DD = 2
280   IF A$ = "P" THEN  PRINT D$;"OPEN";FF$ + ".PLT";",S";SD;",D";DD: PRINT
D$;"CLOSE";FF$ + ".PLT":FS = 1
282  REM
286 DX = 180 / NI:ND = 10:DY = 13:CL = 1: IF A$ <  > "P" THEN  GOSUB 10202: PRINT
CHR$ (12): GOSUB 10224: GOTO 406
288  PRINT C$: PRINT W$: PRINT : PRINT : PRINT "                    P L O T T E R A
U S G A B E": GOSUB 10002
290   IF RA$ = "N" THEN 406
400   IF AA$ = "A4" THEN  GOSUB 10012: GOTO 405
402  GOSUB 10020
405   IF LO$ = "J" THEN  GOSUB 10026
406 XP = 50:YP = 30: GOSUB 10208: IF A$ = "P" THEN  GOSUB 10008
407 YP = 160: GOSUB 10206: IF A$ = "P" THEN  GOSUB 10006
408 XP = 230: GOSUB 10206: IF A$ = "P" THEN  GOSUB 10006
409  FOR YP = 30 TO 160 STEP DY:XP = 49: GOSUB 10208: IF A$ = "P" THEN  GOSUB 10008
410 XP = 51: GOSUB 10206: IF A$ = "P" THEN  GOSUB 10006
414   IF PO$ <  > "H" THEN MMAX = QMAX * NF
420   REM     ******************* ACHSEN BESCHRIFTEN
422 XP = 62:YP = 175:SI = 4:Q = 1
424   FOR I = 1 TO NI:M$ =  LEFT$ (TA$(I),2): GOSUB 10210: IF A$ = "P" THEN M$ =
TA$(I):YP = 165 +  LEN (M$) * 3: GOSUB 10010
438 XP = XP + DX: NEXT
440 XP = 140 -  LEN (TX$) * 3:YP = 187:M$ = TX$:SI = 3:Q = 0: GOSUB 10210: IF A$ =
"P" THEN  GOSUB 10010
441 XP = 33:YP = 95 +  LEN (TY$) * 3:M$ = TY$:Q = 1: GOSUB 10210: IF A$ = "P" THEN
GOSUB 10010
```

```
502 XP = 40:YP = 32:M$ =  STR$ (MMAX):Q = 0:SI = 4: GOSUB 10210: IF A$ = "P" THEN Q
= 1: GOSUB 10010
522  REM  **************  DATEN LESEN UND PLOTTEN
524 SF = 130 / MMAX:WE = 180 / NI - 2:WB = WE: IF PO$ = "H" THEN WE = WE / NF
525  FOR I = 1 TO NI:BA(I) = 0: NEXT
526  FOR I = 1 TO NF: PRINT D$;"OPEN";F$(I);",D";DR(I);",L30": FOR J = 1 TO NI:
PRINT D$;"READ";F$(I);",R";J + 4: & TA$: INPUT MT(J): IF PO$ = "S" THEN BA(J) =
BA(J) + MT(J)
527  NEXT : PRINT D$;"CLOSE";F$(I):CL = I + 1
529  GOSUB 10238: IF A$ = "P" THEN  GOSUB 10038
530  IF PO$ = "S" THEN 534
531  FOR J = 1 TO NI:LE = MT(J) * SF:XA = 50 + (J - 1) * (WB + 2): IF PO$ = "H"
THEN XA = XA + (I - 1) * WE
532 YA = 160: IF PO$ = "V" THEN YA = YA - BA(J):BA(J) = BA(J) + LE
533  GOSUB 560: NEXT
534  NEXT
540  IF PO$ = "S" THEN  FOR I = 1 TO NI:LE = BA(I) * SF:XA = 50 + (I - 1) * (WE +
2):YA = 160: GOSUB 560: NEXT
543  IF NF = 1 OR PO$ = "S" OR ST$ = "J" THEN  GOSUB 566
544  IF A$ <  > "P" THEN 547
545  IF ST$ = "J" THEN  GOSUB 620
546  GOSUB 10040: IF BI$ = "J" THEN FS = 0: IF U > 0 THEN  GOSUB 10050: GOTO 550
547  IF BI$ = "J" THEN  PRINT D$;"BSAVE";FF$ +
".PIC";",S";SD;",D";DD;",A$4000,L$2000"
548  IF A$ = "D" THEN  GOSUB 10010: GOTO 550
549  GET CK$: PRINT : GOSUB 10202: TEXT : IF ST$ = "J" THEN  GOSUB 620: GOSUB 643:
PRINT C$
550  TEXT : RETURN
560  REM  **************  SÄULE ZEICHNEN
561 XP = XA:YP = YA: GOSUB 10208: IF A$ = "P" THEN  GOSUB 10008
562 YP = YA - LE: GOSUB 10206: IF A$ = "P" THEN  GOSUB 10006
563 XP = XA + WE: GOSUB 10206: IF A$ = "P" THEN  GOSUB 10006
564 YP = YA: GOSUB 10206: IF A$ = "P" THEN  GOSUB 10006
565  RETURN
566  REM   *** BERECHNUNG JAHRESUMSATZ, MTL. UND GLEITENDER DURCHSCHNITT
567  IF PO$ <  > "S" THEN SF = 1
568 AS = 0:SA = AS: FOR I = 1 TO NI:AS = AS + BA(I):SA = SA + MT(I)
570 RA(I) = AS / I: NEXT :MA = SA / NI: IF GD$ <  > "J" THEN 615
580  REM  ****************  GLEITENDEN DURCHSCHNITT ZEICHNEN
581 CL = NF + 2: GOSUB 10238: IF A$ = "P" THEN  GOSUB 10038
582 XP = 50 + WE / 2:YP = 160 - RA(1) * SF:XL = XP:YL = YP: GOSUB 10208: IF A$ =
"P" THEN  GOSUB 10008
592  FOR I = 2 TO NI:XP = XP + DX:YP = 160 - RA(I) * SF: GOSUB 10206: IF A$ = "P"
THEN  GOSUB 10006
614  NEXT :CL = 1: GOSUB 10238: IF A$ = "P" THEN  GOSUB 10038
```

```basic
615  RETURN
620  REM    *************** STATISTIK AUSGEBEN
622 M$(1) = "max. " + N$(2) + " : " +  STR$ (MM):M$(2) = "min. " + N$(2) + " : " +
STR$ (Y1):M$(3) = "ges. " + N$(2) + " : " +  STR$ (SA):M$(4) = "Mittelwert  : " +
STR$ (MA)
623 SA = 0: FOR I = 1 TO NI:SA = SA + (MT(I) - MA) ^ 2: NEXT :SA =  SQR (SA / (NI
1))
625 M$(5) = "Standardabw.: " +  STR$ (SA):M$(6) = "Varianz : " +  STR$ (VA): IF A$
< > "P" THEN 628
626 Q = 0:SI = 2:XP = 240:YP = 130: FOR I = 1 TO 6: GOSUB 10008:M$ = M$(I): GOSUB
10010:YP = YP + 6: NEXT : RETURN
627  IF A$ = "D" THEN  GOSUB 10100: PRINT : PRINT : PRINT D$;"PR#1"
628  PRINT C$: PRINT "Ausgabe der statistischen Ergebnisse": PRINT : PRINT
629  FOR I = 1 TO 6: PRINT M$(I): PRINT : NEXT
630  IF A$ = "D" THEN  PRINT D$;"PR#3"
632  RETURN
643  PRINT : PRINT
644  PRINT "(B) ==> Berechnung eines Break-Even-Points       (M) ==> zurück zum
Menue   ";: GET CK$: PRINT
646  IF CK$ = "M" OR  ASC (CK$) < 32 THEN 17
650  REM    ***************** ZEIT BIS ZUM BREAK-EVEN BERECHNEN
651  PRINT C$;"Break - Even - Analyse": PRINT LF$
652  PRINT "Break - Even - ";N$(2);" : ";: INPUT "";BE$:BE =  VAL (BE$)
654  IF BE = 0 THEN 644
656 A = 0: FOR I = 1 TO NI:A = A + MT(I): IF A >  = BE THEN 670
664  NEXT
666  PRINT "Der angestrebte ";N$(2);"  wird in ";NI;" ";N$(1);"en nicht erreicht":
GOTO 643
670  PRINT "Der angestrebte Umsatz wird in ";TX$;" ";I;" erreicht": GOTO 643
680  POKE 771,2: PRINT C$: PRINT D$;"RUNHELLO,S"; PEEK (773);",D"; PEEK (772)
700  REM    ***************** DATEN VERÄNDERN
710  PRINT C$;"Datensatz verändern": PRINT LF$: PRINT "(A) ==> Daten verändern
(P) ==> neue Zeichnung   (M) ==> zurück zum Menue": PRINT : PRINT "Sie wünschen ?
";: GET CK$: PRINT
720  IF CK$ = "A" THEN 760
730  IF CK$ = "P" THEN 73
740  IF CK$ = "M" THEN 490
750  GOTO 710
760  PRINT N$(1) + " (1-";NI;") : ";: INPUT "";I: PRINT
770  INPUT "zu addierender/subtrahierender Betrag : ";A
780 MT(I) = MT(I) + A
790  GOTO 710
799  REM    ************** INHALTSVERZEICHNIS
800  PRINT C$;"Disketten - Inhaltsverzeichnis": FOR I = 1 TO 10: PRINT : NEXT
```

```
810  PRINT "Laufwerk-Nr. : ";: GET DR: PRINT :SL =  INT (7 - DR / 2):D = 1: IF  INT
(DR / 2) * 2 = DR THEN D = 2
820  PRINT C$: PRINT D$;"CATALOG,D";D
830  PRINT : PRINT : PRINT "Drücken Sie die <RETURN> - Taste !  ";: GET CK$: PRINT
840  RETURN
2000  FOR K = 1 TO 10: PRINT : NEXT : RETURN
6000  REM  ***** FEHLERMELDUNGEN
6005  RESTORE : PRINT  CHR$ (7)
6010 ER =  PEEK (222):EL =  PEEK (218) +  PEEK (219) * 256
6020  FOR T = 1 TO 26: READ TE: IF TE = ER THEN  PRINT D$;"OPEN ERROR .TXT,S"; PEEK
(773);",D"; PEEK (772);",L80": PRINT D$;"READ ERROR .TXT,R";T: & ER$: PRINT
D$;"CLOSE ERROR .TXT": GOTO 6030
6025  NEXT : POKE 216,0:ER$ = "Fehler " +  STR$ (ER) + " in Zeile " +  STR$ (EL)
6030  TEXT : PRINT  CHR$ (30); CHR$ (32); CHR$ (52); CHR$ (11); CHR$ (10);ER$;: FOR
T = 1 TO 2000: NEXT T
6040  GOTO 17
6050  DATA  1,2,3,4,5,6,7,8,9,10,11,12,13,14,42,53,69,77,107,133,163,176,191,224
,254,255
10000  REM ********** PLOTTER - SCHNITTSTELLE *******
10001  REM Speicherstellen START auf Programmanfang setzen
10002  REM Plotter-Initialisierung
10004  REM Transformation von Bildschirm- und Plotterkoordinaten
10006  REM Plotterstift abgesenkt nach XP,YP bringen
10008  REM Plotterstift abgehoben nach XP,YP bringen
10010  REM Text M$ ab Position XP,YP ausgeben
10012  REM Rahmen DIN A4 ausgeben
10020  REM Rahmen DIN A3 ausgeben
10026  REM Logogramm einzeichnen
10038  REM Plotterstift CL auswählen
10040  REM Plotterstift abgehoben auf 0,0-Position bringen
10042  REM zentriertes Symbol MK auf die gegenwärtige Position setzen
10050  REM Plotterbefehle im Arbeitsspeicher bzw. auf Diskette speichern
10100  REM ********** DRUCKER - SCHNITTSTELLE *******
10101  REM Speicherstellen START auf Programmanfang setzen
10102  REM Grafikseite HGR2 auf Drucker bringen
10106  REM tabellarische Ausgabe eines Datensatzes
10124  REM Text M$ ausgeben
10126  REM Formularvorschub
10200  REM ********** MONITOR - SCHNITTSTELLE *******
10201  REM Speicherstellen START auf Programmanfang setzen
10202  REM Initialisierung der hochauflösenden Grafik
10206  REM Linie nach XP,YP ziehen
10208  REM Punkt auf Position XP,YP setzen
10210  REM Text M$ ab Position XP,YP ausgeben
10224  REM Rahmen setzen
```

```
10238  REM neue Farbe CL auswählen
10242  REM zentriertes Symbol MK auf die gegenwärtige Position setzen
```

4.2.2.3 Graphische Datenausgabe mit einer Tortengrafik: Programm PLOTP2.BAS

Das Programm PLOTP2.BAS unterscheidet sich sehr wenig vom Programm PLOTP1.BAS. Die Hauptunterschiede bestehen zum einen in der erweiterten Datensatz-Feldweite von 30 Zeichen, zum andern im geänderten Sortiermodus. Wie Sie sich vielleicht erinnern, werden im eindimensionalen Programm die Daten der ersten Spalte in den eingegebenen Bereichen aufsummiert. Da bei der Verarbeitung von zweidimensionalen Datensätzen zwei Spalten zur Verfügung stehen, gelten bei diesem Programm die vom Anwender eingegebenen Bereiche für die Daten der ersten Spalte, während die Berechnung der Sektoren auf den Werten der zweiten Spalte basiert. Solche Aufgabenstellungen findet man beispielsweise in der Ökonometrie.

Für eine Tortengrafik, die zweidimensionale Datensätze verarbeitet, bietet sich noch ein zweiter Ausgabemodus an: Die Aufsummierung der Daten nämlich, die die gleiche Satznummer auf der Diskette haben, ähnlich also der Bereichsberechnung in PLOTBA.BAS. Hier enthält die erste Spalte wieder Textdaten, so daß jeder "Zeile" der Tabelle ein Sektor der Zeichnung entspricht. Diese Ausgabeform ist ähnlich wie das Balkendiagramm besonders gut für vergleichende Betrachtungen geeignet.

Sehen wir uns die Unterschiede zwischen den Programmen PLOTP1.BAS und PLOTP2.BAS im Listing genauer an. Wie bereits eingangs erwähnt, muß die Feldweite der Datensätze von 15 auf 30 Zeichen erhöht werden, das betrifft die Zeilen 76 und 316. Zusätzlich zu den X-Extrema muß das Programm die Extremwerte der zweiten Spalte lesen, das geschieht in den Zeilen 76 und 318, und im Bildschirmformular kommt die Anzeige dieser Werte hinzu.

Neu in PLOTP2.BAS ist die Zeile 100, die entscheidet, ob die ersten Spalten der gelesenen Datensätze Textdaten enthalten (kenntlich dadurch, daß die numerischen Variablen für deren Extremwerte Nullen enthalten).

Ist dies der Fall, dann wird die Steuervariable SI, die die Anzeige der Extremwerte und die Abfrage der Sektorenzahl und der Bereichsgrenzen unterbindet, auf 1 gesetzt. Natürlich kann beim Sortieren der Daten der Wert der ersten Spalte nicht mehr einer numerischen Variablen zugeordnet werden, mit A$ wird der Inhalt zunächst als Text gelesen. Steht SI auf 1, dann wird diese Variable nicht weiter verarbeitet und C(I) wird um den Betrag der zweiten Spalte erhöht, steht SI auf 0, so wird A$ mit der Funktion VAL in einen numerischen Wert umgewandelt und wie bisher in den passenden Bereich einsortiert. Das Zeichnen der Bereiche geschieht wie in PLOTP1.BAS.

PROGRAMM: PLOTP2.BAS

```
10  PRINT  CHR$ (30); CHR$ (32); CHR$ (32); CHR$ (29);"Plottertreiber wird
geladen": POKE 103, PEEK (175) - 2: POKE 104, PEEK (176): PRINT  CHR$ (4);"RUN PLOT
.OVR"
11  PRINT  CHR$ (30); CHR$ (32); CHR$ (32); CHR$ (29);"Druckertreiber wird
geladen": POKE 103, PEEK (175) - 2: POKE 104, PEEK (176): PRINT  CHR$ (4);"RUN
PRINT .OVR"
12  PRINT  CHR$ (30); CHR$ (32); CHR$ (32); CHR$ (29);"Monitortreiber wird
geladen": POKE 103, PEEK (175) - 2: POKE 104, PEEK (176): PRINT  CHR$ (4);"RUN
SCREEN.OVR"
13  ONERR  GOTO 6000
17 C$ =  CHR$ (12):D$ =  CHR$ (4):CR$ =  CHR$ (13):LF$ = CR$: FOR I = 1 TO 9:LF$ =
LF$ + CR$: NEXT :W$ =  CHR$ (30) +  CHR$ (52) +  CHR$ (42) + "B I T T E    W A R T
E N   !"
22 IN = 10:TT = 100: DIM C(IN),XS(IN),XE(IN),SD$(IN),TA$(IN),T$(TT)
30  PRINT C$: PRINT "Ausgabe einer Tortengrafik": PRINT LF$: PRINT "Bitte wählen
Sie eine der folgenden Möglichkeiten :": PRINT : PRINT
32  PRINT "          (L) ==> Datensatz von Diskette lesen"
34  PRINT "          (P) ==> Plotoptionen ändern"
36  PRINT "          (M) ==> zurück zum Hauptmenue"
38  PRINT "          (I) ==> Inhaltsverzeichnis der Diskette"
46  PRINT : PRINT : PRINT "Sie wünschen ?   ";: GET CK$: PRINT
52  IF CK$ = "L" THEN  GOSUB 60
54  IF CK$ = "P" THEN  GOSUB 180
55  IF CK$ = "I" THEN  GOSUB 800
56  IF CK$ = "M" THEN 444
58  GOTO 30
60  REM
61 EI = 0
62  PRINT C$;"Datensatz von Diskette lesen";LF$: INPUT "Wieviele Datensätze sollen
gelesen werden ? ";NF: PRINT : PRINT "Filename von Datensatz   : ": PRINT : PRINT
"Laufwerk-Nr. : "
64  FOR I = 1 TO NF: PRINT  CHR$ (30); CHR$ (55); CHR$ (45);I; CHR$ (30); CHR$
(59); CHR$ (45); CHR$ (29);: INPUT "";F$(I): IF F$(I) = "" THEN  RETURN
66  PRINT  CHR$ (30); CHR$ (47); CHR$ (47);: GET DR(I): PRINT
68  NEXT
72  PRINT C$: PRINT LF$: PRINT W$: PRINT  CHR$ (30); CHR$ (47); CHR$
(46);"Datensatz":X1 = 1E20:X2 =  - 1E20:Y1 = 1E20:Y2 =  - 1E20: FOR I = 1 TO NF:
PRINT  CHR$ (30); CHR$ (57); CHR$ (46); CHR$ (29);F$(I);" wird eingelesen"
74  F$(I) = F$(I) + ".DAT":SL =  INT (7 - DR(I) / 2):D = 1: IF  INT (DR(I) / 2) * 2
= DR(I) THEN D = 2
76  PRINT D$;"OPEN";F$(I);",D";D;",S";SL;",L30": PRINT D$;"READ";F$(I);",R0": INPUT
WI: INPUT NI: PRINT D$;"READ";F$(I);",R1": INPUT A1: INPUT A2: PRINT
D$;"READ";F$(I);",R2": INPUT B1: INPUT B2
```

```
78  IF I = 1 THEN  PRINT D$;"READ";F$(I);",R4": & T3$: IF NI < 11 THEN  FOR J = 1
TO NI: PRINT D$;"READ";F$(I);",R";J + 4: & TA$(J): NEXT
80  PRINT D$;"CLOSE";F$(I)
82  IF A1 < X1 THEN X1 = A1
84  IF A2 > X2 THEN X2 = A2
86  IF B1 < Y1 THEN Y1 = B1
88  IF B2 > Y2 THEN Y2 = B2
90  NEXT
100  IF X1 = 0 AND X2 = 0 THEN EI = 1:NS = NI
110  IF EI = 0 THEN  FOR K = 1 TO IN:TA$(K) = " ": NEXT
180  PRINT C$: PRINT : PRINT
190  PRINT "Ausgabegerät :                (D)rucker    (P)lotter"
192  PRINT
194  PRINT "Text 1 (max. 17 Zeichen) :": PRINT "Text 2 (max. 28 Zeichen)  :"
196  PRINT
198  PRINT "          Rahmen    :      (N)ein                    "; CHR$ (26);
CHR$ (20)
200  PRINT "Plotter : Logogramm :      (N)ein       Drucker : Kopie "; CHR$ (26);
CHR$ (23);" (V)ergrößert"
202  PRINT "          Format    :      A(3)                      "; CHR$ (26);
CHR$ (19);" (D)oppeldruck"
204  PRINT : PRINT "Angabe der prozentualen Verteilung :      (N)ein": IF SI = 1
THEN  PRINT : PRINT : GOTO 206
205  PRINT "Xmin = ";X1;: HTAB (20): PRINT "Xmax = ";X2;: HTAB (39): PRINT "Anzahl
der Sektoren :": PRINT "Ymin = ";Y1;: HTAB (20): PRINT "Ymax = ";Y2
206  PRINT : PRINT "Sektor 1 :";: IF EI = 0 THEN  PRINT "    X - Bereichsanfang :":
PRINT "           X - Bereichsende :"
207  PRINT  CHR$ (30); CHR$ (44); CHR$ (50);"Schattierung (0..9,H):": PRINT  CHR$
(30), CHR$ (44), CHR$ (51);"       Text        :"
209  PRINT
210  PRINT "fertige Graphik auf Diskette ablegen ?        (J)a"
211  PRINT : PRINT "Bildunterschrift :";
214  X = 17:Y = 4:T$ = "(B)ildschirm": GOSUB 272
216  X = 23:Y = 9:T$ = "(J)a": GOSUB 272:Y = 10: GOSUB 272:X = 38:Y = 13: GOSUB 272
218  X = 23:Y = 11:T$ = "A(4)": GOSUB 272
220  X = 61:Y = 9:T$ = "(N)ormal": GOSUB 272
222  X = 40:Y = 22:T$ = "(N)ein": GOSUB 272
226  P4$ =  CHR$ (30) +  CHR$ (110)
228  P1$ =  CHR$ (30) +  CHR$ (90):P2$ =  CHR$ (30) +  CHR$ (67)
230  IF PP = 1 THEN  GOTO 268
236  PRINT P1$ +  CHR$ (35);: GET A$: IF  ASC (A$) < 32 THEN A$ = "B"
238  PRINT P1$ +  CHR$ (35);A$;: IF A$ = "B" THEN 242
240  PRINT P2$ +  CHR$ (37);: INPUT "";T1$: PRINT P2$ +  CHR$ (38);: INPUT "";T2$
242  IF A$ <  > "P" THEN 256
244  PRINT P2$; CHR$ (40);: GET RA$: IF  ASC (RA$) < 32 THEN RA$ = "J"
```

```
246  PRINT P2$; CHR$ (40);RA$;
248  PRINT P2$; CHR$ (41);: GET LO$: IF  ASC (LO$) < 32 THEN LO$ = "J"
250  PRINT P2$; CHR$ (41);LO$;
252  PRINT P2$; CHR$ (42);: GET AA$: IF  ASC (AA$) < 32 THEN AA$ = "4"
254  AA$ = "A" + AA$: PRINT P2$; CHR$ (42);AA$;
256  IF A$ < > "D" THEN 262
258  PRINT P4$ +  CHR$ (41);: GET OP$: IF  ASC (OP$) < 32 THEN OP$ = "N"
260  PRINT P4$ +  CHR$ (41);OP$;: IF OP$ = "N" THEN OP$ =  CHR$ (13)
262  PRINT  CHR$ (30); CHR$ (84); CHR$ (44);: GET PV$: IF  ASC (PV$) < 32 THEN PV$
= "J"
264  PRINT  CHR$ (30); CHR$ (84); CHR$ (44);PV$;
265  IF EI = 1 THEN 268
267  PRINT  CHR$ (30); CHR$ (100); CHR$ (45);: INPUT "";NS
268 PP = 0: FOR I = 1 TO NS: PRINT  CHR$ (30); CHR$ (39); CHR$ (48);I: IF EI = 0
THEN  PRINT P2$; CHR$ (48);: INPUT "";XS(I): PRINT P2$; CHR$ (49);: INPUT "";XE(I)
269  PRINT P2$; CHR$ (50);: INPUT "";SD$(I): PRINT P2$; CHR$ (51);: PRINT TA$(I):
PRINT P2$; CHR$ (51);: & T$: IF T$ = "" THEN T$ = TA$(I)
270 TA$(I) = T$: PRINT P2$; CHR$ (48); CHR$ (29); CHR$ (10); CHR$ (29); CHR$ (10);
CHR$ (29); CHR$ (10); CHR$ (29)
271 TA$(I) =  LEFT$ (TA$(I),10): NEXT : GOTO 300
272  REM          inverse Darstellung
274  PRINT  CHR$ (30); CHR$ (31 + X); CHR$ (31 + Y); CHR$ (26); CHR$ (51);T$;:
PRINT  CHR$ (26);"2";: RETURN
276 I = 0:X$ = ""
278 I = I + 1: GET XX$: IF  ASC (XX$) < 32 THEN 282
280  PRINT XX$;:X$ = X$ + XX$: GOTO 278
282  RETURN
300  PRINT P1$; CHR$ (53);: GET BI$: PRINT : IF  ASC (BI$) < 32 THEN BI$ = "N"
302  PRINT P1$; CHR$ (53);BI$: IF BI$ < > "J" THEN 308
303  PRINT "Filename :                          Laufwerk-Nr. :";
304  PRINT  CHR$ (30); CHR$ (43); CHR$ (54);: GOSUB 276:FF$ = X$: IF FF$ = "" THEN
BI$ = "N": GOTO 308
305  PRINT  CHR$ (30); CHR$ (95); CHR$ (54);: GET DR$:DR =  VAL (DR$): PRINT
306 SD =  INT (7 - DR / 2):DD = 1: IF  INT (DR / 2) * 2 = DR THEN DD = 2
307  IF A$ = "P" THEN  PRINT D$;"OPEN";FF$ + ".PLT";",S";SD;",D";DD: PRINT
D$;"CLOSE";FF$ + ".PLT"
308  PRINT  CHR$ (30); CHR$ (51); CHR$ (55);: & T$: IF T$ = "" THEN T$ = T3$
309 T3$ =  LEFT$ (T$,30)
311  REM  **** SORTIEREN
312 TY = 0: FOR I = 1 TO IN:C(I) = 0: NEXT
313  PRINT C$;W$: PRINT : PRINT : PRINT "                        Die Daten werden
sortiert"
314  PRINT : FOR I = 1 TO NF:F$ = F$(I):SL =  INT (7 - DR(I) / 2):D = 1: IF  INT
(DR(I) / 2) * 2 = DR(I) THEN D = 2
```

```
316  PRINT D$;"OPEN";F$;",D";D;",S";SL;",L30": PRINT D$;"READ";F$;",R0": INPUT WI:
INPUT NI
318  FOR J = 1 TO NI: PRINT D$;"READ";F$;",R";J + 4: INPUT B$: INPUT B:TY = TY + B
319  IF EI = 1 THEN C(J) = C(J) + B: GOTO 322
320 A =  VAL (B$): FOR K = 1 TO NS: IF A >  = XS(K) AND A < XE(K) THEN C(K) = C(K)
+ B
321  NEXT
322  NEXT : PRINT D$;"CLOSE";F$(I): NEXT I: IF SI = 1 THEN 327
324 A = 0: FOR I = 1 TO NS:A = A + C(I): NEXT
326  IF A > TY THEN PP = 1: PRINT  CHR$ (7): PRINT  CHR$ (30); CHR$ (32); CHR$
(52); CHR$ (11); CHR$ (10);"Die Bereiche überschneiden sich. Bitte neu eingeben
!";: FOR K = 1 TO 3000: NEXT K: GOTO 180
327 SI = 4:CL = 1: IF A$ <  > "P" THEN  GOSUB 10202: PRINT C$: GOSUB 10224: GOTO
334
328  PRINT C$;W$: PRINT : PRINT : PRINT "                        P L O T T E R A U S
G A B E": GOSUB 10002:C1 = C2: IF RA$ = "N" THEN 334
329  IF AA$ = "A4" THEN  GOSUB 10012: GOTO 331
330  GOSUB 10020
331  IF LO$ = "J" THEN  GOSUB 10026
334 Q = 0:PI = 3.1415926:DW = 5:EW = 0:A = PI / 180:R = 45:XM = 140:YM = 95: IF A$
= "P" AND PV$ = "J" THEN XM = 110
336  FOR I = 1 TO NS:SW = EW:DS =  VAL (SD$(I)): IF  RIGHT$ (SD$(I),1) = "H" THEN
VB = 5
337 EW = C(I) * 360 / TY + SW:MW = SW + (EW - SW) / 2:DX = VB *  COS (MW * A):DY =
VB *  SIN (MW * A):XR = XM + DX:YR = YM + DY:XP = XR:YP = YR: GOSUB 10208: IF A$ =
"P" THEN  GOSUB 10008
339  FOR W = SW TO EW STEP DW:XP = XR + R *  COS (W * A):YP = YR + R *  SIN (W *
A): GOSUB 10206: IF A$ = "P" THEN  GOSUB 10006
341  NEXT : IF W <  > EW THEN XP = XR + R *  COS (EW * A):YP = YR + R *  SIN (EW *
A): GOSUB 10206: IF A$ = "P" THEN  GOSUB 10006
343 XP = XR:YP = YR: GOSUB 10206: IF A$ = "P" THEN  GOSUB 10006
345  IF TA$(I) = " " THEN  GOSUB 374: GOTO 355
346 XP = XR + R / 2 *  COS (MW * A):YP = YR + R / 2 *  SIN (MW * A): GOSUB 10208:
IF A$ = "P" THEN  GOSUB 10008
348 XP = XR + 3 * R / 2 *  COS (MW * A):YP = YR + 3 * R / 2 *  SIN (MW * A): GOSUB
10206: IF A$ = "P" THEN  GOSUB 10006
350 M$ = TA$(I):XP = XR + 2 * R *  COS (MW * A) -  LEN (M$) / 2 * 6: IF (MW > 135
AND MW < 225) OR MW > 315 OR MW < 45 THEN YP = YR + 2 * R *  SIN (MW * A)
351  IF (MW > 135 AND MW < 225) OR MW > 315 OR MW < 45 THEN YP = YR + 2 * R *  SIN
(MW * A)
352  IF (MW > 45 AND MW < 135) THEN YP = YP + 10
353  IF (MW > 225 AND MW < 315) THEN YP = YP - 5
354  GOSUB 10210: IF A$ = "P" THEN  GOSUB 10010
355  GOSUB 374:VB = 0: NEXT I: GOSUB 388: IF PV$ = "J" THEN  GOSUB 412
356  IF A$ = "P" THEN  GOSUB 10040: IF BI$ = "J" AND U > 0 THEN  GOSUB 10050
```

```
357  IF A$ = "P" THEN 361
358  IF BI$ = "J" THEN  PRINT D$;"BSAVE";FF$ + ".PIC";",A$4000,L$2000,D";DD;",S";SD
359  IF A$ = "D" THEN  GOSUB 10102: GOTO 361
360  INPUT "";CK$: GOSUB 10202: TEXT : IF PV$ = "J" THEN  PRINT  CHR$ (30); CHR$
(32); CHR$ (55);"Drücken Sie die <RETURN>-Taste !  ";: INPUT "";CK$
361  TEXT : RETURN
373  REM  *** SCHATTIEREN
374  IF DS = 0 THEN  RETURN
375  DS = R / (DS + 1): FOR W = SW + DS TO EW - DS STEP DS
376  XP = XR +  COS (W * A):YP = YR +  SIN (W * A): GOSUB 10208: IF A$ = "P" THEN
GOSUB 10008
378  XP = XR + R *  COS (W * A):YP = YR + R *  SIN (W * A): GOSUB 10206: IF A$ = "P"
THEN  GOSUB 10006
380  NEXT : FOR RA = DS TO R - DS STEP DS
381  XP = XR + RA *  COS (SW * A):YP = YR + RA *  SIN (SW * A): GOSUB 10208: IF A$ =
"P" THEN  GOSUB 10008
383  FOR W = SW + DS TO EW STEP DS:XP = XR + RA *  COS (W * A):YP = YR + RA *  SIN
(W * A): GOSUB 10206: IF A$ = "P" THEN  GOSUB 10006
385  NEXT : IF W <  > EW THEN XP = XR + RA *  COS (EW * A):YP = YR + RA *  SIN (EW
* A): GOSUB 10206: IF A$ = "P" THEN  GOSUB 10006
387  NEXT : RETURN : REM ***BILDUNTERSCHRIFT
388  XP = XM -  LEN (T3$) * 3:YP = 188:M$ = T3$: GOSUB 10210: IF A$ = "P" THEN
GOSUB 10010
410  RETURN
412  REM  **** PROZENTE
413  YP = 13:XP = 1:DY = .5: IF A$ = "P" THEN YP = 188:SI = 2:Q = 0:XP = 220:DY = 5
414  FOR I = NS TO 1 STEP  - 1:M$ = "Summe: " +  STR$ (C(I)) + " = " +  LEFT$ (
STR$ (C(I) / TY * 100),5) + "%": IF A$ = "P" THEN  GOSUB 10010: GOTO 416
415  PRINT  CHR$ (30); CHR$ (72); CHR$ (33 + YP);M$;
416  M$ = TA$(I): IF TA$(I) <  > " " THEN M$ = M$ + ": "
417  IF EI = 0 THEN M$ = M$ +  STR$ (XS(I)) + " < x < " +  STR$ (XE(I))
418  IF A$ = "P" THEN YP = YP - DY: GOSUB 10010: GOTO 423
422  PRINT  CHR$ (30); CHR$ (32); CHR$ (33 + YP);M$;
423  YP = YP - 2 * DY: NEXT :M$ = "Gesamtsumme: " +  STR$ (TY) + " = 100%": IF A$ =
"P" THEN  GOSUB 10010: GOTO 425
424  PRINT  CHR$ (30); CHR$ (72); CHR$ (32 + YP);M$;: PRINT  CHR$ (30); CHR$ (32);
CHR$ (32);"Prozentuale Verteilung der Beträge auf die Sektoren"
425  RETURN
444  POKE 771,2: PRINT C$: PRINT D$;"RUN HELLO,S"; PEEK (773);",D"; PEEK (772)
800  PRINT C$;"Disketten - Inhaltsverzeichnis": FOR I = 1 TO 10: PRINT : NEXT
810  PRINT "Laufwerk-Nr. : ";: GET DR: PRINT :SL =  INT (7 - DR / 2):D = 1: IF  INT
(DR / 2) * 2 = DR THEN D = 2
820  PRINT C$: PRINT D$;"CATALOG,D";D: PRINT : PRINT : PRINT "Drücken Sie die
<RETURN> - Taste !  ";: GET CK$: PRINT
840  RETURN
```

```
6000   REM  ***** FEHLERMELDUNGEN
6002   RESTORE : PRINT  CHR$ (7)
6004 ER =  PEEK (222):EL =  PEEK (218) +  PEEK (219) * 256
6006   FOR T = 1 TO 26: READ TE: IF TE = ER THEN  PRINT D$;"OPEN ERROR .TXT,S"; PEEK
(773);",D"; PEEK (772);",L80": PRINT D$;"READ ERROR .TXT,R";T: & ER$: PRINT
D$;"CLOSE ERROR .TXT": GOTO 6010
6008   NEXT : POKE 216,0:ER$ = "Fehler " +  STR$ (ER) + " in Zeile " +  STR$ (EL)
6010   TEXT : PRINT  CHR$ (30); CHR$ (32); CHR$ (52); CHR$ (11); CHR$ (10);ER$;: FOR
T = 1 TO 2000: NEXT T
6012   GOTO 30
6014   DATA  1,2,3,4,5,6,7,8,9,10,11,12,13,14,42,53,69,77,107,133,163,176,191,224
,254,255
10000  REM **********  PLOTTER - SCHNITTSTELLE *******
10001  REM Speicherstellen START auf Programmanfang setzen
10002  REM Plotter-Initialisierung
10004  REM Transformation von Bildschirm- und Plotterkoordinaten
10006  REM Plotterstift abgesenkt nach XP,YP bringen
10008  REM Plotterstift abgehoben nach XP,YP bringen
10010  REM Text M$ ab Position XP,YP ausgeben
10012  REM Rahmen DIN A4 ausgeben
10020  REM Rahmen DIN A3 ausgeben
10026  REM Logogramm einzeichnen
10038  REM Plotterstift CL auswählen
10040  REM Plotterstift abgehoben auf 0,0-Position bringen
10042  REM zentriertes Symbol MK auf die gegenwärtige Position setzen
10050  REM Plotterbefehle im Arbeitsspeicher bzw. auf Diskette speichern
10100  REM **********  DRUCKER - SCHNITTSTELLE *******
10101  REM Speicherstellen START auf Programmanfang setzen
10102  REM Grafikseite HGR2 auf Drucker bringen
10106  REM tabellarische Ausgabe eines Datensatzes
10124  REM Text M$ ausgeben
10126  REM Formularvorschub
10200  REM **********  MONITOR - SCHNITTSTELLE *******
10201  REM Speicherstellen START auf Programmanfang setzen
10202  REM Initialisierung der hochauflösenden Grafik
10206  REM Linie nach XP,YP ziehen
10208  REM Punkt auf Position XP,YP setzen
10210  REM Text M$ ab Position XP,YP ausgeben
10224  REM Rahmen setzen
10238  REM neue Farbe CL auswählen
10242  REM zentriertes Symbol MK auf die gegenwärtige Position setzen
```

Sicherlich haben Sie bei der Anwendung der beiden Programme
PLOTBA.BAS und PLOTP2.BAS bemerkt, daß diese nicht gerade durch
die Anzahl der Wahlmöglichkeiten für die graphische Darstellung beste-

chen. Besonders bei den beiden Tortengrafik-Programmen sind sie etwas spartanisch ausgefallen. Sie können aber diese Tatsache auch aus einem anderen Blickwinkel betrachten: So ist Ihrer Kreativität im Hinblick auf die Ausgestaltung der Zeichnungen Tür und Tor geöffnet, sei es, daß Sie einen Algorithmus zur Schraffierung der Rechtecke und Kreissegmente entwickeln, sei es, daß Sie eine "räumliche" Darstellung der Säulen und Torten bevorzugen, sei es, daß ...

Sie sehen einmal mehr, daß PLOTGRAF ein Gerüst für Ihre eigenen Ideen im Bereich der Computergrafik ist. Es ist zwar ein recht stabiles, das aber nicht alle Möglichkeiten ausschöpfen kann und soll und das Sie hoffentlich zur Verwirklichung Ihrer Vorstellungen ermuntert.

4.3 Dreidimensionale Datensätze

Die Verarbeitung dreidimensionaler Daten spielt in Naturwissenschaft und Technik eine ähnlich überragende Rolle wie die der zweidimensionalen Daten. Sie setzt dann ein, wenn räumliche Verhältnisse vorliegen, also etwa bei der Beschreibung von Feldern und Wellen, bei der Formulierung von Bewegungsvorgängen oder ähnlichem. Dreidimensionale Daten lassen sich aber nicht nur als Raumkoordinaten verstehen, sondern entstehen allgemein überall dort, wo zwischen drei Werten irgendein rationaler Zusammenhang besteht. Dieser Zusammenhang kann nun ein direkter sein, etwa bei Funktionen der Form:

```
z = f(x,y)
```

oder auch indirekt über einen Parameter T bestehen, wie es bei den Parametergleichungen

```
x = f(t)
y = f(t)
z = f(t)
```

der Fall ist. Die Verarbeitung von Datensätzen, deren Elemente in keiner Beziehung zueinander stehen, ist in der Regel wenig sinnvoll und wird hier nicht weiter behandelt.

Vergleicht man numerische und graphische Darstellung dreidimensionaler Daten, so wird hier am deutlichsten klar, daß die Grafik die dem Menschen am nächsten liegende Form der Informationsverarbeitung ist. Was bei einspaltigen Tabellen noch einigermaßen überschaubar ist, ist bei der numerischen Ausgabe dreidimensionaler Daten zu einem unübersichtlichen Zahlenwust angewachsen. Für die Grafikausgabe selbst bestehen je nach Art der Problemstellung mehrere Möglichkeiten der Wahl des Koordinatensystems, so etwa die Kugelkoordinaten. Am gebräuchlichsten jedoch ist die Darstellung im kartesischen Koordinatensystem, das wir bereits im letzten Kapitel kennengelernt haben. Durch Hinzunahme einer dritten

Achse Z, die rechtwinklig auf den beiden andern Achsen angeordnet ist, wird die graphische Entsprechung der dritten Tabellenspalte realisiert.

4.3.1 Datensatz-Erstellung

4.3.1.1 Die Erzeugung dreidimensionaler Datensätze: Programm DATA3D.BAS

Wie oben schon angedeutet wurde, besteht zwischen der Verarbeitung und somit auch der Erzeugung zwei- und dreidimensionaler Daten lediglich der Unterschied, auch die dritte Tabellenspalte bewerten zu müssen. Diese Gemeinsamkeiten schlagen sich natürlich auch in der Struktur der beiden Programme nieder, die diese Datensätze erstellen: Beide sind fast identisch. Deshalb hier nur eine Kurzbeschreibung, während Sie die grundsätzliche Problemstellung und deren Lösungen in ausführlicherer Form im Abschnitt 4.2.1.1 behandelt finden.

Das Programm beginnt mit den drei Leerzeilen, die später die Funktionsunterprogramme zur Datensatzberechnung enthalten werden. Die maximale Größe für einen Datenblock beträgt 1000 Elemente, sie wird in Zeile 22 voreingestellt. Nach der Ausgabe des Startmenues und Zuordnung der Menueauswahl zur Variablen CK$ folgen die Unterprogramme "DATEN AUFLISTEN" und "DATEN SPEICHERN". Der Kopf der Datei wird dabei wie folgt belegt:

```
Satz-Nr.   Variable              Inhalt

   0       WI            Feldweite = 45 (15 für jede Spalte)
           NI            Gesamtzahl der Elemente
           NX            Anzahl der Elemente in X-Richtung
           NY            Anzahl der Elemente in Y-Richtung
   1       X1            kleinster X-Wert
           X2            größter X-Wert
           Y1            kleinster Y-Wert
   2       Y2            größter Y-Wert
           Z1            kleinster Z-Wert
           Z2            größter Z-Wert
   3       T2$,T3$,T4$   Spaltentexte
   4       T1$           zusätzlicher Kommentartext

(Bei der Erzeugung parametrischer Datensätze entfallen die letzten beiden
Eintragungen in Satz 0)
```

Das Unterprogramm "DATENSATZ ERZEUGEN" ist wieder für die Auswahl zwischen manueller/halbautomatischer Eingabe und Berechnung mit Hilfe von Funktions- oder Parametergleichungen vorgesehen. Das Unterprogramm, das die Aufgabe übernimmt, die Gleichungstexte in Programmzeilen umzuwandeln und an den Anfang des Programms zu stellen,

befindet sich in den Zeilen 600 bis 630 und wird bei Verarbeitung einer
Funktionsgleichung einmal, bei Verarbeitung von Parametergleichungen
dreimal aufgerufen. Auch hier steht wieder die Möglichkeit zur Verfügung, die entsprechende(n) Gleichung(en) von Diskette zu laden, die
Standard-Dateinamen lauten FUNK3D.FKT bzw. FUNK3P.FKT, sie
werden in den Zeilen 306, 308 und 309 beschrieben und in 601 und 602
gelesen.

PROGRAMM: DATA3D.BAS

```
0  REM
1  REM
2  REM
11  PRINT  CHR$ (30); CHR$ (32); CHR$ (32); CHR$ (29);"Druckertreiber wird
geladen": POKE 103, PEEK (175) - 2: POKE 104, PEEK (176): PRINT  CHR$ (4);"RUN
PRINT .OVR"
12  ONERR  GOTO 6000
17  D$ =  CHR$ (4):WI = 45:HT = 1403:W$ =  CHR$ (30) +  CHR$ (48) +  CHR$ (42) + "B
I T T E    W A R T E N    !":TA$ =  CHR$ (30) +  CHR$ (48) +  CHR$ (45): FOR I = 1
TO 10:LF$ = LF$ +  CHR$ (13): NEXT :C$ =  CHR$ (12)
22  AM = 1000: DIM X(AM),Y(AM),Z(AM): DIM TK(17),TK$(17)
26  PRINT C$: PRINT "Erzeugung und Verarbeitung dreidimensionaler Datensätze":
PRINT : PRINT : PRINT : PRINT "Bitte wählen Sie eine der folgenden Möglichkeiten :"
34  PRINT : PRINT
36  PRINT "          (E)   Erstellen eines neuen Datensatzes"
38  PRINT "          (L)   Einlesen der Daten von Diskette"
40  PRINT "          (A)   Datensatz auflisten"
42  PRINT "          (V)   Datensatz aktualisieren"
44  PRINT "          (S)   Datensatz auf Diskette ablegen"
46  PRINT "          (M)   zurück zum Hauptmenue"
48  PRINT "          (I)   Inhaltsverzeichnis der Diskette"
50  PRINT : PRINT
52  PRINT "Sie wünschen ? ";: GET CK$: PRINT :TK$ = "ELAVSMI": FOR I = 1 TO 7: IF
CK$ =  MID$ (TK$,I,1) THEN CK = I: GOTO 54
53  NEXT
54  ON CK GOSUB 146,524,60,412,104,522,1100
56  GOTO 26
60  REM    ********************** DATEN AUFLISTEN
62  PRINT C$: PRINT "numerische Datenausgabe": PRINT LF$: PRINT "Ausgabegerät :
(B) ==> Bildschirm        (D) ==> Drucker ";: GET CK$: PRINT : PRINT
63  IF F$ = "" THEN F$ = "hat keinen Namen"
68  PRINT C$: IF CK$ = "D" THEN 72
69  PRINT : PRINT : PRINT : PRINT "          Datensatz ";F$: PRINT : PRINT T1$:
PRINT : PRINT "Punkt     ";T2$;: POKE HT,38: PRINT T3$;: POKE HT,60: PRINT T4$:
PRINT
```

```
70   FOR J = 1 TO NI: PRINT J;: POKE HT,11: PRINT X(J);: POKE HT,38: PRINT Y(J);:
POKE HT,60: PRINT Z(J): NEXT
71   PRINT : PRINT : INPUT "Drücken Sie die <RETURN>-Taste ! ";CK$: GOTO 102
72   PRINT C$: PRINT W$: PRINT TA$;"D R U C K E R A U S G A B E ": GOSUB 10106
102  RETURN
104  REM    ******************** DATEN AUF DISKETTE SPEICHERN
106  PRINT C$: PRINT "Daten auf Diskette ablegen ": PRINT LF$: PRINT : PRINT :
INPUT "Spaltentexte X,Y,Z : ";T2$,T3$,T4$: PRINT "Zusatztext : ";: & T1$: INPUT
"Filename : ";F$: PRINT : IF F$ = "" THEN  RETURN
115 F$ = F$ + ".DAT"
116  PRINT "Laufwerk-Nr. :";: GET DR:SL =  INT (7 - DR / 2):D = 1: IF  INT (DR / 2)
* 2 = DR THEN D = 2
117 ST = 0:I = NI
118  PRINT C$: PRINT W$
119  PRINT TA$;"Datensatz "; LEFT$ (F$, LEN (F$) - 4);" wird auf Diskette abgelegt"
120 SL =  INT (7 - DR / 2):D = 1: IF  INT (DR / 2) * 2 = DR THEN D = 2
122  PRINT D$;"OPEN";F$;",D";D;",S";SL;",L45": PRINT D$;"WRITE";F$;",R0": PRINT WI:
PRINT I: PRINT NX: PRINT NY
124  PRINT D$;"WRITE";F$;",R1": PRINT X1: PRINT X2: PRINT Y1: PRINT
D$;"WRITE";F$;",R2": PRINT Y2: PRINT Z1: PRINT Z2
126  PRINT D$;"WRITE";F$;",R3": PRINT T2$: PRINT T3$: PRINT T4$: PRINT
D$;"WRITE";F$;",R4": PRINT T1$
128  FOR J = 1 TO NI
130  PRINT D$;"WRITE";F$;",R";J + ST * AM + 4: PRINT X(J): PRINT Y(J): PRINT Z(J):
NEXT : PRINT D$;"CLOSE"
144  RETURN
146  REM    ******************* DATENFILE ERZEUGEN
147 X1 = 1E37:X2 =   - X1:Y1 = X1:Y2 = X2:Z1 = X1:Z2 = X2:F$ = "":T1$ = F$:T2$ =
F$:T3$ = F$:T4$ = F$
148  PRINT C$;: PRINT "Erstellung eines dreidimensionalen Datensatzes": PRINT LF$:I
= 0:NI = 0
158  PRINT "Bitte wählen Sie eine der folgenden Eingabemöglichkeiten aus :": PRINT
: PRINT
162  PRINT "                    (A)     automatische Erzeugung der X,Y-Abstände"
164  PRINT "                    (H)     manuelle Eingabe der X,Y-Abstände"
166  PRINT "                    (F)     Datensatz mit einer Funktionsgleichung
berechnen"
167  PRINT "                    (P)     Datensatz mit einer Parametergleichung
berechnen"
168  PRINT "                    (M)     zurück zum Menue"
170  PRINT : PRINT : PRINT "Sie wünschen ? ";: GET CK$: PRINT :TK$ = "AHFPM": FOR I
= 1 TO 5: IF CK$ =  MID$ (TK$,I,1) THEN CK = I: GOTO 176
171  NEXT
176  ON CK GOTO 236,186,301,301,26
184  GOTO 148
```

```
186  REM     ******************* MANUELLE EINGABE
187 I = 0:NI = 0
188  PRINT C$;: PRINT "(K) ==> letzten Punkt korrigieren      (M) ==> zurück zum
Menue": PRINT "                    oder Dateneingabe": PRINT LF$
190  PRINT "Punkt": PRINT : PRINT "  X(I) =": PRINT "  Y(I) =": PRINT "  Z(I) ="
192 I = I + 1
194  PRINT  CHR$ (30); CHR$ (39); CHR$ (45); CHR$ (29);I
196  PRINT  CHR$ (30); CHR$ (42); CHR$ (47); CHR$ (29); CHR$ (10); CHR$ (29); CHR$
(10); CHR$ (29)
197  PRINT  CHR$ (30); CHR$ (42); CHR$ (47);: INPUT "";CK$
198  IF CK$ = "K" THEN I = I - 1: GOTO 207
199  IF CK$ <  > "M" THEN 206
200  PRINT  CHR$ (30); CHR$ (32); CHR$ (53);"Anzahl der Daten in X-Richtung :":
PRINT "Anzahl der Daten in Y-Richtung :": PRINT  CHR$ (30); CHR$ (65); CHR$ (53);:
INPUT "";NX: PRINT  CHR$ (30); CHR$ (65); CHR$ (54);: INPUT "";NY
201 NI = I - 1: GOTO 210
206 X(I) =  VAL (CK$): PRINT  CHR$ (30); CHR$ (42); CHR$ (48);: INPUT "";Y(I):
PRINT  CHR$ (30); CHR$ (42); CHR$ (49);: INPUT "";Z(I): GOTO 192
207  PRINT  CHR$ (30); CHR$ (39); CHR$ (45); CHR$ (29);I
208  PRINT  CHR$ (30); CHR$ (42); CHR$ (47); CHR$ (29);X(I): PRINT  CHR$ (30); CHR$
(42); CHR$ (48); CHR$ (29);Y(I): PRINT  CHR$ (30); CHR$ (42); CHR$ (49); CHR$
(29);Z(I): GOTO 197
210  FOR I = 1 TO NI: IF X(I) < X1 THEN X1 = X(I)
211  IF X(I) > X2 THEN X2 = X(I)
212  IF Y(I) < Y1 THEN Y1 = Y(I)
213  IF Y(I) > Y2 THEN Y2 = Y(I)
214  IF Z(I) < Z1 THEN Z1 = Z(I)
215  IF Z(I) > Z2 THEN Z2 = Z(I)
216  NEXT
232  RETURN
236  REM     ***************** AUTOMATISCHE ABSTÄNDE
238  PRINT C$;"manuelle Dateneingabe mit automatischen X-Y - Vorgaben";: PRINT LF$
239 T$ =  CHR$ (30) +  CHR$ (53)
240  PRINT "X - Startwert : ....": PRINT "X - Endwert : ......": PRINT "X -
Schrittweite : ..": PRINT : PRINT "Y - Startwert : ....": PRINT "Y - Endwert :
......": PRINT "Y - Schrittweite : .."
246  PRINT T$; CHR$ (43);: INPUT "";XS: PRINT T$; CHR$ (44);: INPUT "";XE: PRINT
T$; CHR$ (45);: INPUT "";DX: PRINT T$; CHR$ (47);: INPUT "";YS: PRINT T$; CHR$
(48);: INPUT "";YE: PRINT T$; CHR$ (49);: INPUT "";DY
256 I = 0
258 NX = 1 + (XE - XS) / DX:NY = 1 + (YE - YS) / DY:N = NX * NY:N =  ABS (N)
261  PRINT C$;"(K) ==> letzten Wert korrigieren      (M) ==> zurück zum
Menue": PRINT "                    oder Dateneingabe": PRINT : PRINT :
262  PRINT "Es werden ";N;" Punkte eingegeben."
```

```
263  PRINT : PRINT : PRINT : PRINT : PRINT "Punkt": PRINT : PRINT : PRINT "  X(I)
 =": PRINT "  Y(I) =": PRINT "  Z(I) =":T$ =  CHR$ (30) +  CHR$ (41)
264  FOR IX = 1 TO NX: FOR IY = 1 TO NY
268  I = I + 1
270  PRINT  CHR$ (30); CHR$ (38); CHR$ (41); CHR$ (29);I:X(I) = IX:Y(I) = IY
276  PRINT T$; CHR$ (44); CHR$ (29);X(I)
278  PRINT T$; CHR$ (45); CHR$ (29);Y(I)
279  PRINT T$; CHR$ (46); CHR$ (29);: INPUT "";CK$
280  IF CK$ = "K" THEN I = I - 1: GOTO 285
281  IF CK$ = "M" THEN NI = I - 1: GOTO 290
282  Z(I) =  VAL (CK$): NEXT IY: NEXT IX:NI = I: GOTO 290
285  PRINT  CHR$ (30); CHR$ (38); CHR$ (41); CHR$ (29);I;" wiederholen"
286  GOTO 276
290  GOSUB 210: RETURN
300  REM      *************** BERECHNUNG MIT FORMEL
301 VA$ = "einer Funktionsgleichung": IF CK = 4 THEN VA$ = "Parametergleichungen"
 (T)"
303  PRINT VA$: PRINT : PRINT "nachstehend ein (max. 255 Zeichen).": PRINT
"Verwenden Sie dabei die BASIC - Notation mit den Ausdrücken SIN, ": PRINT "COS,
TAN, ATN, EXP, LOG, INT, ABS, RND, SQR, SGN, +, -, *, /, ^, =."
304  PRINT "Sie können aber auch mit <RETURN> die letzte von Ihnen benutzte
Gleichung": PRINT "übernehmen.": PRINT : PRINT "Vordefinierte Konstanten :     PI =
3.1415926"
305 G1$ = "":G2$ = G1$:G3$ = G2$:P = 0: GOSUB 400
306 FF$ = "FUNK3D.FKT": IF CK = 4 THEN FF$ = "FUNK3P.FKT":VA$ = "X":A = 2052:PP =
1: GOSUB 600:G1$ = G$:VA$ = "Y":A = 2292:PP = 2: GOSUB 600:G2$ = G$
307 PP = 3:VA$ = "Z":A = 2532: GOSUB 600:G3$ = G$
308  PRINT D$;"OPEN";FF$;",S"; PEEK (773);",D"; PEEK (772): PRINT D$;"DELETE";FF$:
PRINT D$;"OPEN";FF$: PRINT D$;"WRITE";FF$: PRINT G3$: PRINT D$;"WRITE";FF$: PRINT
G1$: PRINT D$;"WRITE";FF$: PRINT G2$
309  PRINT D$;"CLOSE";FF$
310 VA$ = "Gleichung": IF CK = 4 THEN VA$ = "parametrischen Funktion"
331  PRINT C$;: PRINT "Berechnung mit einer ";VA$: PRINT : PRINT : PRINT G1$: PRINT
G2$: PRINT G3$: PRINT : PRINT : PRINT : PRINT : PRINT
332 T$ =  CHR$ (30) +  CHR$ (54):VA$ = "X": IF CK = 4 THEN VA$ = "T"
333  PRINT VA$;" - Startwert : .....": PRINT VA$;" - Endwert : .......": PRINT
VA$;" - Schrittweite : ..": IF CK = 3 THEN  PRINT : PRINT "Y - Startwert : .....":
PRINT "Y - Endwert : .......": PRINT "Y - Schrittweite : .."
339  PRINT T$; CHR$ (43);: INPUT "";XS: PRINT T$; CHR$ (44);: INPUT "";XE: PRINT
T$; CHR$ (45);: INPUT "";DX:NX = 1 + (XE - XS) / DX:NY = 1
340  IF CK = 3 THEN  PRINT T$; CHR$ (47);: INPUT "";YS: PRINT T$; CHR$ (48);: INPUT
"";YE: PRINT T$; CHR$ (49);: INPUT "";DY:NY = 1 + (YE - YS) / DY
348 N =  INT ( ABS (NX * NY))
351  PRINT  CHR$ (30); CHR$ (32); CHR$ (42); CHR$ (11)
```

```
352  PRINT : PRINT : PRINT "Es werden ";N;" Punkte berechnet, die etwa ";1 +  INT
((500 + N * 8) / 256);" Sektoren auf der Diskette": PRINT "belegen.": FOR I = 1 TO
3000: NEXT I
353  IF N > AM THEN  PRINT : PRINT "Zur Erhöhung der Datensicherheit werden jeweils
";AM;" Punkte auf Diskette": PRINT "zwischengespeichert. Es ist daher nach
Beendigung der Berechnungen keine": PRINT "Abspeicherung mehr notwendig."
355  IF N > AM THEN  PRINT : INPUT "Filename : ";F$: IF F$ = "" THEN  RETURN
356  IF N > AM THEN  PRINT : PRINT "Laufwerk-Nr. : ";: GET DR: PRINT : INPUT
"Spaltentexte X,Y,Z : ";T1$,T2$,T3$: PRINT : PRINT "Zusatztext : ";: & T4$:F$ = F$
+ ".DAT"
362  PRINT C$: PRINT W$
363 RE$ =  CHR$ (30) +  CHR$ (45) +  CHR$ (50) +  CHR$ (11) + "Datensatz wird
berechnet" +  CHR$ (30) +  CHR$ (51) +  CHR$ (47) + "Punkt      von " +  STR$ (N)
367  PRINT RE$
368 I = 0:ST = 0:Q = 0:PI = 3.1415926: IF CK = 4 THEN 385
370  FOR X = XS TO XE STEP DX: FOR Y = YS TO YE STEP DY
374 I = I + 1:Q = Q + 1: PRINT  CHR$ (30); CHR$ (57); CHR$ (47);Q: IF I > AM THEN I
= 1:NI = AM: GOSUB 119:ST = ST + 1: PRINT RE$
375 X(I) = X:Y(I) = Y: GOSUB 2
378  IF Z(I) < Z1 THEN Z1 = Z(I)
379  IF Z(I) > Z2 THEN Z2 = Z(I)
380  NEXT : NEXT :I = Q - ST * AM:NI = I:X1 = XS:X2 = XE:Y1 = YS:Y2 = YE: IF ST > 0
THEN  GOSUB 119
381  GOTO 394
385  FOR T = XS TO XE STEP DX
386 I = I + 1:Q = Q + 1: PRINT  CHR$ (30); CHR$ (57); CHR$ (47);Q: IF I > AM THEN I
= 1:NI = AM: GOSUB 119:ST = ST + 1: PRINT RE$
387  GOSUB 0: GOSUB 1: GOSUB 2: IF Y(I) < Y1 THEN Y1 = Y(I)
388  IF Y(I) > Y2 THEN Y2 = Y(I)
389  IF Z(I) < Z1 THEN Z1 = Z(I)
390  IF Z(I) > Z2 THEN Z2 = Z(I)
391  IF X(I) < X1 THEN X1 = X(I)
392  IF X(I) > X2 THEN X2 = X(I)
393  NEXT :I = Q - ST * AM:NI = I: IF ST > 0 THEN  GOSUB 119
394  RETURN
400  RESTORE : FOR J = 1 TO 17: READ TK$(J),TK(J): NEXT : RETURN
402  DATA    "+",200,"-
",201,"*",202,"/",203,"^",204,"=",208,"SQR",218,"EXP",221,"SIN",223,"COS",222,"TAN"
,224,"ATN",225,"INT",211,"SGN",210,"ABS",212,"RND",219,"LOG",220
412  REM    ******************* DATEN AKTUALISIEREN
414  PRINT C$: PRINT "Daten aktualisieren ": PRINT LF$: PRINT "(A) ==> Daten ändern
(H) ==> Daten hinzufügen    (M) ==> zurück zum Menue ";: GET CK$: PRINT
424  IF CK$ = "A" THEN 434
426  IF CK$ = "H" THEN 474
428  IF CK$ = "M" THEN  RETURN
```

```
430   GOTO 414
432   REM    ******************** DATEN ÄNDERN
434   PRINT C$;LF$;: INPUT "Punkt (I), I=";I: PRINT
440   PRINT "Die jetzigen Werte lauten :   X (";I;") = ";X(I): PRINT "
Y (";I;") = ";Y(I): PRINT "                      Z (";I;") = ";Z(I): PRINT
: PRINT "neue Werte :"
448   INPUT "X(I),Y(I),Z(I) = ";X(I),Y(I),Z(I): PRINT : PRINT "   X (";I;") =
";X(I): PRINT "   Y (";I;") = ";Y(I): PRINT "   Z (";I;") = ";Z(I): PRINT : PRINT
"korrekt (J/N) ? ";: GET CK$: PRINT
460   IF CK$ = "N" THEN 466
462   GOTO 414
466   PRINT C$;"Punkt ";I;" wiederholen";LF$: GOTO 440
472   REM    ********************* DATEN HINZUFÜGEN
474 I = NI + 1: GOTO 188
510   REM    ********************* 10 ZEILEN VORSCHUB
512   FOR LF = 1 TO 10: PRINT : NEXT : RETURN
522   POKE 771,3: PRINT D$;"RUNHELLO,S"; PEEK (773);",D"; PEEK (772)
524   REM              FILE LESEN
526   PRINT C$: PRINT "Datensatz von Diskette lesen": PRINT LF$
530   INPUT "Filename : ";F$: PRINT : IF F$ = "" THEN  RETURN
533 ST = 1
534   PRINT "Laufwerk-Nr. : ";: GET DR: PRINT :SL =  INT (7 - DR / 2):D = 1: IF  INT
(DR / 2) * 2 = DR THEN D = 2
535   PRINT C$: PRINT W$: PRINT TA$;"Datensatz ";F$;" wird von Diskette gelesen"
536 F$ = F$ + ".DAT"
542   PRINT D$;"OPEN";F$;",D";D;",S";SL;",L45": PRINT D$;"READ";F$;",R0": INPUT WI:
INPUT NI
543   IF NI > AM THEN  PRINT D$;"CLOSE": PRINT C$: PRINT LF$: PRINT "Der angegebene
Datensatz enthält ";NI;" Punkte, also "; INT (1 + NI / AM);" Blöcke zu je": PRINT
AM;" Punkten. Welcher Block soll gelesen werden ?";
544   IF NI > AM THEN  INPUT "";ST:NI = AM: PRINT W$; CHR$ (11): PRINT
TA$;"Datensatz "; LEFT$ (F$, LEN (F$) - 4);" wird von Diskette gelesen": PRINT
D$;"OPEN";F$;",L45,S";SL;",D";D
550   PRINT D$;"READ";F$;",R1": INPUT X1: INPUT X2: INPUT Y1: PRINT
D$;"READ";F$;",R2": INPUT Y2: INPUT Z1: INPUT Z2: PRINT D$;"READ";F$;",R3": & T2$:
& T3$: & T4$: PRINT D$;"READ";F$;",R4": & T1$
574   FOR J = 1 TO NI: PRINT D$;"READ";F$;",R";J + (ST - 1) * AM + 4: INPUT X(J):
INPUT Y(J): INPUT Z(J): NEXT : PRINT D$;"CLOSE"
576   RETURN
600   PRINT  CHR$ (30); CHR$ (32); CHR$ (49);"Gleichung für ";VA$;" : ": PRINT  CHR$
(30); CHR$ (34); CHR$ (50); CHR$ (11): & G$: IF G$ <  > "" THEN 606
601 P = 1: PRINT D$;"OPEN";FF$;",S6,D1": PRINT D$;"READ";FF$: & G$(3): IF CK = 4
THEN  PRINT D$;"READ";FF$: & G$(1): PRINT D$;"READ";FF$: & G$(2)
602   PRINT D$;"CLOSE";FF$: PRINT  CHR$ (30); CHR$ (32); CHR$ (51);G$(PP): PRINT
CHR$ (30); CHR$ (32); CHR$ (51);: & G$
```

```
606  FOR I = 1 TO  LEN (G$):A1$ =  MID$ (G$,I,1):A2$ =  MID$ (G$,I,3):A = A + 1
610  FOR J = 1 TO 6: IF A1$ = TK$(J) THEN  POKE A,TK(J): GOTO 626
611  NEXT : FOR J = 7 TO 17: IF A2$ = TK$(J) THEN  POKE A,TK(J):I = I + 2: GOTO 626
612  NEXT
623  IF A1$ = "X" OR A1$ = "Y" OR A1$ = "Z" THEN  POKE A, ASC (A1$):A = A + 1: POKE
A,40:A = A + 1: POKE A,73:A = A + 1: POKE A,41: GOTO 626
625  POKE A, ASC (A1$)
626  NEXT I
630 A = A + 1: POKE A,58: POKE A + 1,177: POKE A + 2,58: POKE A + 3,178: RETURN
1100  PRINT C$: PRINT "Disketten - Inhaltsverzeichnis": PRINT LF$: PRINT "Laufwerk-
Nr. : ";: GET DR: PRINT :SL =  INT (7 - DR / 2):D = 1: IF  INT (DR / 2) * 2 = DR
THEN D = 2
1106  PRINT C$: PRINT D$;"CATALOG,D";D;",S";SL: PRINT : PRINT : PRINT : INPUT
"Drücken Sie die <RETURN>-Taste ! ";CK$
1140  RETURN
6000  REM   ***** FEHLERMELDUNGEN
6002  PRINT  CHR$ (7)
6004 ER =  PEEK (222):EL =  PEEK (218) +  PEEK (219) * 256
6006  FOR T = 1 TO 26: READ TE: IF TE = ER THEN  PRINT D$;"OPEN ERROR .TXT,S"; PEEK
(773);",D"; PEEK (772);",L80": PRINT D$;"READ ERROR .TXT,R";T: & ER$: PRINT
D$;"CLOSE ERROR .TXT": GOTO 6010
6008  NEXT : POKE 216,0:ER$ = "Fehler " +  STR$ (ER) + " in Zeile " +  STR$ (EL)
6010  TEXT : PRINT  CHR$ (30); CHR$ (32); CHR$ (52); CHR$ (11); CHR$ (10);ER$;: FOR
T = 1 TO 2000: NEXT T
6012  GOTO 26
6014  DATA 1,2,3,4,5,6,7,8,9,10,11,12,13,14,42,53,69,77,107,133,163,176,191,224
,254,255
10100  REM ********* DRUCKER - SCHNITTSTELLE ******
10101  REM Speicherstellen START auf Programmanfang setzen
10102  REM Grafikseite HGR2 auf Drucker bringen
10106  REM tabellarische Ausgabe eines Datensatzes
10124  REM Text M$ ausgeben
10126  REM Formularvorschub
```

4.3.1.2 Interpolation dreidimensionaler Datensätze mit kubischen Splines: Programm DATANE.BAS

Wegen der Absicht, auch die Verarbeitung von Meßreihen oder sonstwie empirisch gewonnener Daten zu gestatten, wurde im vorigen Programm auch wieder eine manuelle Eingabemöglichkeit vorgesehen. Da diese Daten jedoch häufig nicht in genügender Anzahl vorliegen, sind in der späteren Grafikausgabe durch den abrupten Übergang von einem Liniensegment auf das nächste an jedem Knotenpunkt Sprung- und Knickstellen vorhanden, Unstetigkeiten also, die in natura nicht auftreten können.

Der Gedanke liegt also nahe, die im Kapitel "Zweidimensionale Datensätze" bereits beschriebenen kubischen Splinealgorithmen zur Glättung bzw. Berechnung von Zwischenwerten auch für dreidimensionale Daten nutzbar zu machen. Da die Daten aber auf der Diskette nicht in der Reihenfolge vorliegen, wie man sie approximieren möchte, ist es hilfreich, sich zunächst ein wenig mit der Datensatzstruktur zu befassen.

Wie aus dem Programmlisting zu DATA3D.BAS hervorgeht, wird bei der Datensatzerstellung mit X- und Y-Vorgaben zunächst der kleinste X-Wert konstant gehalten, um nun ausgehend vom kleinsten Y-Wert schrittweise die zugehörigen Z-Koordinaten abzufragen. Dann wird X um die vorgegebene Schrittweite erhöht, das Spiel beginnt von neuem. Am Ende dieser Eingabeprozedur sind die Daten nach folgendem Schema gespeichert (aus Übersichtlichkeitsgründen wurde jedes Wertetripel mit X gekennzeichnet):

```
        AY | X X X . . . X
    Z   .  | . . . . . . .
    e   .  | . . . . . . .
    i   .  | . . . . . . .
    l   3  | X X X . . . X
    e   2  | X X X . . . X
        1  | X X X . . . X
           |‾‾‾‾‾‾‾‾‾‾‾‾‾‾‾
             1 2 3 . . . AX
               Spalte
```

In derselben Reihenfolge werden die Daten auch auf Diskette abgelegt. Es bietet sich also an, die Approximation zunächst AX-Mal über alle Stützstellenwerte einer Spalte durchzuführen und anschließend die gewonnenen Zwischenwerte zur Approximation in X-Richtung mitzubenutzen: Nehmen wir an, unser Datensatz bestünde aus 3x3 Punkten und solle auf 7x7 Werte erweitert werden.

Nach dem ersten Aufruf des Approximations-Unterprogramms sähe obiges Schema wie folgt aus:

```
    7 | X - - X - - X
    6 | O - - - - - -
    5 | O - - - - - -
    4 | X - - X - - X
    3 | O - - - - - -
    2 | O - - - - - -
    1 | X - - X - - X
      |‾‾‾‾‾‾‾‾‾‾‾‾‾‾
        1 2 3 4 5 6 7
```

```
"X" = Punkt des ursprünglichen Daten-
      satzes; jetzt Stützstelle;
"O" = interpolierter Zwischenwert
"-" = keine Eintragung
```

Ist dieser Prozeß schließlich dreimal erfolgt, dann wird beginnend beim kleinsten Y-Wert über die X-Werte interpoliert. Die Abbildung zeigt die Verhältnisse nach der vierten Approximation. Wie leicht zu sehen ist, ist der gesamte Approximationsvorgang nach zehn Durchgängen abgeschlossen: Alle Leerstellen zwischen den Stützstellen sind durch Zwischenwerte aufgefüllt, der Zusammenhang zwischen Position und Wertigkeit der Einzelpunkte innerhalb des Datensatzes ist der gleiche wie vorher.

```
7 | 0 - - X - - X
6 | 0 - - 0 - - 0
5 | 0 - - 0 - - 0
4 | X - - X - - X
3 | 0 - - 0 - - 0
2 | 0 - - 0 - - 0
1 | X 0 0 X 0 0 X
  |___________________
    1 2 3 4 5 6 7
```

Daß das Hauptproblem dieses Programms neben der eigentlichen Approximation nur im Aufsuchen der korrekten Satz-Nr. beim Lesen und Speichern liegt, zeigt sich auch daran, daß es das kürzeste PLOTGRAF-Programm ist. Aus diesem Grund kann wegen der Felddimensionierung in Zeile 18 und 22 aus einer maximal 50x50 Elemente umfassenden Datei ein 4 Millionen (2000x2000) Punkte langer Datensatz erzeugt werden, der auf dem Speichermedium einen Platzbedarf von etwa 60 MByte hat. Mit dessen Berechnung ist der APPLE allerdings auch einige Stunden beschäftigt.

Nach Ausgabe des Startmenues und Einlesen der gewünschten Option folgt das Unterprogramm "DATEN AUFLISTEN" und drei Unterprogramme, die für die Speicherung der berechneten Daten auf Diskette zuständig sind. Das erste, SAVE1, wird nach den ersten Approximationsdurchgängen aufgerufen, es berechnet die korrekte Satznummer für den aktuellen Punkt und trägt ihn anschließend dort ein. Das zweite, SAVE2, führt nach AX Approximationen dieselben Operationen für die Daten in X- Richtung aus. Da die neue Datei lediglich die Werte der alten, ergänzt um die Zwischenwerte, enthält, müssen natürlich auch die Datensatzparameter beider Dateien übereinstimmen. Sie werden deshalb im nächsten Unterprogramm ab Zeile 120 einfach kopiert.

In Zeile 146 beginnt der Kern des Programms mit den Abfragen der Namen der zu approximierenden Datei und die Anzahl der Elemente, die der neue Datensatz zeilen- und spaltenweise erhalten soll. Da die Extremwerte des alten gleichzeitig die Extremwerte des neuen Datensatzes sind, kann die Punktzahl in jeder Richtung mit

```
NX = AX + N * (AX-1)
```

bzw.

```
    NY = AY + N * (AY-1)
```

ermittelt werden, wobei N die Anzahl der Zwischenwerte bedeutet und
naturgemäß ganzzahlig sein muß. Wurde für NX oder NY eine ungültige
Zahl eingegeben, so wird eine neue Eingabe angefordert.

Zeile 182 setzt alle Glättungskoeffizienten P und Q auf den Mittelwert 5,
anschließend wird die zu approximierende Datei eröffnet, die Inhalte mit
konstanter X-Koordinate eingelesen und in den Feldvariablen X5(I),
Y5(I) gespeichert. Diese Felder werden dem Approximationsunterpro-
gramm ab Zeile 220 übergeben, das die neuen Werte in X(I), Y(I) ablegt.
Das Unterprogramm selbst ist mit dem in DATAAP.BAS beschriebenen
identisch. Nach Rücksprung kann der Kurvenzug nun durch Aufruf von
SAVE1 auf Diskette abgelegt werden. Mit Hilfe der Variablen Z, die bei
jedem Speichervorgang um 1 erhöht wird und die mit der Gesamtzahl der
Approximationen verglichen wird, ist dabei für den Benutzer eine
Grobabschätzung des Zeitbedarfs für den Programmlauf möglich.

In ähnlicher Weise werden in den Programmzeilen 189 bis 196 die Kur-
venzüge für konstante Y-Werte erzeugt.

PROGRAMM: DATANE.BAS

```
11  PRINT  CHR$ (30); CHR$ (32); CHR$ (32); CHR$ (29);"Druckertreiber wird
geladen": POKE 103, PEEK (175) - 2: POKE 104, PEEK (176): PRINT  CHR$ (4);"RUN
PRINT .OVR,S"; PEEK (773);",D"; PEEK (772)
12  HT = 1403:WI = 45
13  ONERR  GOTO 6000
17  D$ =  CHR$ (4):C$ =  CHR$ (12):W$ =  CHR$ (30) +  CHR$ (52) +  CHR$ (42) + "B I
T T E    W A R T E N    !":TA$ =  CHR$ (30) +  CHR$ (52) +  CHR$ (45):LF$ =  CHR$
(13): FOR I = 1 TO 9:LF$ = LF$ +  CHR$ (13): NEXT
18  IN = 50:OUT = 2000
22  DIM
P(IN),Q(IN),X5(IN),Y5(IN),A(IN),B(IN),C(IN),D(IN),Y1(IN),PX(IN),X(OUT),Y(OUT)
26  PRINT C$: PRINT : PRINT "Verarbeitung dreidimensionaler Datensätze für diskrete
Werte": PRINT : PRINT : PRINT : PRINT "Bitte wählen Sie eine der folgenden
Möglichkeiten :"
34  PRINT : PRINT
36  PRINT "              (E)    Erstellen eines neuen Datensatzes"
46  PRINT "              (M)    zurück zum Hauptmenue"
48  PRINT "              (I)    Inhaltsverzeichnis der Diskette"
50  PRINT : PRINT : PRINT "Sie wünschen ? ";: GET CK$: PRINT :TK$ = "EMI": FOR I =
1 TO 3: IF CK$ =  MID$ (TK$,I,1) THEN CK = I: GOTO 56
55  NEXT
56  ON CK GOSUB 146,306,350
58  GOTO 26
104  REM   ********************** DATEN AUF DISKETTE SPEICHERN
```

```
106  REM  SUBROUTINE   SAVE1
108  PRINT TA$;"Kurvenzug ";Z;" wird abgelegt"
110  PRINT D$;"OPEN";F2$;",D";D2;",S";S2;",L45"
112  FOR I1 = 0 TO NX - 1:R = I1 * NY + 5 + Z1: PRINT D$;"WRITE";F2$;",R";R: PRINT
X(I1 + 1): PRINT Y: PRINT Y(I1 + 1): NEXT : PRINT D$;"CLOSE";F2$: RETURN
114  REM  SUBROUTINE   SAVE2
116  PRINT TA$;"Kurvenzug ";Z;" wird abgelegt"
118  FOR I1 = 1 TO NY:R = 4 + I1 + JJ * NY: PRINT D$;"WRITE";F2$;",R";R: PRINT X:
PRINT X(I1): PRINT Y(I1): NEXT : RETURN
120  REM  DATEIPARAMETER SPEICHERN
121  PRINT D$;"WRITE";F2$;",R0": PRINT WI: PRINT NX * NY: PRINT NX: PRINT NY
122  PRINT D$;"OPEN";F1$;",D";D1;",S";S1;",L45"
123  PRINT D$;"READ";F1$;",R1": INPUT X1: INPUT X2: INPUT Y1
124  PRINT D$;"WRITE";F2$;",R1": PRINT X1: PRINT X2: PRINT Y1
125  PRINT D$;"READ";F1$;",R2": INPUT Y2: INPUT Z1: INPUT Z2
126  PRINT D$;"WRITE";F2$;",R2": PRINT Y2: PRINT Z1: PRINT Z2
127  PRINT D$;"READ";F1$;",R3": & T2$: & T3$: & T4$
128  PRINT D$;"WRITE";F2$;",R3": PRINT T2$: PRINT T3$: PRINT T4$
129  PRINT D$;"READ";F1$;",R4": & T1$
130  PRINT D$;"WRITE";F2$;",R4": PRINT T1$
132  PRINT D$;"CLOSE";F1$: PRINT D$;"CLOSE";F2$: RETURN
146  REM   ******************* DATENFILE ERZEUGEN ************************
151  PRINT C$: PRINT "Erstellung eines Datensatzes": PRINT LF$:I = 0:NI = 0:Z1 =
1E20:Z2 =  - 1E20: PRINT
152  PRINT "Welcher dreidimensionale Datensatz soll interpoliert werden ?": PRINT :
PRINT : INPUT "Filename : ";F1$: IF F1$ = "" THEN  RETURN
153  F1$ = F1$ + ".DAT"
154  PRINT : PRINT "Laufwerk-Nr. : ";: GET DR$:DR =  VAL (DR$): PRINT :S1 =  INT (7
- DR / 2):D1 = 1: IF  INT (DR / 2) * 2 = DR THEN D1 = 2
155  PRINT C$: PRINT LF$: PRINT "        Bitte warten  -  Ermittlung der
Datensatzparameter"
156  PRINT D$;"OPEN";F1$;",D";D1;",S";S1;",L45": PRINT D$;"READ";F1$;",R0": INPUT
WI: INPUT NI: INPUT AX: INPUT AY: PRINT D$;"READ";F1$;",R3": INPUT T2$: INPUT T3$:
INPUT T4$
157  PRINT D$;"READ";F1$;",R4": INPUT T1$: PRINT D$;"CLOSE";F1$
160  PRINT C$: PRINT : PRINT "Anzahl der Punkte von ";T2$;" : ";AX: PRINT : PRINT
"Anzahl der Punkte von ";T3$;" : ";AY: PRINT : PRINT
161  PRINT TA$; CHR$ (11): PRINT "Wieviele Punkte in Richtung ";T2$;" sollen
berechnet werden ? ";: INPUT "";NX$:NX =  VAL (NX$):DX = (NX - AX) / (AX - 1) + 1
162  IF DX -  INT (DX) <  > 0 THEN  PRINT : PRINT "Ungültiger Wert, bitte neu
eingeben !": FOR I = 1 TO 3000: NEXT I: GOTO 161
163  PRINT TA$; CHR$ (11): PRINT "Wieviele Punkte in Richtung ";T3$;" sollen
berechnet werden ? ";: INPUT "";NY$:NY =  VAL (NY$):DY = (NY - AY) / (AY - 1) + 1
164  IF DY -  INT (DY) <  > 0 THEN  PRINT : PRINT "Ungültiger Wert, bitte neu
eingeben !": FOR I = 1 TO 3000: NEXT I: GOTO 163
```

```
177  PRINT : PRINT : PRINT : INPUT "Filename des neuen Datensatzes : ";F2$: IF F2$
= "" THEN  RETURN
178  PRINT : PRINT "Laufwerk-Nr. : ";: GET DR$:DR =  VAL (DR$): PRINT :S2 =  INT (7
- DR / 2):D2 = 1: IF  INT (DR / 2) * 2 = DR THEN D2 = 2
180  PRINT C$;LF$;: PRINT "        Bitte warten  -  Datensatz "; LEFT$ (F1$, LEN
(F1$) - 4);" wird interpoliert"
181 F2$ = F2$ + ".DAT"
182  FOR JJ = 1 TO AX:P(JJ) = 5:Q(JJ) = 5: NEXT : REM  GLÄTTUNGSFAKTOREN
185  PRINT D$;"OPEN";F1$;",D";D1;",S";S1;",L45":Z1 = 0
186  FOR JJ = 1 TO AY: FOR II = 0 TO AX - 1:R = JJ + II * AY + 4
187  PRINT D$;"READ";F1$;",R",R: INPUT X5(II + 1): INPUT Y: INPUT Y5(II + 1)
188  NEXT :N = AX:NP = NX: GOSUB 222: GOSUB 106:Z1 = Z1 + DY: NEXT : PRINT
D$;"CLOSE";F1$
189  FOR JJ = 1 TO AY:P(JJ) = 5:Q(JJ) = 5: NEXT : REM      GLÄTTUNGSFAKTOREN
190  PRINT D$;"OPEN";F2$;",D";D2;",S";S2;",L45"
192  FOR JJ = 0 TO NX - 1: FOR II = 1 TO AY:R = (II - 1) * DY + JJ * NY + 5
194  PRINT D$;"READ";F2$;",R";R: INPUT X: INPUT X5(II): INPUT Y5(II): NEXT
196 N = AY:NP = NY: GOSUB 222: GOSUB 114: NEXT : GOSUB 120: RETURN
220  REM   ***************** ZYKLISCHE SPLINES  ****************
222 Z = Z + 1: PRINT TA$; CHR$ (29);Z;". Kurvenzug von ";AY + NX
239 Y1(1) = (Y5(2) - Y5(1)) / (X5(2) - X5(1)):Y1(N) = (Y5(N) - Y5(N - 1)) / (X5(N)
- X5(N - 1)):N1 = N - 1:C(1) = 0:D(1) = 0
241  FOR K = 1 TO N1:J2 = K + 1:P = P(K):Q = Q(K):P1 = P * (P + 3) + 3:Q1 = Q * (Q
+ 3) + 3:P2 = 2 + P:Q2 = 2 + Q:A(K) = X5(J2) - X5(K):H = 1 / A(K):B(K) = 1 / (P2 *
Q2 - 1):H2 = H * B(K):R2 = H * H2 * (Y5(J2) - Y5(K)): IF K = 1 THEN 249
243 H8 = H1 * Q3:H9 = H2 * P1:A = 1 / (H8 * (P4 - C(J1)) + H9 * Q2):C(K) = A * H9:H
= R1 * Q3 * (1 + P4) + R2 * P1 * (1 + Q2): IF K = 2 THEN H = H - H8 * Y1(1)
245  IF K = N1 THEN H = H - H9 * Y1(N)
247 D(K) = A * (H - H8 * D(J1))
249 J1 = K:P4 = P2:Q3 = Q1:H1 = H2:R1 = R2: NEXT
251 Y1(N1) = D(N1): IF N1 <  = 2 THEN 255
253 N2 = N1 - 1: FOR J1 = 2 TO N2:K = N - J1:Y1(K) = D(K) - C(K) * Y1(K + 1): NEXT
255  FOR K = 1 TO N1:J2 = K + 1:H = B(K) * (Y5(J2) - Y5(K)):A = B(K) * A(K):P5 = 2
+ P(K):Q5 = 2 + Q(K):C(K) = (1 + Q5) * H - A * (Y1(J2) + Q5 * Y1(K)):D(K) =  - (1 +
P5) * H + A * (P5 * Y1(J2) + Y1(K))
257 A(K) = Y5(K) - C(K):B(K) = Y5(J2) - D(K): NEXT :J = 1:A1 = X5(1): FOR I = 1 TO
N - 1:M = A1
259  IF Y(J) < Y1 THEN Y1 = Y(J)
261  IF Y(J) > Y2 THEN Y2 = Y(J)
263  IF M > X5(I + 1) THEN 267
265 T = (M - X5(I)) / (X5(I + 1) - X5(I)):U = 1 - T:Y(J) = A(I) * U + B(I) * T +
C(I) * U ^ 3 / (P(I) * T + 1) + D(I) * T ^ 3 / (Q(I) * U + 1):X(J) = M:J = J + 1:M
= M + (X5(N) - X5(1)) / (NP - 1): GOTO 259
267 A1 = M: NEXT : IF X(J) = 0 THEN X(J) = X5(I):Y(J) = Y5(I)
269 X1 = X(1):X2 = X(J): RETURN
```

```
306  POKE 771,3: PRINT C$: PRINT D$;"RUNHELLO,S"; PEEK (773);",D"; PEEK (772)
350  PRINT C$: PRINT "Disketten - Inhaltsverzeichnis": PRINT LF$: PRINT "Laufwerk-
Nr. : ";: GET DR$:DR =  VAL (DR$): PRINT :SL =  INT (7 - DR / 2):D = 1: IF  INT (DR
/ 2) * 2 = DR THEN D = 2
352  PRINT C$: PRINT D$;"CATALOG,D";D;",S";SL: PRINT : PRINT : PRINT : INPUT
"Drücken Sie die <RETURN>-Taste ! ";CK$: RETURN
6000  REM  ***** FEHLERMELDUNGEN
6002  RESTORE : PRINT  CHR$ (7)
6004 ER =  PEEK (222):EL =  PEEK (218) +  PEEK (219) * 256
6006  FOR T = 1 TO 26: READ TE: IF TE = ER THEN  PRINT D$;"OPEN ERROR .TXT,S"; PEEK
(773);",D"; PEEK (772);",L80": PRINT D$;"READ ERROR .TXT,R";T: & ER$: PRINT
D$;"CLOSE ERROR .TXT": GOTO 6010
6008  NEXT : POKE 216,0:ER$ = "Fehler " +  STR$ (ER) + " in Zeile " +  STR$ (EL)
6010  TEXT : PRINT  CHR$ (30); CHR$ (32); CHR$ (52); CHR$ (11); CHR$ (10);ER$;: FOR
T = 1 TO 2000: NEXT T
6012  GOTO 26
6014  DATA  1,2,3,4,5,6,7,8,9,10,11,12,13,14,42,53,69,77,107,133,163,176,191,224
,254,255
10100  REM ********** DRUCKER - SCHNITTSTELLE ******
10101  REM Speicherstellen START auf Programmanfang setzen
10102  REM Grafikseite HGR2 auf Drucker bringen
10106  REM tabellarische Ausgabe eines Datensatzes
10124  REM Text M$ ausgeben
10126  REM Formularvorschub
```

Wie Sie sicherlich beim Studieren der DATANE.BAS-Beschreibung bemerkt haben, ist das Programm für die Berechnung einer 2000x2000
Punkte umfassenden Matrix ausgelegt. Eine solche Datenmenge ist jedoch
in aller Regel unrealistisch und verlangsamt das Programm. Durch Her-
absetzen der Variablen OUT in Zeile 18 kann daher die maximale Punktzahl auf einen niedrigeren Wert eingestellt werden. Durch diese Maßnahme können Sie andererseits IN um dieselbe Zahl erhöhen, falls Ihnen
der Wert 50 zu niedrig erscheint. Sie sollten jedoch bedenken, daß die
Rechenzeit in diesem Fall wegen der dann erhöhten Anzahl von Stützstellen stark ansteigen kann.

Ein weiterer Punkt betrifft das Programm DATA3D.BAS: Auch hier ist
eine Routine zum blockweisen Löschen von Daten sinnvoll, wenn Sie
häufig mit manuell erstellten Daten zu tun haben, die des öfteren aktualisiert werden müssen. Das Lösungsprinzip für diese Aufgabe finden Sie
in den Anmerkungen zu DATA1D.BAS bzw. DATA2D.BAS beschrieben.

4.3.1.3 Berechnung von Höhenlinien aus dreidimensionalen Datensätzen: Programm DATA3Z.BAS

Wir sind bisher immer davon ausgegangen, dreidimensionale Datensätze
durch alle in ihnen enthaltenen Punkte zu beschreiben. Diese Sichtweise

führt zu einer räumlichen Darstellung zusammengesetzter Flächen. Oftmals ist es jedoch erwünschter, nicht den gesamten Informationsgehalt einer solchen Datei auszugeben, sondern nur definierte Teile davon, etwa durch Konstanthalten einer der drei Variablen. Auf diese Weise erhält man zweidimensionale "Schnitte" oder Ebenen, die in speziellen Fällen höchst aufschlußreich sein können.

In der Praxis gestaltet sich die Berechnung einer Schnittebene mit konstantem X oder Y recht einfach, es sind hierfür lediglich die bereits vorhandenen Daten in der richtigen Reihenfolge aus der Datei auszulesen, wie dies etwa im Programm DATANE.BAS gezeigt wurde. Etwas aufwendiger dagegen ist die Berechnung der Koordinaten bei einem Schnitt mit konstantem Z, was der Bildung von Höhen- oder Niveaulinien entspricht, vergleichbar etwa mit den Isobaren einer Wetterkarte.

Leider existiert für dieses Problem keine allgemeine analytische Lösung, etwa durch Umstellung der Datensatz-Berechnungsgleichungen oder ein ähnliches Verfahren. Ein Lösungsansatz geht deshalb davon aus, diejenigen Wertetripel auszusortieren, die entweder genau auf dem gewünschten Niveau oder wenigstens innerhalb eines definierten Toleranzbereichs liegen.

An dieser Stelle steht man jedoch vor weiteren Problemen: Zum einen liegen die aussortierten Daten ja keineswegs so geordnet vor, daß sie in derselben Reihenfolge gezeichnet werden könnten. Es muß also ein Kriterium gefunden werden, nach dem die Daten so umgestellt werden, daß die graphische Ausgabe später im Plotprogramm ohne zusätzlichen Aufwand möglich ist.

Zum andern reicht die Anzahl der aussortierten Punkte vermutlich nur in den allerwenigsten Fällen aus, um befriedigende graphische Ergebnisse zu erzielen: Ohne zusätzliche Maßnahmen müßte der Datensatz entweder eine Unzahl von Punkten enthalten, oder aber die Fehlergrenzen müßten so weit heraufgesetzt werden, daß die mit solchen Werten berechnete Niveaulinie keinerlei Aussagekraft mehr besäße.

Ein drittes Problem ist weit weniger augenfällig: Da selbstverständlich auch die Höhenlinienberechnung in Datensätzen funktionieren muß, die große Schwankungen von Z aufweisen, bei denen also mehrere, nicht notwendigerweise geschlossene Niveaulinien auftreten, ist auch hier wieder ein Unterscheidungskriterium zur Trennung der Linien erforderlich.

Es soll deshalb jetzt ein Lösungsprinzip vorgestellt werden, das relativ schnell arbeitet, dabei vom Aufwand her sehr günstig ist, das aber auch gewisse Nachteile besitzt. Der zugrundeliegende Algorithmus stammt aus einer Veröffentlichung in der Zeitschrift [**BYTE**]. Zunächst aber zur Theorie.

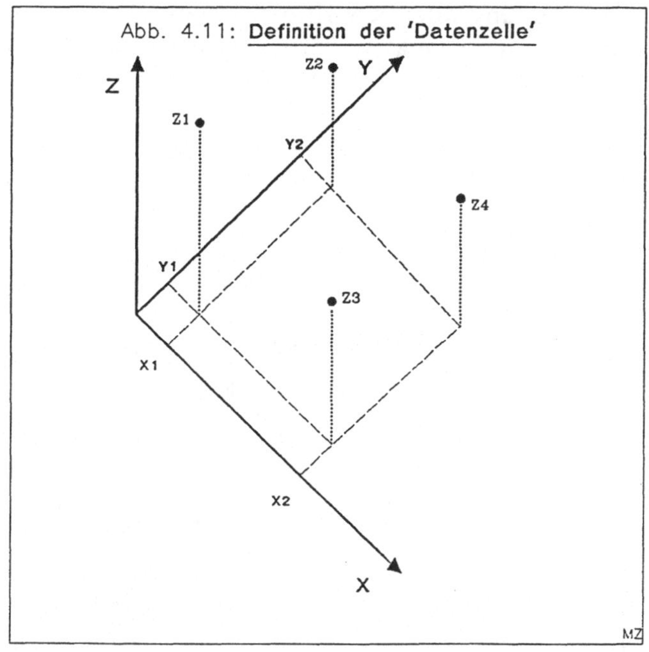

Bei der ersten Methode waren wir vom Vergleich zweier eingelesener Datentripel mit dem vorgegebenen Z-Wert ausgegangen. Erweitert man diese Basis auf vier Werte, so erhält man zunächst rein formal keine Änderung der Möglichkeiten. Liest man aber zwei Werte ein, die dieselbe X , aber aufeinanderfolgende Y-Koordinaten besitzen, anschließend zwei Werte mit denselben Y-, aber der nächsthöheren X-Koordinate, dann ist durch diese vier Punkte ein Gebilde entstanden, das wir als "Datenzelle" auffassen können (Abbildung 4.11). Diese Datenzelle kann nun wieder auf Überschreitung des vorgegebenen Z-Niveaus durchforstet werden. Da wir jetzt aber vier statt zwei Eckpunkte zur Verfügung haben, ist es möglich, nicht nur einen Schnittpunkt zu berechnen, sondern gleich eine ganze Reihe (Abbildung 4.12a und b), indem schrittweise für gegenüberliegende X-Werte zugehörige Z-Werte ZA und ZB berechnet und deren Verbindungsgerade auf die Überschreitung des gesuchten Niveaus hin untersucht wird. Der Schnittpunkt kann dann mit Hilfe der Geradengleichung ermittelt werden. Das Verfahren wird auch in der Y-Richtung angewendet, um bei wenig gekrümmten Niveaulinien einige Punkte zu erhalten. Wie leicht einzusehen ist, kann die Anzahl der so gewonnenen Höhenlinien-Koordinaten durch Variation der Schrittweiten in beiden Richtungen gesteuert werden, so daß prinzipiell die Möglichkeit gegeben ist, zunächst einen Datensatz für eine "Übersichtszeichnung" zu erzeugen, bevor mit kleinen Schrittweiten sehr viele Koordinaten für eine detaillierte Grafik berechnet werden. Nachteilig an diesem Verfahren ist das aufwendige

Sortieren nach Berechnung aller Koordinaten und die Tatsache, daß nicht exakt die Anzahl der Koordinaten vorausbestimmt werden kann. Dieser letzte Nachteil ist aber angesichts der überraschenden Genauigkeit des Verfahrens, das auch bei sehr kleinen Datensätzen brauchbare Ergebnisse liefert, durch entsprechende Präventivmaßnahmen (arbeiten mit einer Diskette, die über genügend freien Speicherplatz verfügt) leicht zu verkraften.

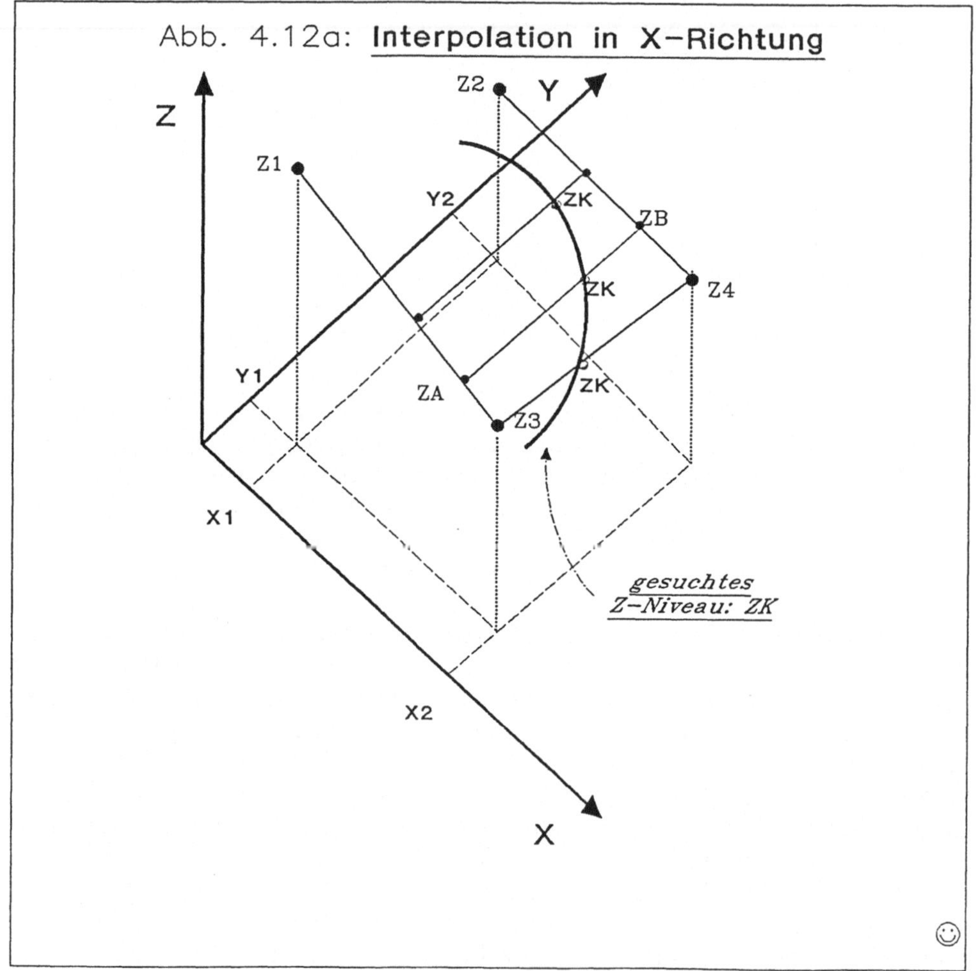

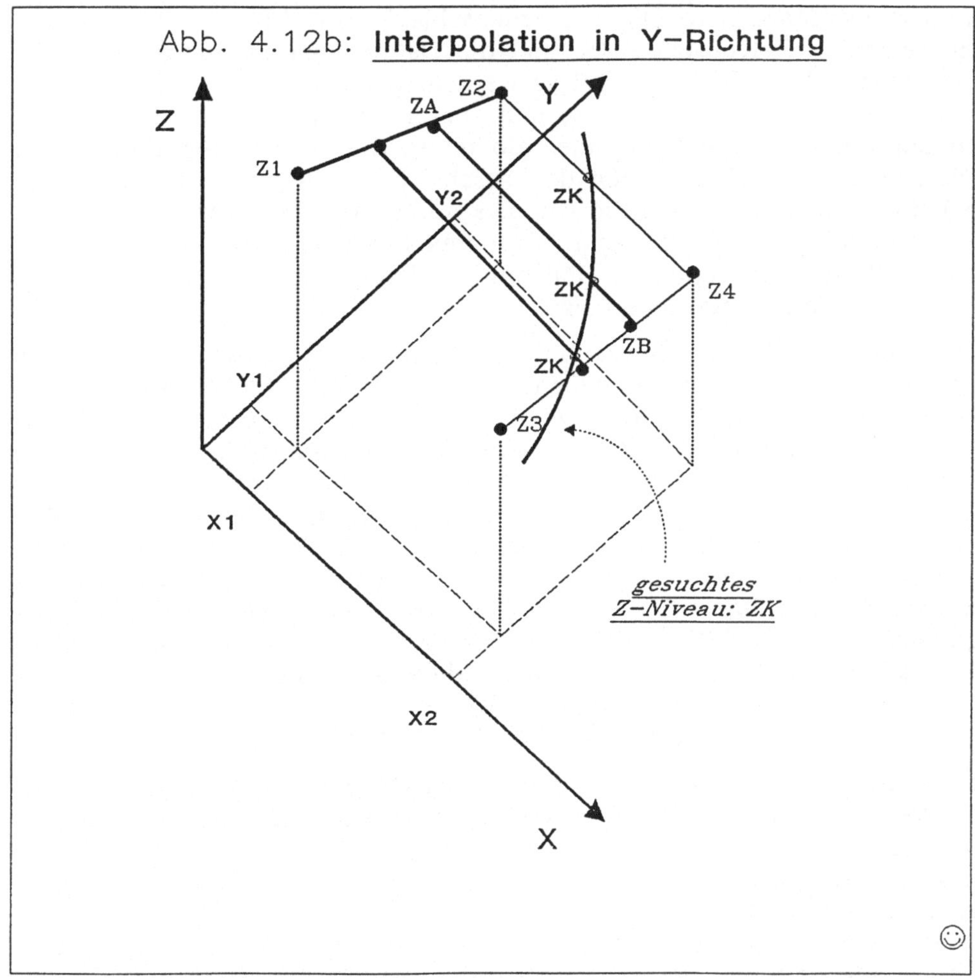

Das Programmlisting beginnt mit dem Startmenue und den Unterprogrammen "DATEN AUFLISTEN" und "DATEN SPEICHERN". Danach wird
der Dateiname des Datensatzes angefordert, aus dem die Höhenlinien ex-

trahiert werden sollen. Die Programmschleife von 164 - 170 fragt nun jede einzelne Z-Konstante ZK und die Dateinamen ab, unter denen die berechneten Koordinaten abgelegt werden. Zur Einsparung von Rechenzeit ist die Eingabe von unteren und oberen Bereichsgrenzen für den gesamten Datensatz möglich, innerhalb deren die Berechnung sinnvoll ist. Die Zeilen 194-253 enthalten den beschriebenen Algorithmus zur Interpolation: Zunächst werden die vier Eckpunkte der Zelle von Diskette eingelesen und in Zeile 206 und 207 daraufhin überprüft, ob in der aktuellen Zelle überhaupt eine Höhenlinie auftreten kann. Ist dies nicht der Fall, wird die nächste Zelle eingelesen.

Befindet sich aber eine Niveaulinie innerhalb der Zelle, so werden in den beiden folgenden Programmteilen "X-" und "Y-INTERPOLATION" mit Hilfe der Variablen ZA und ZB und den Schrittweiten SX und SY eine Reihe von Geraden in beiden Richtungen durch die Zelle gelegt und die Schnittpunkte dieser Geraden mit dem gesuchten Niveau berechnet. Die dabei entstehenden Höhenlinienkoordinaten werden in den Variablen X(I) und Y(I) abgelegt. Wurden alle Zellen auf diese Weise interpoliert, so sind alle möglichen Koordinaten der Niveaulinie berechnet und können sortiert werden (Zeilen 266 - 270), bevor sie mit einem Aufruf des Unterprogramms "DATEN SPEICHERN" auf Diskette abgelegt werden. Der Vorgang kann nun für die nächste Höhenlinie von neuem beginnen.

PROGRAMM: DATA3Z.BAS

```
11  PRINT  CHR$ (30); CHR$ (32); CHR$ (32); CHR$ (29);"Druckertreiber wird
geladen": POKE 103, PEEK (175) - 2: POKE 104, PEEK (176): PRINT  CHR$ (4);"RUN
PRINT ,OVR"
12  HT = 1403:WI = 45
13  ONERR  GOTO 6000
17  D$ = CHR$ (4):C$ = CHR$ (12):W$ = CHR$ (30) + CHR$ (52) + CHR$ (42) + "B I
T T E   W A R T E N   !":TA$ = CHR$ (30) + CHR$ (52) + CHR$ (45):LF$ = CHR$
(13): FOR I = 1 TO 9:LF$ = LF$ + CHR$ (13): NEXT
22  AM = 1500: DIM X(AM),Y(AM),Z(AM),F$(10),DR(10),X1(100),Y1(100),Z1(100)
26  PRINT C$: PRINT : PRINT "Erzeugung und Verarbeitung dreidimensionaler
Datensätze für Z = const.": PRINT : PRINT : PRINT : PRINT "Bitte wählen Sie eine
der folgenden Möglichkeiten :"
34  PRINT : PRINT
36  PRINT "          (E) ==> Erstellen eines neuen Datensatzes"
38  PRINT "          (L) ==> Einlesen der Daten von Diskette"
40  PRINT "          (A) ==> Datensatz auflisten"
42  PRINT "          (V) ==> Datensatz aktualisieren"
44  PRINT "          (S) ==> Datensatz auf Diskette ablegen"
46  PRINT "          (M) ==> zurück zum Hauptmenue"
48  PRINT "          (I) ==> Inhaltsverzeichnis der Diskette"
50  PRINT : PRINT : PRINT "Sie wünschen ? ";: GET CK$: PRINT
```

```
52 TK$ = "ELAVSMI": FOR I = 1 TO  LEN (TK$): IF CK$ =  MID$ (TK$,I,1) THEN 54
53  NEXT : GOTO 26
54  ON I GOSUB 146,312,60,414,104,306,350
58  GOTO 26
60  REM   ********************** DATEN AUF DRUCKER LISTEN
62  PRINT C$;"numerische Datenausgabe": PRINT LF$: PRINT "Ausgabegerät :    (B) ==>
Bildschirm     (D) ==> Drucker  ";: GET CK$: PRINT
68  PRINT C$: IF CK$ = "D" THEN 73
69  PRINT "        Datensatz "; LEFT$ (F$, LEN (F$) - 4);" für Z = ";ZK: PRINT :
PRINT T1$: PRINT : PRINT "Punkt     ";T2$;: POKE HT,35: PRINT T3$;: POKE HT,60:
PRINT T4$: PRINT
70  FOR J = 1 TO NI: PRINT J;: POKE HT,10: PRINT X(J);: POKE HT,35: PRINT Y(J);:
POKE HT,60: PRINT ZK: NEXT
71  PRINT : PRINT : INPUT "Drücken Sie die <RETURN>-Taste ! ";CK$: GOTO 102
73  PRINT W$: PRINT TA$;"D R U C K E R A U S G A B E ": GOSUB 10106
102  RETURN
104  REM   ********************** DATEN AUF DISKETTE SPEICHERN
106  PRINT C$;"Datensatz auf Diskette ablegen";LF$: INPUT "Filename : ";F$: IF F$ =
"" THEN  RETURN
116  PRINT : PRINT "Laufwerk-Nr. :";: GET DR$:DR =  VAL (DR$):SL =  INT (7 - DR /
2):D = 1: IF  INT (DR / 2) * 2 = DR THEN D = 2
117  PRINT C$: PRINT W$: PRINT TA$;"Datensatz ";F$;" wird auf Diskette abgelegt"
122 F$ = F$ + ".DAT":X1 = M1:X2 = M2:Y1 = M3:Y2 = M4:Z1 = M5:Z2 = M6
123  PRINT D$;"OPEN";F$;",D";D;",S";SL;",L45": PRINT D$;"WRITE";F$;",R0": PRINT WI:
PRINT NI: PRINT ZK: PRINT D$;"WRITE";F$;",R1": PRINT X1: PRINT X2: PRINT Y1: PRINT
D$;"WRITE";F$;",R2": PRINT Y2: PRINT Z1: PRINT Z2
124  PRINT D$;"WRITE";F$;",R3": PRINT T2$: PRINT T3$: PRINT T4$: PRINT
D$;"WRITE";F$;",R4": PRINT T1$
128  FOR J = 1 TO NI: PRINT D$;"WRITE";F$;",R";J + 4: PRINT X(J): PRINT Y(J): PRINT
Z(J): NEXT : PRINT D$;"CLOSE"
144  RETURN
146  REM   ******************** DATENFILE ERZEUGEN ************************
151  PRINT C$: PRINT "Erstellung eines Datensatzes": PRINT LF$:I = 0:NI = 0:Z1 =
1E20:Z2 =  - 1E20: PRINT
152  PRINT "Die Erzeugung eines Datensatzes für konstante Z-Werte setzt die
Existenz eines  Datensatzes für die betreffende Funktion in X-Y-Richtung voraus.":
PRINT : PRINT : INPUT "Filename : ";F$: IF F$ = "" THEN  RETURN
153 F$ = F$ + ".DAT": IF F$ = FF$ THEN 168
154 F1$ = F$: PRINT : PRINT "Laufwerk-Nr. : ";: GET DR$:DR =  VAL (DR$):DS = DR:
PRINT :SL =  INT (7 - DR / 2):D = 1: IF  INT (DR / 2) * 2 = DR THEN D = 2
157  PRINT C$: PRINT LF$: PRINT "        Bitte warten  -  Ermittlung der Maximal-
und Minimalwerte von Z"
158  PRINT D$;"OPEN";F$;",D";D;",S";SL;",L45"
```

```
159  PRINT D$;"READ";F$;",R1": INPUT X1: INPUT X2: INPUT Y1: PRINT
D$;"READ";F$;",R2": INPUT Y2: INPUT Z1: INPUT Z2: PRINT D$;"CLOSE";F$:M1 = X1:M2 =
X2:M3 = Y1:M4 = Y2:M5 = Z1:M6 = Z2
160  PRINT C$: PRINT : PRINT "Xmin = ";X1;: HTAB (29): PRINT "Xmax = ";X2: PRINT
"Ymin = ";Y1;: HTAB (29): PRINT "Ymax = ";Y2: PRINT "Zmin = ";Z1;: HTAB (29): PRINT
"Zmax = ";Z2: PRINT : PRINT
161  INPUT "Wieviele Höhenlinien sollen berechnet werden ?  ";NH$:NH =  VAL (NH$):
IF NH < 1 THEN 161
162  PRINT  CHR$ (30); CHR$ (32); CHR$ (42);"Zk = ": PRINT : PRINT "Filename :":
PRINT "Laufwerk-Nr. :": PRINT : PRINT "X - Schrittweite (0 ... 1) :": PRINT "Y -
Schrittweite (0 ... 1) :"
164  FOR I = 1 TO NH: PRINT  CHR$ (30); CHR$ (37); CHR$ (42); CHR$ (29);: INPUT
"";ZK(I): IF ZK(I) < Z1 OR ZK(I) > Z2 THE PRINT CHR$ (7); CHR$ (30); CHR$ (32);
CHR$ (42);"Der Wert existiert in diesem Datensatz nicht !": FOR QQ =1 TO 2000: EXT
QQ: GOTO 162
167  PRINT  CHR$ (30); CHR$ (43); CHR$ (44);: INPUT "";F$(I): PRINT  CHR$ (30);
CHR$ (47); CHR$ (45);: GET DR(I): PRINT
168  PRINT  CHR$ (30); CHR$ (61); CHR$ (47);: INPUT "";SX(I): PRINT  CHR$ (30);
CHR$ (61); CHR$ (48);: INPUT "";SY(I)
169  PRINT  CHR$ (30); CHR$ (43); CHR$ (44); CHR$ (29): PRINT  CHR$ (30); CHR$
(47); CHR$ (45); CHR$ (29): PRINT  CHR$ (30); CHR$ (61); CHR$ (47); CHR$ (29):
PRINT  CHR$ (30); CHR$ (61); CHR$ (48); CHR$ (29)
170  NEXT
171  PRINT  CHR$ (30); CHR$ (32); CHR$ (37); CHR$ (11)
174  PRINT : PRINT "Die folgenden Angaben dienen dazu, physikalisch oder ökonomisch
unsinnige": PRINT "Wertebereiche von der weiteren Berechnung auszuschließen. Mit
der Eingabe von": PRINT "<RETURN> werden alle Werte zugelassen."
175  PRINT : PRINT "X - Werte :  untere Grenze :": PRINT "                obere
Grenze :": PRINT "Y - Werte :  untere Grenze :": PRINT "                obere Grenze
:"
176 K(1) = X1:K(2) = X2:K(3) = Y1:K(4) = Y2
177  FOR I = 1 TO 4: PRINT  CHR$ (30); CHR$ (61); CHR$ (42 + I); CHR$ (29);: INPUT
"";CK$:CK =  VAL (CK$): IF CK$ = "" THEN CK = K(I)
178 K(I) = CK: NEXT
179  FOR NV = 1 TO NH:ZK = ZK(NV):DR = DR(NV)
180  PRINT C$: PRINT LF$: PRINT "        Bitte warten  -  Datensatz für Z = ";ZK;"
wird berechnet"
186  PRINT D$;"OPEN";F1$;",D";DR;",L45": PRINT D$;"READ";F1$;",R0": INPUT WI: INPUT
NI: INPUT AX: INPUT AY
188  PRINT  CHR$ (30); CHR$ (43); CHR$ (47);"Zelle        von ";(AX - 1) * (AY - 1)
190 N = 0:SX = SX(NV):SY = SY(NV):O = N
194  FOR P = 0 TO AX - 2: FOR Y = 1 TO 2 * AY: PRINT D$;"READ";F1$;",R";Y + 4 + P *
AY: INPUT X1(Y): INPUT Y1(Y): INPUT Z1(Y): NEXT :X1 = X1(1):X2 = X1(1 + AY)
195  IF X2 > K(2) THEN 353
196  IF X1 < K(1) THEN 252
```

```
198  FOR Y = 1 TO AY - 1:O = O + 1: PRINT  CHR$ (30); CHR$ (49); CHR$ (47);O
202  Y1 = Y1(Y):Y2 = Y1(Y + 1): IF Y1 < K(3) THEN 250
203  IF Y2 > K(4) THEN 252
204  Z1 = Z1(Y):Z2 = Z1(Y + 1):Z3 = Z1(Y + AY):Z4 = Z1(1 + Y + AY)
206  IF Z1 < ZK AND Z2 < ZK AND Z3 < ZK AND Z4 < ZK THEN 250
207  IF Z1 > ZK AND Z2 > ZK AND Z3 > ZK AND Z4 > ZK THEN 250
208  REM        Y - INTERPOLATION
210  MA = (Z2 - Z1) / (Y2 - Y1):MB = (Z4 - Z3) / (Y2 - Y1): FOR YY = Y1 TO Y2 STEP
SY:MC = YY - Y1:ZA = MA * MC + Z1:ZB = MB * MC + Z3: IF (ZA < ZK AND ZB < ZK) OR
(ZA > ZK AND ZB > ZK) THEN 214
212 N = N + 1:X(N) = (ZK - ZA) * ((X2 - X1) / (ZB - ZA)) + X1:Y(N) = YY:Z(N) = ZK
214  NEXT YY
215  REM        X - INTERPOLATION
216  MA = (Z3 - Z1) / (X2 - X1):MB = (Z4 - Z2) / (X2 - X1): FOR XX = X1 TO X2 STEP
SX:MC = XX - X1:ZA = MA * MC + Z1:ZB = MB * MC + Z2: IF (ZA < ZK AND ZB < ZK) OR
(ZA > ZK AND ZB > ZK) THEN 220
218 N = N + 1:X(N) = XX:Y(N) = (ZK - ZA) * ((Y2 - Y1) / (ZB - ZA)) + Y1:Z(N) = ZK
220  NEXT XX
250  NEXT Y
252  NEXT P
253  PRINT D$;"CLOSE";F1$:NI = N:I = NI
262  PRINT  CHR$ (30); CHR$ (32); CHR$ (47); CHR$ (11);"Es wurden ";I;" Punkte
berechnet.": IF I < 3 THEN 290
264  PRINT "Diese werden vor der Diskettenablage noch sortiert."
266 X = X(1):Y = Y(1):P2 =  ABS ( SQR ((X(I) - X(1)) ^ 2 + (Y(I) - Y(1)) ^ 2)):P1 =
P2:K = 0
268 K = K + 1: FOR J = K TO I:P =  ABS ( SQR ((X - X(J)) ^ 2 + (Y - Y(J)) ^ 2)): IF
P < P1 THEN P1 = P:Q = J
270  NEXT :PX = X(K):PY = Y(K):X(K) = X(Q):Y(K) = Y(Q):X = X(K):Y = Y(K):X(Q) =
PX:Y(Q) = PY: IF K < I THEN P1 = P2: GOTO 268
280  F$ = F$(NV): GOSUB 117
282  NEXT NV: RETURN
290  PRINT "Diese reichen für eine weitere Verarbeitung nicht aus."
292  PRINT "Verkleinern Sie deshalb die Interpolations-Schrittweite ! ";: FOR I =
1 TO 2000: NEXT I: GOTO 282
306  PRINT C$: POKE 771,3: PRINT D$;"RUNHELLO,S"; PEEK (773);",D"; PEEK (772)
312  REM            FILE LESEN
314  PRINT C$: PRINT "Datensatz von Diskette lesen": PRINT LF$: PRINT : INPUT
"Filename : ";F$: IF F$ = "" THEN  RETURN
324  PRINT "Laufwerk-Nr. : ";: GET DR$:DR =  VAL (DR$): PRINT :SL =  INT (7 - DR /
2):D = 1: IF  INT (DR / 2) * 2 = DR THEN D = 2
325  PRINT C$: PRINT W$: PRINT TA$;"Datensatz ";F$;" wird von Diskette gelesen"
326  F$ = F$ + ".DAT"
327  PRINT D$;"OPEN";F$;",D";DR;",S";SL;",L45": PRINT D$;"READ";F$;",R0": INPUT WI:
INPUT NP: INPUT ZK
```

```
328  IF NP < = AM THEN NI = NP: GOTO 346
329  PRINT D$;"CLOSE";F$:N =  INT (NP / AM) + 1
330  PRINT  CHR$ (30); CHR$ (32); CHR$ (45);"Die Datei enthält ";NP;" Elemente, das
sind ";N;" Blöcke zu je ";AM;" Einträgen.": PRINT "Welcher Block soll gelesen
werden ?    ";: INPUT "";ST:ST = ST - 1
332 NI = AM:N = N - 1: IF ST = N THEN NI = NP - ST * AM
334  PRINT  CHR$ (30); CHR$ (32); CHR$ (45); CHR$ (11): PRINT
D$;"OPEN";F$;",D";DR;",S";SL;",L45"
346  PRINT D$;"READ";F$;",R3": & T2$: & T3$: & T4$: PRINT D$;"READ";F$;",R4": & T1$
347  FOR J = 1 TO NI: PRINT D$;"READ";F$;",R";ST * AM + J + 4: INPUT X(J): INPUT
Y(J): INPUT Z(J): NEXT : PRINT D$;"CLOSE"
348  RETURN
350  PRINT C$: PRINT "Disketten - Inhaltsverzeichnis": PRINT LF$: PRINT "Laufwerk-
Nr. : ";: GET DR$:DR =  VAL (DR$): PRINT :SL =  INT (7 - DR / 2):D = 1: IF  INT (DR
/ 2) * 2 = DR THEN D = 2
352  PRINT C$: PRINT D$;"CATALOG,D";D;",S";SL: PRINT : PRINT : PRINT : INPUT
"Drücken Sie die <RETURN>-Taste ! ";CK$: RETURN
6000  REM  ***** FEHLERMELDUNGEN
6002  RESTORE : PRINT  CHR$ (7)
6004  ER =  PEEK (222):EL =  PEEK (218) +  PEEK (219) * 256
6006  FOR T = 1 TO 26: READ TE: IF TE = ER THEN  PRINT D$;"OPEN ERROR .TXT,S"; PEEK
(773);",D"; PEEK (772);",L80": PRINT D$;"READ ERROR .TXT,R";T: & ER$: PRINT
D$;"CLOSE ERROR .TXT": GOTO 6010
6008  NEXT : POKE 216,0:ER$ = "Fehler " +  STR$ (ER) + " in Zeile " +  STR$ (EL)
6010  TEXT : PRINT  CHR$ (30); CHR$ (32); CHR$ (52); CHR$ (11); CHR$ (10);ER$;: FOR
T = 1 TO 2000: NEXT T
6012  GOTO 26
6014  DATA  1,2,3,4,5,6,7,8,9,10,11,12,13,14,42,53,69,77,107,133,163,176,191,224
,254,255
10100  REM ********** DRUCKER - SCHNITTSTELLE *******
10101  REM Speicherstellen START auf Programmanfang setzen
10102  REM Grafikseite HGR2 auf Drucker bringen
10106  REM tabellarische Ausgabe eines Datensatzes
10124  REM Text M$ ausgeben
10126  REM Formularvorschub
```

4.3.2 Graphische Datenausgabe

4.3.2.1 Graphische Datenausgabe im kartesischen Koordinatensystem: Programm PLOT3D.BAS

Mit diesem Programm sollen die Dateien, die im Abschnitt 4.3.1.1 erzeugt
wurden, auf einem beliebigen Medium ausgegeben werden, und zwar in
der Form, daß alle Punkte mit gleicher X-Koordinate und alle Punkte mit
gleicher Y-Koordinate durch Linien miteinander verbunden werden, so
daß der Eindruck eines aus rechteckigen Teilflächen zusammengesetzten

"Gebirges" entsteht. Hierbei tritt jedoch die Schwierigkeit auf, die drei Spalten des Datensatzes in der zweidimensionalen Ebene der Zeichenfläche unterzubringen. Außerdem müssen aus Gründen der Übersichtlichkeit zwei Forderungen aufgestellt werden:

- alle Linien, die über den Rand der Zeichenfläche hinausgehen, sollen "abgeschnitten" werden,

- da beim Zeichnen eine "Drahtrahmenkurve" erzeugt wird, bei der die weiter entfernten Teile genauso sichtbar sind wie die am nächsten zum Betrachter liegenden, soll dieser Effekt abschaltbar sein, so daß die berechnete Kurve dasselbe Aussehen hat wie ein flächenhaftes Objekt derselben Gestalt.

Sehen wir uns zunächst die Verhältnisse an einem zweidimensionalen Objekt, beispielsweise an einem Rechteck mit der Kantenlänge 1, an. Im rechtwinkligen Koordinatensystem sind die Eckpunkte wie folgt zu identifizieren:

Punkt	X-Koordinate	Y-Koordinate
links unten	0	0
rechts unten	1	0
rechts oben	1	1
links oben	0	1

In der Matrixschreibweise lautet dieser Zusammenhang

$$\begin{vmatrix} 1 & 0 \\ 0 & 1 \end{vmatrix} * \begin{vmatrix} x \\ y \end{vmatrix} = \begin{vmatrix} X \\ Y \end{vmatrix}$$

Verdreht man nun das Koordinatensystem um den Winkel phi (oder dreht man das Rechteck in entgegengesetzter Richtung um phi, was dasselbe ist), so ergeben sich die neuen Eckpunktskoordinaten X und Y zu:

$$\begin{vmatrix} \cos phi & \sin phi \\ -\sin phi & \cos phi \end{vmatrix} * \begin{vmatrix} x \\ y \end{vmatrix} = \begin{vmatrix} X \\ Y \end{vmatrix}$$

Die Matrix mit den trigonometrischen Funktionen wird als Rotationsmatrix bezeichnet.

Wendet man diese Transformation auf alle drei im kartesischen Koordinatensystem rechtwinklig zueinanderstehenden Achsen an, so ergibt sich eine Rotationsmatrix mit vier Zeilen und vier Spalten:

$$
\begin{vmatrix}
\cos RY\cos RZ & \cos RY\sin RZ & -\sin RY & 0 \\
-\cos RX\sin RZ+\sin RX\sin RY\cos RZ & \cos RX\cos RZ+\sin RX\sin RY\sin RZ & \sin RX\cos RY & 0 \\
-\sin RX\sin RZ+\cos RX\sin RY\cos RZ & -\sin RX\cos RZ+\cos RX\sin RY\sin RZ & \cos RX\cos RY & 0 \\
X0 & Y0 & Z0 & 1
\end{vmatrix}
$$

$$
*\begin{vmatrix} x \\ y \\ z \\ 1 \end{vmatrix} = \begin{vmatrix} X \\ Y \\ Z \\ 1 \end{vmatrix}
$$

Durch Skalierung der Datensatzwerte auf Bildschirmkoordinaten und anschließende Multiplikation dieser Originalkoordinaten mit der Rotationsmatrix kann der Datensatz auf dem Ausgabegerät graphisch dargestellt werden. Dabei stellen RX, RY und RZ die Rotationswinkel aller Punkte um die jeweilige Achse dar.

Das folgende Programmlisting enthält die Unterprogramme, die diese Transformationen in den dreidimensionalen PLOTGRAF-Zeichenprogrammen ausführen. Da die Berechnung von Sinus und Cosinus aufwendig und zeitraubend ist, andererseits alle Skalierungsgrößen einschließlich der Rotationswinkel für eine Grafik konstant bleiben, wurde diese Aufgabe dem Unterprogramm "ROTATIONSMATRIX" in den Zeilen 2910 bis 3040 übertragen, das nach dem Einlesen der Zeichnungsparameter ein einziges Mal aufgerufen wird und dann die einzelnen Matrixelemente berechnet und den Feldvariablen C(A,K) zuordnet, mit denen die Koordinaten dann in einem zweiten Unterprogramm "KOORDINATEN-TRANSFORMATION" multipliziert werden.

UNTERPROGRAMM: Rotationsmatrix und Koordinatentransformation

```
2910 REM   ROTATIONSMATRIX
2920 C(1,1) =  COS (RY) *  COS (RZ):C(1,2) =  COS (RY) *  SIN (RZ):C(1,3) =  -  SIN
(RY):C(1,4) = 0
2960 C(2,1) =  COS (RX) * ( -  SIN (RZ)) +  SIN (RX) *  SIN (RY) *  COS (RZ):C(2,2)
=  COS (RX) *  COS (RZ) +  SIN (RX) *  SIN (RY) *  SIN (RZ):C(2,3) =  SIN (RX) *
COS (RY):C(2,4) = 0
3000 C(3,1) = ( -  SIN (RX)) * ( -  SIN (RZ)) +  COS (RX) *  SIN (RY) *  COS
(RZ):C(3,2) =  -  SIN (RX) *  COS (RZ) +  COS (RX) *  SIN (RY) *  SIN (RZ):C(3,3) =
COS (RX) *  COS (RY):C(3,4) = 0
3040 C(4,1) = X0:C(4,2) = Y0:C(4,3) = Z0:C(4,4) = 1: RETURN
3060 REM   KOORDINATENTRANSFO.
```

```
3070 X(I) = XR * C(1,1) + YR * C(2,1) + ZR * C(3,1) + C(4,1):Y(I) = XR * C(1,2) +
YR * C(2,2) + ZR * C(3,2) + C(4,2) : RETURN
```

Sieht man sich die so erzeugte Grafik an, so stört daran noch, daß alle
Linien des dreidimensionalen Gitternetzes eingezeichnet werden, ob diese
nun bei einem flächenhaften Objekt derselben Gestalt sichtbar wären oder
nicht. Dieser Effekt wirkt sich besonders bei komplexeren Grafiken störend aus, so daß er durch ein Unterprogramm abschaltbar sein müßte.
Über das Problem der Elimination verdeckter Linien ("hidden line re-
moval") ist oft nachgedacht worden und es existiert eine Reihe von Lösungen, aus denen hier ein einfacher Algorithmus vorgestellt werden soll.

Zunächst nehmen wir an, daß bereits zwei komplette Linien der Drahtrahmenkurve gezeichnet worden wären, und zwar die beiden, die am
nächsten zum Betrachter liegen (Abbildung 4.13). Verbindet man alle
Punkte mit dem gleichen Y-Spaltenwert miteinander, so erhält man eine
Teilfläche der gesamten Drahtrahmenoberfläche (Abbildung 4.14). Die
dritte, jetzt zu zeichnende Linie soll in ihrem Verlauf auf Sichtbarkeit
geprüft werden.

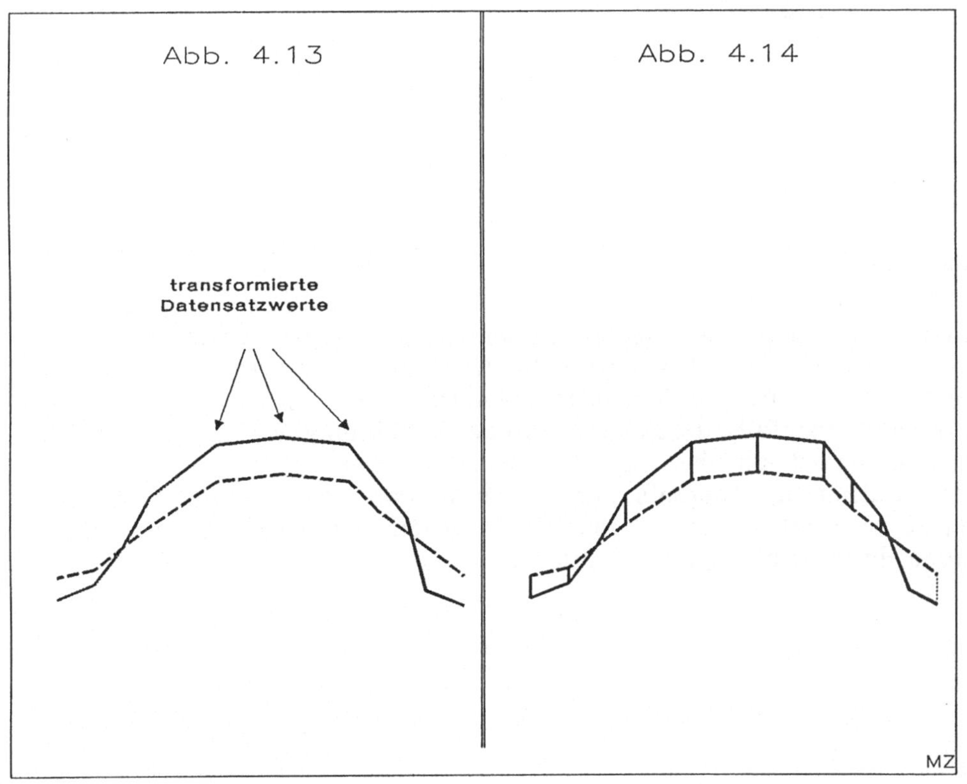

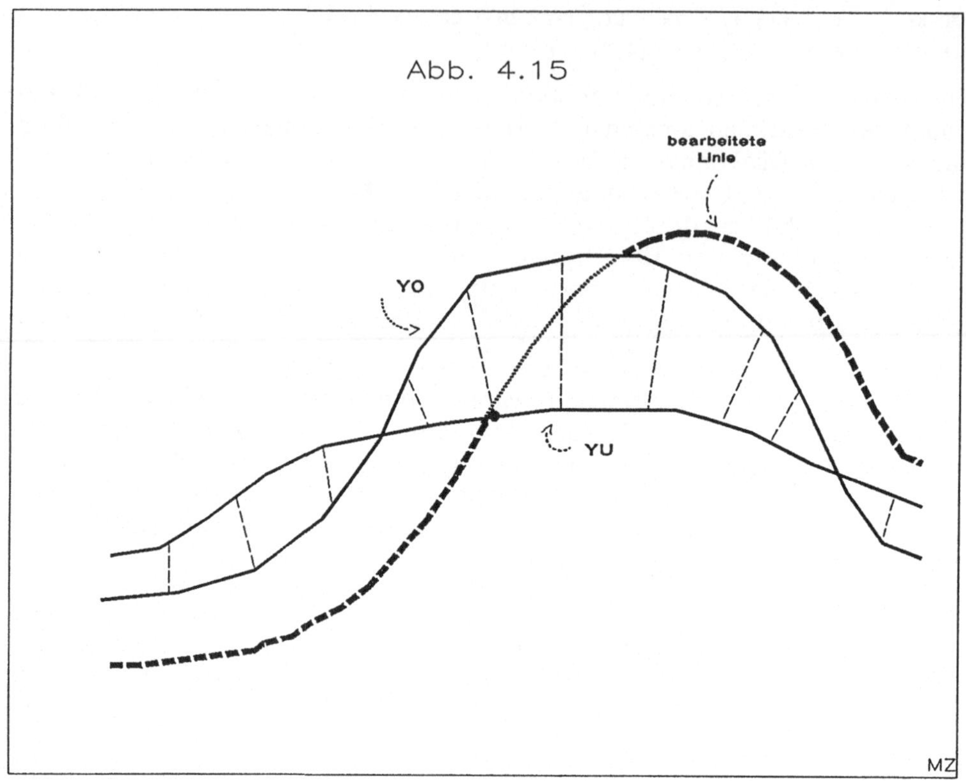

Dies geschieht im wesentlichen durch einen Vergleich der Y-Zeichen-
flächenkoordinaten dieser Linie mit den Maximal- bzw. Minimalkoordi-
naten der bereits gezeichneten Linien: Liegt das betrachtete Liniensegment oberhalb der mit YO bezeichneten Kurve, dann ist es sichtbar und
kann eingezeichnet werden, liegt es unterhalb YU, so ist es auch sichtbar
und kann ebenfalls gezeichnet werden (Abbildung 4.15). YU bzw. YO
muß jetzt noch um das Segment ergänzt werden. Liegt das Teilstück jedoch vollständig innerhalb der beiden Kurven, dann wäre es bei einer
Fläche verdeckt, es wird deshalb nicht gezeichnet, auch YU und YO behalten ihren ursprünglichen Verlauf.

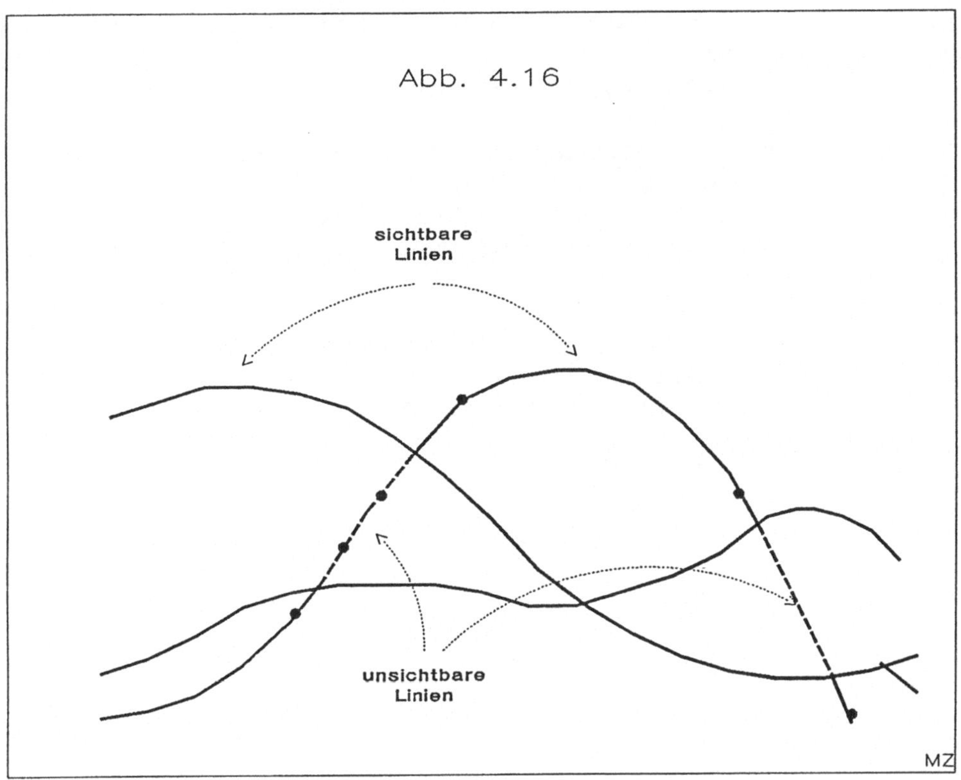

Drei weitere Fälle sind noch zu betrachten, die in Abbildung 4.16 dargestellt sind: Ist der Anfangspunkt des Linienabschnitts sichtbar, dessen
Endpunkt jedoch nicht, oder umgekehrt, dann ist die Linie natürlich nur
bis zum Schnittpunkt mit der YO- bzw. YU-Linie sichtbar und darf auch
nur bis dort hin eingezeichnet werden. Die Sichtbarkeit des ersten oder
des zweiten Teils dieser Geraden wird davon bestimmt, ob ihr Anfangs-
oder ihr Endpunkt sichtbar ist. Der dritte Fall ergibt sich, wenn Start-
und Endpunkt sichtbar bzw. unsichtbar sind, während dazwischen ein
unsichtbares Geradenstück existiert.

Die vorangegangenen Überlegungen bilden den Kern des folgenden Unterprogramms, das in PLOT3D.BAS und, in etwas modifizierter Form, in
PLOT3Z.BAS das Problem der Eliminierung verdeckter Linien löst (siehe
auch Abbildung 4.17).

UNTERPROGRAMM: Verdeckte Linien

```
3390 MM = X(1) - X(2): IF MM = 0 THEN MM = 1
```

```
3392 M = (Y(1) - Y(2)) / MM:Y = Y(1):K = K - 1:FA = 0:DP =  - 1: IF P2 = 1 THEN FU
= 0:X = X(1): GOSUB 3500:ST(K) = FL
3400  FOR X =  INT (X(1)) TO X(2) STEP DP: GOSUB 3500:XP = XA:YP = YA: IF (FL = 1
AND FU = 0) THEN  GOSUB 10208: IF A$ = "P" THEN  GOSUB 10008
3402  IF FU = 1 AND FL = 0 THEN  GOSUB 10208:XP = X2:YP = Y2: GOSUB 10206:FA = 0:
IF A$ = "P" THEN  GOSUB 10006
3404 Y = Y - M: NEXT :X = X(2):Y = Y(2): GOSUB 3500:ST(K - 1) = FL
3470  IF FA = 1 THEN XP = XA:YP = YA: GOSUB 10208:XP = X2:YP = Y2: GOSUB 10206: IF
A$ = "P" THEN  GOSUB 10006
3495  RETURN
3500 FU = FL:FL = 0: IF  INT (1 + Y) >  = YO(X) THEN YO(X) = Y:FL = 1
3502  IF  INT (Y) <  = YU(X) THEN YU(X) = Y:FL = 1
3504  IF FL = 1 THEN X2 = X:Y2 = Y: IF FA = 0 THEN FA = 1:XA = X:YA = Y
3507  RETURN
```

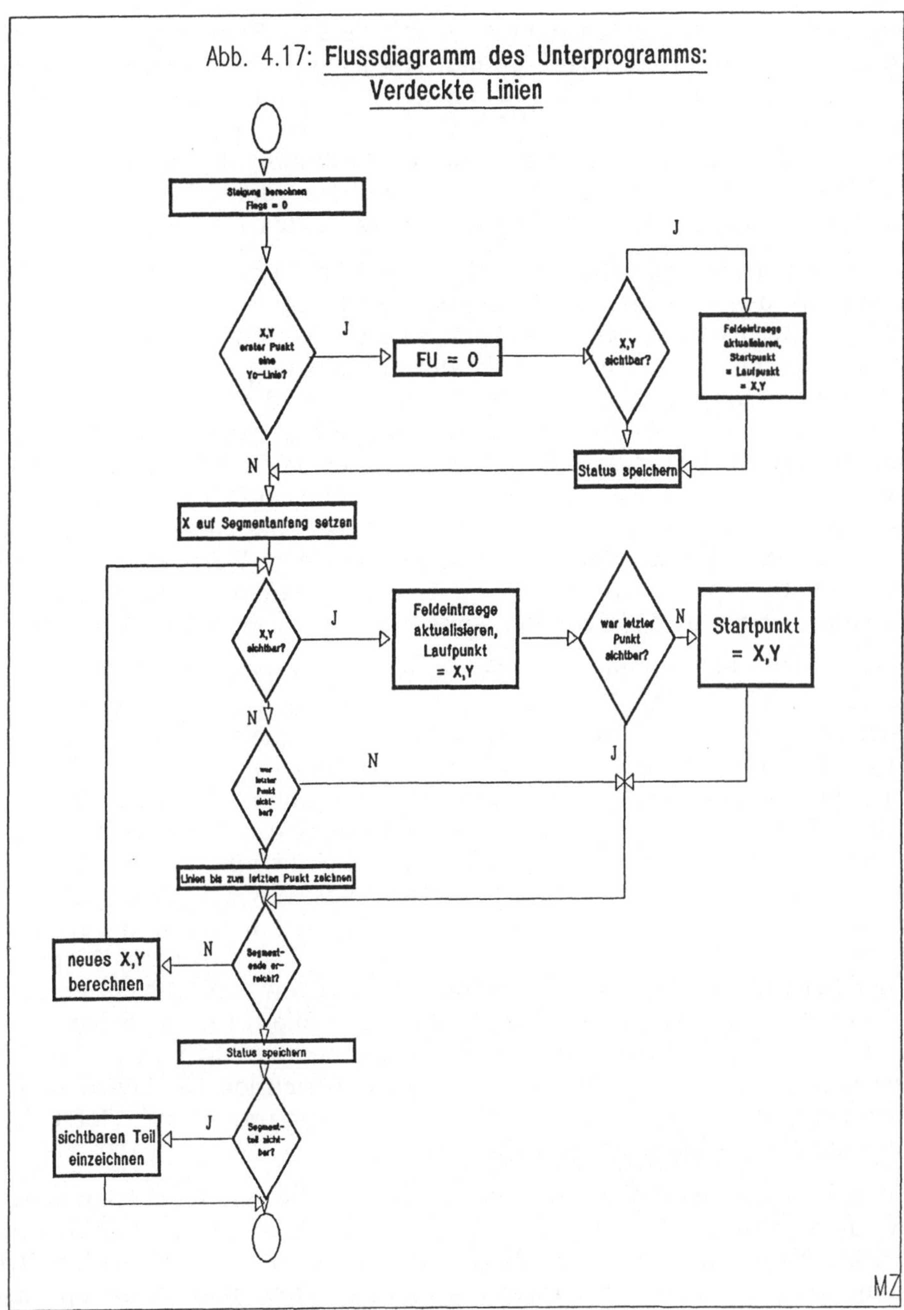

Wie bereits früher angedeutet, setzt sich der Grafikbildschirm unseres APPLE II aus 191x280 Einzelpunkten zusammen. Der Verlauf der Kurven YU und YO kann also sehr einfach zu Vergleichen benutzt werden, wenn deren Y-Koordinaten in zwei Feldern mit je 280 Elementen gespeichert werden. Ein drittes Feld, ST(I), enthält für jeden Punkt entlang einer Xc-Linie eine Statuszuordnung "0", wenn der Punkt unsichtbar ist, eine "1", wenn er sichtbar sein soll. X(1),Y(1) ist der Startpunkt des zu untersuchenden Liniensegments, X(2),Y(2) dessen Endpunkt. K ist eine Variable zur Identifizierung der aktuellen Position auf der gerade bearbeiteten Xc-Linie, P1 und P2 dienen zum Einlesen des korrekten Datensatzwerts.

Das Unterprogramm arbeitet wie folgt: Zunächst berechnet Zeile 3392 die Steigung M des betrachteten Segments, setzt einige Variablen auf ihre Anfangswerte und verzweigt in ein zweites Unterprogramm ab Zeile 3500, falls X(1),Y(1) der erste Punkt der aktuellen X_c-Linie ist. Hier wird durch Vergleich mit den Werten der Felder YO und YU die Entscheidung getroffen, ob dieser Punkt sichtbar ist und somit gezeichnet werden kann. Wenn ja, dann erhält das Flag FL eine "1", da noch kein anderer Punkt dieses Segments gezeichnet wurde, wird auch FA auf "1" gesetzt. Außerdem werden die entsprechenden Feldeinträge aktualisiert. Laufpunkt X2,Y2 und Startpunkt XA,YA erhalten nun den Wert von X(1),Y(1). Nach dem Rücksprung ins aufrufende Unterprogramm ans Ende der Zeile 3392 kann der Status ST(K) dieses Punkts aus FL ermittelt werden.

Mit Zeile 3400 beginnt nun eine Schleife, die für jeden Punkt X,Y , der zwischen Anfangs- und Endwert des Liniensegments liegt, dessen Koordinaten berechnet und wiederum ins Unterprogramm ab Zeile 3500 springt. XA,YA bleibt dort konstant auf dem Wert des Startpunkts, X2,Y2 wird solange in Richtung Endpunkt verschoben, bis der erste unsichtbare Punkt erscheint. Nun kann eine Gerade vom Startpunkt bis zum letzten sichtbaren Punkt ausgegeben werden. Sind alle Punkte X,Y seit dem Startpunkt unsichtbar, dann wandert auch XA,YA mit X2,Y2 solange in Richtung des Endpunkts, bis der erste sichtbare Punkt auftaucht. Auf diesem Wert wird XA,YA dann festgehalten, so daß nach Durchlaufen der Schleife das sichtbare Geradenstück XA,YA - X(2),Y(2) gezeichnet werden kann. War kein einziger der Zwischenwerte sichtbar, dann steht FA noch auf "0", es findet keine Ausgabe statt. Mit den restlichen Anweisungen aus Zeile 3404 wird die Statusinformation für den aktuellen Segmentendpunkt eingeholt, bevor das Unterprogramm mit RETURN wieder ins Hauptprogramm zurückkehrt.

Bei den ein- und zweidimensionalen Grafiken, die wir bisher kennengelernt haben, wurden die numerischen Daten so skaliert, daß sie optimal an den Bildschirmausschnitt angepaßt waren. Bei der dreidimensionalen Darstellung, wie sie in diesem Programm erzeugt wird, stößt diese optimale Anpassung auf Schwierigkeiten, weil der Beobachterstandort frei wählbar sein soll, d.h. keine festen Werte für die Rotationswinkel vorgegeben werden. Es muß also die Möglichkeit bestehen, ohne Fehlermeldungen oder verfälschte Ergebnisse über die Zeichenebene hinaus zu zeichnen, wobei der "überstehende" Teil einfach vernachlässigt wird.

Nehmen wir also an, daß sich der Endpunkt X2,Y2 einer zu zeichnenden Linie rechts außerhalb des Bildschirms befände (Abbildung 4.18a). Die Linie darf also nur bis zu den Bildschirmgrenzen Xmax,Ymax eingezeichnet werden, die entsprechenden neuen Endkoordinaten XE,YE ergeben sich mit der Geradengleichung zu:

$$XE = Xmax$$

$$YE = Y1 + (Xmax - X1) * \frac{(Y2 - Y_1)}{(Y2 - Y_1)}$$

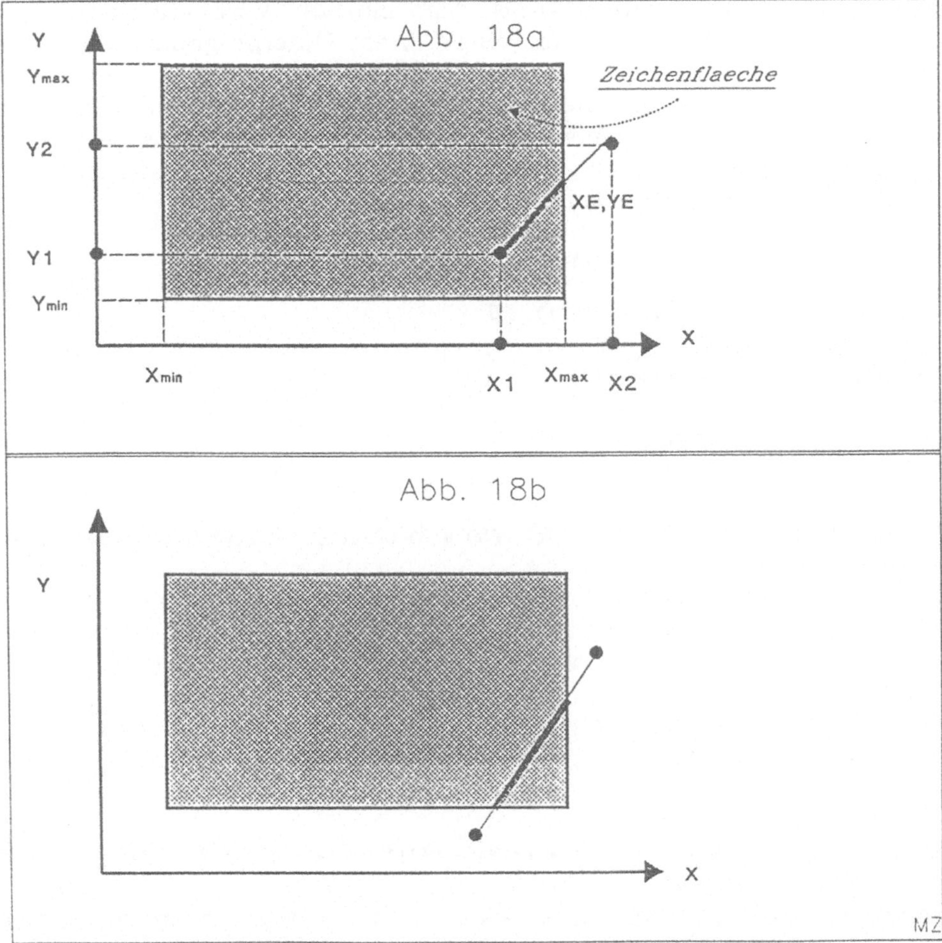

Analog wird die Geradengleichung auch zur Feststellung der Endkoordinaten in den Fällen angewendet, bei denen der Endpunkt links, oben oder unten über die Zeichenfläche hinausragt. Durch wiederholte Überprüfung ist schließlich auch die Einzeichnung von Liniensegmenten möglich, deren Start- und Endpunkt zwar außerhalb der Zeichenebene liegen, die aber teilweise innerhalb verlaufen (Abbildung 4.18b).

Der nächste Programmausdruck zeigt das Unterprogramm, das diese Berechnungen übernimmt. Es beginnt in Zeile 3080, wo die Flags zunächst auf Null gesetzt werden, die die Richtung angeben, in der die Bildschirmgrenzen überschritten werden (links, rechts, oben, unten). Die Zeilen von 3090 - 3120 überprüfen nun Start- und Endpunkt des Liniensegments auf Überschreitung der Grenzen, ist dies der Fall, dann wird das entsprechende Flag auf "1" gesetzt. Wurde kein Flag gesetzt, dann ist die Linie sichtbar, das Unterprogramm kehrt ins Hauptprogramm zurück, wo sie gezeichnet wird (Zeile 3160). Liegen Start- und Endpunkt in derselben Richtung außerhalb des Bildschirms, dann muß die Verbindungslinie unsichtbar sein, Flag PS erhält dann eine "1", das Unterprogramm verzweigt ebenfalls zurück ins Hauptprogramm. In jedem anderen Fall werden die Zeilen 3170 bis 3200, die die Schnittpunkte mit den Bildschirmgrenzen nach obigem Schema berechnen, so oft durchlaufen, bis keine zu großen Koordinaten mehr existieren, alle Flags stehen nun auf "0", das verbliebene sichtbare Teilsegment kann eingezeichnet werden.

UNTERPROGRAMM: Clipping

```
3080  L(I) = 0:R(I) = 0:T(I) = 0:B(I) = 0
3090  IF X(I) < IL THEN L(I) = 1
3100  IF X(I) > IR THEN R(I) = 1
3110  IF Y(I) < IT THEN T(I) = 1
3120  IF Y(I) > IB THEN B(I) = 1
3130  RETURN
3140  GOSUB 3080
3150  PO = 0: IF (T(1) AND T(2) OR B(1) AND B(2) OR L(1) AND L(2) OR R(1) AND R(2))
THEN PO = 1: RETURN
3160  I = 1: IF  NOT (L(I) OR R(I) OR B(I) OR T(I)) THEN I = 2: IF  NOT (L(I) OR
R(I) OR B(I) OR T(I)) THEN  RETURN
3170  IF L(I) = 1 THEN Y(I) = Y(1) + (Y(2) - Y(1)) * (IL - X(1)) / (X(2) -
X(1)):X(I) = IL: GOTO 3140
3180  IF R(I) = 1 THEN Y(I) = Y(1) + (Y(2) - Y(1)) * (IR - X(1)) / (X(2) -
X(1)):X(I) = IR: GOTO 3140
3190  IF T(I) = 1 THEN X(I) = X(1) + (X(2) - X(1)) * (IT - Y(1)) / (Y(2) -
Y(1)):Y(I) = IT: GOTO 3140
3200  IF B(I) = 1 THEN X(I) = X(1) + (X(2) - X(1)) * (IB - Y(1)) / (Y(2) -
Y(1)):Y(I) = IB: GOTO 3140
3300 PS = 0: IF XB < X1 OR XB > X2 OR YB < Y1 OR YB > Y2 OR ZB < Z1 OR ZB > Z2 THEN
PS = 1
3310  RETURN
```

Wir haben jetzt die Werkzeuge in der Hand, um die anfangs beschriebenen Probleme zu lösen. Wenden wir uns also dem Programm PLOT3D.BAS zu, in dem diese Werkzeuge eingesetzt werden.

Nach dem Laden der Peripherieschnittstellen wird in Zeile 15 die Anweisung LOMEM: 25400 gegeben. Mit dieser Anweisung wird die Startadresse für den Variablenspeicher oberhalb der benutzten Grafikseite HGR2 bzw. der Symboltabelle SHAPAL.BIN festgelegt. PLOT3D.BAS ist eines der längsten PLOTGRAF-Programme, der Programmtext reicht bis kurz unterhalb des Grafikspeichers, und ohne diese Maßnahme würden die Programmvariablen im Hauptspeicher zum großen Teil von dieser Stelle an aufwärts gespeichert und bei der Initialisierung der hochauflösenden Grafik mit HGR2 allesamt gelöscht.

Zeile 17 dimensioniert die Felder YU, YO und ST, die bei der Eliminierung der verdeckten Linien benötigt werden, sowie das Feld C, das die Elemente der Rotationsmatrix aufnimmt. T$ ist wie in allen Programmen für die Aufnahme der Plotterkommandos vorgesehen.

Nach der Ausgabe des Startmenues und des Bildschirmformulars werden die Plotparameter eingelesen und folgenden Variablen zugeordnet:

Variable	Parameter
CK$	"J" Standardoptionen übernehmen "N" Bildschirmformular abarbeiten
A$	"B" Bildschirmausgabe "D" Bildschirmausgabe, anschließend Kopie auf Drucker "P" Plotterausgabe
XF,YF,ZF	Vergrößerungsfaktoren für X-, Y- und Z-Achse
XO,YO,ZO	Ursprungspunkt der Zeichnung (in Bildschirmkoordinaten)
RX,RY,RZ	Drehwinkel der Zeichnung um die jeweilige Achse
WX,WY	Anzahl der Linien in X- und Y-Richtung (entspricht der "Maschenweite" des gezeichneten Gitters)
B$	verdeckte Linien: "S" = sichtbar "U" = unsichtbar
X1,X2,Y1,Y2	Werte für die Zeichengrenzen

<u>zusätzlich für Plotterausgabe:</u>

Variable	Parameter
AA$	"A4" Ausgabeformat DIN A4 "A3" Ausgabeformat DIN A3
RA$	"J" Zeichnung mit Umrahmung "N" keine Umrahmung
LO$	"J" Logogramm einzeichnen "N" kein Logogramm
TX$,TY$	Achsentexte
T1$,T2$	Legende für die Grafik

<u>zusätzlich für Druckerausgabe:</u>

Variable	Parameter
OP$	"N" normale Ausgabe "D" doppelte Druckdichte "V" vergrößert
T1$,T2$	Legende für die Grafik

Nach dem Einlesen dieser Variablen werden einige vorbereitende Operationen ausgeführt, wie die Umrechnung der in Grad eingegebenen Drehwinkel in Radian und Berechnung der Skalierungsfaktoren SX, SY, SZ, bevor der Ausgabemodus BI$ angefordert und ggfs. die betreffende Datei eröffnet wird.

Mit Zeilen-Nr. 1729 beginnt dann das eigentliche "Herz" des Programms. Zunächst ermittelt es die Koordinaten der Achsen, die dem Unterprogramm ab Zeile 2060 übergeben werden. Dieses Unterprogramm gibt diese Werte an die Transformationsroutine weiter, die die Zeichenkoordinaten der betreffenden Achse ermittelt. Diese Zeichenkoordinaten können nun im 'Clipping'-Unterprogramm zur Einhaltung der Zeichengrenzen korrigiert werden, bevor sie in den Zeilen 2190 und 2200 ausgegeben werden. Jede Achse wird nun um ein Stück "verlängert" und derselben Prozedur unterworfen. Die so gewonnenen Werte werden als Startkoordinaten für die Achsentexte benutzt.

Nachdem die Achsen gezeichnet sind, ermittelt das Programm auf ähnliche Weise die Begrenzungslinien für die Flächen, auf denen die Achsen rechtwinklig stehen. Diese Flächen sollen die Übersichtlichkeit der Grafik etwas verbessern, so daß später auch quantitative Aussagen über einzelne Punkte der Grafik möglich sind.

Das "Gerüst" der Grafik ist jetzt komplett, in Zeile 2325 beginnt deshalb die Einleseprozedur für die Datensatzwerte: Es wird jeweils ein Punkt eingelesen, der im Unterprogramm in Zeile 3300 daraufhin überprüft wird, daß die vom Benutzer eingegebenen Bereichsgrenzen nicht überschritten werden. Dann erfolgt die Transformation und Anpassung an die Zeichenflächenbegrenzung durch die jeweiligen Unterprogramme. Abhängig vom Ausgabemodus für die verdeckten Linien wird der Datensatz nun entweder Punkt für Punkt abgearbeitet, bis keine Daten mehr vorhanden sind. Alle Datensatzwerte mit gleichem X-Wert sind nun durch Linien miteinander verbunden. Dann sucht das Programm die Werte mit gleicher Y-Koordinate aus der Datei heraus und verfährt mit diesen entsprechend: Danach sind alle Linien eingezeichnet, vor dem Rücksprung ins Startmenue wird noch ein Tastendruck abgewartet bzw. die Grafik auf Diskette abgelegt.

Etwas anders wird verfahren, wenn die verdeckten Linien nicht sichtbar sein sollen: Hier wird eine komplette Xc-Linie Punkt für Punkt eingelesen, transformiert, mit dem Unterprogramm "VERDECKTE LINIEN" auf Sichtbarkeit geprüft und entsprechend gezeichnet. Danach lädt das Programm jeweils zwei Datensatzwerte mit gleicher Y-Koordinate, die ebenfalls transformiert werden. Abhängig vom Sichtbarkeitsstatus dieser beiden Punkte [ST(K) und ST(K+AY) müssen eine "1" enthalten] zeichnen die Programmzeilen 2670 und 2680 eine Verbindungslinie ein bzw. übergehen diese Linie. So wird gewährleistet, daß nur dort Yc- Linien gezogen werden, wo sie wirklich sichtbar sind.

Nach Durchlaufen aller Datensatzwerte ist die Bearbeitung der Zeichnung beendet, sie kann nun abhängig von BI$ auf Diskette abgelegt oder mit der Startmenue-Auswahl "Plotoptionen verändern" noch modifiziert werden.

PROGRAMM: PLOT3D.BAS

```
10  PRINT  CHR$ (30); CHR$ (32); CHR$ (32); CHR$ (29);"Plottertreiber wird
geladen": POKE 103, PEEK (175) - 2: POKE 104, PEEK (176): PRINT  CHR$ (4);"RUN PLOT
.OVR,S"; PEEK (773);",D"; PEEK (772)
11  PRINT  CHR$ (30); CHR$ (32); CHR$ (32); CHR$ (29);"Druckertreiber wird
geladen": POKE 103, PEEK (175) - 2: POKE 104, PEEK (176): PRINT  CHR$ (4);"RUN
PRINT .OVR"
12  PRINT  CHR$ (30); CHR$ (32); CHR$ (32); CHR$ (29);"Monitortreiber wird
geladen": POKE 103, PEEK (175) - 2: POKE 104, PEEK (176): PRINT  CHR$ (4);"RUN
SCREEN.OVR"
13  ONERR  GOTO 6000
15  LOMEM: 25400:D$ =  CHR$ (4):C$ =  CHR$ (12):CR$ =  CHR$ (13):LF$ = CR$: FOR I =
1 TO 9:LF$ = LF$ + CR$: NEXT
16  W$ =  CHR$ (30) +  CHR$ (52) +  CHR$ (42) + "B I T T E      W A R T E N     !":P$
=  CHR$ (30) +  CHR$ (52) +  CHR$ (44) + "P L O T T E R A U S G A B E"
17  DIM ST(50),YO(279),YU(279),C(4,4):YMAX = 191: FOR I = 0 TO 279:YU(I) = YMAX:
NEXT :TT = 150: DIM T$(TT)
20  PRINT C$: PRINT "graphische Ausgabe eines dreidimensionalen Datensatzes": PRINT
LF$: PRINT "Bitte wählen Sie eine der folgenden Möglichkeiten :": PRINT : PRINT
120  PRINT "        (L) ==> Datensatz von Diskette lesen": PRINT "        (P) ==>
Plotoptionen ändern": PRINT "        (M) ==> zurück zum Hauptmenue"
130  PRINT "        (I) ==> Inhaltsverzeichnis der Diskette"
140  PRINT : PRINT : PRINT "Sie wünschen ? ";: GET CK$: PRINT : PRINT
175  IF CK$ = "L" THEN  GOSUB 1020
180  IF CK$ = "P" THEN  GOSUB 1280
185  IF CK$ = "I" THEN  GOSUB 3600
190  IF CK$ = "M" THEN 3520
195  TEXT : GOTO 20
1020  PRINT C$: PRINT "Datensatz von Diskette lesen": PRINT LF$: INPUT "Filename :
";F$: IF F$ = "" THEN  RETURN
1040  PRINT : PRINT "Laufwerk-Nr. : ";: GET DR: PRINT : PRINT C$: PRINT LF$: PRINT
W$: PRINT : PRINT : PRINT : PRINT "          Datensatz ";F$;" wird von
Diskette gelesen"
1065 F$ = F$ + ".DAT":X1 = 1E37:X2 =  - X1:Y1 = X1:Y2 =  - Y1:Z1 = X1:Z2 =  - Z1:
PRINT D$;"OPEN";F$;",D";DR;",L45": PRINT D$;"READ";F$;",R0": INPUT WI: INPUT NI:
INPUT AX: INPUT AY
1066  PRINT D$;"READ";F$;",R1": INPUT X1: INPUT X2: INPUT Y1: PRINT
D$;"READ";F$;",R2": INPUT Y2: INPUT Z1: INPUT Z2: PRINT D$;"CLOSE"
1067  AX =  INT (AX):AY =  INT (AY)
```

```
1270  REM     SKALIERUNG
1280  PRINT   CHR$ (12):WX = AX:WY = AY
1282  PRINT   CHR$ (30); CHR$ (40); CHR$ (32);"Optionen übernehmen ?
(N)ein"
1286  PRINT : PRINT "Ausgabegerät :                   (D)rucker    (P)lotter": PRINT
"Text 1 (max. 17 Zeichen)  :": PRINT "Text 2 (max. 28 Zeichen)  :": PRINT
1292  PRINT "Skalierung :   X - Faktor :             Anzahl Xc-Linien :": PRINT "
Y - Faktor :            Anzahl Yc-Linien :": PRINT "                Z - Faktor :
": PRINT
1300  PRINT "Betrachtungswinkel :   RX :             Plotter : Logogramm :
(N)ein"
1302  PRINT "                       RY :                     Rahmen    :
(N)ein"
1304  PRINT "                       RZ :                     Format : DIN
A(3)": PRINT
1308  PRINT "Koordinatenursprung :  X0 :             Drucker :": PRINT "
Y0 :                 Kopie (E)nlarged"
1312  PRINT "                       Z0 :                      (D)oppelte
Druckdichte": PRINT
1316  PRINT "verdeckte Linien :               (U)nsichtbar ": PRINT
1320  PRINT "Ausschnittzeichnung :   Xmin :                Xmax :": PRINT "
Ymin :              Ymax :": PRINT "                Zmin :
Zmax :"
1326  X = 1:Y = 1:T$ = "Standard": GOSUB 1454:X = 34:T$ = "(J)a": GOSUB 1454:X =
17:Y = 3:T$ = "(B)ildschirm": GOSUB 1454:X = 64:Y = 7:T$ =  STR$ (WX): GOSUB 1454:Y
= 8:T$ =  STR$ (WY): GOSUB 1454:X = 63:Y = 11:T$ = "(J)a": GOSUB 1454
1332  Y = 12: GOSUB 1454:X = 65:Y = 13:T$ = "A(4)": GOSUB 1454:X = 30:Y = 7:T$ =
"1": GOSUB 1454:Y = 8: GOSUB 1454:Y = 9: GOSUB 1454:X = 51:Y = 15:T$ = "Kopie
(N)ormal": GOSUB 1454
1336  X = 30:Y = 11:T$ = "20": GOSUB 1454:Y = 12:T$ = "80": GOSUB 1454:Y = 13:T$ =
"20": GOSUB 1454:Y = 15:T$ = "140": GOSUB 1454:Y = 16:T$ = "95": GOSUB 1454:Y =
17:T$ = "0": GOSUB 1454:X = 22:Y = 19:T$ = "(S)ichtbar": GOSUB 1454
1340  X = 34:Y = 21:T$ =  STR$ (X1): GOSUB 1454:X = 61:T$ =  STR$ (X2): GOSUB 1454:X
= 34:Y = 22:T$ =  STR$ (Y1): GOSUB 1454:X = 61:T$ =  STR$ (Y2): GOSUB 1454:X = 34:Y
= 23:T$ =  STR$ (Z1): GOSUB 1454:X = 61:T$ =  STR$ (Z2): GOSUB 1454
1342  P3$ =  CHR$ (30) +  CHR$ (95):P4$ =  CHR$ (30) +  CHR$ (110):P1$ =  CHR$ (30)
+  CHR$ (92):P2$ =  CHR$ (30) +  CHR$ (65): PRINT P1$ +  CHR$ (32);: GET CK$: IF
ASC (CK$) < 32 THEN CK$ = "J"
1350  IF CK$ = "J" THEN A$ = "B":X0 = 140:Y0 = 95:Z0 = 0:XF = 1:YF = XF:ZF = XF:B$
= "S":RX = 20:RY = 80:RZ = 20: GOTO 1468
1352  IF CK$ < > "N" THEN  PRINT P1$ +  CHR$ (32); CHR$ (29);: GOTO 1342
1354  PRINT P1$ +  CHR$ (32);CK$;: PRINT P1$ +  CHR$ (34);: GET A$: IF  ASC (A$) <
32 THEN A$ = "B"
1358  PRINT P1$ +  CHR$ (34);A$;: IF A$ = "B" THEN 1364
1362  PRINT P2$ +  CHR$ (35);: INPUT "";T1$: PRINT P2$ +  CHR$ (36);: INPUT "";T2$
```

```
1364  PRINT P2$ +  CHR$ (38);: GOSUB 1460:XF$ = X$: IF XF$ = "" THEN XF$ = "1"
1366 XF =  VAL (XF$): PRINT P2$ +  CHR$ (38);XF;
1368  PRINT P2$ +  CHR$ (39);: GOSUB 1460:YF$ = X$: IF YF$ = "" THEN YF$ = "1"
1370 YF =  VAL (YF$): PRINT P2$ +  CHR$ (39);YF;
1372  PRINT P2$ +  CHR$ (40);: GOSUB 1460:ZF$ = X$: IF ZF$ = "" THEN ZF$ = "1"
1374 ZF =  VAL (ZF$): PRINT P2$ +  CHR$ (40);ZF;
1376  PRINT P2$ +  CHR$ (42);: GOSUB 1460:RX$ = X$: IF RX$ = "" THEN RX$ = "20"
1378 RX =  VAL (RX$): PRINT P2$ +  CHR$ (42);RX;
1380  PRINT P2$ +  CHR$ (43);: GOSUB 1460:RY$ = X$: IF RY$ = "" THEN RY$ = "80"
1382 RY =  VAL (RY$): PRINT P2$ +  CHR$ (43);RY;
1384  PRINT P2$ +  CHR$ (44);: GOSUB 1460:RZ$ = X$: IF RZ$ = "" THEN RZ$ = "20"
1386 RZ =  VAL (RZ$): PRINT P2$ +  CHR$ (44);RZ;
1388  PRINT P2$ +  CHR$ (46);: GOSUB 1460:X0$ = X$: IF X0$ = "" THEN X0$ = "140"
1390 X0 =  VAL (X0$): PRINT P2$ +  CHR$ (46);X0;
1392  PRINT P2$ +  CHR$ (47);: GOSUB 1460:Y0$ = X$: IF Y0$ = "" THEN Y0$ = "95"
1394 Y0 =  VAL (Y0$): PRINT P2$ +  CHR$ (47);Y0;
1396  PRINT P2$ +  CHR$ (48);: GOSUB 1460:Z0$ = X$: IF Z0$ = "" THEN Z0$ = "0"
1398 Z0 =  VAL (Z0$): PRINT P2$ +  CHR$ (48);Z0;
1402  PRINT P3$; CHR$ (38);: INPUT "";WX$: IF WX$ = "" THEN WX$ =  STR$ (WX)
1404 WX =  VAL (WX$): PRINT P3$; CHR$ (38);WX;
1406  PRINT P3$; CHR$ (39);: INPUT "";WY$: IF WY$ = "" THEN WY$ =  STR$ (WY)
1408 WY =  VAL (WY$): PRINT P3$; CHR$ (39);WY;
1410  IF A$ <  > "P" THEN 1423
1412  PRINT P4$; CHR$ (42);: GET LO$: IF  ASC (LO$) < 32 THEN LO$ = "J"
1414  PRINT P4$; CHR$ (42);LO$;
1416  PRINT P4$; CHR$ (43);: GET RA$: IF  ASC (RA$) < 32 THEN RA$ = "J"
1418  PRINT P4$; CHR$ (43);RA$;
1420  PRINT P4$; CHR$ (44);: GET AA$: IF  ASC (AA$) < 32 THEN AA$ = "4"
1422  AA$ = "A" + AA$: PRINT P4$; CHR$ (44);AA$;
1423  IF A$ <  > "D" THEN 1426
1424  PRINT P4$ +  CHR$ (47);: GET OP$: IF  ASC (OP$) < 32 THEN OP$ = "N"
1425  PRINT P4$ +  CHR$ (47);OP$;: IF OP$ = "N" THEN OP$ =  CHR$ (13)
1426  PRINT P1$ +  CHR$ (50);: GET B$: IF  ASC (B$) < 32 THEN B$ = "S"
1427  PRINT P1$ +  CHR$ (50);B$;
1428  PRINT P2$ +  CHR$ (52);: GOSUB 1460: IF I = 1 THEN X$ =  STR$ (X1)
1430  X1 =  VAL (X$): PRINT P2$; CHR$ (52);X1;
1432  PRINT P1$; CHR$ (52);: INPUT "";X2$: IF X2$ = "" THEN X2$ =  STR$ (X2)
1434  X2 =  VAL (X2$): PRINT P1$; CHR$ (52);X2;
1436  PRINT P2$ +  CHR$ (53);: GOSUB 1460: IF I = 1 THEN X$ =  STR$ (Y1)
1438  Y1 =  VAL (X$): PRINT P2$; CHR$ (53);Y1;
1440  PRINT P1$; CHR$ (53);: INPUT "";Y2$: IF Y2$ = "" THEN Y2$ =  STR$ (Y2)
1442  Y2 =  VAL (Y2$): PRINT P1$; CHR$ (53);Y2;
1444  PRINT P2$ +  CHR$ (54);: GOSUB 1460: IF I = 1 THEN X$ =  STR$ (Z1)
1446  Z1 =  VAL (X$): PRINT P2$; CHR$ (54);Z1;
1448  PRINT P1$; CHR$ (54);: INPUT "";Z2$: IF Z2$ = "" THEN Z2$ =  STR$ (Z2)
```

```
1450  Z2 =  VAL (Z2$): PRINT P1$; CHR$ (54);Z2;
1452  GOTO 1468
1454  REM         inverse Darstellung
1456  PRINT  CHR$ (30); CHR$ (31 + X); CHR$ (31 + Y); CHR$ (26); CHR$ (51);T$;:
PRINT  CHR$ (26);"2";: RETURN
1460  I = 0:X$ = ""
1462  I = I + 1: GET XX$: IF  ASC (XX$) = 13 THEN 1466
1464  PRINT XX$;:X$ = X$ + XX$: GOTO 1462
1466  RETURN
1468  REM
1510  IF X2 = X1 THEN SX = 0: GOTO 1530
1520  LX = 150:SX = LX / (X2 - X1) * XF
1530  IF Y2 = Y1 THEN SY = 0: GOTO 1550
1540  LY = 150:SY = LY / (Y2 - Y1) * YF
1550  IF Z2 = Z1 THEN SZ = 0: GOTO 1570
1560  LZ = 100:SZ = LZ / (Z2 - Z1) * ZF
1570  WX =  INT (AX / WX):WY =  INT (AY / WY):A = 3.1415926 / 180:RX = RX * A:RY =
RY * A:RZ = RZ * A
1610  GOSUB 2910: GOSUB 1721: GOSUB 2325
1615  IF A$ = "P" THEN  GOSUB 10040: IF BI$ = "J" AND U > 0 THEN FS = 0: GOSUB
10050: GOTO 1660
1620  IF BI$ = "J" THEN  PRINT D$;"BSAVE";FF$ +
".PIC";",S";SD;",D";DD;",A$4000,L$2000"
1630  IF A$ = "D" THEN  GOSUB 10102: GOTO 1660
1640  IF A$ = "B" THEN  PRINT C$: GET CK$: PRINT : GOSUB 10202
1660  TEXT : RETURN
1670  REM    RAHMEN
1721  PRINT C$: PRINT LF$: PRINT "Soll die fertige Graphik auf Diskette abgelegt
werden (J/N) ?  ";: GET BI$: PRINT : IF BI$ = "N" OR  ASC (BI$) < 32 THEN BI$ =
"N": GOTO 1729
1722  IF BI$ = "J" THEN  PRINT : PRINT : PRINT : INPUT "Filename : ";FF$: IF FF$ =
"" THEN BI$ = "N": GOTO 1729
1723  PRINT : PRINT "Laufwerk-Nr. : ";: GET DR$:DR =  VAL (DR$): PRINT
1724  SD =  INT (7 - DR / 2):DD = 1: IF  INT (DR / 2) * 2 = DR THEN DD = 2
1726  IF A$ = "P" THEN  PRINT D$;"OPEN";FF$ + ".PLT";",S";SD;",D";DD: PRINT
D$;"DELETE";FF$ + ".PLT": PRINT D$;"OPEN";FF$ + ".PLT": PRINT D$;"CLOSE";FF$ +
".PLT":FS = 1
1729  IF A$ < > "P" THEN  GOSUB 10202: GOSUB 10224: GOTO 1805
1730  PRINT C$: PRINT W$: PRINT LF$: PRINT P$: GOSUB 10002
1731  IF RA$ = "N" THEN 1805
1740  IF AA$ = "A3" THEN  GOSUB 10020: GOTO 1800
1770  GOSUB 10012
1800  IF LO$ = "J" THEN  GOSUB 10026
1805  DEF  FN PL(X) =  SQR ((X(2) - X(1)) ^ 2 + (Y(2) - Y(1)) ^ 2):Q = 0:SI = 3:CL
= 2: GOSUB 10238: IF A$ = "P" THEN  GOSUB 10038
```

```
1807  DEF  FN PS(X) = L(2) + R(2) + B(2) + T(2)
1809  IL = 0:IR = 279:IT = 0:IB = 191
1810  XU = X1 * SX:XV = X2 * SX:XW = XV: IF X1 < 0 AND X2 > 0 THEN XU = 0
1811  IF X2 <  = 0 THEN XU = XV:XV = X1 * SX
1814  YU = Y1 * SY:YV = Y2 * SY:YW = YV: IF Y1 < 0 AND Y2 > 0 THEN YU = 0
1815  IF Y2 <  = 0 THEN YU = YV:YV = Y1 * SY
1818  ZU = Z1 * SZ:ZV = Z2 * SZ:ZW = ZV: IF Z1 < 0 AND Z2 > 0 THEN ZU = 0
1819  IF Z2 <  = 0 THEN ZU = ZV:ZV = Z1 * SZ
1821  MX = XU:NX = XV:MY =  - ZU:NY = MY:MZ = YU:NZ = MZ: GOSUB 2060
1830  I = 2:XR = XV + 10:YR =  - ZU:ZR = YU: GOSUB 3070: IF  FN PL(X) < 10 OR  FN
PS(X) <  > 0 THEN 1870
1850  XP = X(2):YP = Y(2):M$ = "X": GOSUB 10210: IF A$ = "P" THEN  GOSUB 10010
1870  NX = XU:NY =  - ZV: GOSUB 2060
1875  XR = XU:YR =  - ZV - 10:ZR = YU: GOSUB 3070: IF  FN PL(X) < 10 OR  FN PS(X) <
> 0 THEN 1910
1890  XP = X(2):YP = Y(2):M$ = "Z": GOSUB 10210: IF A$ = "P" THEN  GOSUB 10010
1910 NY =  - ZU:NZ = YV: GOSUB 2060
1915  XR = XU:YR =  - ZU:ZR = YV + 10: GOSUB 3070: IF  FN PL(X) < 10 OR  FN PS(X) <
> 0 THEN 1960
1930 XP = X(2):YP = Y(2):M$ = "Y": GOSUB 10210: IF A$ = "P" THEN  GOSUB 10010
1960 MX = X1 * SX:MY =  - ZU:MZ = Y1 * SY:NX = XW:NY = MY:NZ = MZ: GOSUB 2060:MX =
XW:NZ = YW: GOSUB 2060:MZ = YW:NX = X1 * SX: GOSUB 2060:MX = X1 * SX:NZ = Y1 * SY:
GOSUB 2060: REM        X-Y - Fläche
2010 MX = XU:NX = MX:MY =  - Z1 * SZ:NY = MY:MZ = Y1 * SY:NZ = YW: GOSUB 2060:NY =
- ZW:MZ = YW: GOSUB 2060:MY =  - ZW:NZ = Y1 * SY: GOSUB 2060:MZ = NZ:NY =  - Z1 *
SZ: GOSUB 2060: REM        Y-Z - Fläche
2015 MZ = YU:NZ = MZ:MX = X1 * SX:NX = XW:MY =  - Z1 * SZ:NY = MY: GOSUB 2060:MX =
XW:NY =  - ZW: GOSUB 2060:MY =  - ZW:NX = X1 * SX: GOSUB 2060:MX = NX:NY =  - Z1 *
SZ: REM        X-Z- Fläche
2060 XR = MX:YR = MY:ZR = MZ:I = 1: GOSUB 3070:XR = NX:YR = NY:ZR = NZ:I = 2: GOSUB
3070: GOSUB 3150
2170  IF PS = 1 THEN 2210
2190 XP = X(1):YP = Y(1): GOSUB 10208: IF A$ = "P" THEN  GOSUB 10008
2200 XP = X(2):YP = Y(2): GOSUB 10206: IF A$ = "P" THEN  GOSUB 10006
2210  RETURN
2325  PRINT :CL = 3: GOSUB 10238: IF A$ = "P" THEN  GOSUB 10038
2340 K = 2 * AY + 1: PRINT D$;"OPEN";F$;",D";DR;",L45": IF AY = 1 THEN 2770
2342  FOR P1 = 0 TO AX - 1 STEP WX: FOR P2 = 0 TO AY - 1
2371 J = NI - P1 * AY - P2: PRINT D$;"READ";F$;",R";J + 4: & XB$: & YB$: & ZB$:XB =
VAL (XB$):YB =  VAL (YB$):ZB =  VAL (ZB$):XR = XB * SX:YR =  - ZB * SZ:ZR = YB *
SY:I = 2: GOSUB 3070
2440  GOSUB 3300: GOSUB 3150: IF PS OR PO THEN 2532
2480  IF P2 = 0 THEN XP = X(2):YP = Y(2): GOSUB 10208: IF A$ = "P" THEN  GOSUB
10008
2482  IF P2 = 0 THEN 2532
```

```
2510  IF B$ = "U" THEN   GOSUB 3390: GOTO 2532
2520 XP = X(1):YP = Y(1): GOSUB 10208:XP = X(2):YP = Y(2): GOSUB 10206: IF A$ = "P"
THEN   GOSUB 10006
2532 X(1) = X(2):Y(1) = Y(2): NEXT
2550  IF B$ = "S" AND J > 1 THEN 2552
2551  IF B$ = "U" THEN   GOSUB 2570
2552 X(1) = X(2):Y(1) = Y(2): NEXT : IF B$ = "S" THEN 2760
2560  GOTO 2890
2570 LI = P1 + 1: IF LI = 1 THEN   GOSUB 10208: IF A$ = "P" THEN   GOSUB 10008
2590  IF LI = 1 THEN 2710
2600  FOR KK = 1 TO AY STEP WY: IF  NOT (ST(KK) AND ST(KK + AY)) THEN 2700
2620  PRINT D$;"READ";F$;",R";NI - LI * AY + KK + 4: INPUT XA: INPUT YA: INPUT ZA:
PRINT D$;"READ";F$;",R";NI - (LI - WY) * AY + KK + 4: INPUT XB: INPUT YB: INPUT ZB
2660 XR = XA * SX:YR =  - ZA * SZ:ZR = YA * SY:I = 1: GOSUB 3070:XR = XB * SX:YR =
 - ZB * SZ:ZR = YB * SY:I = 2: GOSUB 3070
2670 XP = X(1):YP = Y(1): GOSUB 10208: IF A$ = "P" THEN   GOSUB 10008
2680 XP = X(2):YP = Y(2): GOSUB 10206: IF A$ = "P" THEN   GOSUB 10006
2700  NEXT
2710  FOR KK = 1 TO AY:ST(KK) = ST(KK + AY): NEXT
2750 K = 2 * AY + 1: RETURN
2760  REM
2770  FOR KK = 1 TO AY STEP WY: FOR K = 0 TO AX - 1:R = KK + K * AY: PRINT
D$;"READ";F$;",R";R + 4: INPUT XB: INPUT YB: INPUT ZB:XR = XB * SX:YR =  - ZB *
SZ:ZR = YB * SY
2775 I = 2: GOSUB 3070: GOSUB 3300: GOSUB 3150: IF PS OR PO THEN 2870
2780 XP = X(2):YP = Y(2): IF (( NOT K) OR PA) AND A$ = "P" THEN   GOSUB 10008
2790  IF (( NOT K) OR PA) THEN 2870
2850 XP = X(1):YP = Y(1): GOSUB 10208:XP = X(2):YP = Y(2): GOSUB 10206: IF A$ = "P"
THEN   GOSUB 10006
2870 PA = PS:X(1) = X(2):Y(1) = Y(2): NEXT : NEXT
2890  PRINT D$;"CLOSE": RETURN
2910  REM   ROTATIONSMATRIX
2920 C(1,1) =  COS (RY) *  COS (RZ):C(1,2) =  COS (RY) *  SIN (RZ):C(1,3) =  -  SIN
(RY):C(1,4) = 0
2960 C(2,1) =  COS (RX) * ( -  SIN (RZ)) +  SIN (RX) *  SIN (RY) *  COS (RZ):C(2,2)
=  COS (RX) *  COS (RZ) +  SIN (RX) *  SIN (RY) *  SIN (RZ):C(2,3) =  SIN (RX) *
COS (RY):C(2,4) = 0
3000 C(3,1) = ( -  SIN (RX)) * ( -  SIN (RZ)) +  COS (RX) *  SIN (RY) *  COS
(RZ):C(3,2) =  -  SIN (RX) *  COS (RZ) +  COS (RX) *  SIN (RY) *  SIN (RZ):C(3,3) =
COS (RX) *  COS (RY):C(3,4) = 0
3040 C(4,1) = X0:C(4,2) = Y0:C(4,3) = Z0:C(4,4) = 1: RETURN
3060  REM   KOORDINATENTRANSFO.
3070 X(I) = XR * C(1,1) + YR * C(2,1) + ZR * C(3,1) + C(4,1):Y(I) = XR * C(1,2) +
YR * C(2,2) + ZR * C(3,2) + C(4,2)
3080 L(I) = 0:R(I) = 0:T(I) = 0:B(I) = 0
```

```
3090  IF X(I) < IL THEN L(I) = 1
3100  IF X(I) > IR THEN R(I) = 1
3110  IF Y(I) < IT THEN T(I) = 1
3120  IF Y(I) > IB THEN B(I) = 1
3130  RETURN
3140  GOSUB 3080
3150 PO = 0: IF (T(1) AND T(2) OR B(1) AND B(2) OR L(1) AND L(2) OR R(1) AND R(2))
THEN PO = 1: RETURN
3160 I = 1: IF  NOT (L(I) OR R(I) OR B(I) OR T(I)) THEN I = 2: IF  NOT (L(I) OR
R(I) OR B(I) OR T(I)) THEN  RETURN
3170  IF L(I) = 1 THEN Y(I) = Y(1) + (Y(2) - Y(1)) * (IL - X(1)) / (X(2) -
X(1)):X(I) = IL: GOTO 3140
3180  IF R(I) = 1 THEN Y(I) = Y(1) + (Y(2) - Y(1)) * (IR - X(1)) / (X(2) -
X(1)):X(I) = IR: GOTO 3140
3190  IF T(I) = 1 THEN X(I) = X(1) + (X(2) - X(1)) * (IT - Y(1)) / (Y(2) -
Y(1)):Y(I) = IT: GOTO 3140
3200  IF B(I) = 1 THEN X(I) = X(1) + (X(2) - X(1)) * (IB - Y(1)) / (Y(2) -
Y(1)):Y(I) = IB: GOTO 3140
3300 PS = 0: IF XB < X1 OR XB > X2 OR YB < Y1 OR YB > Y2 OR ZB < Z1 OR ZB > Z2 THEN
PS = 1
3310  RETURN
3390 MM = X(1) - X(2): IF MM = 0 THEN MM = 1
3392 M = (Y(1) - Y(2)) / MM:Y = Y(1):K = K - 1:FA = 0:DP =  - 1: IF P2 = 1 THEN FU
= 0:X = X(1): GOSUB 3500:ST(K) = FL
3400  FOR X =  INT (X(1)) TO X(2) STEP DP: GOSUB 3500:XP = XA:YP = YA: IF (FL = 1
AND FU = 0) THEN  GOSUB 10208: IF A$ = "P" THEN  GOSUB 10008
3402  IF FU = 1 AND FL = 0 THEN  GOSUB 10208:XP = X2:YP = Y2: GOSUB 10206:FA = 0:
IF A$ = "P" THEN  GOSUB 10006
3404 Y = Y - M: NEXT :X = X(2):Y = Y(2): GOSUB 3500:ST(K - 1) = FL
3470  IF FA = 1 THEN XP = XA:YP = YA: GOSUB 10208:XP = X2:YP = Y2: GOSUB 10206: IF
A$ = "P" THEN  GOSUB 10006
3495  RETURN
3500 FU = FL:FL = 0: IF  INT (1 + Y) >  = YO(X) THEN YO(X) = Y:FL = 1
3502  IF  INT (Y) <  = YU(X) THEN YU(X) = Y:FL = 1
3504  IF FL = 1 THEN X2 = X:Y2 = Y: IF FA = 0 THEN FA = 1:XA = X:YA = Y
3507  RETURN
3520  POKE 771,3: PRINT  CHR$ (12): PRINT D$;"RUN HELLO,S"; PEEK (773);",D"; PEEK
(772)
3600  REM ********  INHALT
3610  PRINT C$;"Disketten - Inhaltsverzeichnis": PRINT LF$: PRINT "Laufwerk-Nr. :
";: GET DR: PRINT
3615 SD =  INT (7 - DR / 2):DD = 1: IF  INT (DR / 2) * 2 = DR THEN DD = 2
3620  PRINT C$: PRINT D$;"CATALOG,S";SD;",D";DD
3630  PRINT : PRINT : PRINT : PRINT "Drücken Sie die <RETURN> - Taste !   ";: GET
CK$: PRINT : RETURN
```

```
6000  REM  ***** FEHLERMELDUNGEN
6005  RESTORE : PRINT  CHR$ (7): PRINT D$;"CLOSE";F$
6010 ER =  PEEK (222):EL =  PEEK (218) +  PEEK (219) * 256
6020  FOR T = 1 TO 26: READ TE: IF TE = ER THEN  PRINT D$;"OPEN ERROR .TXT,S"; PEEK
(773);",D"; PEEK (772);",L80": PRINT D$;"READ ERROR .TXT,R";T: & ER$: PRINT
D$;"CLOSE ERROR .TXT": GOTO 6030
6025  NEXT : POKE 216,0:ER$ = "Fehler " +  STR$ (ER) + " in Zeile " +  STR$ (EL)
6030  TEXT : PRINT  CHR$ (30); CHR$ (32); CHR$ (52); CHR$ (11); CHR$ (10);ER$;: FOR
T = 1 TO 2000: NEXT T
6040  GOTO 20
6050  DATA  1,2,3,4,5,6,7,8,9,10,11,12,13,14,42,53,69,77,107,133,163,176,191,224
,254,255
10000  REM ********** PLOTTER - SCHNITTSTELLE *******
10001  REM Speicherstellen START auf Programmanfang setzen
10002  REM Plotter-Initialisierung
10004  REM Transformation von Bildschirm- und Plotterkoordinaten
10006  REM Plotterstift abgesenkt nach XP,YP bringen
10008  REM Plotterstift abgehoben nach XP,YP bringen
10010  REM Text M$ ab Position XP,YP ausgeben
10012  REM Rahmen DIN A4 ausgeben
10020  REM Rahmen DIN A3 ausgeben
10026  REM Logogramm einzeichnen
10038  REM Plotterstift CL auswählen
10040  REM Plotterstift abgehoben auf 0,0-Position bringen
10042  REM zentriertes Symbol MK auf die gegenwärtige Position setzen
10050  REM Plotterbefehle im Arbeitsspeicher bzw. auf Diskette speichern
10100  REM ********** DRUCKER - SCHNITTSTELLE *******
10101  REM Speicherstellen START auf Programmanfang setzen
10102  REM Grafikseite HGR2 auf Drucker bringen
10106  REM tabellarische Ausgabe eines Datensatzes
10124  REM Text M$ ausgeben
10126  REM Formularvorschub
10200  REM ********** MONITOR - SCHNITTSTELLE *******
10201  REM Speicherstellen START auf Programmanfang setzen
10202  REM Initialisierung der hochauflösenden Grafik
10206  REM Linie nach XP,YP ziehen
10208  REM Punkt auf Position XP,YP setzen
10210  REM Text M$ ab Position XP,YP ausgeben
10224  REM Rahmen setzen
10238  REM neue Farbe CL auswählen
10242  REM zentriertes Symbol MK auf die gegenwärtige Position setzen
```

4.3.2.2 Graphische Darstellung in Höhenlinienform: Programm PLOT3Z.BAS

Das Programm PLOT3Z.BAS kann die mit DATA3Z.BAS errechneten Höhenlinien im dreidimensionalen kartesischen Koordinatensystem ausgeben. Prinzipiell besteht bei der Ausgabe kein Unterschied zur Drahtrahmenkurve, die im vorigen Abschnitt erzeugt wurde. Auch hier müssen alle Datensatzwerte zunächst transformiert und auf Sichtbarkeit geprüft werden, bevor sie gezeichnet werden. Im Unterschied zu PLOT3D.BAS besteht hier jeder Datensatz jedoch aus einer oder mehreren Niveaulinien, die zeitraubende Suche in der Datei nach Koordinaten für die Y_c-Linie kann also entfallen. Auch vereinfacht sich hierdurch die Routine zur Elimination der verdeckten Linien.

Es stellt sich bei den vielen Parallelen, die beide Programmausdrucke aufweisen, natürlich die Frage, warum für diesen speziellen Zweck überhaupt ein eigenes Ausgabeprogramm geschrieben wurde. Wie aber bereits bei der PLOT3D.BAS-Beschreibung angedeutet, reicht das Programm bis kurz unter die Anfangsadresse des Speicherbereichs für die Bildschirmgrafik, sinnvolle Kürzungen des Programms sind unter Beibehaltung seiner Leistungsfähigkeit nicht möglich, zumal auch die Kommentarzeilen sehr knapp gehalten wurden. Die vielen Sonderbedingungen, die bei einer kombinierten Ausgabe von Höhenlinien und Drahtrahmenkurve hätten getestet werden müssen, hätten zum einen ein Anwachsen des Programms bis in den Grafikspeicher hinein bewirkt, zum anderen wäre das ohnehin wegen der vielen Umrechnungen langsame Programm noch langsamer geworden. Ein weiterer, mehr psychologischer Aspekt liegt ganz woanders: Durch die strikte Trennung von Höhenlinien- und Gitternetzdarstellung wird vielleicht die Verwirrung des Bedieners, welches Programm denn nun anzuwenden sei, etwas in Grenzen gehalten.

Der Programmausdruck von PLOT3Z.BAS weist also sehr viele Gemeinsamkeiten mit dem Listing von PLOT3D.BAS auf, wir beschränken uns daher darauf, nur die Unterschiede zu beleuchten.

Diese liegen hauptsächlich in der Art und Weise, wie die angewählten Dateien gezeichnet werden. Da es natürlich sinnvoll ist, mehrere zur gleichen Funktion zugehörige Höhenlinien hintereinander zu zeichnen, ist diese Möglichkeit durch Eingabe von bis zu zehn Dateinamen in den Zeilen 602 bis 618 gegeben. Auch hier wird vor dem Einzeichnen der eigentlichen Daten erst durch Aufbau eines Koordinatenkreuzes und der zugehörigen Flächen ein "Gerüst" geschaffen, um auch quantitative Aussagen zuzulassen. Die Rotationswinkel sind jedoch so gewählt, daß der Benutzer bei Übernahme der Standardwerte gewissermaßen aus der Vogelperspektive auf die Grafik herabschaut.

Der Programmteil "DATEN PLOTTEN" beginnt in Zeile 1850. Hier wird neben allen anderen Datensatzparametern lediglich einmal der Wert ZK eingelesen, der die Z-Konstante enthält. Da dieser Wert in der gesamten Datei definitionsgemäß gleich bleibt, brauchen hinfort nur zwei Koordinaten gelesen zu werden, um die Position des Punkts festzulegen. Transformation und Randwertüberwachung verlaufen ähnlich wie bei der Gitternetzdarstellung, das Zeichnen erfolgt bei Bildschirmausgabe durch das Setzen von Einzelpunkten statt geschlossener Linien, die wegen der durch die Interpolation im Programm DATA3Z.BAS hinreichend großen Stützstellenzahl einen etwas filigraneren Kurvenverlauf als die durch "HPLOT TO" erzeugte Kurve hat.

Da bei der Höhenliniendarstellung natürlich auch mehrere Niveaulinien in derselben Datei auftreten können, die nicht notwendigerweise geschlossen sind, muß nach einem Kriterium zur Unterscheidung dieser Niveaulinien voneinander gesucht werden, so daß keinesfalls in der Grafik Linien bzw. Punkte miteinander verbunden werden, die in der Realität durch ein Gebiet mit niedrigerem Niveau voneinander getrennt sind. Wie aber bereits in der DATA3Z.BAS-Beschreibung angedeutet, besteht für die Lösung dieses Problems keine analytische Methode. Das Programm benutzt daher ein ähnliches Verfahren wie bei der Datensatzerzeugung, das extreme Sprünge innerhalb der Zeichenfläche erkennt und die folgenden Daten einer neuen Niveaulinie zuordnet (Zeilen 1860 und 1935).

Eine weitere Veränderung gegenüber PLOT3D.BAS ist im Unterprogramm zur Elimination der verdeckten Linien zu bemerken. Da hier nicht die Notwendigkeit besteht, den Sichtbarkeitsstatus jedes einzelnen Punkts entlang einer geschlossenen Linie zwischenzuspeichern, entfallen auch die hierfür notwendigen Anweisungen.

PROGRAMM: PLOT3Z.BAS

```
10  PRINT  CHR$ (30); CHR$ (32); CHR$ (32); CHR$ (29);"Plottertreiber wird
geladen": POKE 103, PEEK (175) - 2: POKE 104, PEEK (176): PRINT  CHR$ (4);"RUN PLOT
.OVR,S"; PEEK (773);",D"; PEEK (772)
11  PRINT  CHR$ (30); CHR$ (32); CHR$ (32); CHR$ (29);"Druckertreiber wird
geladen": POKE 103, PEEK (175) - 2: POKE 104, PEEK (176): PRINT  CHR$ (4);"RUN
PRINT .OVR"
12  PRINT  CHR$ (30); CHR$ (32); CHR$ (32); CHR$ (29);"Monitortreiber wird
geladen": POKE 103, PEEK (175) - 2: POKE 104, PEEK (176): PRINT  CHR$ (4);"RUN
SCREEN.OVR"
13  LOMEM: 25500: ONERR  GOTO 6000
14  W$ = CHR$ (30) + CHR$ (52) + CHR$ (42) + "B I T T E    W A R T E N    !":CR$
= CHR$ (13):LF$ = CR$: FOR I = 1 TO 9:LF$ = LF$ + CR$: NEXT :C$ =  CHR$ (12)
15  D$ = CHR$ (4):TT = 150: DIM T$(TT)
16  DIM C(4,4): DIM YO(279),YU(279):YMAX = 191: FOR I = 0 TO 279:YU(I) = YMAX: NEXT
20  PRINT C$: PRINT "graphische Ausgabe eines dreidimensionalen Datensatzes durch
seine Höhenlinien": PRINT LF$
```

```
80   PRINT "Bitte wählen Sie eine der folgenden Möglichkeiten : ": PRINT : PRINT
120    PRINT "        (L) ==> Datensatz von Diskette lesen"
125    PRINT "        (P) ==> Plotoptionen ändern"
135    PRINT "        (M) ==> zurück zum Hauptmenue"
136    PRINT "        (I) ==> Inhaltsverzeichnis der Diskette"
140    PRINT : PRINT : PRINT "Sie wünschen ? ";: GET CK$: PRINT : PRINT
175    IF CK$ = "L" THEN   GOSUB 600
180    IF CK$ = "P" THEN   GOSUB 1280
190    IF CK$ = "M" THEN 2386
191    IF CK$ = "I" THEN   GOSUB 3000
195    TEXT : GOTO 20
600    REM   **************** DATENSÄTZE LESEN
602    PRINT C$: PRINT "Datensatz von Diskette lesen": PRINT LF$: INPUT "Wieviele
Datensätze sollen gelesen werden ? ";NF: PRINT : PRINT : PRINT "Filename von
Datensatz   : ": PRINT : PRINT "Laufwerk-Nr. : "
614    FOR I = 1 TO NF: PRINT  CHR$ (30); CHR$ (55); CHR$ (48);I; CHR$ (30); CHR$
(59); CHR$ (48); CHR$ (29);: INPUT "";F$(I): IF F$(I) = "" THEN   RETURN
618    PRINT  CHR$ (30); CHR$ (48); CHR$ (50);: GET DR(I): PRINT : PRINT : NEXT
624    REM   ******************** FILE LESEN, MAXIMA UND MINIMA FINDEN
626    PRINT C$: PRINT W$
628    PRINT : PRINT : PRINT : PRINT "                Datensatz"
630    FOR F = 1 TO NF:DR = DR(F): PRINT  CHR$ (30); CHR$ (60); CHR$ (46); CHR$
(29);F$(F);" wird von Diskette gelesen"
634 X1 = 1E37:X2 =   - X1:Y1 = X1:Y2 = X2:Z1 = X1:Z2 = X2:F$(F) = F$(F) + ".DAT":F$
= F$(F)
636    PRINT D$;"OPEN";F$;",D";DR;",L45": PRINT D$;"READ";F$;",R0": INPUT WI: INPUT
NI: INPUT ZK: PRINT D$;"READ";F$;",R1": INPUT XA: INPUT XB: INPUT YA
642    PRINT D$;"READ";F$;",R2": INPUT YB: INPUT ZA: INPUT ZB: PRINT
D$;"READ";F$;",R3": INPUT T1$: INPUT T2$: INPUT T3$: PRINT D$;"READ";F$;",R4":
INPUT T4$: PRINT D$;"CLOSE"
664    IF XA < X1 THEN X1 = XA
666    IF XB > X2 THEN X2 = XB
668    IF YA < Y1 THEN Y1 = YA
669    IF YB > Y2 THEN Y2 = YB
670    IF ZA < Z1 THEN Z1 = ZA
671    IF ZB >'Z2 THEN Z2 = ZB
672    NEXT
1270   REM     SKALIERUNG
1280   PRINT C$: PRINT  CHR$ (30); CHR$ (40); CHR$ (32);"optionen übernehmen ?
(N)ein": PRINT
1286   PRINT "Ausgabegerät :             (D)rucker   (P)lotter"
1288   PRINT "Text 1 (max. 17 Zeichen) :": PRINT "Text 2 (max. 28 Zeichen) :"
1290   PRINT
1292   PRINT "Skalierung :  X - Faktor :"
1294   PRINT "              Y - Faktor :"
```

```
1296  PRINT "                    Z - Faktor :     "
1298  PRINT
1300  PRINT "Betrachtungswinkel :   RX :               Plotter : Logogramm :
(N)ein"
1302  PRINT "                       RY :                         Rahmen    :
(N)ein"
1304  PRINT "                       RZ :                         Format : DIN
A(3)"
1306  PRINT
1308  PRINT "Koordinatenursprung :  X0 :             Drucker :"
1310  PRINT "                       Y0 :                       Kopie (E)nlarged"
1312  PRINT "                       Z0 :                       (D)oppelte
Druckdichte"
1314  PRINT
1316  PRINT "verdeckte Linien :                    (U)nsichtbar
1318  PRINT
1320  PRINT "Ausschnittzeichnung :   Xmin :                      Xmax :"
1322  PRINT "                        Ymin :                      Ymax :"
1324  PRINT "                        Zmin :                      Zmax :"
1326 X = 1:Y = 1:T$ = "Standard": GOSUB 1454
1328 X = 34:T$ = "(J)a": GOSUB 1454:X = 17:Y = 3:T$ = "(B)ildschirm": GOSUB 1454
1330 X = 63:Y = 11:T$ = "(J)a": GOSUB 1454:Y = 12: GOSUB 1454
1332 X = 65:Y = 13:T$ = "A(4)": GOSUB 1454
1334 X = 30:Y = 7:T$ = "1": GOSUB 1454:Y = 8: GOSUB 1454:Y = 9: GOSUB 1454
1335 X = 51:Y = 15:T$ = "Kopie (N)ormal": GOSUB 1454
1336 X = 30:Y = 11:T$ = "90": GOSUB 1454:Y = 12:T$ = "0": GOSUB 1454:Y = 13:T$ =
"90": GOSUB 1454:Y = 15:T$ = "30": GOSUB 1454:Y = 16:T$ = "15": GOSUB 1454:Y =
17:T$ = "0": GOSUB 1454
1338 X = 22:Y = 19:T$ = "(S)ichtbar": GOSUB 1454
1340 X = 34:Y = 21:T$ =  STR$ (X1): GOSUB 1454:X = 61:T$ =  STR$ (X2): GOSUB 1454:X
= 34:Y = 22:T$ =  STR$ (Y1): GOSUB 1454:X = 61:T$ =  STR$ (Y2): GOSUB 1454
1341 X = 34:Y = 23:T$ =  STR$ (Z1): GOSUB 1454:X = 61:T$ =  STR$ (Z2): GOSUB 1454
1342 P3$ =  CHR$ (30) +  CHR$ (95):P4$ =  CHR$ (30) +  CHR$ (110)
1346 P1$ =  CHR$ (30) +  CHR$ (92):P2$ =  CHR$ (30) +  CHR$ (65): PRINT P1$ +  CHR$
(32);: GET CK$: IF  ASC (CK$) < 32 THEN CK$ = "J"
1350  IF CK$ = "J" THEN A$ = "B":XF = 1:YF = 1:ZF = 1:RX = 90:RY = 0:RZ = 90:X0 =
30:Y0 = 15:B$ = "S": GOTO 1468
1352  IF CK$ <  > "N" THEN  PRINT P1$ +  CHR$ (32); CHR$ (29);: GOTO 1348
1354  PRINT P1$ +  CHR$ (32);CK$;
1356  PRINT P1$ +  CHR$ (34);: GET A$: IF  ASC (A$) < 32 THEN A$ = "B"
1358  PRINT P1$ +  CHR$ (34);A$;: IF A$ = "B" THEN 1364
1362  PRINT P2$ +  CHR$ (35);: INPUT "";T1$: PRINT P2$ +  CHR$ (36);: INPUT "";T2$
1364  PRINT P2$ +  CHR$ (38);: GOSUB 1460:XF$ = X$: IF XF$ = "" THEN XF$ = "1"
1366 XF =  VAL (XF$): PRINT P2$ +  CHR$ (38);XF;
1368  PRINT P2$ +  CHR$ (39);: GOSUB 1460:YF$ = X$: IF YF$ = "" THEN YF$ = "1"
```

```
1370 YF =  VAL (YF$): PRINT P2$ +  CHR$ (39);YF;
1372  PRINT P2$ +  CHR$ (40);: GOSUB 1460:ZF$ = X$: IF ZF$ = "" THEN ZF$ = "1"
1374 ZF =  VAL (ZF$): PRINT P2$ +  CHR$ (40);ZF;
1376  PRINT P2$ +  CHR$ (42);: GOSUB 1460:RX$ = X$: IF RX$ = "" THEN RX$ = "90"
1378 RX =  VAL (RX$): PRINT P2$ +  CHR$ (42);RX;
1380  PRINT P2$ +  CHR$ (43);: GOSUB 1460:RY$ = X$: IF RY$ = "" THEN RY$ = "0"
1382 RY =  VAL (RY$): PRINT P2$ +  CHR$ (43);RY;
1384  PRINT P2$ +  CHR$ (44);: GOSUB 1460:RZ$ = X$: IF RZ$ = "" THEN RZ$ = "90"
1386 RZ =  VAL (RZ$): PRINT P2$ +  CHR$ (44);RZ;
1388  PRINT P2$ +  CHR$ (46);: GOSUB 1460:X0$ = X$: IF X0$ = "" THEN X0$ = "30"
1390 X0 =  VAL (X0$): PRINT P2$ +  CHR$ (46);X0;
1392  PRINT P2$ +  CHR$ (47);: GOSUB 1460:Y0$ = X$: IF Y0$ = "" THEN Y0$ = "15"
1394 Y0 =  VAL (Y0$): PRINT P2$ +  CHR$ (47);Y0;
1396  PRINT P2$ +  CHR$ (48);: GOSUB 1460:Z0$ = X$: IF Z0$ = "" THEN Z0$ = "0"
1398 Z0 =  VAL (Z0$): PRINT P2$ +  CHR$ (48);Z0;
1410  IF A$ <  > "P" THEN 1423
1412  PRINT P4$; CHR$ (42);: GET LO$: IF  ASC (LO$) < 32 THEN LO$ = "J"
1414  PRINT P4$; CHR$ (42);LO$;
1416  PRINT P4$; CHR$ (43);: GET RA$: IF  ASC (RA$) < 32 THEN RA$ = "J"
1418  PRINT P4$; CHR$ (43);RA$;
1420  PRINT P4$; CHR$ (44);: GET AA$: IF  ASC (AA$) < 32 THEN AA$ = "4"
1422 AA$ = "A" + AA$: PRINT P4$; CHR$ (44);AA$;
1423  IF A$ <  > "D" THEN 1426
1424  PRINT P4$ +  CHR$ (47);: GET OP$: IF  ASC (OP$) < 32 THEN OP$ = "N"
1425  PRINT P4$ +  CHR$ (47);OP$;: IF OP$ = "N" THEN OP$ =  CHR$ (13)
1426  PRINT P1$ +  CHR$ (50);: GET B$: IF  ASC (B$) < 32 THEN B$ = "S"
1427  PRINT P1$ +  CHR$ (50);B$;
1428  PRINT P2$ +  CHR$ (52);: GOSUB 1460: IF I = 1 THEN X$ =  STR$ (X1)
1430  X1 =  VAL (X$): PRINT P2$; CHR$ (52);X1;
1432  PRINT P1$; CHR$ (52);: INPUT "";X2$: IF X2$ = "" THEN X2$ =  STR$ (X2)
1434  X2 =  VAL (X2$): PRINT P1$; CHR$ (52);X2;
1436  PRINT P2$ +  CHR$ (53);: GOSUB 1460: IF I = 1 THEN X$ =  STR$ (Y1)
1438  Y1 =  VAL (X$): PRINT P2$; CHR$ (53);Y1;
1440  PRINT P1$; CHR$ (53);: INPUT "";Y2$: IF Y2$ = "" THEN Y2$ =  STR$ (Y2)
1442 Y2 =  VAL (Y2$): PRINT P1$; CHR$ (53);Y2;
1444  PRINT P2$ +  CHR$ (54);: GOSUB 1460: IF I = 1 THEN X$ =  STR$ (Z1)
1445 Z1 =  VAL (X$): PRINT P2$; CHR$ (53);Z1;
1446  PRINT P1$; CHR$ (54);: INPUT "";Z2$: IF Z2$ = "" THEN Z2$ =  STR$ (Z2)
1448 Z2 =  VAL (Z2$): PRINT P1$; CHR$ (53);Z2;
1452  GOTO 1468
1454  REM        inverse Darstellung
1456  PRINT  CHR$ (30); CHR$ (31 + X); CHR$ (31 + Y); CHR$ (26); CHR$ (51);T$;:
PRINT  CHR$ (26);"2";: RETURN
1460 I = 0:X$ = ""
1462 I = I + 1: GET XX$: IF  ASC (XX$) < 32 THEN 1466
```

```
1464   PRINT XX$;:X$ = X$ + XX$: GOTO 1462
1466   RETURN
1468   PRINT
1505   IF X2 = X1 THEN SX = 0: GOTO 1515
1510 LX = 150:SX = LX / (X2 - X1) * XF
1515   IF Y2 = Y1 THEN SY = 0: GOTO 1525
1520 LY = 150:SY = LY / (Y2 - Y1) * YF
1525   IF Z2 = Z1 THEN SZ = 0: GOTO 1540
1530 LZ = 100:SZ = LZ / (Z2 - Z1) * ZF
1540 A = 3.1415926 / 180:RX = RX * A:RY = RY * A:RZ = RZ * A: GOSUB 1980: GOSUB
1597: GOSUB 1855
1550   IF A$ = "P" THEN   GOSUB 10040: IF BI$ = "J" AND U > 0 THEN FS = 0: GOSUB
10050: GOTO 1580
1560   IF BI$ = "J" THEN   PRINT D$;"BSAVE";FF$ +
".PIC";",S";SD;",D";DD;",A$4000,L$2000"
1565   IF A$ = "D" THEN   GOSUB 10102
1570   IF A$ = "B" THEN   PRINT C$: GET CK$: PRINT : GOSUB 10202
1580   TEXT : RETURN
1597   PRINT C$: PRINT LF$: PRINT "Soll die fertige Graphik auf Diskette abgelegt
werden (J/N) ?  ";: GET BI$: PRINT : IF BI$ = "N" OR  ASC (BI$) < 32 THEN BI$ =
"N": GOTO 1610
1599   IF BI$ = "J" THEN   PRINT : PRINT : PRINT : INPUT "Filename : ";FF$: IF FF$ =
"" THEN BI$ = "N": GOTO 1614
1601   PRINT : PRINT "Laufwerk-Nr. : ";: GET DR$:DR =  VAL (DR$): PRINT
1603 SD =  INT (7 - DR / 2):DD = 1: IF  INT (DR / 2) * 2 = DR THEN DD = 2
1605   IF A$ = "P" THEN   PRINT D$;"OPEN";FF$ + ".PLT";",S";SD;",D";DD: PRINT
D$;"CLOSE";FF$ + ".PLT":FS = 1
1610   IF A$ < > "P" THEN   GOSUB 10202: GOSUB 10224: GOTO 1640
1614   PRINT C$: PRINT W$: PRINT : PRINT : PRINT "                      P L O T T E R
A U S G A B E"
1615   GOSUB 10002: IF RA$ = "N" THEN 1640
1616   IF AA$ < > "A3" THEN   GOSUB 10012: GOTO 1625
1620   GOSUB 10020
1625   IF LO$ < > "N" THEN   GOSUB 10026
1640 Q = 0:SI = 3:CL = 2: GOSUB 10238: IF A$ = "P" THEN   GOSUB 10038
1642   DEF   FN PL(X) =   SQR ((X(2) - X(1)) ^ 2 + (Y(2) - Y(1)) ^ 2):CL = 2: GOSUB
10238: IF A$ = "P" THEN   GOSUB 10038
1644   DEF   FN PS(X) = L(2) + R(2) + B(2) + T(2)
1646 IL = 0:IR = 279:IT = 0:IB = 191
1648 XU = X1 * SX:XV = X2 * SX:XW = XV: IF X1 < 0 AND X2 > 0 THEN XU = 0
1650   IF X2 <  = 0 THEN XU = XV:XV = X1 * SX
1652 YU = Y1 * SY:YV = Y2 * SY:YW = YV: IF Y1 < 0 AND Y2 > 0 THEN YU = 0
1654   IF Y2 <  = 0 THEN YU = YV:YV = Y1 * SY
1656 ZU = Z1 * SZ:ZV = Z2 * SZ:ZW = ZV: IF Z1 < 0 AND Z2 > 0 THEN ZU = 0
1658   IF Z2 <  = 0 THEN ZU = ZV:ZV = Z1 * SZ
```

```
1660 MX = XU:NX = XV:MY =  - ZU:NY = MY:MZ = YU:NZ = MZ: GOSUB 1684
1662 I = 2:XR = XV + 10:YR =  - ZU:ZR = YU: GOSUB 2060: IF  FN PL(X) < 10 OR  FN
PS(X) <  > 0 THEN 1666
1664 XP = X(2):YP = Y(2):M$ = "X": GOSUB 10210: IF A$ = "P" THEN  GOSUB 10010
1666 NX = XU:NY =  - ZV: GOSUB 1684
1668 XR = XU:YR =  - ZV - 10:ZR = YU: GOSUB 2060: IF  FN PL(X) < 10 OR  FN PS(X) <
> 0 THEN 1672
1670 XP = X(2):YP = Y(2):M$ = "Z": GOSUB 10210: IF A$ = "P" THEN  GOSUB 10010
1672 NY =  - ZU:NZ = YV: GOSUB 1684
1674 XR = XU:YR =  - ZU:ZR = YV + 10: GOSUB 2060: IF  FN PL(X) < 10 OR  FN PS(X) <
> 0 THEN 1678
1676 XP = X(2):YP = Y(2):M$ = "Y": GOSUB 10210: IF A$ = "P" THEN  GOSUB 10010
1678 MX = X1 * SX:MY =  - ZU:MZ = Y1 * SY:NX = XW:NY = MY:NZ = MZ: GOSUB 1684:MX =
XW:NZ = YW: GOSUB 1684:MZ = YW:NX = X1 * SX: GOSUB 1684:MX = X1 * SX:NZ = Y1 * SY:
GOSUB 1684: REM        X-Y - Fläche
1680 MX = XU:NX = MX:MY =  - Z1 * SZ:NY = MY:MZ = Y1 * SY:NZ = YW: GOSUB 1684:NY =
- ZW:MZ = YW: GOSUB 1684:MY =  - ZW:NZ = Y1 * SY: GOSUB 1684:MZ = NZ:NY =  - Z1 *
SZ: GOSUB 1684: REM        Y-Z - Fläche
1682 MZ = YU:NZ = MZ:MX = X1 * SX:NX = XW:MY =  - Z1 * SZ:NY = MY: GOSUB 1684:MX =
XW:NY =  - ZW: GOSUB 1684:MY =  - ZW:NX = X1 * SX: GOSUB 1684:MX = NX:NY =  - Z1 *
SZ: REM        X-Z- Fläche
1684 XR = MX:YR = MY:ZR = MZ:I = 1: GOSUB 2060:XR = NX:YR = NY:ZR = NZ:I = 2: GOSUB
2060: GOSUB 2095
1686  IF PS = 1 THEN 1692
1688 XP = X(1):YP = Y(1): GOSUB 10208: IF A$ = "P" THEN  GOSUB 10008
1690 XP = X(2):YP = Y(2): GOSUB 10206: IF A$ = "P" THEN  GOSUB 10006
1692  RETURN
1850  REM     ********************* DATEN PLOTTEN *****************
1855 CL = 3: GOSUB 10238: IF A$ = "P" THEN  GOSUB 10038
1860 DY =  ABS (Y2 - Y1) / 4:BY = Y1 + DY:CY = Y2 - DY
1865  FOR F = 1 TO NF:F$ = F$(F):DR = DR(F): PRINT D$;"OPEN";F$;",D";DR;",L45":
PRINT D$;"READ";F$;",R0": INPUT WI: INPUT NI: INPUT ZK
1875 ZA = ZK:ZB = ZK
1879  FOR J = NI TO 1 STEP  - 1: PRINT D$;"READ";F$;",R";J + 4: INPUT XB: INPUT YB:
GOSUB 2096: IF PS THEN 1960
1880 XR = XB * SX:YR =  - ZB * SZ:ZR = YB * SY:I = 2: GOSUB 2060
1890  IF (T(2) OR B(2) OR L(2) OR R(2)) THEN 1960
1935  IF (YA < BY AND YB > CY) OR (YB < BY AND YA > CY) THEN X(1) = X(2):Y(1) =
Y(2): IF A$ = "P" THEN XP = X(2):YP = Y(2): GOSUB 10008: GOTO 1960
1940 XP = X(2):YP = Y(2): GOSUB 10208: IF J = NI AND A$ = "P" THEN  GOSUB 10008
1945  IF B$ = "S" AND A$ = "P" THEN  GOSUB 10006: GOTO 1960
1950  IF B$ = "U" THEN  GOSUB 2220: GOTO 1960
1960 XA = XB:YA = YB: NEXT : PRINT D$;"CLOSE": NEXT F: RETURN
1980  REM     *********************** ROTATIONSMATRIX BERECHNEN
```

```
1985 C(1,1) =  COS (RY) *  COS (RZ):C(1,2) =  COS (RY) *  SIN (RZ):C(1,3) =  -  SIN
(RY):C(1,4) = 0
2005 C(2,1) =  COS (RX) * ( -  SIN (RZ)) +  SIN (RX) *  SIN (RY) *  COS (RZ):C(2,2)
=  COS (RX) *  COS (RZ) +  SIN (RX) *  SIN (RY) *  SIN (RZ):C(2,3) =  SIN (RX) *
COS (RY):C(2,4) = 0
2025 C(3,1) = ( -  SIN (RX)) * ( -  SIN (RZ)) +  COS (RX) *  SIN (RY) *  COS
(RZ):C(3,2) =  -  SIN (RX) *  COS (RZ) +  COS (RX) *  SIN (RY) *  SIN (RZ):C(3,3) =
COS (RX) *  COS (RY):C(3,4) = 0
2045 C(4,1) = X0:C(4,2) = Y0:C(4,3) = Z0:C(4,4) = 1: RETURN
2055  REM    *************** KOORDINATENTRANSFO. ************
2060 X(I) = XR *  C(1,1) + YR *  C(2,1) + ZR *  C(3,1) + C(4,1):Y(I) = XR *  C(1,2) +
YR *  C(2,2) + ZR *  C(3,2) + C(4,2)
2065 L(I) = 0:R(I) = 0:T(I) = 0:B(I) = 0
2070  IF X(I) < IL THEN L(I) = 1
2075  IF X(I) > IR THEN R(I) = 1
2080  IF Y(I) < IT THEN T(I) = 1
2085  IF Y(I) > IB THEN B(I) = 1
2090  RETURN
2095  GOSUB 2065: GOTO 2100
2096 PS = 0: IF XA < X1 OR XA > X2 OR YA < Y1 OR YA > Y2 THEN PS = 1: RETURN
2100 PS = 0: IF L(1) *  L(2) + R(1) *  R(2) + B(1) *  B(2) + T(1) *  T(2) <  > 0 THEN
PS = 1: RETURN : REM    beide Pkte ausserhalb, dann nächstes Paar
2105 I = 1: IF L(I) + R(I) + B(I) + T(I) = 0 THEN I = 2: IF L(I) + R(I) + B(I) +
T(I) = 0 THEN  RETURN
2110  IF L(I) = 1 THEN Y(I) = Y(1) + (Y(2) - Y(1)) *  (IL - X(1)) / (X(2) -
X(1)):X(I) = IL: GOTO 2095
2115  IF R(I) = 1 THEN Y(I) = Y(1) + (Y(2) - Y(1)) *  (IR - X(1)) / (X(2) -
X(1)):X(I) = IR: GOTO 2095
2120  IF T(I) = 1 THEN X(I) = X(1) + (X(2) - X(1)) *  (IT - Y(1)) / (Y(2) -
Y(1)):Y(I) = IT: GOTO 2095
2125  IF B(I) = 1 THEN X(I) = X(1) + (X(2) - X(1)) *  (IB - Y(1)) / (Y(2) -
Y(1)):Y(I) = IB: GOTO 2095
2130 REM     ************* HIDDEN LINE  *********************
2220 X = X(2):Y = Y(2):FL = 0
2225 FL = 0: IF Y >  = YO(X) THEN YO(X) = Y:FL = 1
2230  IF Y <  = YU(X) THEN YU(X) = Y:FL = 1
2260  REM IFA$ = "P" AND  SQR ((Y(1) - Y(2)) ^ 2 + (X(1) - X(2)) ^ 2) > 10 THEN
XP = X(2):YP = Y(2): GOSUB 2370
2265  IF FL THEN  GOSUB 10208: IF A$ = "P" THEN  GOSUB 10006
2275  RETURN
2386  PRINT  CHR$ (12): POKE 771,3: PRINT D$;"RUNHELLO,S"; PEEK (773);",D"; PEEK
(772)
3000  REM *** INHALTSVERZEICHNIS
3002  PRINT C$;"Disketten - Inhaltsverzeichnis": PRINT LF$;"Laufwerk-Nr. :  ";: GET
DR: PRINT
```

```
3004 SD = 7 - INT (DR / 2):DD = 1: IF INT (DR / 2) * 2 = DR THEN DD = 2
3006  PRINT C$: PRINT D$;"CATALOG,S";SD;",D";DD
3008  PRINT : PRINT : PRINT : PRINT "Drücken Sie die <RETURN> - Taste !   ";: GET
CK$: PRINT : RETURN
6000  REM  ***** FEHLERMELDUNGEN
6002  RESTORE : PRINT  CHR$ (7)
6004 ER =  PEEK (222):EL =  PEEK (218) +  PEEK (219) * 256
6006  FOR T = 1 TO 26: READ TE: IF TE = ER THEN  PRINT D$;"OPEN ERROR .TXT,S"; PEEK
(773);",D"; PEEK (772);",L80": PRINT D$;"READ ERROR .TXT,R";T: & ER$: PRINT
D$;"CLOSE ERROR .TXT": GOTO 6010
6008  NEXT : POKE 216,0:ER$ = "Fehler " +  STR$ (ER) + " in Zeile " +  STR$ (EL)
6010  TEXT : PRINT  CHR$ (30); CHR$ (32); CHR$ (52); CHR$ (11); CHR$ (10);ER$;: FOR
T = 1 TO 2000: NEXT T
6012  GOTO 20
6014 DATA 1,2,3,4,5,6,7,8,9,10,11,12,13,14,42,53,69,77,107,133,163,176,191,224
,254 ,255
10000  REM ********** PLOTTER - SCHNITTSTELLE *******
10001  REM Speicherstellen START auf Programmanfang setzen
10002  REM Plotter-Initialisierung
10004  REM Transformation von Bildschirm- und Plotterkoordinaten
10006  REM Plotterstift abgesenkt nach XP,YP bringen
10008  REM Plotterstift abgehoben nach XP,YP bringen
10010  REM Text M$ ab Position XP,YP ausgeben
10012  REM Rahmen DIN A4 ausgeben
10020  REM Rahmen DIN A3 ausgeben
10026  REM Logogramm einzeichnen
10038  REM Plotterstift CL auswählen
10040  REM Plotterstift abgehoben auf 0,0-Position bringen
10042  REM zentriertes Symbol MK auf die gegenwärtige Position setzen
10050  REM Plotterbefehle im Arbeitsspeicher bzw. auf Diskette speichern
10100  REM ********** DRUCKER - SCHNITTSTELLE *******
10101  REM Speicherstellen START auf Programmanfang setzen
10102  REM Grafikseite HGR2 auf Drucker bringen
10106  REM tabellarische Ausgabe eines Datensatzes
10124  REM Text M$ ausgeben
10126  REM Formularvorschub
10200  REM ********** MONITOR - SCHNITTSTELLE *******
10201  REM Speicherstellen START auf Programmanfang setzen
10202  REM Initialisierung der hochauflösenden Grafik
10206  REM Linie nach XP,YP ziehen
10208  REM Punkt auf Position XP,YP setzen
10210  REM Text M$ ab Position XP,YP ausgeben
10224  REM Rahmen setzen
10238  REM neue Farbe CL auswählen
10242  REM zentriertes Symbol MK auf die gegenwärtige Position setzen
```

4.4 Hilfsprogramme

4.4.1 Installation verschiedener Peripheriegeräte: Programm INSTAL.BAS

Das Programm INSTAL.BAS, das vom Hauptmenue aus aufgerufen wird, verwaltet die Peripherietreiber des Programmpakets. Diese Treiber dienen zur Anpassung der Plotter, Drucker und Monitore verschiedener Hersteller an PLOTGRAF. Sie befinden sich auf der Diskette PLOTGRAF II und werden bei Bedarf von INSTAL.BAS von dort geladen und unter den Namen PLOT .OVR, PRINT .OVR und SCREEN.OVR auf der Diskette PLOTGRAF I abgespeichert. Unter diesen Standardnamen schließlich haben alle Programme von PLOTGRAF Zugriff auf die Gerätetreiber der jeweils angeschlossenen Ausgabegeräte.

Das Programm listet eine Auswahl der anschließbaren Geräte auf und fragt dann nach dem Gerätetyp, der softwareseitig angeschlossen werden soll. Danach wird der entsprechende Treiber geladen und unter seinem Standardnamen auf PLOTGRAF I wieder gespeichert.

Das Programm ist weiterhin dafür vorgesehen, die Zuordnung der Steckverbindungen zu den angeschlossenen Geräte zu handhaben. Diese Zuordnung wird mit Hilfe einiger Speicherstellen durchgeführt, die zusammen mit der Binärdatei INPUT .BIN geladen werden und sich im ersten Teil dieser Datei befinden. Bei Änderung der Vorgaben wird einfach die gesamte Datei mit den neuen Werten binär abgespeichert. Die folgende Tabelle enthält diese Speicherstellen und ihre Inhalte.

Adresse	Inhalt
771	n, 1 < n < 4 (wird zur Rückkehr ins korrekte Untermenue benötigt)
772	Standardlaufwerk von PLOTGRAF I (1 oder 2)
773	Steckverbindung des PLOTGRAF I-Standardlaufwerks
774	Standardlaufwerk PLOTGRAF II
775	Steckverbindung des PLOTGRAF II-Standardlaufwerks
776	Steckverbindung für Druckeranschluß
777	Steckverbindung für Plotteranschluß

PROGRAMM: INSTAL.BAS

```
1   ONERR  GOTO 6000

2   GOTO 100

11  A$ = "P": GOTO 281

12  A$ = "D": GOTO 281

13  A$ = "B": GOTO 281

100  REM ***********  INSTALLATION  ***********

110  PRINT  CHR$ (12);"Peripheriegeräte installieren": GOSUB 404

112  PRINT "Bitte wählen Sie eine der folgenden Möglichkeiten :": PRINT
```

```
113  PRINT "(P) ==> Plotter installieren": PRINT "(D) ==> Drucker installieren":
PRINT "(B) ==> Monitor installieren": PRINT "(S) ==> Steckverbindung ändern": PRINT
"(M) ==> zurück zum Hauptmenue"
114  PRINT : PRINT : PRINT "Sie wünschen ?    ";: GET A$: PRINT
115  IF A$ = "S" THEN  GOSUB 200
116  IF A$ = "P" THEN  GOSUB 130
117  IF A$ = "D" THEN  GOSUB 160
118  IF A$ = "B" THEN  GOSUB 182
119  IF A$ = "M" THEN  POKE 771,4: PRINT  CHR$ (12): PRINT  CHR$ (4);"RUN HELLO,S";
PEEK (773);",D"; PEEK (772)
120  GOTO 110
130  PRINT  CHR$ (12);"Plotter installieren": PRINT : PRINT : PRINT : PRINT : PRINT
132  PRINT "  (A) ==> Watanabe WX 4671              (B) ==> Watanabe WX 4675"
134  PRINT "  (C) ==> Hewlett-Packard HP 7475A      (D) ==> Hewlett-Packard HP
7550"
136  PRINT "  (E) ==> Siemens C 1603               (F) ==> NCR 5403-0202"
138  PRINT "  (G) ==> Sekonic SPL 410              (H) ==> Graphtec MP2000
mit HP-GL"
140  PRINT "  (I) ==> IBM 7372                     (J) ==> NCR 5403-0102"
141  PRINT "  (K) ==> Hewlett-Packard HP 7470      (L) ==> IBM 7371"
142  PRINT "  (M) ==> Siemens C 1604"
143  PRINT : PRINT
144  PRINT : PRINT "Welches Gerät soll installiert werden (betr. Taste drücken) ?
";: GET CK$: PRINT
146  IF CK$ = "A" THEN F$ = "WX4671.OVR"
148  IF CK$ = "B" THEN F$ = "WX4675.OVR"
149  IF CK$ = "C" OR CK$ = "D" OR CK$ = "E" OR CK$ = "F" OR CK$ = "G" OR CK$ = "H"
OR CK$ = "I" THEN F$ = "S3A.OVR"
150  IF CK$ = "J" OR CK$ = "K" OR CK$ = "L" OR CK$ = "M" THEN F$ = "S4B.OVR"
151  IF CK$ = "D" THEN 290
152  IF F$ <  > "" THEN  GOSUB 271:F$ = "": RETURN
154  GOTO 130
160  PRINT  CHR$ (12);"Drucker installieren": PRINT : PRINT : PRINT : PRINT : PRINT
170  PRINT "  (A) ==> Epson RX-80                  (B) ==> Epson FX-80"
172  PRINT : PRINT
173  PRINT : PRINT "Welches Gerät soll installiert werden (betr. Taste drücken) ?
";: GET CK$: PRINT
174  IF CK$ = "A" THEN F$ = "RX80.OVR"
175  IF CK$ = "B" THEN F$ = "FX80.OVR"
176  IF CK$ = "C" THEN 400
177  IF F$ <  > "" THEN  GOSUB 271:F$ = "": RETURN
178  GOTO 160
179  IF F$ <  > "" THEN  GOSUB 271:F$ = "": RETURN
180  PRINT  CHR$ (12);"Monitor installieren": PRINT : PRINT : PRINT : PRINT : PRINT
```

```
182  PRINT "  (A) ==> Farbbildschirm                      (B) ==> Datensichtgerät":
PRINT
184  PRINT : PRINT "Welches Gerät soll installiert werden (betr. Taste drücken) ?
";: GET CK$: PRINT
186  IF CK$ = "A" THEN F$ = "RGB.OVR"
188  IF CK$ = "B" THEN F$ = "MONO.OVR"
190  IF F$ < > "" THEN  GOSUB 271:F$ = "": RETURN
192  GOTO 180
200  PRINT  CHR$ (12);"Steckverbindung für Geräteanschluß ändern": PRINT : PRINT :
PRINT : PRINT
202  PRINT "Plotteranschluß : Steckverbindung": PRINT "Druckeranschluß :
Steckverbindung": PRINT "PLOTGRAF I : Laufwerk": PRINT "PLOTGRAF II: Laufwerk"
204  SP =  PEEK (777):SD =  PEEK (776):S1 =  PEEK (773):S2 =  PEEK (775):D1 =  PEEK
(772):D2 =  PEEK (774)
205  L1 = (6 - S1) * 2 + D1:L2 = (6 - S2) * 2 + D2
206  X = 35:Y = 5: GOSUB 220: PRINT SP:Y = 6: GOSUB 220: PRINT SD:X = 23:Y = 7:
GOSUB 220: PRINT L1:Y = 8: GOSUB 220: PRINT L2
207  X = 35:Y = 5: GOSUB 220: GET SP$: PRINT : IF  ASC (SP$) < 32 THEN SP$ =  STR$
(SP)
208  SP =  VAL (SP$): GOSUB 220: PRINT SP
209  Y = 6: GOSUB 220: GET SD$: PRINT : IF  ASC (SD$) < 32 THEN SD$ =  STR$ (SD)
210  SD =  VAL (SD$): GOSUB 220: PRINT SD
211  X = 23:Y = 7: GOSUB 220: GET L1$: PRINT : IF  ASC (L1$) < 32 THEN L1$ =  STR$
(L1)
212  L1 =  VAL (L1$): GOSUB 220: PRINT L1
213  Y = 8: GOSUB 220: GET L2$: PRINT : IF  ASC (L2$) < 32 THEN L2$ =  STR$ (L2)
214  L2 =  VAL (L2$): GOSUB 220: PRINT L2
215  PRINT  CHR$ (12): GOSUB 404
216  PRINT "      Bitte warten  --  die geänderten Informationen werden
gespeichert":L = L1: GOSUB 218:S1 = S:D1 = D:L = L2: GOSUB 218:S2 = S:D2 = D
217  POKE 777,SP: POKE 776,SD: POKE 775,S2: POKE 774,D2: POKE 773,S1: POKE 772,D1:
POKE 771,4: PRINT  CHR$ (4);"BSAVE INPUT .BIN,S";S1;",D";D1;",A$300,L$34": RETURN
218  S =  INT (7 - L / 2):D = 1: IF  INT (L / 2) * 2 = L THEN D = 2
219  RETURN
220  PRINT  CHR$ (30); CHR$ (32 + X); CHR$ (32 + Y);: RETURN
270  REM        TREIBER LADEN UND KOPIEREN
271  PRINT  CHR$ (12): GOSUB 404: PRINT "            B I T T E   W A R T E N
!":T$ = "Monitor": IF A$ = "P" OR A$ = "D" THEN T$ = "Drucker": IF A$ = "P" THEN T$
= "Plotter"
274  PRINT  CHR$ (30); CHR$ (42); CHR$ (45);T$;"treiber wird installiert"
280  POKE 768, PEEK (175) - 2: POKE 769, PEEK (176): POKE 103, PEEK (768): POKE
104, PEEK (769): PRINT  CHR$ (4);"RUN";F$;",D"; PEEK (774);",S"; PEEK (775)
281  POKE 103, PEEK (768): POKE 104, PEEK (769)
282  IF A$ = "P" THEN  PRINT  CHR$ (4);"SAVE PLOT  .OVR,S"; PEEK (773);",D"; PEEK
(772)
```

```
283  IF A$ = "D" THEN  PRINT  CHR$ (4);"SAVE PRINT .OVR,S"; PEEK (773);",D"; PEEK
(772)
284  IF A$ = "B" THEN  PRINT  CHR$ (4);"SAVE SCREEN.OVR,S"; PEEK (773);",D"; PEEK
(772)
285  POKE 103,1: POKE 104,8
286  ONERR  GOTO 6000
287  GOTO 100
402  REM  ***********  10 ZEILEN VORSCHUB  *****************
404  FOR K = 1 TO 10: PRINT : NEXT : RETURN
6000  REM  ***** FEHLERMELDUNGEN
6005  PRINT  CHR$ (7)
6010  ER =  PEEK (222):EL =  PEEK (218) +  PEEK (219) * 256
6020  FOR T = 1 TO 26: READ TE: IF TE = ER THEN  PRINT D$;"OPEN ERROR .TXT,S"; PEEK
(773);",D"; PEEK (772);",L80": PRINT D$;"READ ERROR .TXT,R";T: & ER$: PRINT
D$;"CLOSE ERROR .TXT": GOTO 6030
6025  NEXT : POKE 216,0:ER$ = "Fehler " +  STR$ (ER) + " in Zeile " +  STR$ (EL)
6030  TEXT : PRINT  CHR$ (30); CHR$ (32); CHR$ (52); CHR$ (11); CHR$ (10);ER$;: FOR
T = 1 TO 2000: NEXT T
6014 DATA 1,2,3,4,5,6,7,8,9,10,11,12,13,14,42,53,69,77,107,133,163,176,191,224
,254,255
```

Dieses Programm wendet die Prinzipien der Dateiverkettung an, die in
Punkt 3.4 behandelt wurde. Da die Programmzeilen 11, 12 und 13 als
Einsprungpunkte der Geräteschnittstellen reserviert sind, müssen diese
zunächst übersprungen werden. In den Zeilen von 100 - 190 ist wieder
das Auswahlmenue und die Weiterverarbeitung der Benutzereingabe enthalten und die nächsten Programmschritte bringen eine Kontrollmeldung
über die Art der ausgewählten Schnittstelle auf den Bildschirm.

Das "Herz" des Programms aber besteht aus den Zeilen 280 - 285: Hier
wird das Programmende von INSTAL.BAS in den Speicherstellen 768 und
769 zwischengespeichert und die Speicherstellen START, in denen der
Programmanfang enthalten ist, ebenfalls auf diesen Wert gesetzt, so daß
für den Interpreter kein Programm mehr im Speicher vorhanden ist. Nun
kann der Treiber geladen werden. Da mit RUN bekanntlich alle Variablen
verlorengehen, muß die Variable CK$ in Abhängigkeit von der Ein-
sprungstelle des Peripherietreibers wieder den alten Inhalt erhalten. Nachdem die Programmsteuerung über die Zeilen 11,12 oder 13 wieder auf die
Zeile 281 zurückgekehrt ist, muß dort die Speicherstelle START wieder
so gesetzt werden, daß sie auf das erste Byte des angehängten Treibers
zeigt, da dieser Wert ja von der ersten Programmzeile der Schnittstelle
verändert wurde (deshalb die Zwischenspeicherung), sonst würde das gesamte Programm INSTAL.BAS zusammen mit der Schnittstelle unter dem
Standardnamen auf PLOTGRAF I abgelegt werden. Der so ausgetrickste
BASIC-Interpreter speichert in den Zeilen 282-284 auch wirklich nur den

gewünschten Treiber und setzt in 285 die Speicherstellen für Programmanfang und Programmende wieder auf ihre ursprünglichen Werte.

Die restlichen Zeilen dienen der Anzeige und Veränderung der Zuordnung von Peripheriegeräten bzw. PLOTGRAF-Systemdisketten zur hardwareseitig vorhandenen Installation.

4.4.2 Erweiterung und Veränderung gespeicherter Grafiken: Programm PLOTKO.BAS

Das Programm PLOTKO.BAS bietet die Möglichkeit, auf Diskette abge-
legte Grafiken, die für Plotterausgabe vorgesehen sind, in einem gewissen
Rahmen zu modifizieren. Dies kann zum einen durch Verändern der Grafik selber, also durch Verkleinern bzw. Vergrößern, Rotation oder Verschiebung auf der Zeichenfläche geschehen, zum andern durch zusätzliche
Beschriftungen oder Linienfolgen, die die Übersichtlichkeit der graphischen Information erhöhen können. Das Programm besteht daher im wesentlichen aus zwei Teilen: Der erste sorgt für die reine Umwandlung der
gespeicherten Plotterbefehle auf das gewünschte Format, der zweite ist
für die Eingabe und Abarbeitung der Benutzerkommandos zuständig,
wobei diese Befehle sofort und für den Benutzer sichtbar am Plotter ausgegeben werden, so daß damit zur Vermeidung von Eingabefehlern eine
gewisse Rückkopplung gegeben ist.

Sowohl die aus den einzelnen Teilbildern erzeugte Gesamtgrafik als auch
die zusätzlichen Eingaben lassen sich auf Diskette speichern, so daß aus
mehreren Bausteinen sehr komplexe Zeichnungen zusammengestellt werden können (siehe Abbildung 2.14).

Die Frage liegt nahe, warum diese Möglichkeiten nicht auch für die Ausgabe auf dem Monitor oder Drucker geschaffen wurden. Ein Grund liegt
in den verschiedenen Datenstrukturen der Dateien, die die Grafiken enthalten: Der Aufwand für die Modifikation der Binärdaten, die eine .PIC-
Datei enthält, ist unverhältnismäßig höher als der für eine .PLT-Datei.
Ein weiterer Nachteil der Monitor- bzw. Druckerausgabe besteht in der
relativ niedrigen Auflösung, die es praktisch nicht gestattet, etwa die
Schriftzeichen weiter zu verkleinern oder mehrere Grafiken auf demsel-
ben Schirm auszugeben. Da die Hauptanwendung dieser Erweiterungs-
möglichkeiten aber ohnehin im "hardcopy"-Bereich liegen dürfte, wo der
Plotter dem Drucker in der Ausgabequalität wesentlich überlegen ist, so
sollte dieses kleine Manko leicht zu verschmerzen sein.

Wenden wir uns also dem Programmtext zu. Die ersten Zeilen enthalten
wie üblich die Anweisungen zum Laden der Schnittstellen (hier nur des
Plottertreibers), die Initialisierung einiger Variablen und das Startmenue
des Programms. Es folgt der Teil "Grafiken kombinieren", der, wie bereits
angedeutet wurde, die Umwandlung der gespeicherten Plotterbefehle aus
bis zu zehn .PLT-Dateien vornimmt. Zunächst fragt das Programm in der

FOR...NEXT-Schleife von Zeile 76 bis Zeile 88 Dateinamen, Laufwerk, Koordinatenursprung für die Translation, Vergrößerungsfaktoren und Rotationswinkel der neuen Teilzeichnung ab. Das Unterprogramm in Zeile 102 fungiert dabei als Positionierer für den Cursor, um das Listing einigermaßen übersichtlich zu halten. Nachdem alle Werte eingelesen sind, wird die Zeile 10060 der Plotterschnittstelle angesprungen, um die möglichen Plotterbefehle einzulesen. Danach wird die erste Datei eröffnet und Befehl für Befehl der Variablen CO$ zugeordnet, die daraufhin in den Zeilen 120 und 122 auf ihren Inhalt hin untersucht wird: P wirkt als Zähler, A1$ enthält alle Zeichen von CO$ bis zum Trennzeichen SE$. Ist dieses Trennzeichen erkannt worden, dann erhält A$(P) den Inhalt von A1$, und die nächsten Zeichen in CO$ werden überprüft. Ist CO$ in dieser Weise vollständig untersucht, so steht nach Durchlaufen der Zeile 124 der eigentliche Plotterbefehl in der Variablen CD$, seine Argumente sind in A$(1)...A$(P+1) zu finden. Nun kann die Umwandlung der ursprünglichen Anweisung nach folgendem Schema stattfinden:

CD$ enthält Befehl für	Maßnahme
Stift abgehoben bewegen (MO$)	Koordinaten ermitteln, Unterprogramm "GLOBALE OPERATIONEN" zur Berechnung der neuen Koordinaten
Stift aufgesetzt bewegen (DR$)	Koordinaten ermitteln, Unterprogramm "GLOBALE OPERATIONEN" zur Berechnung der neuen Koordinaten
Zeichengröße setzen (AS$)	Argument ermitteln, mit neuen Skalierungsfaktoren multiplizieren
Zeichen in 90^0-Schritten rotieren (AR$)	Argument ermitteln, zum Winkel hinzuaddieren
Marker setzen (MA$)	Symbol-Nr. ermitteln
Stift wechseln (NP$)	Stift-Nr. ermitteln
Text ausgeben (PR$)	Text ermitteln

Die Zeilen 128-133 bzw. 206 binden schließlich die ermittelten und geänderten Parameter in der Textvariablen T$ ein, die dann zusammen mit CD$ der Plotterschnittstelle übergeben wird, die sie zum Plotter sendet bzw. abhängig von BI$ auf Diskette ablegt. Das Unterprogramm "GLOBALE OPERATIONEN" übernimmt dabei die Aufgabe, alle Plotkoordinaten umzurechnen. Dies geschieht ähnlich wie in den Programmen PLOT3D.BAS bzw. PLOT3Z.BAS durch Aufstellen einer Rotationsmatrix für den Winkel RW, die hier allerdings nur von der Ordnung 2,2 ist. Die geänderten Koordinaten werden anschließend mit den zuvor eingegebenen Vergrößerungsfaktoren SX,SY multipliziert und zu den Ursprungskoordinaten X0,Y0 addiert.

Der zweite Hauptteil des Programms PLOTKO.BAS besteht in der Realisierung einer manuellen Eingabemöglichkeit für komplexere Funktionen
als die für die restlichen PLOTGRAF-Zeichenprogramme benötigten.
Dieser Teil weicht von dem sonst strikt durchgehaltenen Menuekonzept
ab, er erfordert die Eingabe bestimmter Schlüsselwörter samt zugehöriger
Argumentwerte aus einem Befehlsverzeichnis.

Die "manuelle Befehlseingabe" beginnt in Zeile 500, sie gibt zunächst
einige Erläuterungen über die zur Verfügung stehenden Anweisungen aus
und fragt anschließend, ob die nachfolgend eingegebenen Befehle auf
Diskette gespeichert werden sollen. Da es sinnvoll erscheint, die Zusätze
direkt an die betreffende .PLT-Datei anzuhängen, ohne erst eine neue
Datei zu erzeugen, wird die angegebene Datei nicht gelöscht, falls sie bereits auf der Diskette existiert. Die DOS-Anweisung APPEND in der
Plotterschnittstelle bewirkt dann, daß die gewünschte Datei um die Eingaben erweitert wird. Wie in allen Programmen wird auch hier die Variable BI$ entsprechend gesetzt.

Zeile 538 führt das Einsetzen der Anfangswerte für den Rotationswinkel
(RW), der Vergrößerung in X- und Y-Richtung (SX,SY) und des Koordinatenursprungs (X0,Y0) durch. Nachdem der Plotter initialisiert wurde,
kann nun in der kurzen Programmschleife von 540-552 ein Kommando
eingelesen und auf seinen Inhalt hin untersucht werden. Diese Unter-
suchung läuft ähnlich wie beim ersten Programmteil ab, allerdings ist der
eigentliche Befehl hier in A$(1) und seine Argumente in den darauffol-
genden Feldelementen zu finden, während vorher CD$ für diesen Zweck
benötigt wurde. Auch stehen hier drei statt eines Trennzeichens (Leer-
zeichen, Komma, Schrägstrich) zur Verfügung.

Das Programm verzweigt dann zur Zeile 560, wo überprüft wird, ob
A$(1) eine gültige Anweisung enthält. Ist dies der Fall, so wird das ent-
sprechende Unterprogramm aufgerufen, andernfalls wird die gesamte
Befehlszeile ignoriert und der nächste Befehl eingelesen. Die folgende
Übersicht enthält eine Zusammenstellung der Kommandos.

LINE x1,y1...xn,yn	Zeichenstift wird abgehoben auf die Position x1,y1 gebracht, durchläuft dann abgesenkt alle angegebenen Koordinaten bis xn,yn und wird anschließend wieder abgehoben
CIRCLE x,y,r	Kreis mit Mittelpunkt x,y und Radius r zeichnen
BOX x,y,b,h	Rechteck der Breite b und Höhe h zeichnen, linke untere Ecke im Punkt x,y
MARK x,y,t	Marker (zentriertes Symbol) vom Typ t im Punkt x,y zeichnen
ARROW x1,y1,x2,y2,w	Linie von x1,y1 nach x2,y2 zeichnen, anschließend Pfeil mit Schaftweite w im Punkt x2,y2 zeichnen
GRID x,y,nx,ny,dx,dy	Gitter mit nx vertikalen und ny horizontalen Linien zeichnen, deren Abstand dx bzw. dy beträgt, linke untere Ecke im Punkt x,y
SCALE x,y	getrennte Vergrößerungsfaktoren für X- und Y-Richtung setzen
OFFSET x,y	neuen Koordinatenursprung x,y definieren
ROTATE w ... ENDROT	alle folgenden Koordinaten werden um den Ursprung mit Winkel w gedreht, Abschaltung dieses Effekts mit ENDROT oder ROTATE 0
COLOR n	mit Stift Nr. n weiterzeichnen (nur bei Mehrfarbplottern)
PRINT x1,y1,x2,y2,text	Ausgabe von text zwischen den Punkten x1,y1 und x2,y2. Zeichengröße wird automatisch eingestellt
MOVE x,y	Stift abgehoben in die Position x,y bringen
END	Eingabemodus verlassen, Stift auf Position 0,0 bringen, alle Eingaben auf Diskette speichern (sofern gewünscht), zurück ins Startmenue

Die Unterprogramme, die diese Funktionen ausführen, befinden sich in den Programmzeilen 592 bis 650 und lassen sich natürlich beliebig erweitern. Da die nachträgliche Änderung des Koordinatenursprungs oder der Skalierungsfaktoren möglich ist, kann hier nicht direkt die betreffende Funktion in der Schnittstelle aufgerufen werden, vielmehr müssen alle Koordinaten im Unterprogramm "GLOBALOPERATIONEN" erst der gewünschten Transformation unterworfen werden.-

Wir sind nun am Ende von PLOTKO.BAS angelangt: Die Zeilen 800 bis 808 enthalten das Unterprogramm für die Ausgabe des Disketten-Inhaltsverzeichnisses, das vom Startmenue aus aufgerufen werden kann, und ab 6000 befindet sich die Routine zur Fehlerbehandlung. Sie unterscheidet sich lediglich durch Programmzeile 6004 von den Fehlermeldungsroutinen anderer Programme: Da mit diesem Programm sequentielle Textdateien verarbeitet werden, die keine Information über ihre Länge enthalten, muß die DOS-Fehlermeldung OUT OF DATA ERROR am Ende der Datei abgefangen werden. Da dieser Fehler nur in Zeile 118 auftreten kann, wird direkt nach Zeile 140 verzweigt, wo die betreffende Datei mit CLOSE abgeschlossen wird.

PROGRAMM: PLOTKO.BAS

```
10   PRINT  CHR$ (30); CHR$ (32); CHR$ (32); CHR$ (29);"Plottertreiber wird
geladen": POKE 103, PEEK (175) - 2: POKE 104, PEEK (176): PRINT  CHR$ (4);"RUN PLOT
.OVR,S"; PEEK (773);",D"; PEEK (772)
11   REM
13   ONERR  GOTO 6000
17 C$ =  CHR$ (12):D$ =  CHR$ (4):CR$ =  CHR$ (13):LF$ = CR$: FOR I = 1 TO 9:LF$ =
LF$ + CR$: NEXT :W$ =  CHR$ (30) +  CHR$ (52) +  CHR$ (42) + "B I T T E    W A R T
E N   !"
18 PI = 3.1415926:UF = PI / 180:TT = 500: DIM T$(TT)
30   PRINT C$: PRINT "Kombinieren und Beschriften gespeicherter Grafiken": PRINT
LF$: PRINT "Bitte wählen Sie eine der folgenden Möglichkeiten :": PRINT : PRINT
31   PRINT "          (L) ==> Grafik laden und ausgeben"
32   PRINT "          (K) ==> Grafiken kombinieren/verändern"
34   PRINT "          (B) ==> zusätzliche Beschriftungen anbringen"
36   PRINT "          (M) ==> zurück zum Hauptmenue"
38   PRINT "          (I) ==> Inhaltsverzeichnis der Diskette"
46   PRINT : PRINT : PRINT "Sie wünschen ?   ";: GET CK$: PRINT
52   IF CK$ = "K" THEN 60
53   IF CK$ = "L" THEN  GOSUB 300
54   IF CK$ = "B" THEN  GOSUB 500
55   IF CK$ = "I" THEN  GOSUB 800
56   IF CK$ = "M" THEN 900
58   GOTO 30
60   REM *********  GRAFIKEN KOMBINIEREN
62   PRINT C$;"auf Diskette abgelegte Grafiken kombinieren/verändern": PRINT LF$
64   INPUT "Wie viele Einzelgrafiken soll die Zeichnung enthalten ?   ";NF
66   PRINT  CHR$ (30); CHR$ (32); CHR$ (33); CHR$ (11)
68   PRINT "Filename von Grafik   :": PRINT "Laufwerk-Nr. :": PRINT : PRINT "linke
untere Ecke :  X-Koordinate :": PRINT "              Y-Koordinate :": PRINT
70   PRINT "Vergrößerung :  X-Richtung :": PRINT "              Y-Richtung :":
PRINT
72   PRINT "Rotationswinkel :"
76   FOR I = 1 TO NF:X = 21:Y = 3: GOSUB 100: PRINT I;:X = 25: GOSUB 100: INPUT
"";F$(I)
78   X = 16:Y = 4: GOSUB 100: GET DR(I): PRINT : GOSUB 100: PRINT DR(I)
80   X = 37:Y = 6: GOSUB 100: INPUT "";XO(I):Y = 7: GOSUB 100: INPUT "";YO(I)
82   X = 30:Y = 9: GOSUB 100: INPUT "";SX(I):Y = 10: GOSUB 100: INPUT "";SY(I)
84   X = 19:Y = 12: GOSUB 100: INPUT "";RW(I)
86   X = 25:Y = 3: GOSUB 100: PRINT  CHR$ (29):X = 16:Y = 4: GOSUB 100: PRINT  CHR$
(29):X = 37:Y = 6: GOSUB 100: PRINT  CHR$ (29):Y = 7: GOSUB 100
87   PRINT  CHR$ (29):X = 30:Y = 9: GOSUB 100: PRINT  CHR$ (29):Y = 10: GOSUB 100:
PRINT  CHR$ (29):X = 19:Y = 12: GOSUB 100: PRINT  CHR$ (29)
88   NEXT
```

```
90 X = 1:Y = 2: GOSUB 100: PRINT  CHR$ (11): PRINT : PRINT "Soll die fertige Grafik
auf Diskette abgelegt werden (J/N) ?   ";: GET BI$: PRINT : IF  ASC (BI$) < 32 THEN
BI$ = "N"
92  IF BI$ <  > "J" THEN 110
94  PRINT : INPUT "Filename : ";FF$: IF FF$ = "" THEN BI$ = "N": GOTO 110
96  PRINT "Laufwerk-Nr. :  ";: GET DR: PRINT
98 SD =  INT (7 - DR / 2):DD = 1: IF  INT (DR / 2) * 2 = DR THEN DD = 2
99  PRINT D$;"OPEN";FF$ + ".PLT";",S";SD;",D";DD: PRINT D$;"DELETE";FF$ + ".PLT":
PRINT D$;"OPEN";FF$ + ".PLT": PRINT D$;"CLOSE";FF$ + ".PLT": GOTO 110
100  REM  CURSORPOSITIONIERUNG
102  PRINT  CHR$ (30); CHR$ (31 + X); CHR$ (31 + Y);: RETURN
110  REM  **********  GRAFIKEN LADEN, ZEICHNEN
111 F = 0: PRINT C$;W$:X = 20:Y = 15: GOSUB 100: PRINT "P L O T T E R A U S G A B
E": GOSUB 10060:LE =  LEN (MO$)
112 F = F + 1: IF F > NF THEN 142
113 F$ = F$(F) + ".PLT":DR = DR(F):XO = XO(F):YO = YO(F):SX = SX(F):SY = SY(F):RW =
- RW(F):UW = RW * UF:SR = 0: IF RW <  > 0 THEN SR = 1: GOSUB 210
114 S1 = 7 -  INT (DR / 2):D1 = 1: IF  INT (DR / 2) * 2 = DR THEN D1 = 2
116  PRINT D$;"OPEN";F$;",D";D1;",S";S1
118  PRINT D$;"READ";F$: & CO$: FOR J = 1 TO P + 1:A$(J) = "": NEXT :T$ = ""
120 P = 0:A1$ = "":A$ = A1$: FOR I = 1 TO  LEN (CO$):A$ =  MID$ (CO$,I,1): IF A$ =
SE$ THEN P = P + 1:A$(P) = A1$:A1$ = "": NEXT
122 A1$ = A1$ + A$: NEXT :A$(P + 1) = A1$
124 CD$ =  LEFT$ (A$(1),LE): IF  LEN (A$(1)) > 1 THEN A$(1) =  RIGHT$ (A$(1), LEN
(A$(1)) - LE)
126  IF CD$ = MO$ OR CD$ = DR$ THEN  GOSUB 200
128  IF CD$ = AS$ THEN T$ =  STR$ ( INT ( VAL (A$(1)) * (SX + SY) / 2))
130  IF CD$ = AR$ THEN T$ =  STR$ ( INT ( ABS (RW) / 90 +  VAL (A$(1))))
132  IF CD$ = MA$ OR CD$ = NP$ THEN T$ = A$(1)
133  IF CD$ = PR$ THEN  FOR J = 1 TO P + 1:T$ = T$ + A$(J): NEXT
134 T$ = CD$ + T$: GOSUB 10044: GOTO 118
140  PRINT D$;"CLOSE";F$: GOTO 112
142  IF BI$ = "J" AND U > 0 THEN  GOSUB 10050
144  GOTO 30
200  REM  *** GLOBALE OPERATIONEN : ROTATION, TRANSLATION
201 XP =  VAL (A$(1)):YP =  VAL (A$(2)):XT = XP:YT = YP: IF SR = 0 THEN 204
202 XD = XP * K2 + YP * K1:YD = XP *  - K1 + YP * K2
203 YT = YD + XO: IF RW >  - 225 THEN XT = XD + XO:YT = YD + YO: IF RW >  - 135
THEN XT = XD + YO:YT = YD
204 XP =  INT (XT * SX + XO):YP =  INT (YT * SY + YO):T$ =  STR$ (XP) + SE$ +  STR$
(YP): RETURN
206 T$ =  STR$ (XP) + SE$ +  STR$ (YP): RETURN
210  REM  ROTATIONSMATRIX
212 K1 =  SIN (UW):K2 =  COS (UW): RETURN
299  REM  **********  BILD LADEN UND AUSGEBEN  ******
```

```
300  PRINT  CHR$ (12): PRINT "Bild laden und ausgeben": PRINT LF$: INPUT "Filename
( <?> ==> Inhaltsverzeichnis ) : ";F$: IF F$ = "" THEN 38
302  PRINT : PRINT "Laufwerk-Nr. : ";: GET DR: PRINT : IF F$ = "?" THEN PRINT CHR$
(12): PRINT D$;"CATALOG,D";DR: PRINT : PRINT : PRINT : PRINT : GOTO 300
304  PRINT : PRINT "Ausgabegerät :  (B) ==> Bildschirm     (D) ==> Drucker      (P)
==> Plotter   ";: GET CK$: PRINT : IF  ASC (CK$) < 32 THEN 38
306  IF CK$ = "P" THEN 316
308  GOSUB 10202
310  PRINT D$;"BLOAD";F$ + ".PIC";",D";DR
312  IF CK$ = "D" THEN T1$ = "":T2$ = T1$:OP$ = T1$: GOSUB 10102: GOTO 315
314  GET CK$: GOSUB 10202
315  PRINT CHR$ (12): TEXT : GOTO 30
316  PRINT  CHR$ (12): PRINT LF$: PRINT "              B I T T E     W A R T E N
!": PRINT : PRINT : PRINT "         P L O T T E R A U S G A B E"
318  GOSUB 10202
320  PRINT D$;"OPEN";F$ + ".PLT";",D";DR
322  PRINT D$;"READ";F$ + ".PLT": & T$: GOSUB 10044: GOTO 836
324  PRINT D$;"CLOSE";F$ + ".PLT": GOTO 38
500  REM  *********  MANUELLE BEFEHLSEINGABE
502  PRINT C$;"zusätzliche Beschriftungen und Symbole anbringen": PRINT : PRINT
504  PRINT "Mit dieser Option können Sie Ihre Grafik durch zusätzliche
Informationen erweitern oder übersichtlicher gestalten. Geben Sie dazu die unten
aufgelisteten"
506  PRINT "Anweisungen ein, deren Bedeutung und Syntax aus dem PLOTGRAF-Handbuch
zu er-   sehen sind."
508 X = 1:Y = 15: GOSUB 100
510  PRINT "LINE x1,y1...xn,yn          CIRCLE x,y,r              BOX x,y,b,h"
512  PRINT "MARK x,y,t                  ARROW x1,y1,x2,y2,w       GRID
x,y,nx,ny,dx,dy"
514  PRINT "SCALE x,y                   OFFSET x,y                ROTATE
w...ENDROT"
516  PRINT "COLOR n                     PRINT x1,y1,x2,y2,text    END"
518  PRINT "MOVE x,y"
521 X = 1:Y = 9: GOSUB 100: PRINT "Sollen die eingegebenen Anweisungen auf Diskette
abgelegt werden (J/N) ? ";: GET BI$: PRINT : IF  ASC (BI$) < 32 THEN BI$ = "J"
523  IF BI$ = "N" THEN 538
524  FOR Y = 3 TO 14: GOSUB 100: PRINT  CHR$ (29): NEXT :Y = 3: GOSUB 100: PRINT
"Sie haben durch die Angabe eines bereits existierenden Dateinamens die
Möglichkeit, diese Datei durch Ihre Anweisungen zu erweitern."
525  PRINT "Sie können aber auch eine separate Datei für die Ablage der Befehle
benutzen."
530 X = 1:Y = 7: GOSUB 100: PRINT  CHR$ (29);: INPUT "Filename : ";FF$: IF FF$ = ""
THEN BI$ = "N": GOTO 538
532  PRINT "Laufwerk-Nr. : ";: GET DR: PRINT
534 SD =  INT (7 - DR / 2):DD = 1: IF  INT (DR / 2) * 2 = DR THEN DD = 2
```

```
536  PRINT D$;"OPEN";FF$ + ".PLT";",S";SD;",D";DD: PRINT D$;"CLOSE";FF$ + ".PLT"
538 RW = 0:SR = 0:SX = 1:SY = SX:XO = 0:YO = 0:EF = 0: GOSUB 10002:C1 = 1:C2 = 1:YO
= 0:XO = 0
539 X = 1: FOR Y = 2 TO 14: GOSUB 100: PRINT  CHR$ (29): NEXT :X = 1:Y = 22: GOSUB
100: PRINT "Anweisung :"
540  X = 13:Y = 22: GOSUB 100: PRINT  CHR$ (29);: & CO$
550  P = 0:A1$ = "":A$ = A1$: FOR I = 1 TO  LEN (CO$):A$ =  MID$ (CO$,I,1): IF A$ =
" " OR A$ = "," OR A$ = "/" THEN P = P + 1:A$(P) = A1$:A1$ = "": NEXT
551  A1$ = A1$ + A$: NEXT :A$(P + 1) = A1$
552  GOSUB 560: IF EF = 0 THEN 540
554  IF BI$ = "J" AND U > 0 THEN  GOSUB 10050
556  RETURN
560  REM *********** ANWEISUNGSVERZWEIGUNGEN
562  IF A$(1) = "ROTATE" THEN SR = 1:RW = -  VAL (A$(2)):UW = RW * UF: RETURN
564  IF A$(1) = "MARK" THEN 600
566  IF A$(1) = "ENDROT" THEN SR = 0: RETURN
568  IF A$(1) = "COLOR" THEN 626
570  IF A$(1) = "BOX" THEN 636
572  IF A$(1) = "SCALE" THEN SX =  VAL (A$(2)):SY =  VAL (A$(3)): RETURN
574  IF A$(1) = "ARROW" THEN 640
576  IF A$(1) = "OFFSET" THEN XO =  VAL (A$(2)) * SX:YO =  VAL (A$(3)) * SY: RETURN
578  IF A$(1) = "MOVE" THEN XP =  VAL (A$(2)):YP =  VAL (A$(3)): GOSUB 653: RETURN
580  IF A$(1) = "LINE" THEN 594
582  IF A$(1) = "PRINT" THEN 606
584  IF A$(1) = "CIRCLE" THEN 622
585  IF A$(1) = "GRID" THEN 670
586  IF A$(1) = "END" THEN EF = 1:CL = 1: GOSUB 10038: GOSUB 10040: RETURN
588  RETURN
592  REM  **************** LINE
594 J = 0: FOR I = 2 TO P STEP 2:J = J + 1:XP(J) =  VAL (A$(I)):YP(J) =  VAL (A$(I
+ 1)): NEXT
596 XP = XP(1):YP = YP(1): GOSUB 653: FOR I = 2 TO P / 2:XP = XP(I):YP = YP(I):
GOSUB 652: NEXT
598  RETURN
600  REM   **************** MARK
602 MK =  VAL (A$(4)):XP =  VAL (A$(2)):YP =  VAL (A$(3)): GOSUB 653: GOSUB 10042:
RETURN
604  REM   **************** PRINT
606 XA =  VAL (A$(2)):YA =  VAL (A$(3)):XE =  VAL (A$(4)):YE =  VAL (A$(5))
608  IF (XE > XA) THEN Q = 0
610  IF (YE > YA) THEN Q = 1
612  IF XA > XE THEN Q = 2
614  IF YA > YE THEN Q = 3
616 DZ = SX *  ABS (XE - XA):NZ =  LEN (A$(6)): IF Q = 1 OR Q = 3 THEN DZ = SY *
ABS (YE - YA)
```

```
618 SI =  INT (DZ / NZ / 11):M$ = "": FOR J = 6 TO P + 1:M$ = M$ + A$(J): NEXT :NZ
=  LEN (M$):XP = XA:YP = YA: GOSUB 653:YP = YT:XP = XT: GOSUB 10010: RETURN
620  REM   ****************  CIRCLE
622 XP =  VAL (A$(2)):XM = XP:YP =  VAL (A$(3)):YM = YP:RA =  VAL (A$(4)):XP = XP +
RA: GOSUB 653: FOR I = 0 TO 360 STEP 10:XP = RA *  COS (I * UF) + XM:YP = RA *  SIN
(I * UF) + YM: GOSUB 652: NEXT
624  GOSUB 653: RETURN
626  REM   *****************  COLOR
628  CL =  VAL (A$(2))
630  IF CL > 6 THEN CL = CL - 6: GOTO 630
632  GOSUB 10038: RETURN
634  REM   ******************  BOX
636 XP =  VAL (A$(2)):YP =  VAL (A$(3)): GOSUB 653:XP = XP +  VAL (A$(4)): GOSUB
652:YP = YP +  VAL (A$(5)): GOSUB 652:XP = XP -  VAL (A$(4)): GOSUB 652:YP = YP -
VAL (A$(5)): GOSUB 652: GOSUB 653: RETURN
638  REM   *******************  ARROW
640 XP =  VAL (A$(2)):YP =  VAL (A$(3)):X1 = XP:Y1 = YP: GOSUB 653:XP =  VAL
(A$(4)):YP =  VAL (A$(5)):X2 = XP:Y2 = YP: GOSUB 652: REM    evtl. auch ins UP LINE
springen
642 LE =  VAL (A$(6))
644  IF X1 < X2 THEN XP = X2 - LE:YP = Y2 + LE / 2: GOSUB 652:YP = Y2 - LE / 2:
GOSUB 652:XP = X2:YP = Y2: GOSUB 652: RETURN
646  IF X1 > X2 THEN XP = X2 + LE:YP = Y2 + LE / 2: GOSUB 652:YP = Y2 - LE / 2:
GOSUB 652:XP = X2:YP = Y2: GOSUB 652: RETURN
648  IF Y1 < Y2 THEN XP = X2 + LE / 2:YP = Y2 - LE: GOSUB 652:XP = X2 - LE / 2:
GOSUB 652:XP = X2:YP = Y2: GOSUB 652: RETURN
650 XP = X2 + LE / 2:YP = Y2 + LE: GOSUB 652:XP = X2 - LE / 2: GOSUB 652:XP = X2:YP
= Y2: GOSUB 652: RETURN
651  REM   ********  GLOBALE OPERATIONEN : TRANSLATION, ROTATION
652 MO = 1: REM  FLAG FÜR 'DRAW' !
653 XT = XP:YT = YP:QX = XT:QY = YT
656  IF SR = 1 THEN XT = XP *  COS (UW) + YP *  SIN (UW):YT = XP * ( -  SIN (UW)) +
YP *  COS (UW)
658 XP =  INT (XT * SX + X0):YP =  -  INT (YT * SY + Y0)
659  IF MO = 1 THEN  GOSUB 10006: GOTO 662
660  GOSUB 10008
662 MO = 0:XT = XP:YT = YP:XP = QX:YP = QY: RETURN
670  REM   ************  GRID
672 XP =  VAL (A$(2)):YP =  VAL (A$(3)): GOSUB 653:NX =  VAL (A$(4)):NY =  VAL
(A$(5)):DX =  VAL (A$(6)):DY =  VAL (A$(7))
674 LX = (NX - 1) * DX:LY = (NY - 1) * DY:N =  INT (NX / 2): FOR J = 1 TO N:XP = XP
+ LX: GOSUB 652:YP = YP + DY: GOSUB 653:XP = XP - LX: GOSUB 652:YP = YP + DY: GOSUB
653: NEXT : IF 2 * N < > NX THEN XP = XP + LX: GOSUB 652
```

```
676 N =  INT (NY / 2):XP =  VAL (A$(2)):YP =  VAL (A$(3)): GOSUB 653: FOR J = 1 TO
N:YP = YP + LY: GOSUB 652:XP = XP + DX: GOSUB 653:YP = YP - LY: GOSUB 652:XP = XP +
DX: GOSUB 653: NEXT : IF 2 * N < > NY THEN YP = YP + LY: GOSUB 652
678  RETURN
800  PRINT C$;"Disketten - Inhaltsverzeichnis": PRINT LF$
802  PRINT "Laufwerk-Nr. : ";: GET DR: PRINT
803 SL = 7 -  INT (DR / 2):DD = 1: IF  INT (DR / 2) * 2 = DR THEN DD = 2
804  PRINT C$: PRINT D$;"CATALOG,D";DD;",S";SL
806  PRINT : PRINT : PRINT "Drücken Sie die <RETURN> - Taste !  ";: GET CK$: PRINT
808  RETURN
900  POKE 771,4: PRINT D$;"RUN HELLO,S"; PEEK (773);",D"; PEEK (772)
6000  REM ***** FEHLERMELDUNGEN
6003 ER =  PEEK (222):EL =  PEEK (218) +  PEEK (219) * 256
6004  IF ER = 5 AND EL = 118 THEN 140
6005  PRINT  CHR$ (7)
6006  FOR T = 1 TO 26: READ TE: IF TE = ER THEN  PRINT D$;"OPEN ERROR .TXT,S"; PEEK
(773);",D"; PEEK (772);",L80": PRINT D$;"READ ERROR .TXT,R";T: & ER$: PRINT
D$;"CLOSE ERROR .TXT": GOTO 6010
6008  NEXT : POKE 216,0:ER$ = "Fehler " +  STR$ (ER) + " in Zeile " +  STR$ (EL)
6010  TEXT : PRINT  CHR$ (30); CHR$ (32); CHR$ (52); CHR$ (11); CHR$ (10);ER$;: FOR
T = 1 TO 2000: NEXT T
6012  GOTO 30
6014  DATA  1,2,3,4,5,6,7,8,9,10,11,12,13,14,42,53,69,77,107,133,163,176,191,224
,254,255
10000  REM ********** PLOTTER - SCHNITTSTELLE *******
10001  REM Speicherstellen START auf Programmanfang setzen
10002  REM Plotter-Initialisierung
10004  REM Transformation von Bildschirm- und Plotterkoordinaten
10006  REM Plotterstift abgesenkt nach XP,YP bringen
10008  REM Plotterstift abgehoben nach XP,YP bringen
10010  REM Text M$ ab Position XP,YP ausgeben
10012  REM Rahmen DIN A4 ausgeben
10020  REM Rahmen DIN A3 ausgeben
10026  REM Logogramm einzeichnen
10038  REM Plotterstift CL auswählen
10040  REM Plotterstift abgehoben auf 0,0-Position bringen
10042  REM zentriertes Symbol MK auf die gegenwärtige Position setzen
10050  REM Plotterbefehle im Arbeitsspeicher bzw. auf Diskette speichern
```

4.4.3 Verwaltung von Haupt- und Hilfsprogrammen: Programm HELLO

Wir haben bis zu diesem Zeitpunkt alle Programme kennengelernt, die im
Programmpaket PLOTGRAF enthalten sind. Es fehlt jedoch das gemeinsame Bindeglied, das die vielen einzelnen Programme zu einem Paket verbindet: das Hauptmenue. Außer der genannten Aufgabe bietet es darüber
hinaus eine Reihe von Optionen, die unabdingbar für ein vernünftiges

Arbeiten mit diesem Programmpaket sind. Gleichzeitig stellt das Hauptmenue die oberste Ebene der Programmhierarchie dar, die der Benutzer nach dem Booten der PLOTGRAF-Diskette erreicht.

Das Programm selbst ist sehr einfach aufgebaut. In den ersten Zeilen findet die Initialisierung des Rechners statt. Die INPUT-Routine aus Abschnitt 3.2.1 wird geladen, die Fehlerbehandlungsroutine des APPLE-SOFT-BASIC-Interpreters abgeschaltet und dafür die von PLOTGRAF aktiviert, die 80spaltige Anzeige wird eingeschaltet und der Wert der Speicherstelle 771 der Variablen SW zugeordnet. Diese Variable sorgt dafür, daß beim erstmaligen Einschalten des Programmpakets das Hauptmenue angezeigt wird, während die Programmsteuerung nach dem Aufruf durch ein anderes Programm in das entsprechende n-dimensionale Untermenue verzweigt.

In den nächsten Zeilen wird der Bildschirm gelöscht und das eigentliche Hauptmenue ausgegeben, gefolgt von dem Programmteil, der die Eingabe des Benutzers überwacht und der Variablen CK$ zuordnet, aufgrund deren Wert die entsprechende Option ausgeführt wird.

Es folgen die Menues für die Rechen- und Zeichenprogramme, die alle ähnlich wie das Hauptmenue aufgebaut sind. Eine gültige Benutzereingabe führt hier dazu, daß der Bildschirm gelöscht wird und das gewünschte Programm von der Diskette geladen wird, zusammen mit der Anzeige eines Kontrollvermerks auf der ersten Bildschirmzeile.

Das nächste Programmteil besteht aus dem Untermenue "Diskettenoperationen" und den Routinen, die dessen Wahlmöglichkeiten umsetzen. Sie bestehen im Kern lediglich aus der entsprechenden DOS-Anweisung, um die herum die Eingabeprozedur für die Parameter aufgebaut ist.

Mit Programmzeile 600 schließlich folgt das Unterprogramm zur Ausgabe einer Kurzinformation auf Drucker oder Bildschirm. Das Programm zeigt zunächst ein Menue an, mit dem selektiv die Ausgabe eines Textteils zu verschiedenen Stichpunkten gewählt werden kann. Das Ausdrucken des Informationstextes geschieht dann ähnlich wie bei der Ausgabe der Fehlermeldungen, nur daß in diesem Fall die Textdatei MANUAL.TXT vom Laufwerk 2 eingelesen wird. Es handelt sich hier um eine Datei mit fester Satzlänge (wahlfreie Datei, random-access-Datei), von der nicht nur ein einzelner Record, sondern ein ganzer Bereich gelesen wird. Die Bereiche sind in Zeile 606 und 607 definiert, sie beziehen sich auf den Standardtext, der im Anhang 3 ausgedruckt ist. Bei der Ausgabe wird zunächst die Kopfzeile in Record 0 gelesen und ausgedruckt. Danach erfolgt der Ausdruck des gewählten Bereichs [Record RS(I)-RE(I)] gefolgt von der Fußzeile. Als Gedächtnisstütze für den Benutzer sind die Wahlmöglichkeiten "Benutzertext ein- und ausgeben" gedacht, bei der ein eigener Text erstellt und später ausgegeben werden kann (ab Zeile 670). Die Eingabe erfolgt hier mit der modifizierten &-Anweisung, der Text wird nach Erkennen eines Schlüsselzeichens ab Record 107 im MANUAL.TXT gespeichert, nachdem dessen Zeilenzahl in Satz-Nr. 105 abgelegt wurde.

Folgende Tabelle enthält die Inhalte der Datei MANUAL.TXT:

Satznummer	Inhalt
1	Kopfzeile
2-25	Text "Allgemeine Beschreibung"
26-55	Text "Installation von Peripheriegeräten"
56-68	Text "Eindimensionale Datensätze"
69-89	Text "Zweidimensionale Datensätze"
90-101	Text "Dreidimensionale Datensätze"
102-104	Fußzeile
105	Zeilenzahl des Benutzertextes
106	Überschrift "Benutzermitteilungen:"
ab 107	frei für Benutzertext

Diese Aufteilung bezieht sich selbstverständlich nur auf den Standardtext im Anhang 3. Geänderte Texte ziehen in der Regel auch eine Änderung der Satznummern nach sich.

Weiter geht es mit der als "Bildoperationen" betitelten Ausgabe kompletter Grafiken auf Bildschirm, Drucker oder Plotter. Hier sind zwei Wahlmöglichkeiten gegeben: Die eine besteht in der unveränderten Grafikausgabe in exakt der Weise, wie sie vom Plotprogramm erzeugt wurde. Dieses Unterprogramm befindet sich in den Zeilen 808-838, seine wesentlichsten Elemente wurden bereits im Punkt 3.2.7 besprochen. Die zweite Möglichkeit, bei der die Grafik (allerdings nur in Verbindung mit einem Plotter) weitgehend verändert werden kann, ergibt sich durch Aufruf des Programms PLOTKO.BAS in der Zeile 803.

Das Menueprogramm HELLO schließt mit den Programmteilen "Programmende", "Peripheriegeräte installieren" und der Fehlerbehandlungsroutine. Mit der Wahl von "Programmende" werden alle Variablen mit CLEAR gelöscht, alle evtl. noch offenen Dateien geschlossen und alle veränderten Speicherstellen wieder auf ihren ursprünglichen Wert gesetzt.

PROGRAMM: HELLO

```
0 GOSUB 2: IF ( PEEK (1014) < > 10 AND  PEEK (1015) < > 3) THEN  PRINT  CHR$
(4);"BLOAD INPUT .BIN": POKE 1013,76: POKE 1014,10: POKE 1015,3
1 GOTO 10
2 PRINT  CHR$ (4);"PR#3": PRINT  CHR$
(12);"■■■■■■■■■■■■■■■■■■■■■■■■■■■■■■■■■■■■■■■■■■■■■■■■■■■■■■■■■■■■■■■■■■■■■■
■■"
3 PRINT "■■
■■"
4 PRINT "■■                    PLOTGRAF   Vers. 1.0
■■"
```

```
5  PRINT "■■
■■"
6  PRINT "■■                     Copyright (C) 1986 by Maul & Ziemes
■■"
7  PRINT "■■
■■"
8  PRINT
"■■■■■■■■■■■■■■■■■■■■■■■■■■■■■■■■■■■■■■■■■■■■■■■■■■■■■■■■■■■■■■■■■■■■■■■■■■■"
9  PRINT : PRINT : RETURN
10  POKE 103, PEEK (175) - 2: POKE 104, PEEK (176): PRINT  CHR$ (4);"RUN PLOT
.OVR"
11  POKE 103, PEEK (175) - 2: POKE 104, PEEK (176): PRINT  CHR$ (4);"RUN PRINT
.OVR"
12  POKE 103, PEEK (175) - 2: POKE 104, PEEK (176): PRINT  CHR$ (4);"RUN
SCREEN.OVR"
13  ONERR  GOTO 6000
14 D$ =  CHR$ (4):SW =  PEEK (771):TT = 1000: DIM T$(TT): FOR I = 1 TO 10:CR$ =
CHR$ (13):LF$ = LF$ + CR$: NEXT :C$ =  CHR$ (12): ON SW GOTO 200,350,500,38
38  GOSUB 2
40  POKE 47101,00: POKE 47102,00: POKE 1012,0
110  PRINT : PRINT "Bitte wählen Sie eine der folgenden Möglichkeiten :"
120  PRINT : PRINT "(E) ==> ein-  "; CHR$ (26); CHR$ (17)
130  PRINT "(Z) ==> zwei- "; CHR$ (26); CHR$ (25); CHR$ (26); CHR$ (26);"
dimensionale Datensätze darstellen"
140  PRINT "(D) ==> drei- "; CHR$ (26); CHR$ (18)
141  PRINT "(B) ==> Bildoperationen"
142  PRINT "(O) ==> Disketten - Operationen"
146  PRINT "(K) ==> Kurzinformation"
147  PRINT "(P) ==> Programmene"
148  PRINT "(G) ==> Peripheriegeräte installieren"
150  PRINT : PRINT "Sie wünschen ? ";: GET CK$: PRINT :CK =  VAL (CK$)
151  IF CK$ = "E" THEN 200
152  IF CK$ = "Z" THEN 350
153  IF CK$ = "D" THEN 500
154  IF CK$ = "B" THEN F$ = "PLOTKO" : GOTO 162
155  IF CK$ = "O" THEN 840
158  IF CK$ = "K" THEN 600
159  IF CK$ = "P" THEN 1000
160  IF CK$ <  > "G" THEN 38
161 F$ = "INSTAL"
162  IF  PEEK (775) <  > PEEK (773) OR  PEEK (774) <  > PEEK (772) THEN  PRINT
C$;LF$;"Bitte legen Sie die Diskette PLOTGRAF II ins Laufwerk ";(6 -  PEEK (775)) *
2 +  PEEK (774);" ein.": PRINT "Drücken Sie dann die <RETURN> - Taste !   ";
165  INPUT "";CK$: PRINT C$; CHR$ (30); CHR$ (32); CHR$ (32);"Programmteil ";F$;"
wird geladen": PRINT  CHR$ (4);"RUN";F$ + ".BAS,D"; PEEK (774);",S"; PEEK (775)
```

```
170   GOTO 38
200   REM  ******************** EINDIMENSIONALE DATEN  ********************
210   PRINT C$: PRINT "        Verarbeitung eindimensionaler Datensätze"
220   PRINT LF$:F$ = ""
230   PRINT "Bitte wählen Sie eine der folgenden Möglichkeiten :"
240   PRINT : PRINT "(E) ==> Daten erstellen, speichern, lesen, verändern"
250   PRINT "(H) ==> Histogramm"
260   PRINT "(T) ==> Tortengrafik"
279   PRINT "(M) ==> zurück zum Hauptmenue"
280   PRINT : PRINT : PRINT "Sie wünschen ? ";: GET CK$: PRINT : PRINT  CHR$ (12):
PRINT :TK$ = "EHTM": FOR I = 1 TO 4: IF CK$ =  MID$ (TK$,I,1) THEN CK = I: GOTO 290
282   NEXT
290   IF CK$ = "E" THEN F$ = "DATA1D"
300   IF CK$ = "H" THEN F$ = "PLOTHI"
310   IF CK$ = "T" THEN F$ = "PLOTP1"
315   IF CK$ = "M" THEN 38
316   IF F$ = "" THEN 210
320   GOTO 162
350   REM  ******************* ZWEIDIMENSIONALE DATEN *****************
360   PRINT C$: PRINT "        Verarbeitung zweidimensionaler Datensätze"
370   PRINT : PRINT : PRINT : PRINT : PRINT : PRINT : PRINT :F$ = ""
380   PRINT "Bitte wählen Sie eine der folgenden Möglichkeiten :"
390   PRINT : PRINT "(E) ==> Datensatz erstellen, speichern, lesen, verändern"
400   PRINT "(K) ==> Darstellung im kartesischen Koordinatensystem"
430   PRINT "(T) ==> Tortengrafik"
440   PRINT "(S) ==> Säulendiagramm"
460   PRINT "(I) ==> Interpolation diskreter Punkte durch Splines"
462   PRINT "(A) ==> Approximation diskreter Punkte durch Splines"
465   PRINT "(M) ==> zurück zum Hauptmenue"
470   PRINT : PRINT : PRINT "Sie wünschen ? ";: GET CK$: PRINT : PRINT C$:CK =  VAL
(CK$)
475   IF CK$ = "E" THEN F$ = "DATA2D"
480   IF CK$ = "K" THEN F$ = "PLOTXY"
486   IF CK$ = "T" THEN F$ = "PLOTP2"
488   IF CK$ = "S" THEN F$ = "PLOTBA"
492   IF CK$ = "I" THEN F$ = "DATASP"
493   IF CK$ = "A" THEN F$ = "DATAAP"
494   IF CK$ = "M" THEN 38
495   IF F$ = "" THEN 360
496   PRINT C$; CHR$ (30); CHR$ (32); CHR$ (32);"Programmteil ";F$;" wird
geladen":F$ = F$ + ".BAS": PRINT D$;"RUN";F$;",D"; PEEK (772);",S"; PEEK (773)
500   REM  **************** DREIDIM. DATEN ****************
510   PRINT C$: PRINT "        Verarbeitung dreidimensionaler Datensätze"
520   PRINT LF$:F$ = ""
530   PRINT "Bitte wählen Sie eine der folgenden Möglichkeiten :"
```

```
540   PRINT : PRINT "(E) ==> Datensatz erstellen für X-Y - Darstellung"
545   PRINT "(Z) ==> Datensatz erstellen für Z - Darstellung"
546   PRINT "(I) ==> Datensatz in X-Y - Richtung interpolieren"
550   PRINT "(G) ==> Datensatz mit X-Y - Gitternetz darstellen"
552   PRINT "(H) ==> Datensatz mit Höhenlinien darstellen"
555   PRINT "(M) ==> zurück zum Hauptmenue"
560   PRINT : PRINT : PRINT "Sie wünschen ? ";: GET CK$: PRINT : PRINT C$
570   IF CK$ = "E" THEN F$ = "DATA3D"
575   IF CK$ = "Z" THEN F$ = "DATA3Z"
576   IF CK$ = "I" THEN F$ = "DATANE"
584   IF CK$ = "G" THEN F$ = "PLOT3D"
585   IF CK$ = "H" THEN F$ = "PLOT3Z"
587   IF CK$ = "M" THEN 38
588   IF F$ = "" THEN 510
589   PRINT C$; CHR$ (30); CHR$ (32); CHR$ (32);"Programmteil ";F$;" wird
geladen":F$ = F$ + ".BAS": PRINT D$;"RUN";F$;",D"; PEEK (772);",S"; PEEK (773)
600   REM     *************** DOKUMENTATION ******************
605   F$ = "MANUAL.TXT":K$ = CHR$ (30) + CHR$ (32) + CHR$ (55) + CHR$ (11) +
"Leertaste ==> weiter     <RETURN> ==> zurück zum Hauptmenue   "
606   RS(1) = 2:RS(2) = 26:RS(3) = 56:RS(4) = 69:RS(5) = 90:RS(6) = 102:RS(7) = 105
607   RE(1) = 25:RE(2) = 55:RE(3) = 68:RE(4) = 89:RE(5) = 101:RE(6) = 104: REM   END
610   PRINT C$;"Benutzer - Kurzinformation": IF  PEEK (775) < > PEEK (773) OR
PEEK (774) < > PEEK (772) THEN  PRINT : PRINT "Bitte legen Sie die Diskette
PLOTGRAF II ins Laufwerk ";(6 -  PEEK (775)) * 2 +  PEEK (774);" ein."
611   PRINT : PRINT "(A) ==> Allgemeine Beschreibung": PRINT "(I) ==> Installation":
PRINT "(E) ==> Eindimensionale Daten": PRINT "(Z) ==> Zweidimensionale Daten":
PRINT "(D) ==> Dreidimensionale Daten": PRINT "(G) ==> gesamten Text ausgeben
612   PRINT : PRINT "(X) ==> Benutzertext ausgeben": PRINT "(Y) ==> Benutzertext
eingeben": PRINT : PRINT "(M) ==> zurück zum Hauptmenue"
614   PRINT : PRINT "Sie wünschen ?  ";: GET CK$: PRINT
615   T$ = "AIEZDGXYM": FOR I = 1 TO 9: IF CK$ =  MID$ (T$,I,1) THEN 618
617   NEXT : GOTO 600
618   IF I = 8 THEN 670
619   IF I = 9 THEN 38
620   PRINT : PRINT "Ausgabegerät :  (B) ==> Bildschirm        (D) ==> Drucker
";: GET A$: PRINT
630   IF A$ = "D" THEN  PRINT  CHR$ (12); CHR$ (30); CHR$ (50); CHR$ (43);"B I T T E
W A R T E N    !": PRINT : PRINT  CHR$ (30); CHR$ (55); CHR$ (45);"Druckerausgabe"
635   IF A$ < > "D" THEN  PRINT  CHR$ (12)
636 DR = 2: PRINT D$;"OPEN";F$;",D";DR;",L80"
637   IF I = 7 THEN  PRINT D$;"READ";F$;",R";RS(7) - 1: INPUT NI:RE(7) = NI +
RS(7):RE = RE(7):RS = RS(7) + 1: GOSUB 660: GOTO 645
639   IF I = 6 THEN RS = RS(1):RE = RE(1): GOSUB 660: FOR K = 2 TO 5:RS = RS(K):RE =
RE(K): GOSUB 662: NEXT : GOTO 642
640 RS = RS(I):RE = RE(I): GOSUB 660
```

```
642 RS = RS(6):RE = RE(6): FOR R = (RS) TO RE: PRINT D$;"READ";F$;",R",R - 1: & M$:
IF A$ = "D" THEN   GOSUB 10120: GOTO 644
643   PRINT M$
644   NEXT
645   PRINT D$;"CLOSE": IF A$ = "D" THEN   GOSUB 10126: GOTO 648
646   PRINT : PRINT : PRINT "Drücken Sie die <RETURN>-Taste ! ";: GET CK$: PRINT
648   GOTO 38
659   REM ********   TEXT EINLESEN
660   PRINT D$;"READ";F$;",R0": & M$: IF A$ = "D" THEN M$ = M$ +   CHR$ (13) +   CHR$
(13): GOSUB 10120: GOTO 662
661   PRINT M$: PRINT : PRINT
662   PRINT D$;"READ";F$;",R";RS - 1: & M$: IF A$ = "D" THEN M$ = M$ +   CHR$ (13):
GOSUB 10120: GOTO 664
663   PRINT M$: PRINT
664   FOR R = RS + 1 TO RE: PRINT D$;"READ";F$;",R";R - 1: & M$: IF A$ = "D" THEN
GOSUB 10120: GOTO 666
665   PRINT M$
666   NEXT : IF A$ = "B" THEN   PRINT : PRINT : PRINT
667   IF A$ = "D" THEN M$ =   CHR$ (13) +   CHR$ (13) +   CHR$ (13): GOSUB 10120
668   RETURN
670   REM ***********   BENUTZERTEXT EINGEBEN
672   PRINT   CHR$ (12);"Benutzertext eingeben": PRINT : PRINT "Sie können
nachstehend einen Text eingeben, der mit der Option 'Benutzertext": PRINT
"ausgeben' ausgedruckt werden kann. Tippen Sie dazu Ihren Text ein und"
674   PRINT "schließen Sie jede Zeile mit <RETURN> ab. Wenn Sie die Eingabe beenden
wollen,": PRINT "dann tippen Sie ein Ausrufezeichen in die erste Spalte einer
neuen": PRINT "Zeile. Der Text wird dann abgespeichert.": PRINT : PRINT
675 I = 0
676 I = I + 1: & T$(I): IF T$(I) = "!" THEN 680
678   GOTO 676
680   PRINT D$;"OPEN";F$;",D2,L80"
681   PRINT D$;"WRITE";F$;",R";RS(7) - 1: PRINT I - 1
682   FOR J = 1 TO I - 1: PRINT D$;"WRITE";F$;",R";J + RS(7): PRINT T$(J): NEXT :
PRINT D$;"CLOSE";F$
684   GOTO 38
839   REM ***************   DISK - OPERATIONEN
840   PRINT   CHR$ (12): PRINT "Disketten - Operationen": PRINT LF$
841   PRINT "(I) ==> Disketten - Inhaltsverzeichnis"
842   PRINT "(L) ==> Datensatz von der Diskette löschen"
843   PRINT "(U) ==> Datensatz umbenennen"
844   PRINT "(S) ==> Datensatz gegen unbeabsichtigtes Löschen schützen"
845   PRINT "(R) ==> Schreibschutz bei geschütztem Datensatz aufheben"
846   PRINT "(N) ==> Diskette initialisieren"
847   PRINT "(M) ==> zurück zum Hauptmenue": PRINT : PRINT : PRINT "Sie wünschen ?
";: GET CK$: PRINT
```

```
848  IF CK$ = "I" THEN  GOSUB 856
849  IF CK$ = "U" THEN  GOSUB 871
850  IF CK$ = "N" THEN  GOSUB 880
851  IF CK$ = "M" THEN 38
852  IF CK$ = "R" THEN CO$ = "UNLOCK":T$ = "Schreibschutz aufheben": GOSUB 862
853  IF CK$ = "L" THEN CO$ = "DELETE":T$ = "Datensatz von der Diskette löschen":
GOSUB 862
854  IF CK$ = "S" THEN CO$ = "LOCK":T$ = "Datensatz gegen unbeabsichtigtes
Beschreiben oder Löschen schützen": GOSUB 862
855  GOTO 840
856  PRINT  CHR$ (12): PRINT "Disketten - Inhaltsverzeichnis": PRINT LF$
857  PRINT "Laufwerk-Nr. : ";: GET DR: PRINT  CHR$ (12):S =  INT (7 - DR / 2):D =
1: IF  INT (DR / 2) * 2 = DR THEN D = 2
858  PRINT D$;"CATALOG,D";D;",S";S: PRINT : PRINT : PRINT : PRINT "Drücken Sie die
<RETURN>-Taste !  ";
859  GET CK$: PRINT : RETURN
860  REM          DATEI LÖSCHEN
862  PRINT  CHR$ (12): PRINT T$: PRINT : PRINT : PRINT : PRINT "Geben Sie den
vollständigen Filenamen einschließlich Erweiterung an !": PRINT : PRINT : PRINT
864  INPUT "Filename : ";F$: IF F$ = "" THEN  RETURN
866  PRINT : PRINT "Laufwerk-Nr. : ";: GET DR: PRINT
868  PRINT D$;CO$;F$;",D";DR
869  RETURN
870  REM          DATEI UMBENENNEN
871  PRINT  CHR$ (12): PRINT "Datensatz umbenennen": PRINT : PRINT : PRINT : PRINT
"Geben Sie den vollständigen Filenamen einschließlich Erweiterung an !": PRINT :
PRINT : PRINT
872  INPUT "alter Filename : ";F1$: IF F1$ = "" THEN  RETURN
873  PRINT : INPUT "neuer Filename : ";F$: IF F$ = "" THEN  RETURN
874  PRINT : PRINT "Laufwerk-Nr. : ";: GET DR: PRINT
876  PRINT D$;"RENAME";F1$;",";F$;",D";DR
878  RETURN
880  REM ************ DISKETTE INITIALISIEREN
882  PRINT  CHR$ (12): PRINT "Diskette initialisieren": PRINT LF$
884  PRINT "Bitte legen Sie die Diskette, die initialisiert werden soll, in
Laufwerk 2 ein. Drücken Sie dann die <RETURN>-Taste. "
886  PRINT "Sollten Sie keine Diskette initialisieren wollen, dann drücken Sie
irgendeine   andere Taste.            "
888  GET CK$: PRINT : IF  ASC (CK$) <  > 13 THEN  RETURN
890  POKE 2049,0: POKE 2050,0: POKE 2051,0:A1 =  PEEK (175):A2 =  PEEK (176): POKE
175,4: POKE 176,8
892  PRINT D$;"INIT PLOTGRAF - DATENDISKETTE,D2"
894  POKE 175,A1: POKE 176,A2: POKE 2049,7: POKE 2050,8: POKE 2051,10
896  RETURN
1000  REM     ****************** PROGRAMMENDE ******************
```

```
1030  PRINT  CHR$ (12)
1031  PRINT LF$: PRINT "Bitte wählen Sie eine der folgenden Möglichkeiten :": PRINT
: PRINT : PRINT "(B) ==> Diskette in Laufwerk 1 booten": PRINT "(E) ==> zurück ins
APPLESOFT - Betriebssystem"
1032  PRINT : PRINT : PRINT "Sie wünschen ?    ";: GET CK$: PRINT : IF  ASC (CK$) <
32 THEN 38
1033  POKE 1013,76: POKE 1014,88: POKE 1015,255
1034  POKE 1010,191: POKE 1011,157: POKE 1012,56
1037  IF CK$ = "B" THEN  PRINT  CHR$ (12): PRINT D$;"PR#6"
1039  PRINT  CHR$ (12)
1040  PRINT "                Programmende"
1045  NEW
1050  END
2000  REM  ***********  10 ZEILEN VORSCHUB  *****************
2010  FOR K = 1 TO 10: PRINT : NEXT : RETURN
6000  REM  *****  FEHLERMELDUNGEN
6002 ER =  PEEK (222):EL =  PEEK (218) +  PEEK (219) * 256
6004  IF ER = 5 AND EL = 836 THEN 838
6006  RESTORE : PRINT  CHR$ (7): PRINT D$;"CLOSE"
6008  FOR T = 1 TO 26: READ TE: IF TE = ER THEN  PRINT D$;"OPEN ERROR .TXT,S"; PEEK
(773);",D"; PEEK (772);",L80": PRINT D$;"READ ERROR .TXT,R";T: & ER$: PRINT
D$;"CLOSE ERROR .TXT": GOTO 6012
6010  NEXT : POKE 216,0:ER$ = "Fehler " +  STR$ (ER) + " in Zeile " +  STR$ (EL)
6012  TEXT : PRINT  CHR$ (30); CHR$ (32); CHR$ (52); CHR$ (11); CHR$ (10);ER$;: FOR
T = 1 TO 2000: NEXT T
6014  GOTO 38
6016  DATA  1,2,3,4,5,6,7,8,9,10,11,12,13,14,42,53,69,77,107,133,163,176,191,224
,254,255
```

Wenn Sie einen Plotter besitzen, dessen Befehlssatz wesentlich über die
von PLOTGRAF verwendeten Funktionen hinausgeht, der also zum Beispiel die Änderung von Schrifttypen gestattet, dann können auch diese
Funktionen an den Plotter weitergegeben werden. Laden Sie also
PLOTKO.BAS und fügen Sie die Zeile

```
587 T$ = CO$: GOSUB 10044
```

in das Programm ein. Diese Zeile verhindert, daß eine manuell eingegebene Anweisung einfach ignoriert wird, die nicht im Befehlsverzeichnis
enthalten ist, sondern sie sendet diesen Befehl über die Schnittstelle an
den Plotter weiter.

Eine zweite Möglichkeit besteht natürlich darin, in die Initialisierungs-
routine des Plotters in der Zeile 10202 einen Befehl einzufügen, der die
gewünschte Operation ausführt. Da die Operation nun bei jedem programmgesteuerten Einschalten des Plotters ausgeführt wird, empfiehlt es

sich, die verschiedenen Schnittstellen auf PLOTGRAF II abzulegen und das Installationsprogramm so abzuändern, daß zwischen diesen Versionen gewählt werden kann.

5 SOFTWARE-HARDWARE-SCHNITTSTELLEN

In diesem Kapitel soll die Rede sein von den Schnittstellen zu den Peripheriegeräten, von denen in den Programmbeschreibungen und besonders der Beschreibung von INSTAL.BAS zu lesen war, die Sie jedoch aus Gründen der Übersichtlichkeit und Platzersparnis bei den Programmausdrucken vergeblich suchten.

Alle für PLOTGRAF verfügbaren Schnittstellen befinden sich auf der Diskette PLOTGRAF II und werden bei Bedarf mit INSTAL.BAS mit einem Standard-Dateinamen auf PLOTGRAF I kopiert. Unter diesem Standard-Dateinamen haben alle restlichen Programme Zugriff auf die Gerätetreiber. Obgleich bei jedem Programmaufruf alle benötigten Module mit geladen werden müssen, was die Disketten-Zugriffszeit wesentlich erhöht, besteht mit diesem Verfahren doch der Vorteil der leichten Austauschbarkeit der Module und damit des angeschlossenen Geräts. Ein zweiter Vorteil liegt in der Speicherplatzersparnis, da jeder Treiber auf der Diskette nur einmal und nicht etwa am Ende jedes Programms vorhanden ist, was wiederum die Programmlänge günstig beeinflußt.

Die Gerätetreiber übernehmen die Aufgabe, die von PLOTGRAF erzeugten Ausgabeprimitive in das Befehlsformat des zugeordneten Peripheriegeräts umzusetzen. Das geschieht im wesentlichen mit Hilfe bestimmter Zeilennummern, die innerhalb der Schnittstelle genau definierten Funktionen zugeordnet sind. Diese Zeilennummern sind die Einsprungstellen der Unterprogramme, die die gewünschte Peripheriefunktion durch Umrechnung und Erzeugung der gerätespezifischen Befehle ausführen. Die Treiber haben also den Charakter einer Unterprogrammsammlung.

PLOTGRAF arbeitet mit drei Schnittstellen, jeweils einer für Bildschirm, Drucker und Plotter. Sie umfassen alle Ausgabegeräte, die PLOTGRAF bedienen kann. Prinzipiell sind jedoch eine ganze Reihe weiterer Schnittstellen denkbar, mit deren Hilfe das gesamte Programmpaket systemneutral gestaltet werden kann, z.B. eigene Schnittstellen zu den Massenspeichern Diskette bzw. Festplatte oder zum Datensichtgerät, mit denen die aufwendige Programmierung der Bildschirmmasken erheblich vereinfacht würde. Nachteilig an diesem konsequenten Modulkonzept ist allerdings die niedrige Ausführungsgeschwindigkeit der Programme, wenn weiterhin die gute Lesbarkeit einer Hochsprache genutzt werden soll.

Da der Aufruf der Schnittstelle mit einem RUN-Befehl bewirkt wird, nachdem vorher das Hauptprogramm durch Manipulation einiger Speicherstellen verdeckt wurde, übernimmt ein Programmstück, das sich in der zweiten Zeile des Moduls befindet (nachfolgend als "LINKER" bezeichnet), die Zurücksetzung der Speicherstellen, so daß mit den nun verbundenen Programmteilen gearbeitet werden kann (siehe auch Programmbeschreibung INSTAL.BAS).

Die Initialisierung des angeschlossenen Geräts übernimmt die nächste Programmzeile, die einen definierten Ausgabemodus festlegt oder die notwendigen Übertragungsparameter einstellt.

Da die Daten beim APPLE ausnahmslos mit PRINT-Anweisungen an die verschiedenen Schnittstellen (Parallel-, Seriell-, IEC-Schnittstelle) ausgegeben werden, wird in den folgenden Schnittstellen-'listings' auf die Vorgabe von Übertragungsparametern verzichtet, so daß bei 'hardware'-seitiger Einstellung durch Schalterwerte die Funktion der Programmteile gewährleistet ist. Sollte diese Schaltereinstellung nicht möglich sein, so muß die Betriebsart in der Initialisierungsphase des Ausgabegeräts definiert werden.

Beim "Eigenbau" von Schnittstellen ist stets darauf zu achten, daß alle Schnittstellen zusammen eine bestimmte Länge nicht überschreiten, da ansonsten bei Initialisierung der hochauflösenden Grafik alle Programmteile, die oberhalb der Speicherstelle 16383 ($3FFF) liegen, gelöscht werden. Dies hätte in der Regel ein Abstürzen des Programms zur Folge.

Nach der Erstellung eigener Gerätetreiber sollte deshalb zunächst der RESET-Vektor mit POKE 1012,56 wieder aktiviert werden, um laufende PLOTGRAF-Programme ohne 'Booten' der Diskette mit <RESET> abbrechen zu können. Danach sollte PLOT3D.BAS (es ist das längste der Programme, die Gebrauch vom Grafikspeicher machen) gestartet und nach Laden aller Gerätetreiber mit <RESET> abgebrochen werden, um nun mit PRINT PEEK(175)+PEEK(176)*256 das Ende des Programms im Speicher zu ermitteln. Reicht ein Programmteil in die Grafikseite hinein und ist auch keine Kürzung des neuen Treibers möglich, so empfiehlt sich die Auslagerung bestimmter Funktionen auf Diskette. Dies ist z.B. bei der Plotterschnittstelle S3A   .OVR der Fall, bei der die Einbeziehung der Umrandung durch die Ausgabe der in der sequentiellen Datei HPGLA3.OVR bzw. HPGLA4.OVR enthaltene Plotterbefehle bewirkt wird.

5.1 Plotterschnittstelle PLOT.OVR

Die Schnittstelle für den Plotter befindet sich in den Zeilen von 10000 - 10099 und hat den Standard-Dateinamen PLOT   .OVR. Sie ist auf die am wenigsten leistungsfähigen Plotter zugeschnitten, so daß alle zusammengesetzten Funktionen (wie Kreis, Dreieck, Rechteck), die von komfortableren Plottern unterstützt werden, vom Programm erzeugt werden müssen. Folgende Tabelle gibt Aufschluß über die den Zeilennummern zugeordneten Funktionen sowie die zugehörigen Eingangs- und Ausgangsvariable.

Einsprung- zeile	Funktion	Eingangs- variable	Ausgangs- variable	ruft auf
10001	LINKER	--	--	11
10002	Initialisierung	--	T$	10044
10004	Transformation	XP,YP	PX,PY	--
10006	Linie ziehen	XP,YP	T$,CR$	10002,10044
10008	Stift bewegen	XP,YP	T$,CR$	10002,10044
10010	Textausgabe	XP,YP,M$,SI,Q	T$,CR$	10002,10044
10012	Rahmen A4	T1$,T2$	T$,CR$	10044
10020	Rahmen A3	T1$,T2$	T$,CR$	10044
10026	Logogramm	AA$	T$,CR$	10044
10038	neuer Stift	CL	T$,CR$	10044
10040	Stift nach 0,0	--	T$,CR$	10044
10042	Marker setzen	MK	--	10044
10044	Plotterausgabe	T$,BI$,SD,DD	T$(U),U	--
10050	Befehle speichern	FS,F$,FF$,DR,TT	--	--

Da sehr viele Geräte der mittleren bis gehobenen Preisklasse über den
"Graphic Language"-Befehlssatz der Firma HEWLETT-PACKARD verfügen, kann eine große Anzahl von Plottern mit PLOTGRAF betrieben
werden. Zur besseren Ausnutzung der zur Verfügung stehenden Zeichenfläche werden diese in verschiedene Gruppen eingeteilt (siehe [**PLOT**]):

Hersteller	Typ	Format (mm)		

Gruppe I: maxim. Zeichenformat DIN A4, Parallelschnittstelle

Hersteller	Typ	Format (mm)		
Adcomp	Adcomp X100i	203*192	A	
Enter Data	Sweet-P 600	210*414	B	
Facit Data Prod.	Facit 4550	A4		

Gruppe II: maxim. Zeichenformat DIN A4, serielle Schnittstelle

Hersteller	Typ	Format (mm)		
Adcomp	Adcomp X100i	203*192	A	A: mind. 203mm x 192mm
Enter Data	Sweet-P 600	210*414	B	B: mind. 269mm x 191mm
Facit Data Prod.	Facit 4550	A4		C: mind. 210mm x 414mm
Hewlett-Packard	HP 7470	272*191	B	
IBM	IBM 7371	272*191	B	
NCR	NCR 5403-0102	272*191	B	
Siemens	C 1604	269*206	B	

Gruppe III: maxim. Zeichenformat DIN A3, Parallelschnittstelle

Hersteller	Typ	Format (mm)		
Adcomp	Adcomp X100i	385*280	B	A: mind. 400mm x 285mm
Facit Data Prod.	Facit 4551	A3		B: mind. 360mm x 270mm
Gould	Colorwr. 6120	380*270	B	
Graphtec	MP 1000+ROM	360*270	B	
Graphtec	MP 2000+ROM	400*285	A	
Graphtec	WX 4731+ROM	287*1000 (3000) A		
Graphtec	FP 5301+ROM	400*285	A	
Graphtec	GP 9001+ROM	810*1139	A	
Graphtec	GP 9001+ROM	614*800	A	
Mirwald	MP 4003	385*280	B	
Nissei Sangyo	NSA 672	380*270	B	
Roland DG	DXY-880	380*270	B	
Roland DG	DXY-980	380*270	B	
Sekonic	SPL 410	385*280	B	
Sekonic	SPL 430	416*276	A	

Gruppe IV: maxim. Zeichenformat DIN A3, serielle Schnittstelle

Hersteller	Typ	Format (mm)		
Facit Data Prod.	Facit 4551	A3		
Gould	Colorwr. 6120	380*270	B	A: mind. 398mm x 272mm
Graphtec	MP 1000+ROM	360*270	B	B: mind. 360mm x 270mm
Graphtec	MP 2000+ROM	400*285	A	
Graphtec	WX 4731+ROM	287*1000 (3000) A		
Graphtec	FP 5301+ROM	400*285	A	
Graphtec	GP 9001+ROM	810*1139	A	
Graphtec	GP 9001+ROM	614*800	A	
Hewlett-Packard	HP 7475	402*275	A	
Hewlett-Packard	HP 7550	399*272	A	
Hewlett-Packard	HP 7585 B	298*1231.9	A	
IBM	IBM 7372	402*275	A	
Mirwald	MP 4003	385*280	B	
Nissei Sangyo	NSA 672	380*270	B	
Roland DG	DXY-880	380*270	B	
Roland DG	DXY-980	380*270	B	
Sekonic	SPL 410	416*276	A	

Plottermodul: WX4671.OVR

Der Plotter WATANABE WX 4671 war einer der ersten preiswerten
Plotter. Er zeichnet sich durch große mechanische Robustheit aus und
wird hardwareseitig durch eine Parallelschnittstelle angesteuert.

```
max. Zeichenformat: 360x260 mm
Anzahl der Stifte: 1
kleinste Schrittgröße: 0,1 mm
```

von PLOTGRAF verwendete Funktionen	Befehl	Bemerkung
Stift abgehoben bewegen	Mx,y	
Stift auf 0,0-Position bringen	H	
Stift aufgesetzt bewegen	Dx,y	
mit neuem Stift zeichnen	---	
Zeichengröße einstellen	Sn	Zeichenhöhe zwischen 0,7 und 11.2 mm in 16 Stufen wählbar
Zeichen verdrehen	Qn	in 90^0-Schritten
Text ausgeben	Ptext	
zentriertes Symbol ausgeben	Nn	$0 \le n \le 6$

PLOTTER-SCHNITTSTELLE: WX4671.OVR

```
10000  REM      ***************  WX 4671  *******************
10001  POKE 103,1: POKE 104,8: GOTO 11
10002  T$ = "J1" + CR$ + "H": GOSUB 10044:C1 = 8.53:C2 = 10:YO = 2050:XO = 270: IF
AA$ = "A3" THEN C1 = 12.3:C2 = 13:YO = 2600: RETURN
10004  PX =  INT (XP * C1 + XO):PY = YO -  INT (YP * C2): RETURN
10006  GOSUB 10004:T$ = "D" +  STR$ (PX) + "," +  STR$ (PY): GOTO 10044
10008  GOSUB 10004:T$ = "M" +  STR$ (PX) + "," +  STR$ (PY): GOTO 10044
10010  GOSUB 10008:T$ = "Q" +  STR$ (Q) + CR$ + "S" +  STR$ (SI) + CR$ + "P" + M$ +
CR$ + "QO" + CR$ + "S4": GOTO 10044
10012 T$ = "M50,50" + CR$ + "D50,2050" + CR$ + "D2750,2050" + CR$ + "D2750,50" +
CR$ + "D50,50" + CR$ + "M320,50" + CR$ + "D320,2050" + CR$ + "M320,1100" + CR$ +
"D50,1100" + CR$ + "M50,1550": GOSUB 10044
10014 T$ = "D320,1550" + CR$ + "M185,1550" + CR$ + "D185,2050" + CR$ + "Q3" + CR$ +
"M280,2030" + CR$ + "S3" + CR$ + "PName" + CR$ + "M145,2030" + CR$ + "PDatum":
GOSUB 10044
10016 LA =  LEN (T1$) * 36 + ( LEN (T1$) - 1) * 27:YP = 575 + LA / 2:T$ = "M221," +
STR$ ( INT (YP)) + CR$ + "S8" + CR$ + "P" + T1$ + CR$ + "S4": GOSUB 10044
10018 LA =  LEN (T2$) * 20 + ( LEN (T2$) - 1) * 15:YP = 575 + LA / 2:T$ = "M100," +
STR$ ( INT (YP)) + CR$ + "P" + T2$ + CR$ + "QO": GOTO 10044
10020 T$ = "H" + CR$ + "D0,2600" + CR$ + "D3450,2600" + CR$ + "D3450,0" + CR$ +
"D0,0" + CR$ + "M1600,0" + CR$ + "D1600,300" + CR$ + "D3450,300" + CR$ +
"M1850,300" + CR$ + "D1850,0" + CR$ + "S8": GOSUB 10044
10022 LA =  LEN (T1$) * 36 + ( LEN (T1$) - 1) * 24:T$ = "M" +  STR$ ( INT (2975 -
LA / 2)) + ",194" + CR$ + "P" + T1$: GOSUB 10044
10024 LA =  LEN (T2$) * 36 + ( LEN (T2$) - 1) * 24:T$ = "M" +  STR$ ( INT (2975 -
LA / 2)) + ",44" + CR$ + "P" + T2$ + CR$ + "QO": GOTO 10044
10026  IF AA$ = "A4" THEN XP = 160:YP = 1425:Q = 3: GOTO 10030
10028  RETURN : REM     A3 muss noch implementiert werden
```

```
10030  FOR I = 0 TO 3:T$ = "M" +  STR$ (XP) + "," +  STR$ (YP) + CR$ + "S15" + CR$
+ "Q" +  STR$ (Q) + CR$ + "PHM": GOSUB 10044::XP = XP + 3:YP = YP - 3: NEXT
10032  IF AA$ = "A4" THEN XP = 70:YP = 1536: GOTO 10036
10034  REM    A3 muss noch imp. werdeen
10036 T$ = "M" +  STR$ (XP) + "," +  STR$ (YP) + CR$ + "S7" + CR$ + "PPLOTGRAF" +
CR$ + "S4" + CR$ + "Q0": GOTO 10044
10038  RETURN
10040 T$ = "H": GOTO 10044
10042 T$ = "N" +  STR$ (MK): GOTO 10044
10044  PRINT D$;"PR#"; PEEK (777): PRINT T$: PRINT D$;"PR#3": IF BI$ < > "J"
THEN 10054
10046 T$(U) = T$:U = U + 1: IF U < TT + 1 THEN 10054
10048  PRINT D$;"PR#"; PEEK (777): PRINT "M";PX;",";PY: PRINT D$;"PR#3":AP =   FRE
(0): IF FS THEN   PRINT D$;"CLOSE";F$
10050  PRINT D$;"APPEND";FF$ + ".PLT";",S";SD;",D";DD
10052  FOR T = 0 TO U - 1: PRINT D$;"WRITE";FF$ + ".PLT": PRINT T$(T): NEXT : PRINT
D$;"CLOSE";FF$ + ".PLT":U = 0: IF FS THEN   PRINT D$;"OPEN";F$;",D";DR;",L";WI
10054  RETURN
10060 MO$ = "M":SE$ = ",":DR$ = "D":PR$ = "P":AS$ = "S":AR$ = "Q":MA$ = "N":NP$ =
"J":XO = 2900:YO = 2050: RETURN
```

Plottermodul: WX4675.OVR
Der Plotter WX4675 ist das Nachfolgemodell des WX4671.

```
max. Zeichenformat: 345x260 mm
Anzahl der Stifte:  6
kleinste Schrittgröße: 0,1 mm
```

von PLOTGRAF verwendete Funktionen	Befehl	Bemerkung
Stift abgehoben bewegen	Mx,y	
Stift auf 0,0-Position bringen	H	
Stift aufgesetzt bewegen	Dx,y	
mit neuem Stift zeichnen	Jn	$0 < n < 6$
Zeichengröße einstellen	Sn	Zeichenhöhe zwischen 0,7 und 11.2 mm in 16 Stufen wählbar
Zeichen verdrehen	Qn	in 90°-Schritten
Text ausgeben	Ptext	
zentriertes Symbol ausgeben	Nn	$0 \leq n \leq 6$

PLOTTER-SCHNITTSTELLE: WX4675.OVR

```
10000  REM    *************** WX 4675 ******************
10001  POKE 103,1: POKE 104,8: GOTO 11
10002 T$ = "J1" + CR$ + "H": GOSUB 10044:C1 = 8.53:C2 = 10:YO = 2050:XO = 270: IF
AA$ = "A3" THEN C1 = 12.3:C2 = 13:YO = 2600: RETURN
10004 PX =   INT (XP * C1 + XO):PY = YO -   INT (YP * C2): RETURN
10006  GOSUB 10004:T$ = "D" +  STR$ (PX) + "," +  STR$ (PY): GOTO 10044
```

```
10008   GOSUB 10004:T$ = "M" +  STR$ (PX) + "," +  STR$ (PY): GOTO 10044
10010   GOSUB 10008:T$ = "Q" +  STR$ (Q) + CR$ + "S" +  STR$ (SI) + CR$ + "P" + M$ +
CR$ + "Q0" + CR$ + "S4": GOTO 10044
10012 T$ = "M50,50" + CR$ + "D50,2050" + CR$ + "D2750,2050" + CR$ + "D2750,50" +
CR$ + "D50,50" + CR$ + "M320,50" + CR$ + "D320,2050" + CR$ + "M320,1100" + CR$ +
"D50,1100" + CR$ + "M50,1550": GOSUB 10044
10014 T$ = "D320,1550" + CR$ + "M185,1550" + CR$ + "D185,2050" + CR$ + "Q3" + CR$ +
"M280,2030" + CR$ + "S3" + CR$ + "PName" + CR$ + "M145,2030" + CR$ + "PDatum":
GOSUB 10044
10016 LA =  LEN (T1$) * 36 + ( LEN (T1$) - 1) * 27:YP = 575 + LA / 2:T$ = "M221," +
STR$ ( INT (YP)) + CR$ + "S8" + CR$ + "P" + T1$ + CR$ + "S4": GOSUB 10044
10018 LA =  LEN (T2$) * 20 + ( LEN (T2$) - 1) * 15:YP = 575 + LA / 2:T$ = "M100," +
STR$ ( INT (YP)) + CR$ + "P" + T2$ + CR$ + "Q0": GOTO 10044
10020 T$ = "H" + CR$ + "D0,2600" + CR$ + "D3450,2600" + CR$ + "D3450,0" + CR$ +
"D0,0" + CR$ + "M1600,0" + CR$ + "D1600,300" + CR$ + "D3450,300" + CR$ +
"M1850,300" + CR$ + "D1850,0" + CR$ + "S8": GOSUB 10044
10022 LA =  LEN (T1$) * 36 + ( LEN (T1$) - 1) * 24:T$ = "M" +  STR$ ( INT (2975 -
LA / 2)) + ",194" + CR$ + "P" + T1$: GOSUB 10044
10024 LA =  LEN (T2$) * 36 + ( LEN (T2$) - 1) * 24:T$ = "M" +  STR$ ( INT (2975 -
LA / 2)) + ",44" + CR$ + "P" + T2$ + CR$ + "Q0": GOTO 10044
10026  IF AA$ = "A4" THEN XP = 160:YP = 1425:Q = 3: GOTO 10030
10028  RETURN : REM    A3 muss noch implementiert werden
10030  FOR I = 0 TO 3:T$ = "M" +  STR$ (XP) + "," +  STR$ (YP) + CR$ + "S15" + CR$
+ "Q" +  STR$ (Q) + CR$ + "PHM": GOSUB 10044::XP = XP + 3:YP = YP - 3: NEXT
10032  IF AA$ = "A4" THEN XP = 70:YP = 1536: GOTO 10036
10034  REM    A3 muss noch imp. werdeen
10036 T$ = "M" +  STR$ (XP) + "," +  STR$ (YP) + CR$ + "S7" + CR$ + "PPLOTGRAF" +
CR$ + "S4" + CR$ + "Q0": GOTO 10044
10038 T$ = "J" +  STR$ (CL): GOTO 10044
10040 T$ = "H": GOTO 10044
10042 T$ = "N" +  STR$ (MK): GOTO 10044
10044  PRINT D$;"PR#"; PEEK (777): PRINT T$: PRINT D$;"PR#3": IF BI$ < > "J" THEN
10054
10046 T$(U) = T$:U = U + 1: IF U < TT + 1 THEN 10054
10048  PRINT D$;"PR#"; PEEK (777): PRINT "M";PX;",";PY: PRINT D$;"PR#3":AP =   FRE
(0): IF FS THEN  PRINT D$;"CLOSE";F$
10050  PRINT D$;"APPEND";FF$ + ".PLT";",S";SD;",D";DD
10052  FOR T = 0 TO U - 1: PRINT D$;"WRITE";FF$ + ".PLT": PRINT T$(T): NEXT : PRINT
D$;"CLOSE";FF$ + ".PLT":U = 0: IF FS THEN  PRINT D$;"OPEN";F$;",D";DR;",L";WI
10054  RETURN
10060 MO$ = "M":SE$ = ",":DR$ = "D":PR$ = "P":AS$ = "S":AR$ = "Q":MA$ = "N":NP$ =
"J":XO = 2900:YO = 2050: RETURN
```

Plottermodul: S3A   .OVR

```
max. Zeichenformat: xx mm
Anzahl der Stifte:
kleinste Schrittgröße: xx mm
```

von PLOTGRAF verwendete Funktionen	Befehl	Bemerkung
Stift abgehoben bewegen	PUx,y	
Stift auf 0,0-Position bringen	- - -	
Stift aufgesetzt bewegen	PDx,y	
mit neuem Stift zeichnen	SPn	
Zeichengröße einstellen	SIw,h	Zeichenbreite und -höhe getrennt einstellbar
Zeichen verdrehen	DIx,y	
Text ausgeben	LBtext	
zentriertes Symbol ausgeben	SMz	Verwendung des Zeichens z als zentr. Symbol

PLOTTER-SCHNITTSTELLE: S3A   .OVR

```
10000  REM    ******* HP 7475A *******
10001  POKE 103,1: POKE 104,8: GOTO 11
10002  ONERR  GOTO 10076
10003 T$ = "SP1" + CR$ + "PU0,0": GOSUB 10044:C1 = 30:C2 = 33:YO = 7500:XO = 1080:
IF AA$ = "A3" THEN C1 = 38:C2 = 40:YO = 10500: RETURN
10004 PX =  INT (XP * C1 + XO):PY = YO -  INT (YP * C2): RETURN
10006  GOSUB 10004:T$ = "PAPD" +  STR$ (PX) + "," +  STR$ (PY): GOTO 10044
10008  GOSUB 10004:T$ = "PAPU" +  STR$ (PX) + "," +  STR$ (PY): GOTO 10044
10010 QZ =  SGN (3 - 2 * Q):Q1 = 1:Q2 = 0: IF Q = 1 OR Q = 3 THEN Q1 = 0:Q2 = 1
10011 Q1 = Q1 * QZ:Q2 = Q2 * QZ: GOSUB 10008:T$ = "DI" +  STR$ (Q1) + "," +  STR$
(Q2) + CR$ + "SI" +  STR$ ((SI + 1) * .04) + "," +  STR$ ((SI + 1) * .07) + CR$ +
"LB" + M$ +  CHR$ (3) + CR$ + "DI1,0" + CR$ + "SI0.2,0.5": GOTO 10044
10012 FQ$ = "HPGLA4.OVR": GOSUB 10070
10016 LA =  LEN (T1$) * 140 + ( LEN (T1$) + 1) * 60:YP = 2340 + LA / 2:T$ =
"PU984," +  STR$ ( INT (YP)) + CR$ + "SI0.36,0.63" + CR$ + "LB" + T1$ +  CHR$ (3) +
CR$ + "SI0.2,0.35": GOSUB 10044
10018 LA =  LEN (T2$) * 80 + ( LEN (T2$) + 1) * 25:YP = 2340 + LA / 2:T$ = "PU500,"
+  STR$ ( INT (YP)) + CR$ + "LB" + T2$ +  CHR$ (3) + CR$ + "DI1,0": GOTO 10044
10020 FQ$ = "HPGLA3.OVR": GOSUB 10070
10022 LA =  LEN (T1$) * 140 + ( LEN (T1$) + 1) * 60:T$ = "PU" +  STR$ ( INT (11900
- LA / 2)) + ",776" + CR$ + "LB" + T1$ +  CHR$ (3): GOSUB 10044
10024 LA =  LEN (T2$) * 140 + ( LEN (T2$) + 1) * 60:T$ = "PU" +  STR$ ( INT (11900
- LA / 2)) + ",200" + CR$ + "LB" + T2$ +  CHR$ (3) + CR$: GOTO 10044
10026  IF AA$ = "A4" THEN XP = 860:YP = 5580: GOTO 10030
10028  REM
10030  FOR I = 0 TO 3:T$ = "PU" +  STR$ (XP) + "," +  STR$ (YP) + CR$ +
"SI0.56,0.98" + CR$ + "DI0,-1" + CR$ + "LBHM" +  CHR$ (3): GOSUB 10044:XP = XP +
12:YP = YP - 12: NEXT
```

```
10032  IF AA$ = "A4" THEN XP = 400:YP = 6000: GOTO 10036
10034  REM
10036 T$ = "PU" +  STR$ (XP) + "," +  STR$ (YP) + CR$ + "SI0.32,0.56" + CR$ +
"LBPLOTGRAF" +  CHR$ (3) + CR$ + "SI0.2,0.35" + CR$ + "DI1,0": GOTO 10044
10038 T$ = "SP" +  STR$ (CL): GOTO 10044
10040 T$ = "PU0,0": GOTO 10044
10042 TK$ = "0*+#=IOXO*":MK$ =  MID$ (TK$,MK,1):T$ = "SM" + MK$ + "PD" +  STR$ (PX)
+ "," +  STR$ (PY) + "SM" + CR$
10044  PRINT D$;"PR#"; PEEK (777): PRINT T$: PRINT D$;"PR#3": IF BI$ <  > "J" THEN
10054
10048 T$(U) = T$:U = U + 1: IF U < TT + 1 THEN 10054
10049  PRINT D$;"PR#"; PEEK (777): PRINT "PU";PX;",";PY: PRINT D$;"PR#3":AP =  FRE
(0): IF FS THEN  PRINT  PRINT D$;"CLOSE";F$
10050  PRINT D$;"APPEND";FF$ + ".PLT";",S";SD;",D";DD
10052  FOR T = 0 TO U - 1: PRINT D$;"WRITE";FF$ + ".PLT": PRINT T$(T): NEXT : PRINT
D$;"CLOSE";FF$ + ".PLT":U = 0: IF FS THEN  PRINT D$;"OPEN";F$;",D";DR;",L";WI
10054  RETURN
10060 MO$ = "PU":SE$ = ",":DR$ = "PD":PR$ = "LB":AS$ = "SI":AR$ = "DI":MA$ =
"SM":NP$ = "SP":XO = 11600:YO = 8200: RETURN
10070  PRINT D$;"OPEN";FQ$;",S"; PEEK (773);",D"; PEEK (772)
10072  FOR Q = 1 TO 22: PRINT D$;"READ";FQ$: & T$: GOSUB 10044: NEXT
10074  PRINT D$;"CLOSE";FQ$: RETURN
```

PLOTTER-SCHNITTSTELLE: S4BA   .OVR

```
10000  REM       ******* HP 7470 ********
10001  POKE 103,1: POKE 104,8: GOTO 11
10002  ONERR  GOTO 10076
10003 T$ = "SP1" + CR$ + "PU0,0": GOSUB 10044:C1 = 30:C2 = 33:YO = 7500:XO = 1080
10004 PX =  INT (XP * C1 + XO):PY = YO -  INT (YP * C2): RETURN
10006  GOSUB 10004:T$ = "PAPD" +  STR$ (PX) + "," +  STR$ (PY): GOTO 10044
10008  GOSUB 10004:T$ = "PAPU" +  STR$ (PX) + "," +  STR$ (PY): GOTO 10044
10010 QZ =  SGN (3 - 2 * Q):Q1 = 1:Q2 = 0: IF Q = 1 OR Q = 3 THEN Q1 = 0:Q2 = 1
10011 Q1 = Q1 * QZ:Q2 = Q2 * QZ: GOSUB 10008:T$ = "DI" +  STR$ (Q1) + "," +  STR$
(Q2) + CR$ + "SI" +  STR$ ((SI + 1) * .04) + "," +  STR$ ((SI + 1) * .07) + CR$ +
"LB" + M$ +  CHR$ (3) + CR$ + "DI1,0" + CR$ + "SI0.2,0.5": GOTO 10044
10012 FQ$ = "HPGLA4.OVR": GOSUB 10070
10016 LA =  LEN (T1$) * 140 + ( LEN (T1$) + 1) * 60:YP = 2340 + LA / 2:T$ =
"PU984," +  STR$ ( INT (YP)) + CR$ + "SI0.36,0.63" + CR$ + "LB" + T1$ +  CHR$ (3) +
CR$ + "SI0.2,0.35": GOSUB 10044
10018 LA =  LEN (T2$) * 80 + ( LEN (T2$) + 1) * 25:YP = 2340 + LA / 2:T$ = "PU500,"
+  STR$ ( INT (YP)) + CR$ + "LB" + T2$ +  CHR$ (3) + CR$ + "DI1,0": GOTO 10044
10020  GOTO 10012
10026 XP = 860:YP = 5580
```

```
10030  FOR I = 0 TO 3:T$ = "PU" +  STR$ (XP) + "," +  STR$ (YP) + CR$ +
"SIO.56,0.98" + CR$ + "DIO,-1" + CR$ + "LBHM" +  CHR$ (3): GOSUB 10044:XP = XP +
12:YP = YP - 12: NEXT
10032  XP = 400:YP = 6000
10036  T$ = "PU" +  STR$ (XP) + "," +  STR$ (YP) + CR$ + "SIO.32,0.56" + CR$ +
"LBPLOTGRAF" +  CHR$ (3) + CR$ + "SIO.2,0.35" + CR$ + "DI1,0": GOTO 10044
10038  T$ = "SP" +  STR$ (CL): GOTO 10044
10040  T$ = "PUO,0": GOTO 10044
10042  TK$ = "O*+#=IOXO*":MK$ =  MID$ (TK$,MK,1):T$ = "SM" + MK$ + "PD" +  STR$ (PX)
+ "," +  STR$ (PY) + "SM" + CR$
10044  PRINT D$;"PR#"; PEEK (777): PRINT T$: PRINT D$;"PR#3": IF BI$ <  > "J" THEN
10054
10048  T$(U) = T$:U = U + 1: IF U < TT + 1 THEN 10054
10049  PRINT D$;"PR#"; PEEK (777): PRINT "PU";PX;",";PY: PRINT D$;"PR#3":AP =  FRE
(O): IF FS THEN  PRINT  PRINT D$;"CLOSE";F$
10050  PRINT D$;"APPEND";FF$ + ".PLT";",",S";SD;",D";DD
10052  FOR T = 0 TO U - 1: PRINT D$;"WRITE";FF$ + ".PLT": PRINT T$(T): NEXT : PRINT
D$;"CLOSE";FF$ + ".PLT":U = 0: IF FS THEN  PRINT D$;"OPEN";F$;",D";DR;",L";WI
10054  RETURN
10060  MO$ = "PU":SE$ = ",":DR$ = "PD":PR$ = "LB":AS$ = "SI":AR$ = "DI":MA$ =
"SM":NP$ = "SP":XO = 11600:YO = 8200: RETURN
10070  PRINT D$;"OPEN";FQ$;",S"; PEEK (773);",D"; PEEK (772)
10072  FOR Q = 1 TO 22: PRINT D$;"READ";FQ$: & T$: GOSUB 10044: NEXT
10074  PRINT D$;"CLOSE";FQ$: RETURN
```

Das Modulkonzept von PLOTGRAF gestattet die nachträgliche Modifikation einzelner Funktionen, z.B. der Ausgabe einer Zeichenflächenumrandung. Die eigene Umrandung, die zweckmäßigerweise mit PLOTKO.BAS erstellt und auf Diskette abgelegt wird, muß hierzu einfach geladen und der Dateiinhalt an den Plotter ausgegeben werden. Das zugehörige Programmteil ersetzt in diesem Fall die Standardroutine. Als Beispiel dient hier die Datei RAHMEN.PLT, die im Abschnitt 2 erzeugt wurde: Löschen Sie zunächst die Zeilen 10012 bis 10018, die die Ausgabe eines Rahmens im DIN A4-Format zur Folge haben. Ermitteln Sie dann die Anzahl der Plotterbefehle, die die .PLT-Datei enthält (im Beispiel 6) und fügen Sie schließlich folgende Zeilen ein:

```
10012 PRINT D$;"OPEN RAHMEN.PLT,D1,S6"
10014 FOR I=1 TO 6 : PRINT D$;"READ RAHMEN.PLT": & T$
10016 GOSUB 10044:NEXT:PRINT D$;"CLOSE RAHMEN.PLT":RETURN
```

Diese Anweisungen sind unabhängig vom Plotter- und Schnittstellentyp. Sollen zusätzlich die beiden Texte T1$ und T2$ irgendwo auf der Zeichnung erscheinen, dann müssen die Koordinaten der linken unteren Ecke des ersten Buchstabens dieser Texte ermittelt und der Plotterstift entsprechend positioniert werden, bevor die Ausgabe beginnen kann. Die dafür erforderlichen Anweisungen sind gerätespezifisch und lassen sich dem jeweiligen Herstellerhandbuch bzw. den kurzen Informationstexten oben entnehmen.

Sollten Sie bei einer eventuell erforderlichen Eigeninstallation Schwierigkeiten haben, so lassen Sie sich S3A   .OVR oder S4B   .OVR auflisten. Bei diesen Schnittstellen wurde wie beschrieben vorgegangen. Die ausgelagerte Datei, die den Namen HPGLA3.OVR bzw. HPGLA4.OVR trägt, befindet sich auf PLOTGRAF I.

Ganz ähnlich verläuft die Installation eines eigenen Logogramms: In diesem Fall müssen die Zeilen 10026 bis 10036 gelöscht und durch die obige Routine ersetzt werden, die die entsprechende mit PLOTKO.BAS erzeugte Datei lädt und deren Inhalte an den Plotter weitergibt.

Soll eine Plotterschnittstelle an ein Gerät angepaßt werden, das nicht im Installationsprogramm aufgeführt ist, so gehen Sie am besten wie folgt vor:

Ausgehend von einer bereits vorhandenen Schnittstelle, bei der die Zuordnung der Plotterbefehle zu den jeweiligen Funktionen aus den obigen Tabellen ersichtlich ist, sollten Sie die entsprechenden Befehle des zu installierenden Plotters ermitteln. Viele Geräte arbeiten mit dem HP-GL-Befehlssatz, so daß bei der Anpassung kaum Schwierigkeiten auftreten dürften. Ist dies bei Ihrem Gerät nicht der Fall, so ersetzen Sie die jeweiligen Befehle durch diejenigen, mit denen Ihr Gerät arbeitet. Eventuell muß auch eine Anpassung der beiden Faktoren C1 und C2, die die Skalierung der Ausgabe auf die Zeichenfläche bewirken, vorgenommen werden. Speichern Sie danach die modifizierte Schnittstelle auf PLOT-GRAF II ab und verändern Sie das Installationsprogramm so, daß die Schnittstelle per Menue aufgerufen werden kann. Speichern Sie auch das geänderte Programm wieder auf Diskette. Starten Sie nun das Programmpaket und testen Sie die Funktionsfähigkeit Ihrer Schnittstelle, indem Sie sie zunächst mit dem Installationsprogramm unter dem Standardnamen auf PLOTGRAF I bringen und anschließend eine Plottergrafik damit erstellen. Sollte dabei ein Fehler auftreten, so ermitteln Sie die Ursache, ändern die Schnittstelle entsprechend und wiederholen Sie die Abspeicherungsprozedur.

5.2 Druckerschnittstelle **PRINT.OVR**

Die Druckerschnittstelle befindet sich in den Zeilen von 10100 - 10199. Sie hat im wesentlichen die Aufgabe, die Bildschirmgrafik auszudrucken und numerische Tabellen aufzulisten. Während die Auflistung auch mit Typenraddruckern möglich ist, kann eine Kopie der Rastergrafik nur mit einem dafür vorgesehenen Gerät (Matrix- oder Laserdrucker) erzeugt werden. PLOTGRAF geht davon aus, daß sich im Interface-ROM ein Maschinenspracheprogramm befindet, das mit Hilfe eines Steuerzeichens die Bildschirmkopie ermöglicht. Ist dies nicht der Fall, dann muß diese Routine vom Benutzer selbst geschrieben und bei der Druckerinitialisierung aufrufbar gemacht werden. Das kann z.B. dadurch geschehen, daß das notwendige Maschinenprogramm von Diskette eingelesen und in einem unbenutzten Speicherbereich (z.B. ab \$337 nach der INPUT-Routine) abgelegt wird. Vielfach sind in Fachzeitschriften Aufsätze erschienen, die solche Treiber für verschiedene Druckermodelle beschreiben (z.B. [MC01], [MC02], [MC03]), so daß mindestens deren prinzipieller Aufbau ersichtlich wird.

Folgende Tabelle enthält Einsprungadressen und verwendete Variable der Druckerschnittstellen-Unterprogramme.

Einsprung-zeile	Funktion	Eingangs-variable	Ausgangs-variable	ruft auf
10101	LINKER	--	--	12
10102	Druckergrafik	OP\$,T1\$,T2\$	--	--
10106	tabellarische Ausgabe	NI,T1\$,T2\$,T3\$, T4\$,X(I),Y(I),Z(I)	--	--
10120	Textausgabe	M\$	--	--
10126	Formularvorschub	--	--	--

Druckermodul: RX80.OVR

Der Drucker RX-80 der Firma Epson ist ein preiswerter Matrixdrucker, der mit neun Drucknadeln arbeitet und eine Maximalgeschwindigkeit von 100 Zeichen/s erreicht. Er wird 'hardware'-seitig durch eine Parallelschnittstelle angesteuert.

von PLOTGRAF verwendete Funktion	Befehl	Bemerkungen
Kopie des Grafikbildschirms	<CTRL-I>G2	mit APPLE II Intelligent Parallel Interface Kit #8132W
Textausgabe 80 Zeichen/Zeile	<CTRL-I>80N	"
Formularvorschub	<CTRL-L>	

DRUCKER-SCHNITTSTELLE: RX80.OVR

```
10100  REM     ******************* EPSON RX80  ****************
10101  POKE 103,1: POKE 104,8: GOTO 12
10102  PRINT D$;"PR#"; PEEK (776): PRINT  CHR$ (9);"G2";OP$: PRINT : PRINT  CHR$
(14);T1$: PRINT  CHR$ (20);T2$: PRINT  CHR$ (12): PRINT D$;"PR#3": RETURN
10106  PRINT D$;"PR#"; PEEK (776): PRINT  CHR$ (9);"80N";: PRINT  CHR$ (27); CHR$
(67); CHR$ (72);: PRINT  CHR$ (27); CHR$ (78); CHR$ (15);
10107  PRINT "         Datensatz "; CHR$ (27); CHR$ (69);F$; CHR$ (27); CHR$ (70):
PRINT : PRINT "          ";T1$
10108  PRINT : PRINT "Punkt      ";T2$;: HTAB 37: PRINT T3$;"          ";T4$;:
PRINT : PRINT
10109  WRITE = 49568:CR$ =  CHR$ (13): IF WI < 45 THEN 10112
```

```
10110  FOR J = 1 TO NI: CALL WRITE:J;I4,"      ",X(J);E6,"          ",Y(J);E6,"
",Z(J);E6,CR$:
10111  NEXT : GOTO 10119
10112  IF WI < 30 THEN 10116
10113  FOR J = 1 TO NI: CALL WRITE:J;I4,"      ",X(J);E6,"          ",Y(J);E6,CR$:
10114  NEXT : GOTO 10119
10115  CALL WRITE:J;I4,"      ",X(J);E6,"          ",Y(J);E6,CR$:
10116  FOR J = 1 TO NI: CALL WRITE:J;I4,"      ",X(J);E6,CR$:
10117  NEXT
10119  PRINT  CHR$ (12): PRINT D$;"PR#3": RETURN
10120  PRINT D$;"PR#"; PEEK (776): PRINT  CHR$ (9);"80N";: PRINT M$: PRINT
D$;"PR#3": RETURN
10126 M$ =  CHR$ (12): GOTO 10120
```

Für die Installation eines Druckers, der nicht im Menue des Installationsprogramms aufgeführt ist, gilt sinngemäß das gleiche wie bei der Installation einer Plotterschnittstelle: Überprüfen Sie anhand des Schnittstellenlistings, ob einer der aufgelisteten Drucker mit Ihrem Gerät befehlskompatibel ist. Wenn ja, so können Sie diese Schnittstelle ohne Änderungen
verwenden, wenn nein, so müssen Sie die Steueranweisungen Ihres
Druckers ermitteln und in einen der vorhandenen Treiber einsetzen. Nach
dem Abspeichern und der Modifikation des Installationsprogramms
INSTAL.BAS kann der Treiber nun getestet werden.

5.3 Monitorschnittstelle SCREEN.OVR

Da der APPLE II Farbgrafik erzeugen kann, befinden sich auf der Diskette PLOTGRAF II zwei Schnittstellen, die jeweils einen Farbmonitor
oder ein normales (einfarbiges) Datensichtgerät ansteuern können. Sie belegen die Programmzeilen von 10200 - 10299. Um die Farbgrafik nutzen
zu können, muß entweder ein RGB-Monitor an den Bildschirmausgang
des Rechners oder ein Farbfernseher mit Hilfe einer PAL-Karte, die in
Steckverbindung 7 installiert wird, angeschlossen sein. Die Auflösung beträgt in beiden Fällen 280x191 Rasterpunkte, die Erzeugung der Grafik
auf der Grafikseite HGR2 (Speicherbereich $4000 bis $6000) wird mit
Hilfe der im APPLESOFT-BASIC enthaltenen Grafikanweisungen durchgeführt. Die Ausgabe von Texten erfolgt mit Hilfe der Symboltabelle
SHAPAL.BIN. Prinzipiell ist auch der Anschluß hochwertigerer Ausgabegeräte, die etwa einen Grafikprozessor oder eine Speicherbildröhre enthalten, möglich. Durch die geringe Anzahl der Funktionen, die die Monitorschnittstelle enthält, ist deren Ansteuerung aber vermutlich leichter
über eine modifizierte Plotterschnittstelle vorzunehmen. Das Gerät wird in
diesem Fall wie ein Plotter behandelt.

Die im Monitortreiber zur Verfügung stehenden Funktionen zeigt die
nachstehende Tabelle.

Einsprung-zeile	Funktion	Eingangs-variable	Ausgangs-variable	ruft auf
10201	LINKER	--	--	13
10202	Initialisierung	--	--	--
10206	Linie ziehen	XP,YP	--	--
10208	Punkt setzen	XP,YP	--	--
10210	Text ausgeben	XP,YP,M$,Q	--	--
10224	Rahmen ausgeben	--	--	--
10238	neue Farbe	CL	--	--
10242	Marker setzen	XP,YP,MK	--	--

Monitormodul: MONO.OVR

Das Modul MONO.OVR ist für den Anschluß eines einfarbigen Daten-sichtgeräts vorgesehen.

BILDSCHIRM-SCHNITTSTELLE: MONO.OVR

```
10200  REM     ****** MONOCHROME-MONITOR  ************
10201  PRINT   CHR$ (4);"BLOADSHAPAL.BIN,S"; PEEK (773);",D"; PEEK (772);",A$6000":
POKE 232, PEEK (43634): POKE 233, PEEK (43635): POKE 103,1: POKE 104,8: GOTO 13
10202  HGR2 : ROT= 0: SCALE= 1: HCOLOR= 7: RETURN
10206  HPLOT   TO XP,YP: RETURN
10208  HPLOT XP,YP: RETURN
10210  ROT= Q * 48:AA = XP:BB = YP: FOR K = 1 TO  LEN (M$):N$ =  MID$ (M$,K,1): IF
N$ = "" THEN 10222
10212  IF N$ = " " OR AA > 276 OR AA < 2 OR BB > 188 OR BB < 2 THEN 10218
10214 NN =  ASC (N$): IF NN > 95 THEN NN = NN - 32
10216  DRAW NN - 32 AT AA,BB
10218  IF Q = 1 THEN BB = BB - 6
10220  IF Q = 0 THEN AA = AA + 6
10222  NEXT : RETURN
10224  HPLOT 0,0 TO 279,0 TO 279,191 TO 0,191 TO 0,0: RETURN
10238  HCOLOR= 7: RETURN
10242  IF MK > 5 THEN MK = MK - 5: GOTO 10242
10244  DRAW MK + 63 AT XP,YP: RETURN
```

Monitormodul: RGB.OVR

Das Modul für den Anschluß eines Farbmonitors hat den gleichen Aufbau wie MONO.OVR, lediglich bei der Initialisierung wird hier die Reihen-folge der Farben festgelegt, die in Zeile 10238 mit der entsprechenden Anweisung gewechselt werden kann.

BILDSCHIRM-SCHNITTSTELLE: RGB.OVR

```
10200  REM     ****** FARBMONITOR  ************
```

```
10201  PRINT  CHR$ (4);"BLOADSHAPAL.BIN,S"; PEEK (773);",D"; PEEK (772);",A$6000":
POKE 232, PEEK (43634): POKE 233, PEEK (43635): POKE 103,1: POKE 104,8: GOTO 13
10202  HGR2 : ROT= 0: SCALE= 1: HCOLOR= 7:KL(1) = 7:KL(2) = 5:KL(3) = 6:KL(4) =
1:KL(5) = 2:KL(6) = 3: RETURN
10206  HPLOT  TO XP,YP: RETURN
10208  HPLOT XP,YP: RETURN
10210  ROT= Q * 48:AA = XP:BB = YP: FOR K = 1 TO  LEN (M$):N$ =  MID$ (M$,K,1): IF
N$ = "" THEN 10222
10212  IF N$ = " " OR AA > 276 OR AA < 2 OR BB > 188 OR BB < 2 THEN 10218
10214 NN =  ASC (N$): IF NN > 95 THEN NN = NN - 32
10216  DRAW NN - 32 AT AA,BB
10218  IF Q = 1 THEN BB = BB - 6
10220  IF Q = 0 THEN AA = AA + 6
10222  NEXT : RETURN
10224  HPLOT 0,0 TO 279,0 TO 279,191 TO 0,191 TO 0,0: RETURN
10238  HCOLOR= KL(CL): RETURN
10242  IF MK > 5 THEN MK = MK - 5: GOTO 10242
10244  DRAW MK + 63 AT XP,YP: RETURN
```

6 AUSBLICK UND ERWEITERUNGEN

Im Verlauf der Programmbeschreibungen wurde mehrfach darauf hingewiesen, daß PLOTGRAF eine Basis für eigene Anwendungen bilden soll. Diese Erweiterungen lassen sich grob in interne und externe Zusätze unterteilen. Einige Anregungen dafür erhalten Sie in diesem Kapitel. Der letzte Abschnitt schließlich soll Ihnen mit einigen Hinweisen die Anpassung des Programmpakets an andere Rechner erleichtern.

6.1 Interne Erweiterungen

"Interne" Erweiterungen bestehen aus Programmen, die das PLOTGRAF-Datenformat verarbeiten können und Funktionen ausführen, die durch das Programmpaket bisher nicht abgedeckt wurden. Beispiele hierfür sind:

- Programme zur Grafikausgabe in anderen Koordinatensystemen,

- Programme zur weiteren mathematischen Behandlung der Daten,

- automatisierte Meßwerterfassung mit Hilfe spezieller Peripherie.

Ein Beispiel für die Meßwerterfassung soll jetzt kurz umrissen werden. Die Meßwerte (Temperatur, Helligkeit, Strom, Spannung, ...) liegen in analoger Form vor, müssen also vor Verarbeitung mit dem Rechner mit Hilfe eines Wandlers digitalisiert werden. Solche Wandler sind auf käuflichen Steckkarten zu finden, mit denen eine Reihe von Analoggrößen gemessen und in Digitalwerte umgesetzt werden können. Wir beschränken uns jedoch auf den eingebauten A/D-Wandler, der keine zusätzlichen Kosten verursacht.

Wie Sie vielleicht wissen, können an einem IC-Sockel im Rechner, der als 'game connector' bezeichnet wird, zwei Kreuzpotentiometer ('paddles') angeschlossen werden, die einfach aus je einem Potentiometer für die X- und die Y-Richtung bestehen. Die Stellung jedes Potentiometers kann mit der Funktion PDL(nr) eingelesen und weiterverarbeitet werden, sie liegt im Bereich 0 ... 255 (wenn Sie sich für die Funktionsweise der A/D-Wandlung interessieren, verweisen wir Sie auf [**REFM**, S.24].

Der für diese Zwecke eingesetzte Widerstand muß jedoch nicht zwangsläufig aus einem Potentiometer bestehen; für die Messung einer Beleuchtungsstärke kann auch ein LDR ('light dependent resistor') angeschlossen werden. Aus dem Datenblatt dieser LDR ist der Widerstandswert bei einer bestimmten Beleuchtungsstärke zu entnehmen. Nimmt man eine lineare Kennlinie an, dann kann gemäß der Beziehung:

$$E = \frac{Emax - Emin}{256} * n$$

```
wobei: Emax, Emin = maximale bzw. minimale
       Beleuchtungsstärke
       n = durch PDL(NR) eingelesener
       Wert (0 ≤ n ≤ 255)
```

der eingelesene Wert direkt in die Beleuchtungsstärke umgerechnet werden. Es eignet sich z.B. der Fotowiderstand RPY 63, der im Bereich $E = 10^{-1} \dots 10^{4}$ lx die gewünschte Widerstandsschwankung von etwa 150 kOhm aufweist. Der Fotowiderstand wird an die 'Pins' 1 und 6 des 'game connectors' angeschlossen. Sein elektrischer Widerstand und somit die Beleuchtungsstärke können nun mit PDL(0) in 256er Schritten "gemessen" werden.

Um eine Skalierung der Zeitachse auf gebräuchliche Werte zu ermöglichen, muß das zur Meßwerterfassung verwendete Programm eine einstellbare Verzögerung erhalten, so daß die Messungen in einem definierten Zeitabstand stattfinden.

Das folgende kurze Programm bildet den Kern eines solchen Meßwerterfassungsprogramm, das natürlich noch wesentlich komfortabler ausgestattet werden kann. Die anfallenden Daten werden in einem 1000-Elemente umfassenden Feld gespeichert. Da der kleinste sinnvolle Meßabstand 100 ms beträgt, der gesamte Meßvorgang also bei Ausnutzung des gesamten Felds nach 100 Sekunden abgeschlossen ist, demgegenüber auf der Zeitachse nach oben hin keinerlei Beschränkungen bestehen, ist es sinnvoll, die Anzahl der Messungen über die Eingabe einer Variablen zu steuern. Die äußere Schleife im Programm führt die Messung durch und speichert die eingelesenen Daten im Feld X,Y ab. Die innere Schleife stellt eine Verzögerung dar, deren Endwerte durch Versuche so bemessen sein sollten, daß die Messungen im Abstand von Bruchteilen von Sekunden durchgeführt wird.

PROGRAMM: LICHT

```
10 VZ = 1000 : REM Vorgabe für Zeitmarke
20 NI = 1000 : REM Anzahl der Messungen
30 IN = 1000 : DIM X(IN),Y(IN)
40 FOR I = 1 TO NI
50 X(I) = I : Y(I) = PDL(0)
60 FOR J = 1 TO VZ : NEXT J : REM Verzögerungsschleife
70 NEXT I
80 REM an dieser Stelle können die eingelesenen Werte abgespeichert werden
90 END
```

Der Nutzen der nächsten denkbaren Erweiterung wird erst nach einer längeren Einarbeitszeit in PLOTGRAF offenkundig, wenn nämlich die unvermeidlichen Programmlade- und -rechenzeiten sich störend bemerkbar machen oder der zu erwartende Umfang von Berechnungen längere

Pausen notwendig macht. In diesem Fall böte es sich an, die vom Rechner
angeforderten Eingaben nicht erst beim Erscheinen des jeweiligen Menues
zu machen, sondern vorab in einer gesonderten Datei zu speichern, um
diese dann zu einem geeigneten Zeitpunkt (etwa in der Nacht oder am
Wochenende) von PLOTGRAF abarbeiten zu lassen. Eine solche Betriebsart wird als "Stapelverarbeitung" bezeichnet und läßt sich prinzipiell
einfach realisieren. Die Speicherstellen $36,$37(CSW) und $38,$39(KSW),
die die ROM-Adressen für das Aus- bzw. Eingabegerät enthalten, werden
so modifiziert, daß Eingaben nicht mehr von der Tastatur, sondern ab
einer bestimmten Stelle im Speicher erwartet werden. An dieser Stelle befinden sich die vorher von Diskette eingelesenen Benutzereingaben, die
nun vom Programm mit INPUT, GET oder & der jeweiligen Variablen
zugeordnet werden können.

Ein nach diesem Prinzip arbeitendes Maschinenprogramm wird in [MC04]
vorgestellt und wird deshalb hier nicht weiter ausgeführt. Es wird lediglich noch angemerkt, daß sich die 16K-Karte besonders für die Ablage
der Eingaben eignet. Obwohl die Schreib- bzw. Leseoperationen in diesem
Bereich zwar etwas umständlich sind, treten keine Konflikte mit BASIC-
Programmen, Daten oder der Grafikseite des Rechners auf. Außerdem
empfiehlt sich die Erstellung eines eigenen Programms zur Handhabung
dieser Betriebsart (Eingabe der Anweisungen, Speichern/Laden auf/von
Diskette).

6.2 Externe Erweiterungen

Unter externen Erweiterungen wird hier die Möglichkeit verstanden, das
Programmpaket so zu verändern, daß ein Austausch mit anderen, vor
allem kommerziellen Programmen möglich wird. Fast alle "professionellen"
Programme für den APPLE (z.B. MULTIPLAN, dBASE II, WORDSTAR
etc.) arbeiten unter dem Betriebssystem CP/M, so daß ein Datenaustausch
zwischen diesen Programmen mit einigen Schwierigkeiten verbunden ist.
Durch Verwendung geeigneter Hardware (Akustikkoppler bzw. Modem,
serielles 'Interface') ist es aber in einfacher Weise möglich, Daten zu anderen Rechnern zu senden bzw. von dort zu empfangen. Dies gilt unge-
achtet der Software-Umgebung, in der diese Daten erstellt wurden und
über weite Entfernungen hinweg.

Die Implementierung eines Programms für diesen Zweck ließe sich recht
einfach vornehmen. Es müßte zunächst die Einstellung der Übertragungsparameter ermöglichen, dann durch PR#n, IN#n (n = Steckverbindung-
Nr., in der das 'Interface' eingesteckt ist) und PRINT bzw. INPUT die
Aus- bzw. Eingabe von Daten über die serielle Leitung gestatten. Die
Diskettenablage der Daten könnte entweder nach Beendigung der Übertragung oder bei Erreichung einer Höchstzahl automatisch erfolgen. Der
sendende Rechner kann in diesem Fall mit Hilfe bestimmter Steuerzei-

chen solange zum Warten aufgefordert werden, bis die Datenablage abgeschlossen und der Rechner wieder bereit zum Empfang ist.

Das folgende Programmbeispiel zeigt den prinzipiellen Aufbau eines solchen Programms, das mit der "APPLE Super Serial Card" arbeitet.

PROGRAMM: COMM

```
5    ONERR GOTO 100
10   D$ = CHR$ (4)
20   PRINT D$;"BLOAD INPUT .BIN,D1"
30   PRINT : INPUT "Dateiname : ";F$
40   PRINT D$;"OPEN";F$;",D2"
50   PRINT D$;"READ";F$: & T$
60   PRINT D$;"PR#2": PRINT T$: PRINT D$;"PR#3"
70   GOTO 50
80   PRINT D$;"CLOSE": GOTO 30
100  ERR = PEEK (222): IF ER < > 5 THEN POKE 216,0: PRINT "FEHLER ";ERR : END
110  GOTO 80
```

6.3 Hinweise für die Compilierung der Programme

Bei der praktischen Benutzung des Programmpakets macht sich die lange Zeitdauer des Disketten-Ladevorgangs sehr störend bemerkbar. Sie wird dadurch verursacht, daß das Betriebssystem DOS 3.3 für jede Datei einen Puffer im Arbeitsspeicher des Rechners reserviert, in dem die Daten beim Laden einer Datei zunächst zwischengespeichert werden und erst nach Beendigung dieses Vorgangs an ihre korrekte Position gebracht werden. Einige Varianten des Betriebssystems umgehen diese Pufferung und schreiben die Daten sofort auf die dafür vorgesehenen Speicherplätze, was prompt eine erheblich reduzierte Programmladezeit zur Folge hat. Solche DOS-Varianten sind in verschiedenen Fachzeitschriften veröffentlicht worden. Sollte die Diskettenzugriffszeit also problematisch für Sie sein, empfiehlt sich die Übernahme eines solchermaßen modifizierten Betriebssystems.

Zeitliche Probleme anderer Art bereitet die Methode der Abarbeitung der Programmtexte. Der in den Festspeichern (ROMs) enthaltene BASIC-Interpreter liest nämlich Programmzeile für Programmzeile einzeln ein, vergleicht die angetroffenen Anweisungen mit einer Befehlstabelle, ermittelt die Argumente, berechnet die Sprungziele bei Verzweigungsanweisungen jedesmal neu, selbst wenn die Anweisungen beispielsweise in einer Schleife völlig unverändert bleiben. Danach werden bestimmte Maschinensprache-Unterprogramme aufgerufen, die die gewünschte Funktion ausführen.

Da die Erkennung der Anweisung naturgemäß sehr viel Zeit in Anspruch nimmt, gibt es die zweite Möglichkeit, mit einem geeigneten Programm

("Compiler") alle Anweisungen in Maschinensprache-Befehle umzusetzen bzw. entsprechende Unterprogramme in einer Unterprogramm-Bibliothek aufzurufen. Zwar geht bei einem compilierten Programm die unmittelbare Lesbarkeit verloren, doch erhöht sich die sich die Ausführungsgeschwindigkeit um einen Faktor von 5-10. Es liegt also nahe, auch PLOTGRAF mit Hilfe eines der für APPLESOFT-BASIC erhältlichen Compiler solcherart zu "frisieren".

Hierbei sind allerdings einige Schwierigkeiten zu überwinden. Zwar sind noch keine Erfahrungen mit der Umwandlung von PLOTGRAF-Programmen gesammelt worden, jedoch steht fest, daß die Schnittstellen-Moduln nicht auf die bisherige Art geladen werden können, da die compilierten Programme zu Binärdateien werden. Da aus den Hauptprogrammen natürlich auch keine BASIC-Zeilennummern angesprungen werden, gestaltet sich die Festlegung der Einsprungadressen dergestaltet kompliziert, daß es sich empfiehlt, die Compilierung mitsamt aller der benötigten Treiber vorzunehmen. Für eine gegebene Peripheriekonfiguration dürfte der Bedarf nach ständiger Neuinstallation der Treiber ohnehin kaum bestehen.

Ein weiteres Problem bereitet die Speicherbelegung der compilierten Programme. Es muß sichergestellt werden, daß beispielsweise bei Plotprogrammen keine Programmvariablen oder -teile in den Speicherbereich der Bildschirmgrafik hineinragen.

Schließlich kann die Methode nicht mehr beibehalten werde, mit der bei der Datensatzerzeugung Funktionsgleichungen programmgesteuert ins laufende Programm eingefügt werden. Zum einen werden bei der Umwandlung alle irrelevanten Programmteile (einschließlich der REM-Statements, die als Platzhalter dienen) ignoriert; zum andern würde auch kein gültiges Unterprogramm mehr erzeugt, sondern nur eine Reihe von für den Prozessor unverständlichen ASCII-Zeichen. Es muß also für diese Zweck eine völlig andere Methode gefunden werden.

Die Umwandlung der PLOTGRAF-Programme in Maschinencode gestaltet sich offensichtlich recht schwierig. Allerdings bereitet nur der letzte angesprochene Punkt wirklich größere Probleme, so daß die Vorteile der Compilation immerhin bei allen den Programmen genutzt werden könnten, die nicht mit der nachträglichen Programmzeilen-Einfügung arbeiten. Das ist bei den Programmen außer DATA2D.BAS und DATA3D.BAS der Fall.

6.4 Übernahme auf andere Rechner

Die Schwierigkeiten, die sich bei der Übernahme dieses Programmpakets auf andere Rechner ergeben können, sind prinzipiell zweierlei Natur: Zum einen können Probleme auftauchen, wenn der Rechner nicht oder nur eingeschränkt Funktionen unterstützt, die beim APPLE hardwareseitig vorgegeben sind, z.B. 80spaltige Textausgabe oder die Möglichkeit der Bildschirmgrafik. In solchen Fällen muß geprüft werden, ob eine Anpassung an diesen Rechner sinnvoll ist.

Zum andern rühren viele Probleme daher, daß eine Standardisierung der Programmiersprache BASIC anders als in anderen Sprachen nie so recht geglückt ist und somit eine Unzahl verschiedener BASIC-Dialekte auf dem Markt ist. Zum größten Teil liegen die Unterschiede in der Art und Weise begründet, wie die Ein-/Ausgabeoperationen zu den Diskettenlaufwerken durchgeführt werden, auch die Anweisungen für die Bildschirmgrafik im Abschnitt "Monitorschnittstelle" des letzten Kapitels sind nur beim APPLE zu finden. Weitere Programmänderungen fallen dort an, wo Routinen des APPLESOFT-Betriebssystems aufgerufen werden oder auf bestimmte Speicherstellen zugegriffen wird. Dies ist in den ersten Abschnitten von Kapitel 3 und bei der programmgesteuerten Einfügung der Funktionsunterprogramme bei der Erzeugung zwei- und dreidimensionaler Datensätze der Fall. Hier muß in jedem Einzelfall geprüft werden, ob die beabsichtigte Wirkung nicht mit einer Anweisung erreicht werden kann, die bereits im Befehlsvorrat des Rechners enthalten ist (Beispiele siehe unten). Andernfalls müssen diese Funktionen unter Zuhilfenahme des Rechnerhandbuchs mit äquivalenten Methoden nachgebildet werden.

Die folgende Aufstellung enthält einige Operationen, die mit PLOTGRAF durchgeführt werden. Zum Vergleich stehen die gleichen Operationen, formuliert in einem BASIC-Dialekt der Firma MICROSOFT , der in den Rechnern weite Verbreitung gefunden hat, die mit dem Betriebssystem MS-DOS bzw. PC-DOS arbeiten:

Anweisungsfolge in APPLESOFT-BASIC	Anweisungsfolge in BASICA

Daten in wahlfreie Datei schreiben

```
D$=CHR$(4)                                 OPEN NAME$ AS #1, LEN=30
PRINT D$;"OPEN";NAME$;",L30"               FIELD #1 15 AS X$, 15 AS Y$
PRINT D$;"WRITE";NAME$;",R";RECORD         LSET X$=MKS$(X):LSET Y$=MKS$(Y)
PRINT X: PRINT Y                           PUT #1, RECORD
PRINT D$;"CLOSE";NAME$                     CLOSE #1
```

Daten aus wahlfreier Datei lesen

```
D$=CHR$(4)                                 OPEN NAME$ AS #1, LEN=30
PRINT D$;"OPEN";NAME$;",L30"               FIELD #1 15 AS X$, 15 AS Y$
PRINT D$;"READ";NAME$;",R";RECORD          GET #1, RECORD
INPUT X: INPUT Y                           X = CVS(X$): Y = CVS(Y$)
PRINT D$;"CLOSE";NAME$                     CLOSE #1
```

Daten in sequentielle Datei schreiben

```
D$=CHR$(4)                                 OPEN NAME$ FOR OUTPUT AS #1
PRINT D$;"OPEN";NAME$                      PRINT #1, TEXT$
PRINT D$;"WRITE";NAME$                     CLOSE #1
PRINT TEXT$
PRINT D$;"CLOSE";NAME$
```

Daten aus sequentieller Datei lesen

```
D$=CHR$(4)                                 OPEN NAME$ FOR INPUT AS #1
PRINT D$;"OPEN";NAME$                      LINE INPUT #1, TEXT$
PRINT D$;"READ";NAME$                      CLOSE #1
& TEXT$
PRINT D$;"CLOSE";NAME$
```

Daten auf Drucker ausgeben

```
D$=CHR$(4):PRINT D$;"PR#1"                 LPRINT X,Y
PRINT X,Y :PRINT D$;"PR#3"
```

Dateien verketten

```
siehe 3.2.4                                CHAIN MERGE NAME$
```

Zeigerpositionierung

```
PRINT CHR$(30);CHR$(32+ZEILE);            LOCATE ZEILE, SPALTE
      CHR$(32+SPALTE)
```

Da die BASIC-Dialekte MBASIC und GBASIC, die unter dem Betriebssystem CP/M für den APPLE verfügbar sind, ebenfalls von MICROSOFT stammen, kann die obige Aufstellung auch für die Konvertierung der Programme von DOS 3.3 nach CP/M verwendet werden. Lediglich die Anweisung für die Eröffnung von Dateien hat eine etwas andere Form:

```
OPEN T$,#1,NAME$

                         wobei: T$ = "R" für wahlfreie Dateien
                                     "I" für sequentielle Dateien,
                                         Lesen
                                     "O" für sequentielle Dateien,
                                         Schreiben
```

Weitere Einzelheiten sind dem CP/M-Handbuch zu entnehmen.

Verschiedentlich können ganze Programmteile entfallen, wenn diese durch entsprechende Betriebssystem-Eigenschaften nachgebildet werden, z.B. die Randüberwachung bei der Bildschirmausgabe (die bei verschiedenen Rechnern automatisch durchgeführt wird) oder die Skalierung von Datensatz-Werten, die u.U. mit einer einzigen BASIC-Anweisung ausgeführt wird. Eine genaue Kenntnis des Befehlsumfangs des Rechners, auf den das Programmpaket installiert werden soll, ist deshalb unerläßlich.

Anhang 1: GLOSSAR

Abszisse
Achse zum Eintrag der unabhängigen Variablen im kartesischen Koordinatensystem (= X-Achse).

Achse
Hilfskonstruktion zur Zuordnung numerischer Werte zur Zeichenposition.

Achsenteilung
Einteilung der Achse durch vertikale Linien, um quantitative Aussagen bezüglich des Graphen zu ermöglichen. Abhängig vom Bereichsumfang; linear oder logarithmisch.

Algorithmus
Rechenvorschrift, die in genau definierten Schritten zur Lösung eines Problems führt.

Analog
Beschreibung physikalischer Sachverhalte durch kontinuierliche Größen.

Analytische
(Graphische) Darstellung numerischer Funktionen; siehe Grafik.

Animation
Technik zur Erzeugung bewegter Bilder mit Rechnerhilfe.

APPLESOFT-BASIC
Im Frühjahr 1978 eingeführte BASIC-Version für den APPLE II, die auf einer älteren Version der Firma MICROSOFT aufbaut.

Arbeitsspeicher
Teil des Rechners, der zur Ablage des derzeit bearbeiteten Programms und dessen Daten vorgesehen ist.

ASCII
'American Standard Code for Information Interchange' 7 bit - Code zur Darstellung des Zeichenvorrats digitaler Rechenanlagen.

Assembler
Programm, das merkbare Anweisungen für den Prozessor (Mnemoniks) in Maschinensprache übersetzt.

Auflösung
Maß für den kleinsten auf dem Ausgabegerät noch darstellbaren Abstand.

Ausgabe
1) Datenübertragung vom Rechner zur Peripherie; 2) Umwandlung der numerischen in graphische Information mit Hilfe der Ausgabe- oder Peripheriegeräte.

Balkendiagramm
graphische Ausgabeform ein- oder zweidimensionaler Daten; Größenverhältnisse werden durch Höhenunterschiede von Rechtecken ("Balken") veranschaulicht.

BASIC
'Beginner's All Purpose Symbolic Instruction Code'; auf Mikrorechnern weit verbreitete Programmiersprache.

Betriebssystem
Satz von Programmen, der elementare Operationen zur Steuerung und Überwachung des Rechners enthält.

Bildpuffer
bei Rastergrafik Speicherbereich, der die Bildinformation enthält.

Bildschirmformular
bei PLOTGRAF Eingabemaske zum Einlesen der für die graphische Ausgabe erforderlichen wählbaren Parameter.

Binäres Zahlensystem
zweiwertiges Zahlensystem mit der Systembasis zwei; der gesamte Wertevorrat wird durch zwei Zustände beschrieben. Wegen der einfachen Realisierung bevorzugte Anwendung bei Digitalrechnern.

Bit
'Binary digit'; kleinste Informationseinheit im binären Zahlensystem; Zustand entweder "1" oder "0" bzw. "H" oder "L".

Businessgrafik
Form von Grafiken, die insbesondere zur Veranschaulichung wirtschaftlicher Daten angewendet werden.

Byte
Zusammenfassung von 8 bit zur Darstellung eines Zeichens bzw. Adressierung des Speichers.

CAD
'Computer Aided Design'; Reduzierung des zeitlichen und personellen
Aufwands bei der Produktentwicklung durch Einsatz geeigneter Hard-
und Software.

Clipping
"Abschneiden" von Linien, die die Zeichenfläche überschreiten; durch
Neuberechnung des/der Endpunkte.

Compiler
Programm, das ein in einer Hochsprache geschriebenes Programm
(Quellcode) in maschinennahe Form übersetzt.

Cursor
Reserviertes Zeichen (beim APPLE blinkendes Quadrat), das die aktuelle
Eingabeposition auf dem Bildschirm markiert; siehe Zeiger.

Datei
Allgemeine Bezeichnung für Information beliebiger Art, die auf Diskette
gespeichert und unter einem Dateinamen abrufbar ist.

Dateiergänzung
Dateinamen-Zusatz, der eine Bestimmung des Dateiinhalts ermöglicht.

Daten
Allgemeine Bezeichnung für Information, die in einem Rechner verarbeitet wird.

Datensatz
Zusammenfassung geordneter numerischer Information in Tabellenform.

Diskette
Speichermedium für Digitalrechner. In einer Schutzhülle befindet sich
eine magnetisierbare flexible runde Scheibe, auf die Daten mit Hilfe eines
Disketten-Laufwerks in konzentrischen Spuren aufgebracht werden können. Relativ empfindlich gegen Umwelteinflüsse.

Digital
Beschreibung von physikalischen Sachverhalten durch diskontinuierliche
Größen.

Drahtrahmenkurve
Graphische Ausgabeform für dreidimensionale Datensätze; Punkte mit
konstanten Einheitsvektoren X und Y werden durch Linien verbunden;
resultierende Fläche sieht aus wie aus Drahtgitter modelliert.

Drucker
Ausgabegerät für Text, numerische Daten und bedingt für Grafik. Drei
Konstruktionsrichtungen: 1) Matrixdrucker: Druckkopf enthält eine Reihe
von einzeln ansteuerbaren Nadeln, die das Farbband auf das Papier
drücken, Zeichen werden aus Punkten zusammengesetzt. Im Prinzip unendlich großer Zeichenvorrat, auch für Rastergrafik geeignet.
2) Typenrad-, Walzen-, Typenkorbdrucker: Durch geeignete Ansteuerung
wird ein vorgefertigtes Zeichen (Type) mit Farbband aufs Papier gebracht. Sehr sauberes Schriftbild, Zeichensatz auswechselbar, jedoch un-
geeignet für Grafik; 3) Laserdrucker: Durch Laserstrahl wird geladene
Walze selektiv entladen, Toner schwärzt entladene Stellen. Unendlich
großer Zeichenvorrat, für Raster- und Vektorgrafik geeignet, z.Zt. jedoch
noch sehr teuer.

Editor
Allgemeiner Begriff für Programm, das die Eingabe und Veränderung
von Daten gestattet, i.a. Textverarbeitungsprogramm.

Eingabe
Benutzeraktion, um Programm mit benötigten Daten zu versorgen, i.a. mit
Hilfe der Tastatur.

Eingabemaske
Allgemeiner Begriff für einen formularähnlichen Bildschirmaufbau zum
Einlesen von Daten.

Festplatte
Speichermedium für Mikro- und Minirechner. In einem geschlossenen
Gehäuse befinden sich mehrere magnetisierbare runde Platten, die über
eine gemeinsame Achse in Rotation versetzt werden und auf deren Ober-
flächen mehrere Schreib-/Leseköpfe zugreifen. Geringe Zugriffszeit; Kapazität: mehrere MByte.

File
Englische Bezeichnung für Datei.

Floppy disk
Englische Bezeichnung für Diskette.

Flußdiagramm
graphische Darstellung eines Algorithmus oder vollständigen Programms
mit Hilfe genormter Symbole (DIN 66001). Systemunabhängige Darstellung, große Übersichtlichkeit.

Funktion
Abhängigkeit zweier oder mehrerer Variable untereinander.

Grafik
1) allgemein Zeichnung 2) zeichnerische Präsentation numerischer Zusammenhänge.

Grafikprozessor
Spezieller Prozessor zur Generierung von Bildschirmgrafiken. Schneller als Hauptprozessor eines Rechners, Zugriff auf eigenen Grafikpuffer.

Grafikspeicher
Bereich innerhalb des Arbeitsspeichers, der für graphische Ausgabezwecke punktweise abgetastet und auf dem Bildschirm dargestellt werden kann.

Graph
Kurvenverlauf einer Funktion.

Hardcopy
Kopie eines Bildschirminhalts oder sonstiger Ergebnisse in nichtflüchtiger Form (i.a. auf Papier).

Hardware
Sammelbegriff physikalischer Bestandteile eines Rechners, z.B. Bildschirm, Steckkarten, Hauptplatine, Tastatur usw.

Hidden lines
Verdeckte Linien; Teile eines dreidimensionalen Funktionsgraphen, die für den Beobachter unsichtbar sind.

Histogramm
Graphische Ausgabeform für eindimensionale Daten. Die Anzahlen der in die gleichgroßen Bereiche sortierten Daten werden durch Strichlängen repräsentiert.

Hochsprache
Maschinenunabhängige, problemorientierte Programmiersprache für Digitalrechner, die bessere Verständlichkeit durch den Menschen bietet; Beispiele: FORTRAN, ALGOL, APL, PL/I, BASIC.

Höhenlinie
Verbindungslinie aller Punkte mit Z=const. im Graphen einer Funktion mit drei Variablen (= Niveaulinie).

Imperative Befehlseingabe
Eingabe von Anweisungen mit Hilfe einer formalen Eingabesprache.

Inhaltsverzeichnis
Aufstellung aller auf einer bestimmten Diskette verfügbaren Dateien.

Interface
Nahtstelle von Hardware- oder Softwarekomponenten eines Systems (= Schnittstelle).

Interpreter
Programmsammlung, die Anweisungen einer Hochsprache ohne nach außen hin sichtbare Übersetzung sofort ausführt.

Implementierung
Anpassung eines oder mehrerer Programme an einen vorgegebenen Rechner.

Kompatibel
Ohne Änderung austauschbar.

Koordinate
Zahlentupel zur eindeutigen Identifizierung eines Punkts.

Koordinatensystem
Problemorientierte Hilfskonstruktion für die Beschreibung numerischer Sachverhalte. Beispiele kartesisches oder rechtwinkliges Koordinatensystem, Polar-Koordinatensystem, Kugel-Koordinatensystem.

Kubisch
1) würfelförmig; 2) mit Polynom 3. Grades.

Kurve
Verlauf einer Funktion bei der graphischen Ausgabe (= Graph).

Laufwerk
Allgemeine Bezeichnung für Gerät, das wahlfreien Zugriff auf magnetisch gespeicherte Daten ermöglicht (Festplatten-Lw., Disketten-Lw.).

Linear
1) mit konstanter Steigung; 2) Achsenteilung mit gleichen Abständen.

Listing
Ausdruck eines Programms in vom Menschen lesbarer Form.

Logarithmische Achsenteilung
Abstände werden durch Logarithmierung der Daten gewonnen. Günstig
bei mehrere Zehnerpotenzen umfassenden Tabellen.

Marker
Symbol, das in der Grafikausgabe einen exponierten Punkt markiert
(= zentriertes Symbol).

Massenspeicher
Speichermedium zur Ablage größerer Datenmengen und zur Speicherung
von Zwischenergebnissen und Programmen. Beispiele: Magnetbandgerät,
Disketten-Festplattenlaufwerk.

Maßstab
Verhältnis der gezeichneten zu den wirklichen Koordinaten.

Matrix
Schematische Schreibweise für Gleichungssysteme.

Menue
Aufstellung aller zur Zeit verfügbaren Auswahlen. Die Steuerung von
PLOTGRAF erfolgt durch eine Anzahl hierarchisch gegliederter Menues.

Modem
<u>M</u>odulator-<u>De</u>modulator Gerät zum Transport digitaler Daten über
Telefonleitungen (Senden und Empfangen) mit Hilfe genormter Frequen-
zen.

Modul
Programmteil (meist Unterprogramm), das aus einer Modulbibliothek geladen und nach programmspezifischen Modifikationen in mehreren Programmen für eine definierte Funktion eingesetzt wird.

Monitor
Ausgabegerät für Text und Grafik in Rasterform. Durch gebündelten und
zeilenweise abgelenkten Elektronenstrahl werden Zeichen auf eine dem
Beobachter zugewandte phosphoreszierende Fläche geschrieben, ständige
Wiederholung erzeugt stehendes Bild.

Niveaulinie
Siehe Höhenlinie.

Nullpunkt
Schnittpunkt der Achsen eines Koordinatensystems, Ursprung, Bezugspunkt.

Numerisch
Durch Zahlenwerte beschreibbar.

Offset
Überlagerung; bei PLOTGRAF neuer Bezugspunkt.

Ordinate
Achse zum Auftragen der abhängigen Variablen im kartesischen
Koordinatensystem (= Y-Achse).

Parallele Datenübertragung
Daten-Übertragungsweise, bei der alle 7 bzw. 8 bit eines Zeichens auf
einmal zur Peripherie gesendet werden.

Parameter
Veränderliche Kenngröße.

Peripherie
Alle Hardwareanteile eines Systems, die nicht unmittelbar im Rechnergehäuse untergebracht sind (Bildschirm, Drucker, Plotter, Laufwerke usw.)
und die zur Datenausgabe bzw. -speicherung dienen.

Plattenspeicher
Speichermedium für Mikro- und Minirechner (= Festplatte).

Plotter
Numerisch gesteuerte Zeichenmaschine zur Ausgabe von Grafiken. Mehrere Konstruktionsprinzipien; 1) Flachbettplotter: Papier wird magnetisch
oder elektrostatisch auf flachem Tisch festgehalten, in beiden Richtungen
beweglicher Arm enthält Stifte, die angehoben oder abgesenkt werden. 2)
Trommelplotter: Stifthalter ist nur in einer Richtung beweglich, andere
Richtung wird durch Bewegen des Papiers erzeugt; kleine Bauweise. 3)
Elektrostatische Plotter: Arbeitsweise ähnlich wie Laserdrucker, Ausgabe
von Rasterpunkten.

Polygonzug
Verbindung zweier Punkte durch eine Gerade.

Primitive
Grundelemente einer Grafik (Linie, Text, Kreis usw.).

Programm
Zusammenfassung der Arbeitsanweisungen für den Rechner zur Lösung
einer genau umrissenen Aufgabe. Entweder in Maschinensprache oder
einer Hochsprache formuliert.

Programmpaket
Zusammenfassung mehrerer Programme zur Bearbeitung verschiedener Problemstellungen.

Projektion
Übertragung, Abbildung in anderen Koordinaten.

Prozessor
1) Bauteil, das mit Hilfe eines Programms Arbeitsanweisungen ausführt;
2) Programm zur Durchführung bestimmter Funktionen.

Puffer
Speicher zur Zwischenspeicherung von Ergebnissen oder eingelesenen Werten.

RAM
Random-Access-Memory: Halbleiter-Schreib/Lesespeicher; Arbeitsspeicher des Rechners.

Raster
Bei Rastergrafik Einteilung der Zeichenfläche in vertikale und horizontale Koordinaten. Schnittpunkte können einzeln adressiert werden, Grafik setzt sich so aus Einzelpunkten zusammen.

Rastergrafik
Grafikform, die durch einzelne Punkte (Pixel) zusammengesetzt wird. Häufig bei Bildschirm- und Druckergrafik.

Rechner
1) Analogrechner: Rechenergebnisse entstehen durch Verknüpfung analoger Größen (Spannungen, Ströme), Programmierung durch Steckerleisten;
2) Digitalrechner: Rechenergebnisse resultieren aus wiederholter binärer Addition, Programmierung durch Maschinen- oder Hochsprache.

Redundanz
Bei Programmen überflüssige, mehrfach vorhandene gleiche oder ähnliche Programmteile, die effizienter als Unterprogramm ausgeführt werden.

RGB-Monitor
Farbmonitor, bei dem die drei Grundfarben Rot, Grün und Blau durch drei Elektronenkanonen erzeugt werden.

ROM
Read-Only-Memory: HalbleiterBauteil zum Speichern digitaler Informationen, das nur einmal programmiert (geschrieben), danach nur gelesen werden kann; Festwertspeicher.

Routine
Bei Programmen kurzes Programmstück oder Unterprogramm, das eine bestimmte Funktion ausführt.

Rotation
Drehung um einen Ursprungspunkt.

Schattierung
Methode zur Hervorhebung bestimmter Bereiche der Grafik durch Auffüllen mit Farben verschiedener Helligkeitsstufen.

Schnittebene
Durch eine konstante und zwei freie Variable definierte Ebene, die zur Erzeugung bestimmter Effekte bei dreidimensionalen Datensätzen dient.

Schnittstelle
Siehe Interface.

Schreibschutz
Möglichkeit, einzelne Dateien einer Diskette oder die gesamte Diskette vor Löschen oder Überschreiben zu schützen.

Segment
1) durch zwei Geraden, die durch den Kreismittelpunkt laufen, abgetrenntes Kreisstück; 2) Teil einer Linie.

Selektive
Befehlseingabe: Eingabe von Anweisungen mit Hilfe von Menues, in denen alle Optionen aufgeführt sind; benutzerfreundlich.

Serielle Datenübertragung
Daten-Übertragungsart, bei der die einzelnen bits eines Übertragungszeichens nacheinander (seriell) gesendet werden.

Skalierung
Anpassung der Weltkoordinaten an die Zeichenfläche.

Slot
Englische Bezeichnung für Steckverbindung.

Softcopy
Kopie von Ergebnissen oder Grafiken in nicht unmittelbar lesbarer Form
(auf Diskette o.ä.).

Software
Gesamtheit der nichtphysikalischen Komponenten eines Rechners (Programme, Dienstprogramme, Betriebssysteme usw.).

Sonderzeichen
Abhängig vom verwendeten Zeichensatz; z.B. deutsche Umlaute oder
eckige und geschweifte Klammern.

Speicherbildröhre
Bildröhre, für deren Leuchtschicht zur Erzeugung einer Speicherwirkung
besonders lange nachleuchtende Substanzen verwendet werden.

Spline
"Gummilineal"; Methode zur Interpolation bzw. Approximation einzelner
Wertepaare; Werte werden durch Polynome höherer (z.B. 3.) Ordnung angenähert, zur Vermeidung von Unstetigkeiten an den Anfangs- und End-
punkten der Werteintervalle werden Ableitungen gleichgesetzt.

Stapelverarbeitung
Aneinanderreihung von Anweisungen oder Programmen zur sequentiellen
Abarbeitung, ohne zusätzliche Bedieneraktion durchführbar.

Steckverbindung
Schnittstelle des Rechners zur Peripherie, beim APPLE 8 S.v. auf der
Rückseite der Hauptplatine.

Symbol
(Shape); beim APPLE vordefinierbare Linienkombination, die in einer
Symboltabelle abgelegt und mit DRAW bzw. XDRAW gehandhabt werden
kann. Rotation und Vergrößerung sind möglich. Die Texte, die PLOT-
GRAF in Bildschirmgrafiken ausgegeben weren, sind mit Symbolen kon-
struiert.

Tabelle
Geordnetes Zahlenschema.

Tick-mark
Bei Achsenteilung senkrechter bzw. waagerechter Markierungsstrich.

Token
Byte, das BASIC-Anweisungen und Funktionen in verschlüsselter Form enthält; dadurch Speicherplatzersparnis.

Transformation
Modifikation durch Multiplikation mit einer Transformationsmatrix zur Erzielung bestimmter Effekte (Rotation, Translation, Spiegelung o.ä.).

Translation
Verschiebung durch Addition aller Koordinaten mit Konstanten

Treiber
Unterprogramm (-sammlung) zur Anpassung von Hard- an vorgegebene Software.

Unterprogramm
Programmteil, das i.a. unter Verwendung bestimmter Eingangsvariablen eine gewünschte Funktion ausführt. Programmsteuerung steht nach Rücksprung auf dem nächsten Befehl nach dem Aufruf, deshalb sehr flexible Handhabung innerhalb eines Programms.

Variable
Veränderliche Größe.

Vektor
1) durch Betrag und Richtung beschreibbare gerichtete Größe, z.B. Weg, Kraft, Geschwindigkeit usw.; 2) durch Betrag und Richtung definiertes Liniensegment.

Vektorgrafik
Grafikform, die durch Vektoren beschrieben wird.

Verdeckte Linien
Siehe hidden lines.

Weltkoordinaten
Maßeinheit des ursprünglichen Datensatzes.

Zeichenfläche
Ausnutzbare Fläche eines Ausgabegeräts, die mit einer Grafik belegt werden kann.

Zeiger
Siehe Cursor.

Zentriertes Symbol
Siehe Marker.

Anhang 2: SPEZIELLE SPEICHERSTELLEN IM APPLE II

Die nachfolgende Auflistung enthält die Speicherbelegung aller PLOT-GRAF-Programme in der Disketten-Fassung vom 1. 10. 1986. Bei den Angaben handelt es sich um die Dezimalwerte der Speicherstellen, bis zu der sich der jeweils angegebene Wert erstreckt. Die Werte wurden durch einen Testlauf jedes der Programme gewonnen. Unter Verwendung anderer Daten kann sich eine geringfügig veränderte Speicherverteilung ergeben. Insbesondere die Belegung der Textvariablen variiert in Abhängigkeit von der durchschnittlichen Länge der zu speichernden Plotterbefehle.

Programm	Programm-ende	Treiber-ende	Beginn der numerischen Variablen	Ende der numerischen Variablen	Ende der Textvariablen
HELLO	11724	12537	12538	15603	38333
INSTAL.BAS	6040	6040	6041	6867	38400
PLOTKO.BAS	11061	14320	14321	15900	29802
DATA1D.BAS	6980	7793	7794	12875	38290
PLOTHI.BAS	9488	12747	12748	15530	34900
PLOTP1.BAS	9789	13048	13049	13987	34902
DATA2D.BAS	12303	13116	13177	26378	38290
DATAAP.BAS	9134	9947	9948	34751	38344
DATASP.BAS	8307	9120	9121	31841	38345
PLOTXY.BAS	11958	15217	15218	15678	36657
PLOTBA.BAS	10587	13846	13847	15123	34900
PLOTP2.BAS	9876	13135	13136	13774	36602
DATA3D.BAS	13358	14171	14172	29435	38284
DATANE.BAS	7264	8077	8078	30798	38284
DATA3Z.BAS	9129	9942	9943	34186	38285
PLOT3D.BAS	13115	16374	25400	29140	35712
PLOT3Z.BAS	12610	15869	25500	28971	35751

Speicherstelle		Inhalt
hex.	dez.	
$D1,$DB	218,219	Zeilennummer, in der eine Fehlermeldung auftrat
$DE	222	Fehlercode des zuletzt aufgetretenen Fehlers
	43634,43635	Startadresse der zuletzt eingelesenen Binärdatei
$B7FD,$B7FE	47101,47102	Laufwerk: Zeit vom Einschalten des Motors bis zum Schreib- bzw. Lesevorgang

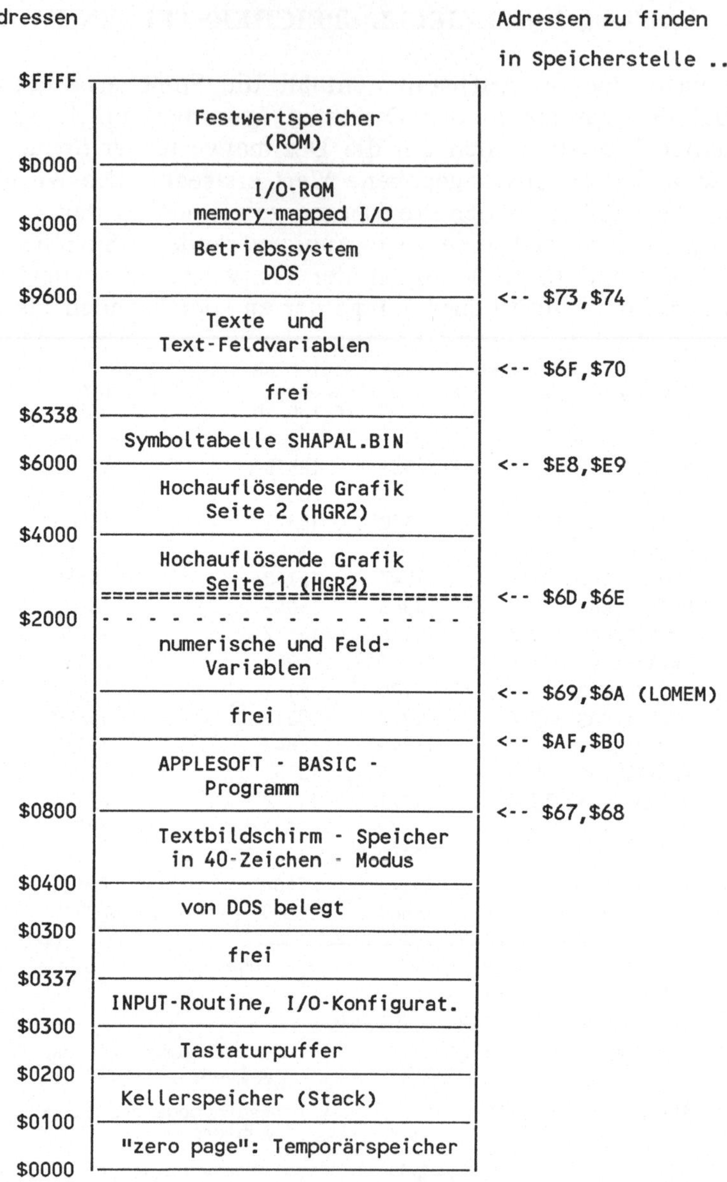

Abbildung 7.1: Speicherbelegung im APPLE II (nicht maßstäblich)

Anhang 3: PLOTGRAF-FEHLERMELDUNGEN

Die nachfolgend aufgeführten Meldungen weisen in PLOTGRAF auf
Fehler hin, die entweder durch Benutzeraktionen oder durch die Programme selbst erzeugt werden. Nach Auftreten einer Fehlerbedingung ist
der Fehlercode in der Speicherstelle 222 enthalten, die im Unterprogramm
FEHLERMELDUNGEN ausgewertet wird. Der Text (jeweils eine Zeile)
wird anschließend der wahlfreien Datei ERROR .TXT entnommen, die
sich auf dem PLOTGRAF I-Standardlaufwerk befindet. Über den genau-
en Mechanismus der Fehlererkennung informiert Abschnitt 3.2.3.

```
Fehler        Fehlermeldung
code          Erläuterung, Maßnahme


1             APPLESOFT-BASIC ist auf dem Rechner nicht verfügbar.
              Bei Verwendung von INTEGER-BASIC ist PLOTGRAF nicht lauffä-
              hig.

2 oder 3      Ein Argument einer DOS-Anweisung liegt außerhalb des gültigen
              Bereichs.
              Dies bedeutet i.a., daß versucht wurde, auf ein nicht
              existierendes Laufwerk zuzugreifen.

4             Im angegebenen Laufwerk befindet sich eine schreibgeschützte
              Diskette.
              Der Schreibschutz besteht in der überklebten Kerbe auf der
              rechten Diskettenseite.

5             Es sind keine Daten mehr im angegebenen Datensatz vorhanden.
              Es wurde versucht, numerische Daten von einer sequentiellen
              Datei zu lesen. Die PLOTGRAF-Dateien, die Tabellen enthal-
              ten, sind jedoch wahlfrei organisiert (mit fester Satz-
              länge).

6             Der Datensatz befindet sich nicht auf der angegebenen Diskette.
              Ein PLOTGRAF-Programm befindet sich nicht auf der angewähl-
              ten Diskette (beispielsweise wenn vergessen wurde, PLOTGRAF
              II einzulegen) oder der Name der gewünschten Datei wurde
              falsch eingegeben.

7             Die Diskette hat eine andere Kennzahl
              Die Disketten-Kennzahl (Volume-No.) kann mit PLOTGRAF nicht
              beeinflußt werden.

8             Fehler bei der Datenübertragung zum Laufwerk (fehlerhafte
              Diskette o.ä.)
              weitere Möglichkeit: Diskettenklappe nicht geschlossen

9             Die Diskette im angegebenen Laufwerk ist voll,
              bitte auswechseln!
              Nach Auswechseln mit einer formatierten, leeren Diskette
              kann der Speichervorgang i.A. mit Menueoption S erholt wer-
              den.

10            Der angegebene Datensatz ist schreibgeschützt
              Überprüfen Sie sicherheitshalber, ob die angegebene Datei
              tatsächlich gelöscht bzw. überschrieben werden soll! Der
              Schreibschutz (kenntlich durch ein Sternchen in der ersten
              Spalte des Inhaltsverzeichnisses) kann im Menue "Disketten-
              operationen" wieder entfernt werden.
```

11   Syntaktischer Fehler
Fehler im Programm! Sollte diese Meldung erscheinen (etwa nach Programmodifikationen), dann muß das Programm angehalten und mit PRINT EL die Zeile festgestellt werden, in der der Fehler auftrat. Die DOS-Anweisung in dieser Zeile muß dann korrigiert, das gesamte Programm nach der Korrektur neu auf Diskette gespeichert werden.

12   Es sind keine Ein- Ausgabepuffer mehr frei, bitte MAXFILES hochsetzen!
Auch diese Fehlermeldung tritt nur nach Veränderungen am Programm auf. Zur Behebung muß die Anweisung MAXFILES am Beginn des HELLO-Programms auf die Maximalzahl der zur gleichen Zeit eröffneten Dateien gesetzt werden.

13   Die angegebene Datei enthält ein Programm, keinen Datenschutz
Es wurde versucht, auf einen falschen Datentyp zuzugreifen.

14   Das Programm ist zu groß, bitte HIMEM: hochsetzen!
Dieser Fehler tritt nur nach Programmänderungen auf. Er ist entweder durch Verkürzung des Programms durch Auslagern bestimmter Funktionen oder durch die Aweisung HIMEM: zu beheben, die auf einen Wert >38400 gesetzt wird. Hier muß allerdings berücksichtigt werden, daß durch diese Maßnahme ein Teil oder alle Ein-/Ausgabepuffer des Betriebssystems überschrieben werden, was wiederum Konflikte hervorrufen kann.

42   Es wurde versucht, mehr Konstanten zuzuordnen, als eingegeben wurden.
Diese Meldung erscheint, wenn in Programmiererweiterungen Konstanten mit Hilfe von DATA-Anweisungen bereitgestellt werden. Die Datenliste muß mindestens gleich lang wie die Anzahl der zuzuordnenden Daten sein.

53   Ein Zahlenwert liegt außerhalb des zulässigen Bereichs.
Nur möglich, wenn z.B. unter Umgehung der Clipping-Routinen ein außerhalb der Zeichenfläche liegender Bildschirmpunkt adressiert werden soll.

69   Ein Wert -E+38 < Z < 1E+38 wurde eingegeben oder zu berechnen versucht.
Bei dieser Fehlermeldung evtl. Berechnungsgleichung und/oder Extremwerte der abhängigen Variablen überprüfen.

77   Das Programm ist zu lang oder hat zu viele Variablen. LOMEM oder HIMEM ändern!
Dieser Fehler tritt nach Programmerweiterungen auf, die zuviel Platz beanspruchen bzw. zu groß dimensionierte Variablen enthalten. Abhilfe: Mit DIM die Feldgröße reduzieren oder Funktion auslagern.

107   Eine Variable enthält mehr Indizes, als in der DIM-Anweisung zugeordnet wurden.
Diese Meldung kann beim Zeichnen dreidimensionaler Datensätze im "Gitternetz"-Modus erscheinen, die sehr viele Daten enthalten, und durch Reduzierung der Maschenweite behoben werden.

133   Es wurde versucht, durch Null zu teilen.
Maßnahmen: Berechungsgleichung und Definitionsbereiche evtl. enthaltener transzendenter Funktionen überprüfen; Schrittweiten der abhängigen Variablen verändern.

163   Eingabe eines falschen Datentyps
Es wurde versucht, einen Text einzugeben, obwohl das Programm einen numerischen Wert erwartete.

176   Der eingegebene Text ist zu lang.
Texte können maximal 255 Zeichen enthalten (Ausnahme: Eingabe von Benutzertexten im Hauptmenue, bei der jede Zeile mit <RETURN> abgeschlossen wird).

191   Die eingegebene Berechnungsgleichung ist zu schwierig.
        Was schier unmöglich scheint: Auch der Rechner verweigert
        die Arbeit. Abhilfe schafft die Verwendung einfacherer Algo-
        rithmen oder eine Zusammenfassung eines Ausdrucks zu einer
        Hilfsvariablen.

224   Die Funktion FN (x) wurde vorher nicht definiert. Bitte
        nachholen!
        Bei Verwendung dieser Berechnungsmöglichkeit in eigenen Pro-
        grammerweiterungen muß die Berechnungsgleichung vorher mit
        DEF FN (x) definiert worden sein.

254   Fehlerhafte Eingabe. Bitte korrigieren!
        Es wurde Text eingegeben, obwohl ein numerischer Wert an-
        gefordert wurde.

255   Programmausführung wurde mit <CTRL-C> gestoppt.
        Nach irrtümlicher Eingabe fehlerhafter Parameter o.ä. kann
        die Programmausführung mit der Anzeige des der aktuellen
        Ebene übergeordneten Menues fortgesetzt werden, um die Kor-
        rektur der Werte zu ermöglichen. Auch die Auflistung sehr
        langer Datensätze kann auf diese Weise unterbrochen werden.

LITERATURVERZEICHNIS

[APLS] Golding, V.J. (Hrsg.), Call-A.P.P.L.E. In Depth No. 1: All About APPLESOFT, Renton 1981.

[BASM] APPLE Inc., APPLE II BASIC Programming Manual, o.J. o.O.

[BECK] Becker, J., Dreyer, H.-J., Haacke, W. und R. Nabert, Numerische Mathematik für Ingenieure, Heidelberg et al. 1977

[BRND] Brand, B., Algorithmen zur praktischen Mathematik, München und Wien 1981.

[BRON] Bronstein, I. N. und K. A. Semendjajew, Taschenbuch der Mathematik, 20. Aufl., Thun und Frankfurt 1981.

[BYTE] Simons, S. L., Jr., Make Fast and Simple Contour Plots on a Microcomputer, in: BYTE, Heft 11, 1983, S. 487ff.

[DEKE] Deken, J., Computer Images. State of The Art, New York 1983.

[DORN] Dorner, W. G., Grafische Darstellung numerischer Daten, in: ELEKTRONIK, Dez. 1981, S. 77ff.

[EIGN] Eigner, M. und H. Maier, Einführung und Anwendung von CAD-Systemen. Leitfaden für die Praxis, München und Wien 1982.

[FOLY] Foley, J. D. und A. Van Dam, Fundamentals of Interactive Computer Graphics, Reading 1980.

[FRAC] Peitgen, H.-O. und P. H. Richter, The Beauty of Fractals, Berlin 1986.

[MC01] Engels, P., Apple-Grafik verzerrungsfrei ausgedruckt, in: MC. Die Microcomputer-Zeitschrift, Heft 3, 1985, S. 61 ff.

[MC02] Ebner, W., Apple-Grafik füllt eine DIN-A4-Seite, in: MC. Die Microcomputer-Zeitschrift, Heft 2, 1984, S. 66f., und in: MC. Die Microcomputer-Zeitschrift, Heft 3, 1984, S. 78.

[MC03] Suter, H., Leserbrief "Apple druckt Grafik", in: MC. Die Micro-computer-Zeitschrift, Heft 4, 1985, S. 8.

[MC04] Feichtinger, H., Apple II programmiert sich selbst, in: MC. Die Microcomputer-Zeitschrift, Heft 3, 1985, S. 105.

[MUEL] Müller, G. W. und V. Scheller, Plotprogramme in BASIC: vorwiegend mit Spline-Funktionen, München und Wien 1983.

[MYER] Myers, R. E., Microcomputer-Graphics, Reading et al. 1982.

[NEES] Nees, G., Generative Computergrafik, München 1969.

[PLOT] Ripota, P., Alles über Plotter. Marktübersicht und Kaufberatung, München 1986.

[REFM] APPLE Inc., APPLE II Reference Manual, o.O. o.J.

[REIN] Reinsch, C. H., Smoothing by Spline Functions, in: Numerische Mathematik, Vol. 10 (1967); Smoothing by Spline Functions, in: Numerische Mathematik, Vol. 16 (1971).

[ROEL] Röhling, C. R., Die Schnittstelle des Menschen zu seiner Umwelt, unveröffentlichte Dissertation der RWTH Aachen, Aachen 1982.

[SCHA] Schachter, B. J., Computer Image Generation, Reading et al. 1983.

[USER] Poole, L., McNiff, M. und S. Cook, APPLE II User's Guide, New York 1981.

[ZURM] Zurmühl, R., Praktische Mathematik für Ingenieure und Physiker, 5. Auflage, Heidelberg et al. 1965.

[6502] Leventhal, L. A., 6502 Assembly Language Programming, New York et al. 1981.

SACHWORTVERZEICHNIS